Kunst-Reiseführer in der Reihe DuMont Dokumente

Zur schnellen Orientierung – die wichtigsten Sehenswürdigkeiten und Orte auf einen Blick:

(Auszug aus dem ausführlichen Ortsregister S. 310)

In der vorderen Umschlagklappe: Stadtplan Aachen

In der hinteren Umschlagklappe: Übersichtskarte Dreiländereck

Gabriele M. Knoll

DuMont Buchverlag Köln

Aachen

und das Dreiländereck

Fahrten rund um die Karlsstadt
und ins Maasland
nach Lüttich und Maastricht

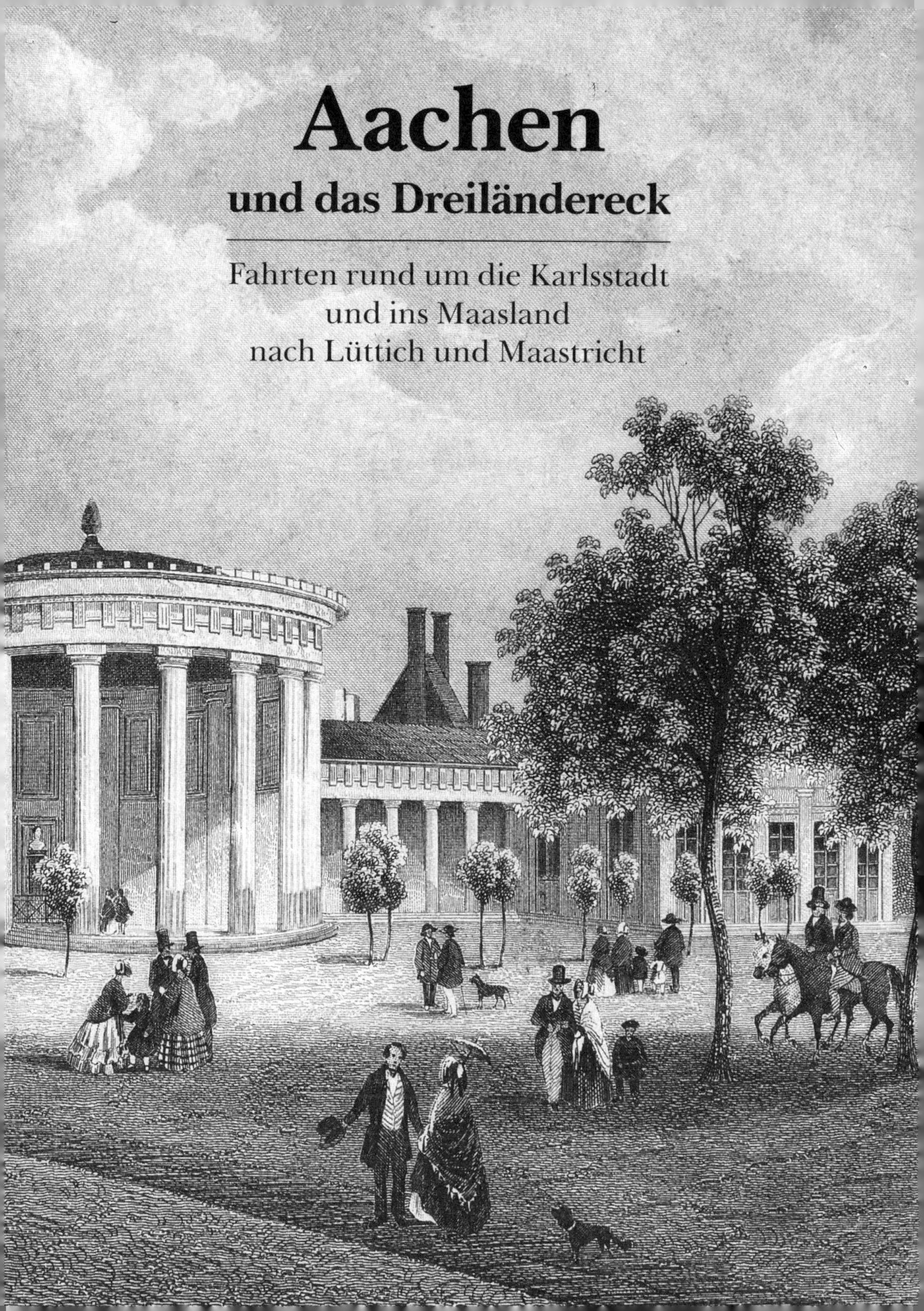

Umschlagvorderseite: Aachen, Blick auf die Altstadt
Umschlaginnenklappe, vorn: Karlsbüste
Umschlaginnenklappe, hinten: ›t Badt tot Aken‹, Kupferstich von 1682
Umschlagrückseite: Statue des hl. Kornelius in der ehemaligen Abteikirche von Kornelimünster
Frontispiz: Aachen, Elisenbrunnen, Stahlstich um 1850

Über die Autorin: *Gabriele M. Knoll,* geboren in Köln, studierte Historische Geographie, Geographie, Kunstgeschichte und Geologie in Köln und Bonn. 1987 Promotion in Historischer Geographie über den Großstadttourismus Kölns im 19. und 20. Jh.; seitdem ist sie als freiberufliche Autorin und Fremdenverkehrshistorikerin tätig.
Veröffentlichungen: Reiseführer über das Rheinland, zwei Stadtführer Xanten, Stadtführer Speyer, Burgen und Schlösser am Mittelrhein sowie Aufsätze zur historischen Stadtentwicklung und Fremdenverkehrsgeschichte. Im DuMont Verlag erschienen von Gabriele M. Knoll der Kunst-Reiseführer »Der Niederrhein« und der Text zu dem Bildband »Niederrhein«.

Die Deutsche Bibliothek – CIP-Einheitsaufnahme

Knoll, Gabriele M.:
Aachen und das Dreiländereck: Fahrten rund um die Karlsstadt
und ins Maasland nach Lüttich und Maastricht / Gabriele M.
Knoll. – Köln : DuMont, 1993
(DuMont-Dokumente : DuMont-Kunst-Reiseführer)
ISBN 3-7701-1829-4

Satz und Druck: Rasch, Bramsche
Buchbinderische Verarbeitung: Bramscher Buchbinder Betriebe

Printed in Germany ISBN 3-7701-1829-4

Inhalt

Anstelle eines Vorwortes

»Für den Kranken ist Aachen eine Mineral-Quelle, warm, kalt, eisen- und schwefelhaltig; für den Touristen ist es ein Ort der Bälle und Conzerte; für den Pilger ein Kästchen mit kostbaren Reliquien, die man nur alle sieben Jahre zu sehen bekömmt: wie der Rock der heiligen Jungfrau, das Blut des Jesuskindleins, das Tuch, auf dem der heilige Johann der Täufer enthauptet wurde; für den Alterthums- und Chroniken-Freund ist es eine adelige Frauen-Abtei, unmittelbar herstammend aus dem Convent der Geistlichen, welches der heilige Gregor, Sohn des orientalischen Kaisers Nicephorus, erbaut; für den Jagdfreund ist es der alte Aufenthalt der Eber, *Porcetum*, woraus *Borcette* (Burscheid) wurde; für den Manufacturisten ist seine Quelle eine Laugenwäsche für Wollenzeuge; für den Kaufmann ist es eine Fabrikstätte von Tuch, Casimir, Näh- und Stecknadeln. Für den aber, der weder Kaufmann noch Manufacturist, weder Jäger noch Alterthumsforscher, nicht Pilger nicht Tourist und nicht krank ist, bleibt es die Stadt Carl des Großen.«

Victor Hugo, 1838

Kurleben auf der Komphausbadstraße. Kupferstich, um 1727

Aachen – aus der Stadtgeschichte

Ein Kurort für rheumakranke Römer und Kelten: Aquae Granni

Fremdenverkehr als Wirtschaftsförderung in abgelegenen Gebieten ist keine Erfindung des 20. Jh., denn schon den Römern gelang es kurz nach Beginn unserer Zeitrechnung, im sumpfigen und siedlungsfeindlichen Aachener Kessel einen Badeort zu gründen, der sich noch hervorragend entwickeln sollte.

Anfangs hatten die Römer die unwirtliche Gegend gemieden und die Trasse ihrer Heerstraße von CCAA (Köln) über Iuliacum (Jülich), Coriovallum (Heerlen), Traiectum ad Mosam (Maastricht) nach Aduatuca Tungrorum (Tongeren) durch die ebene Bördenlandschaft gelegt. Eine zweite, weniger bedeutende Straße verlief durch das Hohe Venn und von Raeren ab parallel zum Gebirgsfuß nach Düren; dabei ließ man den Aachener Raum ebenfalls links liegen.

Doch schon bald nach der Entdeckung der Thermalquellen zog es die Legionäre zum warmen Wasser hin, schließlich pflegte man in der Heimat auch ohne medizinische Notwendigkeit eine gehobene Badekultur. Beim näheren Hinsehen und der Verlockung, die Heilquellen zu nutzen, bemerkten die römischen Soldaten die feinen Unterschiede im Gelände und fanden einen geeigneten Siedlungsplatz: den sogenannten Marktsporn. Wie ein Finger ragt er rund zehn bis zwölf Meter über dem umgebenden feuchten Niveau in den Aachener Kessel. Der von Südwesten nach Nordosten verlaufende Sandrücken bot nicht nur günstigen und trockenen Untergrund für den Ort, sondern auch für einen Badebezirk, denn an seinem Südhang trat in mehreren Quellen das Thermalwasser zutage.

Parallel zum Sporn verläuft eine Quellenlinie, eine zweite südöstlich davon. In der heutigen Domnähe und am Büchel sprudelt 45°–55° C warmes Wasser aus der Tiefe. Dort weisen Siedlungsreste bis auf das 2. Jahrzehnt n. Chr. zurück, obwohl anzunehmen ist, daß bereits vorher Kelten vom Thermalwasser profitierten. Die heißen Quellen von Burtscheid (65°–75° C) wurden ebenfalls in der ersten Hälfte des 1. Jh. n. Chr. erschlossen, doch waren sie – wie die Funde vermuten lassen – weniger bedeutend. Dafür überliefern jedoch gerade sie den Namen des römischen Militärbades : Aquae Granni. Der Bade- und Kurbetrieb stand unter dem Schutz des keltischen Heilgottes Grannus, den man mit Apollo gleichsetzte. Eine Kopie des Weihealtars für Apollo befindet sich in der Burg Frankenberg, das Original im Rheinischen Landesmuseum Bonn.

Im Zentrum bauten die römischen Soldaten über der Kaiserbadquelle die Büchelthermе, eine Ansammlung von Holz- und Fachwerkbauten. Nach der Zerstörung während des

Bataveraufstands 69/70 n. Chr. entstand ein neuer großer Komplex aus Stein. Die Beliebtheit des warmen Aachener Wassers stieg im letzten Viertel des 1. Jh. derart an, daß eine zweite, noch größere Badeanlage nötig wurde. Über der – inzwischen versiegten – Domquelle errichtete man die Münstertherme.

Mit ihren Ausmaßen und Räumlichkeiten standen die beiden Thermen denjenigen in anderen Orten um nichts nach. Es gab auch hier die Abfolge von Räumen mit unterschiedlich temperierten Wasserbecken, die der Badende bei seinem zeitaufwendigen Aufenthalt durchschritt: Räume mit Einzelwannen, ein Caldarium mit einem großen Thermalwasserbecken, aber auch das Frigidarium mit einem Kaltwasserbecken – alles durch Fußboden- und Wandheizung, sogenannte Hypokausten (s. S. 10), angenehm erwärmt. Während die Thermen von Aquae Granni anfangs nur für die Angehörigen der niedergermanischen Truppen eingerichtet worden waren, dienten sie ab dem ausgehenden 1. Jh. ebenso den zivilen Besuchern.

Weihealtar für Apollo Grannus

Der Bau der Münstertherme forderte nun die römische Stadtplanung heraus, eine angemessene Verbindung beider Thermen zu schaffen. Gleichzeitig galt es auch, den Heilgott günstig zu stimmen, damit der wohltuende Quell nicht versiegte. Neben ein Quellheiligtum setzte man mindestens zwei Tempel und umrahmte den gesamten Platz mit einer Säulenhalle. Dieser Portikus – ein teilweise rekonstruiertes Stück finden Sie am Hof – stellte nicht nur einen würdevollen Rahmen dar, sondern er bot neben dem Schutz vor Sonne und Regen den Händlern eine Gelegenheit, ihre Waren im Trockenen an der ›Kurpromenade‹ anzubieten.

Parallel zur Achse, die von den Kuranlagen gebildet wurde – und durch den Verlauf des Marktspornes vorgegeben war –, entwickelte man ein Straßennetz und schuf die notwendige Anbindung an die Fernstraßen. Die Trasse der Großkölnstraße – Markt – Jakobstraße wurde zum Teilstück einer neuen Verbindung von Düren nach Lüttich, rechtwinklig geschnitten von einer ebenfalls neuen Verbindung zwischen Heerlen und Trier. Durch diesen Nordwest-Südost verlaufenden Weg wurde die Führung der Kockerellstraße und oberen Klostergasse vorgegeben.

Nicht anders als in modernen Heilbädern schloß sich an die Badeanlagen ein Wohnbereich an, ein Kurviertel mit Herbergen und Kurheimen, die durch Grabungen nachgewie-

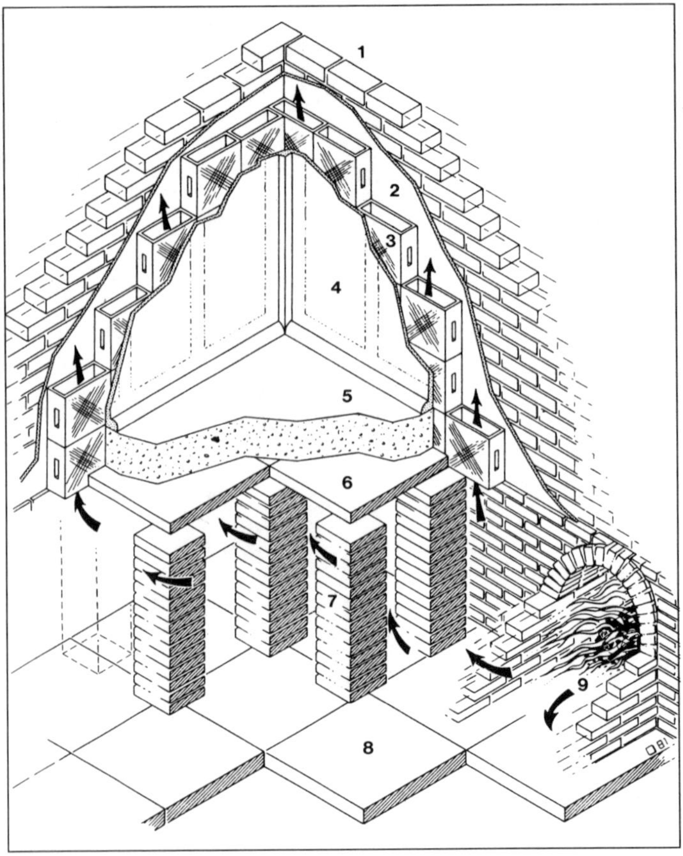

Schematische Darstellung eines Hypokaustum

sen wurden. An ihnen läßt sich der florierende Fremdenverkehr während des 2. Jh. ablesen, denn zahlreiche Fachwerkbauten im Kurviertel zwischen dem Markt und den Thermen ersetzte man durch Steinbauten.

Trotz der überregionalen Bedeutung für den Bädertourismus bekam Aquae Granni nicht den Rang einer Stadt zugesprochen, sondern blieb nur ein Vicus. Als einzige Dienststelle erhielt der Ort nach dem Überfall der Bataver im Jahre 70 n. Chr. eine Benefiziarierstation – einen Straßenwachtposten. In Aquae Granni lebte man nicht vom Badebetrieb und Fremdenverkehr allein; es gab Handwerker und Gewerbetreibende. Im Bereich der Großkölnund Minoritenstraße hatten sich Töpfer und Glasmacher niedergelassen. Wegen der Brandgefahr, die von ihren Betrieben ausging, mußten sie sich mit einer Lage am Ortsrand begnügen.

Noch weiter vor dem Vicus lag an der Straße nach Iuliacum ein großes Gräberfeld, ein zweites befand sich südlich der Bücheltherme. Wenn auch die Entwicklung des Badeortes die anfänglichen Hindernisse des Naturraumes schnell vergessen ließen, so blieben sie doch für die landwirtschaftliche Nutzung bestehen. Die ausgedehnten Feuchtgebiete um Aquae Granni erlaubten kaum Getreideanbau. Für die Viehzucht waren die Voraussetzungen jedoch gegeben. Hinzu kam ein vielfältiger Gartenbau mit Obst- und Gemüsekulturen. Nicht nur einheimische Produkte wie Möhren, Sellerie, Feldsalat, Linsen, Hafer und als Früchte Kirschen und Pflaumen kamen auf den Tisch des römischen Badegastes, sondern für die zahlungskräftigeren Touristen auch importierte Feigen und Oliven. Natürlich bereicherten Wildgemüse, -obst und -kräuter den antiken Speisezettel.

Wie sah das weitere Umland des florierenden Militärbades aus? Die heißeren Burtscheider Quellen wurden vom 1. Jh. bis zum 3. Jh. ebenfalls für einen Kurbetrieb genutzt. Kornelimünster – das einstige Varnenum – wies zur gleichen Zeit einen Tempelbezirk auf, den größten, der bislang im Aachener Raum entdeckt wurde. Nach Inschriften war er Varnenus und Sunuxal geweiht.

Damit wird auch ein düsteres Kapitel der römischen Epoche angedeutet, denn vor Caesars Eroberungszügen (58–51 v. Chr.) siedelten in der Region vom südlichen Niederrhein bis zum Rand des Rheinischen Schiefergebirges und im belgischen Kempenland die Ebu-

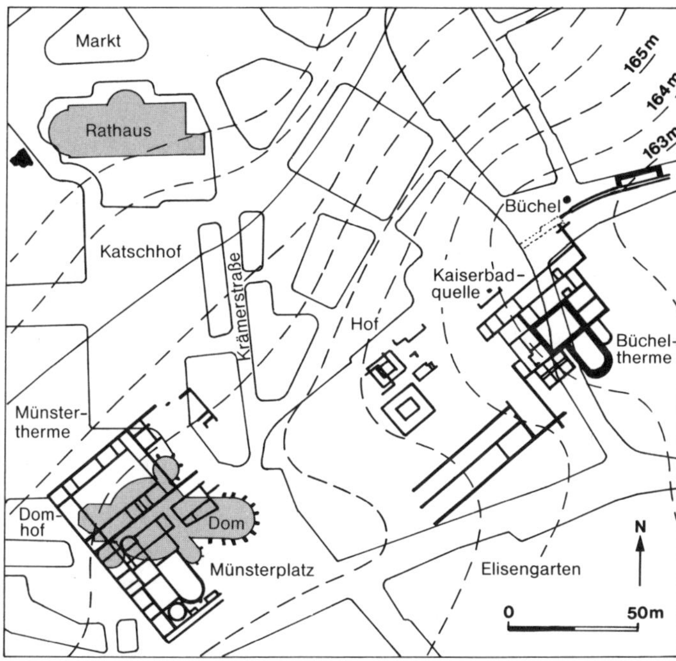

Lageplan der Münsterthermen, der Platzanlage mit Heiligtum und der Büchelthermen

ronen. Dieser Stamm hatte während des Winters 55/54 v. Chr. Caesars Truppen eine schmachvolle Niederlage bereitet, indem sie unter Führung des Eburonenfürsten Ambiorix rund ein Fünftel des feindlichen Heeres im Winterlager vernichteten. Der römische Feldherr rächte sich am Volk der Eburonen: Im folgenden Sommer kehrte er mit neuen Legionen zurück, plünderte das Land, brach jeglichen Widerstand und ließ die Überlebenden in die Sklaverei verkaufen. Der Stamm der Eburonen war ausgelöscht. Den weitgehend menschenleeren Raum besiedelte er danach mit – Rom freundlich gesinnten – Kelten: Im Gebiet von Aquae Granni waren es die Sunnuker, weiter westlich in Limburg die Tungrer.

Diese Einwohner leisteten einen wichtigen Beitrag beim Aufbau eines römischen Siedlungsnetzes. Atuatuca Tungrorum (Tongeren, s. S. 252 f.) entstand als Verwaltungszentrum der Civitas Tungrorum und stieg zum zweitwichtigsten Ort der Provinz Niedergermanien nach Köln auf. Traiectum ad Mosam (Maastricht, s. S. 269 ff.) entwickelte sich zu einem bedeutenden Vicus an der Stelle, wo die Heerstraße von Köln nach Bavay die Maas überquerte.

Für die Wirtschaft dieses Raumes und die Versorgung entfernter Regionen der Provinz spielte bereits seit dem 1. Jh. der Bergbau eine Rolle. Die reichen Bodenschätze am Rand des Rheinischen Schiefergebirges ließen das Gebiet um Stolberg (s. S. 228 ff.) zu einem ›antiken Revier‹ werden: Steinkohlenbergbau, Erzgewinnung und Verhüttung, aber auch Galmeiabbau für die Messingproduktion sorgten nicht nur für Pingen (Schürflöcher) und Gewerbebetriebe, sondern gleichzeitig für die Vorläufer von Zechenkolonien. Die anstehenden Gesteine nutzte man und lieferte Kalkstein, Sandstein und Blaustein als Baumaterial in die weitere Umgebung.

Das fränkische Aquis Villa

Im späten 3. Jh. begann der Untergang des römischen Germaniens, von dem auch Aquae Granni nicht verschont blieb. Bereits der erste große Frankenüberfall von 275/76 verursachte Schäden im Badeort, besonders die Thermen litten darunter. Im 4. Jh. war die Bedrohung derart angestiegen, daß man den Vicus – allerdings in kleinerem Umfang – mit einer Wehrmauer umgab. Reste dieser Befestigung entdeckte man an der Südwest-Ecke des Marktes. Zwischen 350 und 360 wurde die Kaisertherme vollständig zerstört und der Badebetrieb damit aufgegeben.

An der Münstertherme läßt sich unter all den Zerstörungswellen, die der Ort erlebte, ein Neubau des 4. Jh. nachweisen: eine langgestreckte Apsis, die einer kleinen Christengemeinde als Kirche diente. Von den Funden fränkischer Gräberfelder kann man ableiten, daß die Siedlung auch unter fränkischer Herrschaft fortbestand – jedoch in wesentlich kleineren Ausmaßen als zur Blütezeit im 1./2. Jh.

Wenn auch wenige Relikte und schriftliche Quellen über die Jahrhunderte der Völkerwanderung im Aachener Raum Auskunft geben, so darf doch nicht übersehen werden, daß in dieser Zeit wichtige Entwicklungen stattfanden, die im späten 8. Jh. den steilen Aufstieg des Ortes zur karolingischen Residenz ermöglichten. Dazu gehörte in erster Linie die Ausbreitung des Christentums.

Die Missionierung erfolgte von Westen, denn im Maastal war die neue Religion bereits weiter verbreitet und stärker organisiert. Schon für das Jahr 344 ist ein Bischof, der hl. Servatius, in Tongeren bekannt, der demjenigen in Köln untergeordnet war. Um 384 wurde der Bischofssitz nach Maastricht verlegt. In den unruhigen Zeiten zu Beginn des 8. Jh. überführte der Bischof Hubertus von Maastricht die Gebeine des hl. Lambertus nach Lüttich, und damit rückte auch der Bischofssitz maasaufwärts. Hubertus – später auch Hubertus von Lüttich genannt und heiliggesprochen – ist als der Heilige mit dem Hirsch bekannt. Das Bistum Lüttich – Maastricht – Tongeren umfaßte annähernd die Fläche der römischen Verwaltungseinheit der Civitas Tungrorum. Die östliche Grenze bildete dabei die Wurm und schloß Aachen somit ein. Auf diese Weise gehörte Aachen vom Jahre 721 an mehr als 1100 Jahre lang zum Bistum Lüttich, bis gerade der sonst so kirchenfeindliche Napoleon der Stadt einen eigenen Bischofssitz zugestand.

Karl, der große Bauherr an den heißen Quellen: die karolingische Residenz und die Siedlung Aha

Der Aufstieg Aachens zum Regierungssitz eines Imperiums, das nicht nur Westeuropa umfaßte, sondern über den Alpenbogen und die Pyrenäen nach Süden reichte, begann mit der Wiederentdeckung der heißen Quellen in der zweiten Hälfte des 8. Jh. König Pippin errichtete nahe der Münstertherme ein Landgut – eine villa regia – und verbrachte dort die hohen christlichen Feiertage des Jahres: Weihnachten und Ostern. Sein Sohn Karl setzte diese Tradition eine Zeitlang fort, bevor das Königsgut 794 als Pfalz ausgebaut und zur ständigen Residenz erhoben wurde.

Mit dem ersten Weihnachtsaufenthalt Pippins in Aquis Granni 765 tauchte dieser Name des Ortes erstmals in den Urkunden auf. Es ist kaum etwas über die Siedlung bekannt; vermutlich bestand sie aus einigen Höfen, die zum Betrieb des königlichen Landguts notwendig waren. Auf alle Fälle gehörte eine kleine Kirche dazu, vielleicht ein Gotteshaus als Nachfolge des Sakralbaus an der Münstertherme aus dem 4. Jh.

768 trat Karl das Erbe seines Vaters an. Nach dem Tod des Bruders Karlmann 771 übernahm er allein die Macht in einem Reich, das er durch weitere Eroberungen, wie z. B. durch die Sachsenkriege (772–804) oder die erfolgreichen Heerzüge 773/74 gegen die Langobarden um ausgedehnte Territorien vergrößerte. Der Alpenraum und Norditalien kamen auf diese Weise zum karolingischen Reich, 777/78 wurde das Pyrenäengebiet besetzt und 795 als Spanische Mark einverleibt. Zwischen seinen europaweiten Kriegszügen suchte der König – wie schon sein Vater – an den heißen Quellen Erholung von den Strapazen, und bald entwickelte sich Aquis Granni zum bevorzugten Aufenthaltsort.

Mehrere Gründe sprachen schließlich dafür, den königlichen Landsitz mit Kurbad und Kirche als politisches Zentrum des Frankenreichs auszubauen. Man befand sich hier mitten im Stammland, dem Familienbesitz der Karolinger, während der politische Schwerpunkt der Vorgänger – der Merowinger – noch im Raum Paris lag. Das Land zwischen Maas und

Karl der Große bei seiner Krönung zum Kaiser am 25. Dezember 800 in Rom. Franz. Buchmalerei

Rhein bot ebenfalls die wirtschaftlichen Voraussetzungen für eine große Hofhaltung. Ausgedehnte Jagdreviere gehörten dazu, nicht nur zur Fleischbeschaffung, sondern auch für die königliche Freizeitgestaltung. Letztendlich die Nähe zu den Heilquellen dürfte Karl bewogen haben, gerade an diesem Standort eine Pfalz errichten zu lassen.

Um 790 begannen die Arbeiten. Die monumentale Anlage aus Stein, die einen auffälligen Kontrast zu den sonst üblichen Holz- und Fachwerkbauten darstellte, hatte nicht nur die Aufgaben eines repräsentativen Regierungs- und standesgemäßen Wohnsitzes zu erfüllen. Als kulturelles Zentrum sollte die Hofschule – die Hofwerkstatt – Vorbild für künstlerisches Schaffen besonders auf den Gebieten der Buchmalerei, der Goldschmiedekunst und des Bronzegusses werden und gleichfalls dem Ansehen und Ruhme des Königs dienen. Auch die Architekturformen an seiner Residenz hatte Karl sorgfältig ausgewählt, um seinen Anspruch zu verdeutlichen, daß er den antiken christlichen Kaisern nachfolge. Die Königshalle entstand in Anlehnung an die Palastaula zu Trier; wesentliche Gestaltungselemente der Pfalzkapelle und kostbare Baumaterialien kamen aus Rom und Ravenna. Das westlich vorgelagerte Atrium als repräsentativer Innenhof griff einen römischen Baukörper wieder auf. Neben diesen offiziellen Gebäuden gehörten zur Pfalz noch die privaten Wohngemächer der königlichen, später kaiserlichen Familie, wie der Granusturm und ein Anbau an der Südost-Ecke der Königshalle. Vermutlich gab es auf der Ostseite des Pfalzkomplexes weitere Wohnbauten, in denen der Hofstaat, Gäste, Bedienstete und die Künst-

Karolingisches Eisengitter an der Empore, Aachener Dom

ler der Hofschule wohnten. Etwas außerhalb lag im Bereich der römischen Bücheltherme das neue Königsbad – später Kaiserbad.

Die beiden wichtigsten Gebäude der Pfalz, die Königshalle und die Kapelle, waren durch zwei parallel verlaufende Gänge miteinander verbunden, ähnlich den antiken Portiken, wie sie beispielsweise in römischer Zeit die Thermen zu einem baulich geschlossenen Komplex zusammenfügten. Der westliche Gang, ein steinerner Verbindungstrakt, besaß in seiner Mitte einen Torbau, wahrscheinlich mit einem Gerichtssaal im Obergeschoß. Am Himmelfahrtstag des Jahres 813 stürzte er ein. Es war kaum ein Fehler der Bauleute, der zu diesem Einsturz führte, sondern eines der häufigen Erdbeben, von denen die schriftlichen Quellen zu Beginn des 9. Jh. berichten.

Im Südwesten schloß sich an die karolingische Residenz das Dorf Aha an. Für seine Bevölkerung, Bauern, Handwerker und Händler, war die Pfalz der wichtigste Arbeitgeber und Absatzmarkt. Natürlich unterschieden sich die Verhältnisse durch eine streng hierarchische Ordnung und Abhängigkeitsbeziehungen von heutigen Zuständen. Als einstige Dorfstraßen, die sich bis heute erhalten haben, gelten die Annastraße und die Bendelstraße. An der Schmiedstraße lag der Dorfanger, im Volksmund lange Zeit ›das Gras‹ genannt. Diese Bezeichnung lebt noch im Namen des ersten Rathauses ›Grashaus‹ am nördlichen Ende des Angers, dem Fischmarkt, fort. Mit ihrem geschwungenen Verlauf hoben sich die Dorfstraßen deutlich vom geplanten, rechtwinkligen Straßen- und Wegenetz des römi-

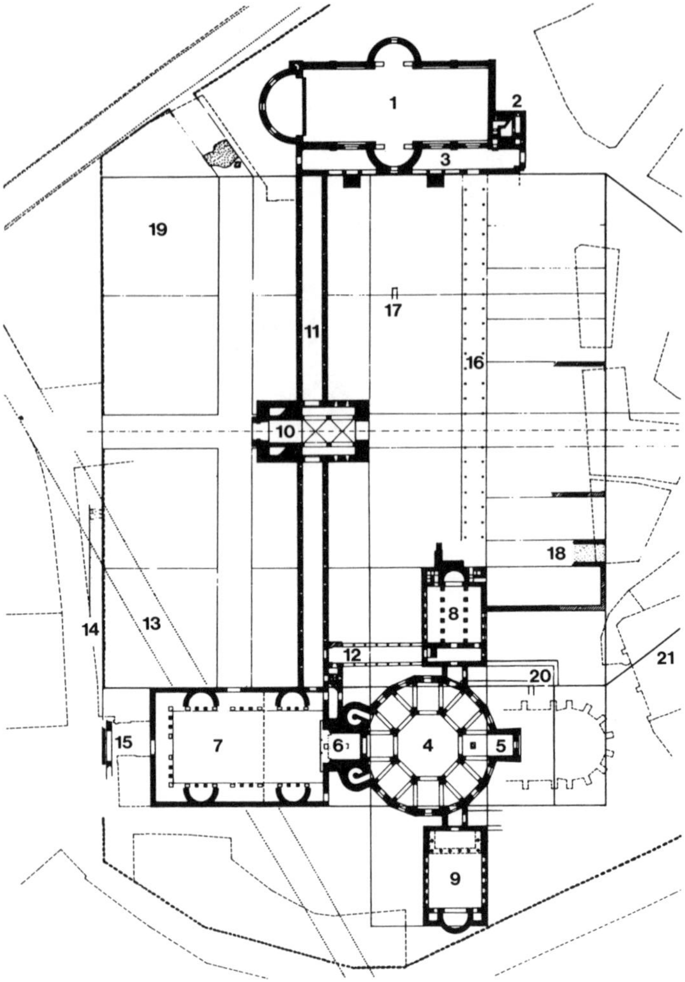

Plan der Aachener Pfalzanlage Erhaltene oder durch Forschung gesicherte Bauteile: 1 Königshalle (Aula regia) 2 Wohnturm (Granusturm) 3 Zweigeschossiger Bau (Portikus und Wohnräume) 4 Pfalzkapelle 5 Ehem. Chor der Pfalzkapelle 6 Westbau (dreigeschossig) 7 Atrium mit 4 Exedren und Brunnen 8 Nördlicher Annexbau (dreischiffig) 9 Südlicher Annexbau (Halle mit Empore) 10 Torhaus (Torhalle, Obergeschoß Gerichtssaal?) 11 Verbindungsbau (Erdgeschoß Garnision?, Obergeschoß Hofschule?) 12 Verbindungsbau (Portikus?) 13 Römische Straße mit seitlichem Kanal 14 Karolingischer Wallgraben Nicht gesicherte Bauteile: 15 Torhalle zum Atrium 16 Portikus lignea (hölzerner Verbindungsgang von den Wohngemächern zur Pfalzkapelle) 17 Theoderichstandbild 18 Innere Pfalzbauten (Fachwerkbauten auf Steinsockeln?) 19 Äußere Pfalzbauten (Holzhäuser) 20 Verbindungsportikus und Curia 21 Anschluß zu den römischen Thermen

schen Vicus und des karolingischen Pfalzbezirks ab. Aber auch die beiden Planungen sind nicht identisch: Paßten sich die Römer dem Gelände und dem Verlauf des Marktsporns von Südwest nach Nordost an, so orientierten sich die Karolinger mit ihren Wegen an der strengen Ost-West-Ausrichtung der Pfalzkapelle. Die liturgische Forderung, den Altar im Osten aufzustellen, gab die Längsachse der Kirche von Ost nach West vor und damit auch die Anordnung der anderen Bauten, wie z. B. Atrium und Aula Regia (Königshalle).

Im Winter des Jahres 814 wurde die Pfalzkapelle nach dem Tode Karls des Großen am 28. Januar zur kaiserlichen Grablege. Doch blieb die Pfalz nicht lange ohne Herrscher. Nach 30 Tagen Anreise aus Aquitanien traf sein Sohn Ludwig der Fromme in Aachen ein und übernahm die Regierung. Unter seiner Herrschaft galt Aquis Granni weiterhin als ›Hauptstadt‹ des Reiches und bevorzugtes Winterquartier des Hofes. Zunehmend fanden Reichstage in der Pfalz statt, so z. B. 817, 818, 819 und 821; danach pendelte sich ungefähr ein Vier-Jahre-Turnus ein. Zu solchen Gelegenheiten mußten die Pfalz und das Dorf große Gästescharen unterbringen und versorgen.

Rund 10 km südöstlich des Pfalzbezirks gründete Ludwig der Fromme bald nach seiner Ankunft ein Kloster. 817 wurde das Kloster Inda im Tal der Inde geweiht. Seine wirtschaftliche Versorgung stellte der Stifter durch ausreichende Landschenkungen – das Münsterländchen – sicher.

Einen schweren Schlag erlebte das Land um Aachen, aber auch die Gebiete von Lüttich, Tongeren und Maastricht im Herbst 881. Die Normannen bedrohten nicht mehr nur den Küstenraum von Nordsee und Ärmelkanal, sondern sie fuhren mit ihren Schiffen die Flüsse hoch und errichteten Winterlager im Binnenland statt nach Skandinavien zurückzukehren. Für die Siedlungen und das Land hatten die plündernden und mordenden Scharen verheerende Folgen: Das meiste fällt in Schutt und Asche, wie z. B. das Kloster Inda und Teile der Pfalz. Die Pfalzkapelle wurde als Pferdestall mißbraucht. Im Frühjahr 891 drangen die Normannen noch einmal in den Maasraum und auch nach Aachen vor. Schon die Zeitgenossen waren sich darüber einig, daß die Bruderkriege unter den Enkeln Karls des Großen den heranstürmenden Skandinaviern ihre Erfolge ermöglichten.

Kaiser, Könige und Heilige fördern die Stadtentwicklung von Aquisgranum

Neben den politischen und militärischen Schwächen, die sich im großen Ausmaß während der Normannenüberfälle gezeigt hatten, galt es auch im Detail die mangelhafte Befestigung von Gebäuden und Siedlungen zu beseitigen. Ein guter Vorsatz für den Wiederaufbau! Im Umland förderte dies den Bau befestigter Herrensitze als Vorläufer großer, hochmittelalterlicher Burganlagen.

Sicherlich dauerte es einige Generationen, bis die Bevölkerungsverluste und Zerstörungen soweit behoben waren, daß man wieder von einem Ort Aquisgranum sprechen kann. Die Könige des Deutschen Reichs gaben der Pfalz zu Aachen bald ihre einstige Bedeutung

MERIDIES
Cum priuilegio.
SEPTENTRIO
AQVISGRANVM, vulgo Aich, ad
Menapiorum fines, perantiqua Imperij vrbs,
monumento Caroli Magni, Thermar. pres-
tancia, & peregrinorum, ob reliquias, freque-
tatione, memorabilis. Anno partæ salutis.
CIƆ. IƆ. LXXVI. Coloniæ Agripp:

zurück: 936 ließ sich Otto I. hier zum König salben und krönen. Damit wollte der Sachse an die Tradition seiner karolingischen Vorgänger – insbesondere deren Macht – anknüpfen. Bis zum Jahre 1531 versuchten auf diese Weise, weitere 29 Könige in die Fußstapfen Karls des Großen zu treten.

Von den Krönungsfeierlichkeiten, den zahllosen hochrangigen Gästen und deren Begleitung, aber auch von der historischen Bedeutung des Ortes profitierte das Wirtschaftsleben. Eine Steigerung brachte das Jahr 1165: Kaiser Friedrich Barbarossa erschien es opportun, Karl den Großen heiligsprechen zu lassen. Durch die politisch motivierte Heiligsprechung bekam das Deutsche Reich ebenfalls einen sakralen Charakter, und vor diesem Hintergrund ließen sich Machtansprüche der römisch-katholischen Kirche wirkungsvoller abwehren. Erster Nutznießer des neuen Status war Aquisgranum, denn im folgenden Jahr erhielt die Siedlung nicht nur das Stadtrecht, sondern sie wurde gleich in den Rang einer Reichsstadt erhoben. Einige Maßnahmen zur Wirtschaftsförderung gehörten noch dazu, wie das Recht, zwei Märkte mit Abgabenfreiheit für alle Besucher zu veranstalten, eigene Münzen zu prägen und der königliche Schutz sowie eine allgemeine Zollbefreiung Aachener Händler auf ihren Geschäftsreisen im Deutschen Reich.

Zu diesen Privilegien fügte Friedrich Barbarossa im Jahre 1171 das Befestigungsrecht für Aquisgranum hinzu. Die Bürger

Perspektivischer Plan der Stadt Aachen mit dem Ponttor im Vordergrund. Kupferstich von Henrick van Steenwijck, 16. Jh.

mußten sich verpflichten, innerhalb von vier Jahren ihre Stadt mit einer Ringmauer zu umgeben. Man wird kaum gezögert haben, schnellstens die Sicherheit der Stadt zu verbessern. Der Verlauf der sogenannten Barbarossamauer läßt sich mit Hilfe der Grabenstraßen um den Stadtkern rekonstruieren. An einigen Stellen, wie zum Beispiel am Seilgraben oder Driescher Gäßchen, sind Mauerreste nach den Zerstörungen des Zweiten Weltkrieges wieder zum Vorschein gekommen. Der rund 2,5 km lange, staufische Mauergürtel engte die aufstrebende Stadt bald so ein, daß Mitte des 13. Jh. eine neue, weiter gesteckte Stadtbefestigung nötig wurde. Mitte des 14. Jh. war die äußere Mauer – von der heutigen Heinrichsallee, über Monheims-, Ludwigsallee, Pontwall, Turmstraße, Junkerstraße, An der Schanze, Boxgraben und Wallstraße führend – vollendet. Das Ponttor und das Marschiertor vermitteln noch immer einen Eindruck von der Wehrhaftigkeit der großen Stadteingänge. Ein Mauerstück mit dem Langen Turm aus dem frühen 14. Jh. steht in einer Grünanlage zwischen Turm- und Junkerstraße, andere Relikte der zweiten Stadtmauer sind beispielsweise der Pfaffenturm – weiter südlich an der Junkerstraße – oder der Stadtturm Lavenstein an der gleichnamigen Straße.

Die neuen Rechte der Bürger brachten nicht nur bis dahin unbekannte Ämter, wie es die erste Erwähnung eines Bürgermeisters 1352 zeigt, sondern auch neue Bauaufgaben: In der Mitte des fränkischen Dorfes entstand das älteste Rathaus, das Grashaus, in der ersten Hälfte des 13. Jh. Zu Beginn des 14. Jh. verlegte man den Sitz der städtischen Verwaltung an den Markt, denn durch ihn wurden gerade die bürgerlichen Freiheiten finanziert. Die Fundamente und Reste des aufgehenden Mauerwerks der karolingischen Palastaula bildeten die Grundlage des um 1349 fertiggestellten, neuen Rathauses.

Die großen Aktivitäten, die der Kirchenbau in den mittelalterlichen Städten auslöste, sind auch in Aachen zu beobachten. Östlich der Pfalzkapelle errichtete man für den Pfarrgottesdienst der Stadt eine Nebenkirche, St. Foillan. Noch vor den Mauern war im 11. Jh. das Adalberstift gegründet worden. Im 13. Jh. erlebte Aquisgranum eine Gründungswelle von Klöstern: um 1250 das Franziskanerkloster (heute St. Nikolaus Kirche) an der Großköln-/Minoritenstraße; zwischen 1262 und 1268 ließen sich die Augustiner-Eremiten an der Augustinergasse nieder (heutige Kirche St. Katharina); 1294 kauften die Dominikaner ein Haus an der Jakobstraße, um dort ein Kloster zu gründen. Damit ist die Zahl der Orden keineswegs erschöpft, andere religiöse Gemeinschaften, wie z. B. Bruderschaften, Beginen und Begarden widmeten sich der sozialen Fürsorge und führten Armenhäuser sowie Spitäler. 1295 wurden z. B. das Blasius-Spital auf dem Hof und das St. Martins-Spital vor dem Kölnmitteltor genannt. In der Regel sorgten Spenden und Stiftungen wohlhabender Bürger für den Unterhalt dieser Einrichtungen.

Von den Zeiten wirtschaftlichen Wohlstands und Baubooms blieb auch das Münster nicht unberührt. 1355–1414 wurde eine hohe gotische Chorhalle angefügt, die einen kleinen Rechteckchor ablöste. Zu einem beachtlichen Teil trug der Dom zur florierenden Wirtschaft bei, denn die Pilgermassen, die seit dem 14. Jh. die Heiligtümer aufsuchten, brachten viel Geld in die Stadt. Eine Quelle aus dem Jahre 1496 überliefert, daß an einem einzigen Tag der Heiligtumsfahrt 142 000 Wallfahrer gezählt wurden. Mag man an der Genauigkeit

Augenzeuge Philipp von Vigneulles: Die Zeigung der Heiligtümer Anno Domini 1510

»Sobald die Stunde herannaht, fangen die grossen Glocken an zu läuten, und hierauf kommt ein ehrwürdiger Prälat in Begleitung von mehreren würdigen Geistlichen; er und sein Gefolge gehen rings um die Kirche auf den durchbrochenen Gallerien..., und es sind in den Gängen mehrere Stellen bestimmt, wo man die hl. Reliquien vor den Augen eines jeden und zwar nach jeder Seite hin zeigt... .

Darauf nehmen die Prälaten das Kleid...und...breiten es in der ganzen Länge...vor den Blicken eines jeden aus. Da hätte man meinen sollen, die ganze Erde zittere vor dem lauten Schall der Hörner und dem Rufen der Männer und Frauen, die ›Barmherzigkeit‹ schreien.«

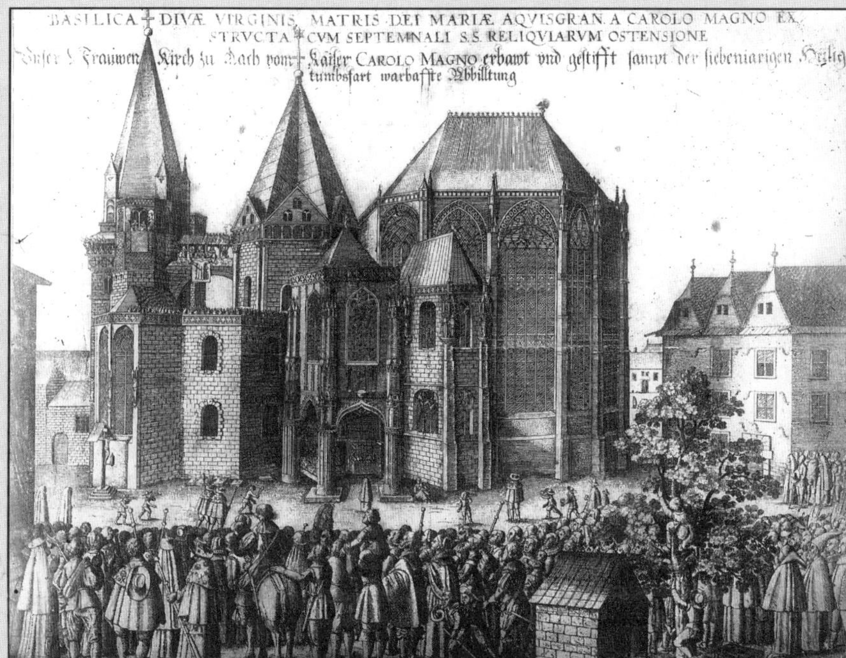

Ansicht des Münsters von der Südseite. Von der Galerie werden die Heiligtümer gezeigt, während sich auf dem Münsterplatz die Pilger drängen. Kupferstich von Abraham Hogenberg, um 1632

seine berechtigten Zweifel haben, so läßt die Zahl doch etwas von dem enormen Besucheraufkommen erahnen – große Schwankungen seit der ersten Heiligtumsfahrt im Jahre 1322 eingeschlossen (s. S. 195).

Aus welchen fernen Ländern die Gläubigen heranpilgerten, überliefert z. B. die Ungarnkapelle. Heute ein barocker Anbau an das Oktogon des Münsters, wurde sie im 14. Jh. als gotische Kapelle von ungarischen Wallfahrern – allen voran König Ludwig von Ungarn – gestiftet. Noch im späten Mittelalter koordinierte man die Wallfahrtstermine der umliegenden Pilgerziele Kornelimünster, Burtscheid, Maastricht, Düren und Trier und paßte sie dem Aachener Sieben-Jahre-Rhythmus an. Dieses Entgegenkommen nutzte allen Beteiligten: Den Pilgern war es möglich, auf ihrer oftmals großen Reise gleich mehrere Heiligtümer zu sehen und einen höheren geistigen und religiösen Gewinn zu schöpfen, während sich für die jeweiligen Kirchen und Orte die Chance ergab, im Schatten der Aachen-Wallfahrt mehr zahlungsfreudiges Publikum anzulocken und mit den Erträgen aus dem Ablaßhandel manchen Neubau zu finanzieren.

Das warme Wasser belebt die mittelalterliche Wirtschaft

Die idealen Wasserverhältnisse im Aachener Kessel ermöglichten Aquisgranum einen Aufstieg in die Gruppe der bedeutendsten Tuchstädte Mitteleuropas. Zwar gab es schon zur karolingischen Zeit die Tuchmacherei, doch zu einem wichtigen Teil des städtischen Wirtschaftslebens sollte sie erst im Hochmittelalter werden. Wesentliche Impulse gingen dabei vom Tuchhandel aus, für den Aachen einen günstigen Standort besaß. Die Stadt lag an dem Hauptverkehrs- und Handelsweg zwischen den flandrischen Tuchstädten wie Antwerpen, Gent und Brügge sowie dem Rheinland, einer ebenfalls wichtigen Region der Tuchherstellung und des Handels. Angesichts der hervorragenden Geschäfte entdeckten die Aachener schließlich, welch ausgezeichnete Voraussetzungen ihr Stadtgebiet für eine eigene Produktion bot. Das warme und gleichzeitig noch weiche, kalkfreie Wasser war ideal für das Waschen der Wolle, Spülen der

Gesamtansicht der Stadt Aachen mit dem Kölntor im Vordergrund. Nach einem Kupferstich von E. Kieser, 1623

gefärbten Stoffe oder auch das Walken der Tuche. Im Namen der Komphausbadstraße – Komphaus, das Walkhaus – lebt die Erinnerung an diesen Arbeitsprozeß noch fort, der hier bis ins 17. Jh. ausgeführt wurde. Zum anderen ließ sich die menschliche Arbeit zu einem Teil durch die Wasserkraft ersetzen. Nicht nur beim Walken wurde somit die schwere körperliche Arbeit reduziert, auch das Mahlen von Pflanzenteilen, um Farbstoffe zu gewinnen, verursachte weniger Mühe. Zur besseren Nutzung leitete man sogar Bäche um, wie z. B. den Paubach. Von der heutigen Kaiser-Friedrich-Allee aus wurde der Paubach parallel zum Marktsporn über den Hang geführt – Straßennamen wie Stromgasse, Mühlenberg und Paugasse geben darüber Auskunft. Dann floß das Wasser längs der Klappergasse, an der mehrere Mühlräder klapperten, wieder in ziemlich gerader Linie in sein altes Bett zurück. Relativ hohe Niederschläge sorgten für ausreichende Wassermengen, und schließlich gab es auch für die Schafzucht keine Probleme in der Region. Mitte des 12. Jh. erschien bereits das Wollenambacht, die Zunft der Tuchhersteller, in den Urkunden, ebenso 1166 eine erste

Tuchhalle im Pfalzbezirk. 1338 wurde eine weitere am Büchel genannt. Das Tuchgewerbe erlebte einen bemerkenswerten Aufschwung: Die Nachfrage stieg derart an, daß sogar englische Wolle gekauft und verarbeitet wurde. In der zweiten Hälfte des 13. Jh. setzte sich die Arbeitsteilung zwischen Webern und Färbern durch. Gemeinsam mit den Tuchstädten des Maaslandes, Maastricht und Huy als wichtigste nach Aachen, gefolgt im deutlichen Abstand von Lüttich, Namur und Dinant, entwickelte sich hier – nach moderner Bezeichnung – während des Mittelalters ein urban-gewerblicher Ballungsraum heraus, Vorläufer des später bedeutend werdenden Aachen-Lütticher Industriegebiets.

Die Tuchproduktion förderte andere Gewerbezweige, besonders die Metallverarbeitung, die sich auf notwendiges Zubehör, wie z. B. Kratzen, spezialisiert hatte. Doch besaßen Bergbau und Metallgewerbe im Aachener Umland bereits eine lange Tradition. Die Römer gewannen Galmei (Zinkerz) u. a. in Stolberg (s. S. 228); karolingische Meister machten die Hofschule der Pfalz zu einem Zentrum der Bronze- und Goldschmiedekunst (s. S. 14). Im 15. Jh. erlebte die Messingverarbeitung einen enormen Aufschwung, der sich im 16. Jh. derart fortsetzte, daß mancher Tuchmacher auf das Messinggewerbe umsattelte. Die Glaubenskämpfe, welche die Reformation auslöste, wirkten sich auf das Wirtschaftsleben im Aachener Reich zunächst positiv aus, da die Stadt zuwandernden Protestanten Asyl bot. Protestantische Tuchmacher kamen beispielsweise aus Antwerpen; aus Dinant wurden zahlreiche Kupferschläger-Familien vertrieben. Doch die Aufnahmebereitschaft währte nicht lange. Schon Ende des 16. Jh. begann eine erste Ausbürgerungswelle im Zuge der Gegenreformation. Die Handwerker aus dem Metallgewerbe fanden zu einem großen Teil im Herzogtum Jülich eine neue Existenz und Heimat. In Stolberg entwickelte sich ein Zentrum der Messingverarbeitung von europäischem Rang. Einige schloßähnliche Kupferhöfe zeugen noch heute von der einstigen Blüte und dem Wohlstand der Kupfermeister (s. S. 232 ff.).

Für die Stadt Aachen bedeutete dies einen schweren wirtschaftlichen Rückschlag. Nicht nur der Verlust fähiger Unternehmer, Handwerker und Kaufleute an die Nachbarstädte wirkte sich hier aus, auch die inzwischen überholten mittelalterlichen Zunftordnungen verhinderten ein zeitgemäßes Wirtschaften. Gleichzeitig behinderte der Dreißigjährige Krieg den Handel der Aachener Kaufleute trotz ihrer kaiserlichen und königlichen Privilegien. Diese Rechte bestätigten ihnen die Herrscher immer wieder, obwohl die Stadt seit 1562 nicht mehr Krönungsort der deutschen Könige war. Frankfurt mit seiner zentralen Lage im Reich hatte die ehrenvolle Aufgabe übernommen.

Zur Katastrophe kam es am 2. Mai 1656. In der Backstube des Peter Maw brach ein Feuer aus, das sich mit rasender Geschwindigkeit durch die Fachwerkhäuser der Stadt fraß. Eine amtliche Zählung registrierte, daß innerhalb von 20 Stunden 4664 Häuser – von ungefähr 5300 – abbrannten. Aachen lag in Schutt und Asche.

Ein Modebad von europäischem Rang

Zum dritten Mal leitete das Thermalwasser eine Epoche der Stadtgeschichte ein. Nach den Anfängen als römisches Militärbad und der Errichtung der Pfalz, wobei die Nähe zu den warmen Quellen letztendlich den Standort bestimmt hatte, baute man in Aachen – sprichwörtlich als gebranntes Kind – wieder auf das Wasser. Die Zukunftsaussichten waren gut: Im Laufe des 14. Jh. war das Aachener Wasser, Thermalquellen und Bäche, aus dem königlichen Besitz über ein Lehen an das Münster in städtische Hände gelangt. Im Juni 1669 kaufte die Stadt eine Wiese an der Komphausbadstraße, um dort eine Kurpromenade mit Trinkbrunnen zu errichten; die bislang ansässigen Tuchwalker mußten weichen.

Während der Schwerpunkt des mittelalterlichen Badebetriebes am Hof und am Büchel lag, sollte nun ›auf der grünen Wiese‹ ein großes Kurviertel entstehen. Der Kupferstich von Johann du Vivier läßt erahnen, daß dem Projekt Erfolg beschieden war, denn reges Treiben herrscht auf der neuen Kurpromenade, der Komphausbadstraße. Zwei Trinkbrunnen lie-

Das Kurleben auf der Komphausbadstraße. Kupferstich, 1736

Friedrich der große Unzufriedene

Zu den Kurgästen, die einst in Aachen weilten, gehörte auch Friedrich der Große. Im Jahre 1742, kurz nach Beendigung des ersten Schlesischen Krieges, logierte er im Gasthof Bouget am Komphausbad. Von dort schrieb er an Voltaire:

»Von der Quelle, deren Kraft dem Gicht- und Koliken-, Harngries-, Krebs- und Ischias (leidenden) gute Laune und Gesundheit verspricht.

Von diesem Ort, wo soviel Leute hinkommen, um sich abzulenken, und von wo soviele andere fortgehen ohne gesund zu sein, wo Ruhmredigkeit der Ärzte wie Liebesintrigen ihr Spiel gleichermaßen treiben, wo schließlich die Gebrechlichkeit und die Vorurteile soviele Personen aus allen Enden der Welt heranziehen, lade ich Sie ein, wie ein alter Kranker, mich hier zu besuchen. Sie werden hier den ersten Platz haben, sowohl in Ihrer Eigenschaft als Kranker wie als Schöngeist.

Wir sind gestern angekommen. Ich vermute Sie in Brüssel, und demnach hoffe ich, Sie übermorgen hier zu sehen…

Leben Sie wohl.«

ferten das begehrte Heilwasser. Um Mißbrauch vorzubeugen – gab es doch Kurgäste, die mehr als einen Eimer voll täglich tranken – bemühte sich der 1652 nach Aachen gekommene Brunnenarzt Franziscus Blondel (1613–1703) um Aufklärung. 1688 erschien sein Standardwerk in der 3. Auflage und einer deutschen Übersetzung: »Außfürliche Erklärung und augenscheinl. Wunderwirckung deren heylsamen Badt- und Trinckwässeren zu Aach«. Auch den Badebetrieb paßte der Medicus den neuen medizinischen Erkenntnissen an: Der vergnügliche Aufenthalt im Gemeinschaftsbecken, bei dem man nicht Thermalwasser, sondern Wein trank, wurde zunehmend durch Einzelbäder mit sorgfältig abgestimmten Wassertemperaturen ersetzt. Das erforderte umfangreiche Renovierungsarbeiten an den bestehenden Bädern, wie z. B. dem Kaiser- und dem Kleinbad, nun auch ›Bad der Königin von Ungarn‹ genannt. Daneben entstanden neue Anlagen, so das Quirinusbad – allesamt unter der Leitung des Stadtbaumeisters Laurenz Mefferdatis.

Die Kurgäste jener Zeit, vorwiegend Adlige und hochrangige Militärangehörige, erwarteten neben den Kuranwendungen auch Möglichkeiten, sich zu unterhalten und ein angemessenes Gesellschaftsleben. Dafür boten die Alte Redoute und ab 1786 die von Jakob Couven errichtete Neue Redoute den würdigen Rahmen. Konversationszimmer, Ballsaal und Räumlichkeiten für Glücksspiele waren gefragt. Vom einstigen Glanz des Modebades ist heute kaum mehr etwas zu sehen. Die wiederaufgebaute Neue Redoute, jetzt Altes Kurhaus genannt, steht zwar noch an der Komphausbadstraße, doch nicht als Denkmal eleganten Kurbetriebs im 18. Jh., sondern als Opfer moderner Stadtplanung und Verkehrsführung.

Die Franzosen, die 1792 die Herrschaft im westlichen Rheinland übernahmen, entwickelten neue Ausbaupläne. Dank der Vorliebe Napoleons für Aachen, sollte die Stadt in ein großes Militär- und Staatsbad verwandelt werden. War es mit dem Kurort im ausgehenden 18. Jh. doch nicht mehr zum besten bestellt? Hatte sich im Laufe des 18. Jh. der städtische Mittelpunkt vom Marktplatz zur Komphausbadstraße verschoben, so beabsichtigte die französische Verwaltung, ihr Zentrum ebenfalls zu verlegen. An der Alexanderstraße sollte die Präfektur errichtet werden, am Kapuzinergraben ein Badepalast. Aber zur Verwirklichung blieb den neuen Herren nicht genügend Zeit, denn bereits am 17. Januar 1814 mußte der Präfekt Baron Ladoucette Aachen verlassen. Deutliche Spuren hinterließ die französische Stadtregierung dagegen im Straßenbild. Weite Teile des mittelalterlichen Befestigungswalles hatte man schleifen lassen und auf dem so gewonnenen Terrain breite Alleen angelegt. Als Vorbereitung für das neue Kurviertel entstand der Kapuzinerboulevard und vorausschauend – ohne es ahnen zu können – die Monheimsallee für eine weitere Epoche der Bäderstadt im 20. Jh. Andere Abschnitte der ehemaligen Stadtbefestigung wurden ebenfalls durch Grünanlagen zu Promenaden und Alleen umgestaltet mit Ruinen einstiger Stadttürme als Denkmäler.

Für die preußische Verwaltung ab 1815 stellte sich die Frage, ob Aachen weiterhin Badestadt bleiben, oder ob man die guten wirtschaftlichen Voraussetzungen und Verbindungen

Von den Ergötzlichkeiten zu Achen

Karl Ludwig Freiherr von Pöllnitz besuchte im 18. Jh. zahlreiche europäische Fürstenhöfe. Er war ein amüsanter Gast und witziger Beobachter der Zeitumstände. In ›Zeitverteibe bey den Wasser von Spaa‹ schreibt er:

»Unter allen Orten in Europa, die wegen Zusammenkunfft vieler Fremden berühmt sind, ist leichtlich keiner zu finden, wo man eine grössere Veränderung im Zeit-Vertreib als zu Achen antrifft. Alles scheinet daselbst zum Vergnügen eingerichtet zu seyn: Die Lage dieser Stadt, ihr Alterthum, Adel, Uberfluß an warmen Brunnen, die Herrlichkeit ihrer Bäder, seltenen Eigenschafften ihrer Wasser, die übernatürlichen Würckungen, so sie thun, und allerhand Arten Bewundernswürdiger Dinge der Natur und Kunst, so sich daselbst finden, sind vermögend die Neugierigkeit derer gleichgültigsten, oder unaufmercksamsten zu ermuntern. Die Ergötzlichkeiten, so von dem Uberfluß derer Fremden, die in zweyen Jahres-Zeiten von allen Enden dahin kommen, unzertrennlich sind, machen den Auffenthalt dieser Stadt an allen Orten so gläntzend, daß wenn sie sich in denen andern Monaten des Jahres gleichete, niemand seyn würde, der sich nicht daselbst beständig aufzuhalten wünschen sollte. Die Freyheit einer ungezwungenen Aufführung welche sonst iedermann wünschet, und ohne welche die köstlichsten Augenblicke verdrüßlich fallen, findet sich zu Achen, als in ihrem Mittel-Punct.«

Feierlichkeit zum 5. Jahrestag der Völkerschlacht. Kupferstich, um 1820

zum Lütticher Industriegebiet nutzen sollte. Bis zur Mitte des 19. Jh. gaben die Stadtoberen noch dem Fremdenverkehr den Vorrang und griffen den Gedanken der Franzosen, um den Kapuzinergraben herum einen Kurbereich zu schaffen, wieder auf. Die klassizistische Trink- und Wandelhalle des Elisenbrunnens wurde 1825–1827 erbaut, 1825 hatte man das Stadttheater, einen klassizistischen Musentempel, bereits fertiggestellt. Den Ausbau der Garten- und Parkanlagen führte die preußische Verwaltung ebenso weiter. 1818 waren die Bäder aus vorübergehend staatlichem Besitz wieder in städtische Hände gelangt.

Im Herbst desselben Jahres erhielt die Stadt anläßlich des Monarchenkongresses, auf dem die Weichen für die politische Entwicklung Europas gestellt werden sollten, Besucherscharen und eine Vielzahl gekrönter Häupter, deren Aufenthalt sich in Straßenbezeichnungen niederschlägt: Die Straßen, an denen die Kaiser und der König zu logieren geruhten, wurden am 18. Oktober – dem 5. Jahrestag der Völkerschlacht bei Leipzig, dessen die Monarchen und Waffenbrüder feierlich gedachten – umbenannt. Aus dem Foggengraben wurde der Friedrich-Wilhelm-Platz, die Marschierstraße wurde zur Franzstraße, und die Kölnstraße erhielt den Namen Alexanderstraße. Von diesem herausragenden Ereignis konnte der Fremdenverkehr Aachens noch lange zehren, denn es war Mode geworden, dorthin zu reisen, wo sich der Hochadel Europas einmal aufgehalten hatte: Könige und Prinzessinnen wurden von der Hotelwerbung entdeckt!

Mit der Eisenbahn geht es – trotz aller Schwierigkeiten – weiter bergauf

Neben den strahlenden Höhepunkten, welche die feine Gesellschaft in Bad Aachen erleben konnte, stand die breite Bevölkerung in Stadt und Umland mehr auf der Schattenseite des Lebens. Mißernten, Hungerjahre, Typhus-, Cholera-, Pocken- und Wechselfieberepedemien waren für sie einschneidende Ereignisse während der ersten Hälfte des 19. Jh. Die Landwirtschaft im Aachener Raum konnte aufgrund ihrer naturräumlichen Nachteile und einer Zersplitterung der Nutzflächen nicht mit der bevorzugten Bördenregion mithalten. Die Familien waren gezwungen, durch Nebenerwerb den kargen Lebensunterhalt zu sichern – die Mithilfe sämtlicher Familienmitglieder vorausgesetzt.

Die von den Franzosen 1798 eingeführte Gewerbefreiheit erlaubte Unternehmern und Fabrikanten ein Wirtschaften nach den neuen kapitalistischen Grundsätzen; einengende Zunftverordnungen aus dem Mittelalter waren erst jetzt abgeschafft worden. Gemeinsam mit den technischen Entwicklungen – allen voran die Dampfmaschinen – verhalf die neue Wirtschaftspolitik den traditionsreichen Aachener Gewerben zur Expansion. Am Ende der französischen Herrschaft stand Aachen mitten im Umbruch zur frühindustriellen Stadt – mit engen Verbindungen zur Lütticher Industrie, die sich beispielsweise bei Betrieben der Eisenverarbeitung beteiligte und einiges an Pionierarbeiten leistete. In der Fabrikantenfamilie Cockerill wurde regionale Wirtschaftsförderung zur Familienangelegenheit. 1798 gründete William Cockerill ein Jahr nach seiner Auswanderung aus England in Lüttich ein Werk für Dampf- und Textilmaschinen. Seine drei Söhne heirateten in große Aachener und Monschauer Tuch- und Nadelbetriebe ein, wo sie dann Gelegenheit fanden, die Unternehmen auf den neuesten Stand der Technik zu bringen und somit erfolgreich zu wirtschaften.

Probleme tauchten auf, als nach der Abdankung Napoleons und dem Zerfall seines Imperiums neue Grenzen gezogen wurden, die u. a. den Lüttich-Aachener Wirtschaftsraum zerschnitten. 1815 entstand das Königreich der Vereinigten Niederlande, von dem sich 1830 die belgische Monarchie abspaltete. Für Aachen wie für die anderen alten katholischen Städte des Rheinlands war die neue Orientierung zum ›fernen‹, protestantischen Preußen keine leichte Umstellung.

Zu einem wichtigen Motor der Industrialisierung entwickelte sich die Eisenbahn, welche die extreme Randlage mildern und die Anbindung an den belgischen Wirtschaftsraum wieder verbessern sollte. 1841 wurde die Strecke der Rheinischen Eisenbahn von Köln nach Aachen eröffnet, zwei Jahre später weihte man den Anschluß nach Belgien über Herbesthal feierlich ein. Der Eisenbahnbau hatte damit einen Berg von Schwierigkeiten, die durch das Gelände vorgegeben waren, gemeistert; schließlich steckten der Tunnel- und Brückenbau für die Dampfrösser noch in den Kinderschuhen. In den Jahren 1838 bis 1840 entstand der 275 m lange Burtscheider Viadukt, ein viel bestauntes Wunderwerk seiner Zeit, das heute

Eisenbahnviadukt bei Aachen. Stahlstich von Johann Poppel, um 1860 ▷

noch als älteste deutsche Eisenbahnbrücke in Betrieb ist. Bahnverbindungen nach Maastricht und Düsseldorf wurden 1853 vollendet.

Von besonderer Bedeutung war die Anbindung der Kohlegruben im Raume Aachens und Eschweilers. 1846 entstand an der Bahnlinie das Hüttenwerk Rothe Erde, das sein Roheisen vorwiegend aus Eschweiler und Lüttich bezog. Die Umstellung von der Wasserkraft zum Dampfantrieb setzte sich auch in den traditionsreichen Gewerben der Tuchmacherei und der Nadelfabrikation durch. Bis zur Mitte des 19. Jh. fand die Nadelherstellung mit Ausnahme des Schleifens und Polierens in Heimarbeit statt. In den Dörfern der Umgebung beschäftigten die Verleger hauptsächlich Frauen und Kinder, wobei die Kleinen besonders für das Stechen der Nadelöhre geeignet schienen. Die feinen Kinderhände bevorzugte man ebenso nach dem Einführen dampfgetriebener Stanzen in der Stecknadelherstellung. Der Landrat von Coels schrieb 1836 in einem Bericht an den Oberpräsidenten, daß von den 150 Arbeitern in den drei Stecknadelfabriken Aachens zwei Drittel Kinder zwischen 10 und 14 Jahren seien. Die billigen Arbeitskräfte, Erfindergeist und aufgeschlossene Unternehmer verhalfen den Aachener Nadeln im 19. Jh. zu Weltruhm. Wichtige Neuerungen, die heute zu Selbstverständlichkeiten geworden sind, produzierte man und exportierte sie in alle Welt: Ab 1853 waren es Nähmaschinennadeln, seit den 80er Jahren Sicherheitsnadeln.

Neben der Nadelherstellung seit dem späten Mittelalter entwickelten sich aus der Metallverarbeitung während des 19. Jh. weitere bedeutende Wirtschaftszweige in der Stadt – teilweise als Zulieferbetriebe für die Textilindustrie wie z. B. der Maschinenbau. Bereits ab 1838 baute die Fabrik Talbot in Aachen Eisenbahnwaggons.

Wie veränderte die Industrialisierung nun das Bild der Stadt? Wie wirkte sich das rapide Bevölkerungswachstum von 30 179 Einwohnern im Jahre 1812, 74 146 bei der Reichsgründung 1871 und 106 803 am Vorabend des Ersten Weltkriegs aus? Noch bis zur Jahrhundertwende konzentrierte sich das meiste auf der Fläche der mittelalterlichen Stadt innerhalb des Alleenrings. Fabriken lagen häufig gleich neben der Villa des Fabrikanten, inmitten einer dichten Bebauung mit einfachen oder aufwendig gestalteten Mietshäusern, die heute noch alle Variationen des Rheinischen Dreifensterhauses zeigen. Bescheidenere Ausführungen finden Sie u. a. an der Wilhelmstraße, Gottfried- oder Harscampstraße. Zu den besseren Wohnlagen gehörten beispielsweise der Löhergraben und die Ludwigsallee. In der zweiten Hälfte des 19. Jh. ließen die Großunternehmer Rehm und Steffen östlich der Heinrichsallee und der Wilhelmstraße neue Wohnviertel anlegen. Nach 1870 entstand südlich davon das Frankenberger Viertel.

Mit dem Stadtwachstum stieg auch der Bedarf an neuen Kirchen vor allem in den jungen Wohngebieten. Die Serie historisierender Sakralbauten leitete Vincenz Statz mit der neugotischen St. Marienkirche (1859–63) ein. Heinrich Wiethase errichtete 1877–81 die neuromanische Basilika St. Jakob. Josef Buchkremer entwarf die neugotische Basilika Hl. Kreuz (1897–1903) an der Pontstraße. In Burtscheid wurden 1897 die Herz-Jesu-Kirche und zwei Jahre später die Dreifaltigkeitskirche vollendet. Mit dem 1. April 1897 verlor die Stadt Burtscheid ihre Selbständigkeit; Aachen hatte den konkurrierenden Badeort eingemeindet.

Schwere Zeiten durch die Grenzlage

Der Erste Weltkrieg brachte dem Rheinland einschneidende Veränderungen, von denen auch Aachen stark betroffen wurde: Die Siegermächte lösten die Region aus dem militärischen Verband des Deutschen Reichs und unterstellten sie fremder Besatzung. Im Aachener Raum übernahm am 30. November 1918 belgisches Militär die Macht, zeitweise unterstützt von französischen Truppen. Die Versorgung der Besatzungstruppen beschleunigte den wirtschaftlichen Zusammenbruch, da schon die Zivilbevölkerung unzureichend mit Lebensmitteln und Wohnraum versorgt war. Wohnungen wurden zwangsrationiert, große Gebäude mußten für das Militär geräumt werden.

Zum Jahresbeginn 1920 verschob sich die Grenze, und Aachen verlor mit den Kreisen Eupen und Malmedy, die Belgien zugeschlagen wurden, einen Teil seines Hinterlands. Besonders war davon die Vennbahn betroffen, denn die Bahnlinie Raeren-Kalterherberg mußte abgetreten werden. Bei der Grenzregulierung im Jahre 1921 fielen jedoch Teile der Ostkantone wieder zurück und gelangten unter die vorläufige Verwaltung der Stadt Aachen.

Die Krisenzeiten der 20er Jahre lassen sich nicht nur mit Arbeitslosenzahlen verdeutlichen. Von den 152 800 Einwohnern war über ein Viertel arbeitslos und rund 43 000 Menschen mußten durch öffentliche Speisungen versorgt werden. Auch Wohnungsbau und Stadtwachstum spiegelten die schwierigen Verhältnisse wider. Zwischen 1918 und 1924

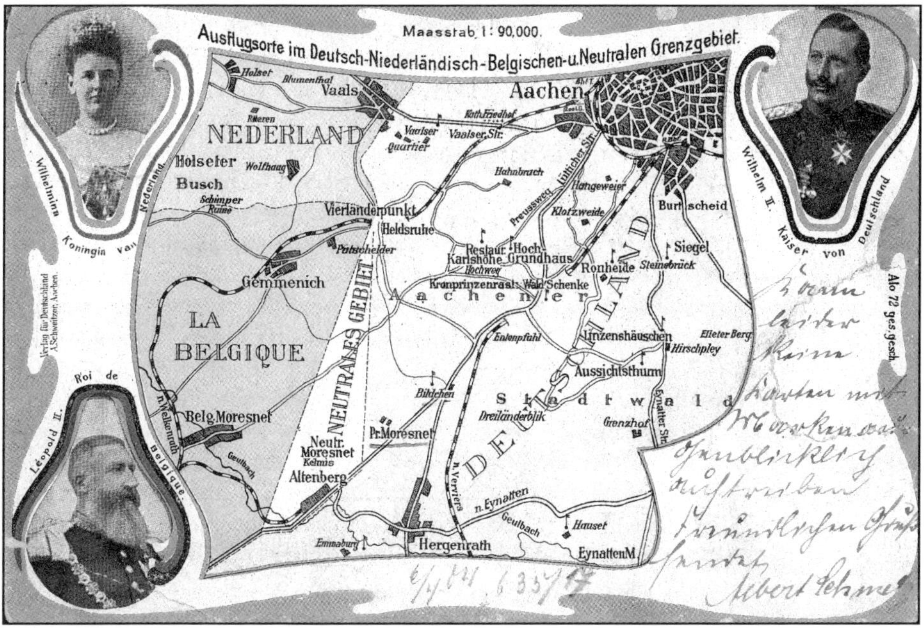

wurden nur ganze 30 Wohnungen von Privatpersonen fertiggestellt. Allein der städtische Siedlungsbau schaffte neuen und dringend benötigten Wohnraum. Zur Verschärfung der Lage kam hinzu, daß gleichfalls Neubauten für die Besatzer und ihre Familienangehörigen errichtet werden mußten. 570 Gebäude waren es im Zeitraum von 1921 bis 1926. Vorrangig entstanden neue Siedlungen östlich des mittelalterlichen Stadtkerns. Die Gemeinnützige Gesellschaft für Wohnungsbau konnte 247 Wohnungen an der Peliserker-, Reimann-, Haarener, Malteser- und Viehofstraße anbieten. 1924 begann die Bebauung der unteren Joseph-von-Görres-Straße, ab 1926 wurden die Arbeiten ab den Hausnummern 50 fortgesetzt. Zur gleichen Zeit wurde an der neu angelegten Sedanstraße gebaut. Diese Bereiche stehen heute unter Denkmalschutz.

In den frühen 30er Jahren errichtete man die heute ebenfalls denkmalwürdige Siedlung Panneschopp an der Lützowstraße und den angrenzenden, neu angelegten Straßen. Zahlreiche belgische Unteroffiziere zogen mit ihren Familien in dieses Neubaugebiet, da sich am Elsaßplatz eine Kaserne befand. Offiziere wohnten in feineren Lagen, so z. B. am Rolandplatz, neben dem Kurgarten oder in Einfamilienhäusern an der Burtscheider Salierallee. 1938 wurden auf der Hörn 150 ›Volkswohnungen‹ fertiggestellt. Nur zwei Kirchenbauten fielen in die Zwischenkriegszeit: an der Hohenstaufenallee/Ecke Körnerstraße die Heilig-Geist-Kirche und St. Fronleichnam in der Düppelstraße.

1925 fand das erste Reit-, Spring- und Fahrturnier in Aachen statt, das sich bis zur Unterbrechung 1939 zunehmender Beliebtheit erfreute – sei es bei der Zahl der teilnehmenden Reiter oder unter den Zuschauern. Doch die Alltagssorgen blieben für viele Aachener bedrückend: Unruhen, Widerstand gegen die bis 1929 andauernde Besatzung und daraus resultierende Repressionen, Plünderungen, Währungsverfall und steigende Arbeitslosigkeit prägten die Zeit. Nach dem Ausscheiden Luxemburgs aus der deutsch-luxemburgischen Zollunion und dem Abtrennen Lothringens vom Deutschen Reich wurde das Hüttenwerk Rothe Erde vom wichtigsten Rohstofflieferanten abgeschnitten. Der Betrieb mußte 1926 geschlossen werden – ein schwerer Schlag für die Aachener Wirtschaft, und weitere 4800 Arbeitslose standen auf der Straße. Die Not verschlimmerte sich. Im August 1931 gründeten die Aachener Wohlfahrtsvereinigungen die ›Aachener Nothilfe‹, die mehr als ein Fünftel der einheimischen Bevölkerung betreute.

In diesen Zeiten erlebte der Schmuggel einen enormen Aufschwung, Aachen entwickelte sich zum ›Loch im Westen‹ (s. S. 205 ff.). Die niedrigeren Preise für Lebens- und Genußmittel in Belgien und den Niederlanden lösten einen intensiven, offiziell natürlich unerwünschten Grenzverkehr aus. Es wurde mit ›Wild-West-Methoden‹ gearbeitet. Bewaffnete Kolonnen bis zu 100 Mann und teilweise gepanzerte Fahrzeuge operierten im Aachener Raum. Da ist es auch nicht mehr verwunderlich, daß Tote zu beklagen waren. 1931 starben 15 Schmuggler und 1 Grenzbeamter, mehr als 100 Personen wurden verletzt. Eine Ahnung vom Umfang des Güterverkehrs vermittelt die Beute des Hauptzollamtes Aachen-Inlandsverkehr im März 1931. Es wurden u. a. beschlagnahmt: 14 652 kg Kaffee, 365 kg Kakao, 1743 kg Tabak und 1 452 000 Zigaretten. Nach dem Höhepunkt des Schmuggels im Jahre 1932 verringerte er sich von 1934 an stetig; drastische Maßnahmen zeigten ihre Wirkung.

Doch die Fronten verhärteten sich bald wieder an der Grenze – nun weniger wirtschaftspolitisch sondern militärisch. Belgische Festungsbaupläne beunruhigten die Aachener Bürger 1933. Bald darauf begann die nationalsozialistische Herrschaft, die Westgrenzen zu verstärken. 1936 startete der Bau der Reichsautobahn von Aachen nach Köln. 1938 errichtete man den Westwall, der im folgenden Jahr über den westlichen Stadtrand fortgesetzt wurde. Im Norden der Stadt baute die Wehrmacht neue Kasernen.

Durch den militärischen Ausbau der Grenze und den Überfall Belgiens und der Niederlande durch deutsche Truppen wurde die strategisch wichtige Region schnell und tief in das Kriegsgeschehen hineingezogen. Am 5. Kriegstag erlebte Aachen bereits seinen ersten Luftalarm – bis zum 12. September 1944 folgten 739 Fliegerangriffe. Dank frühzeitiger Evakuierungen blieb die Zahl der Toten (2455 Zivilpersonen) in der Stadt relativ gering, denn von den 162 164 Einwohnern bei Kriegsbeginn wurden bis 1944 ungefähr 143 000 evakuiert. Aachen litt nicht nur unter den Bombardierungen, Zerstörungen schritten auch anders voran: Im Sommer 1941 wurde eine Reihe von Denkmälern abmontiert, später eingeschmolzen und als Rohstoff an die Rüstungsindustrie geliefert. 1944 schob sich die Hauptkampflinie mit dem Vorstoß der Alliierten an Aachen heran. Nach schweren Kämpfen fiel die Stadt Ende Oktober; eine amerikanische Militärregierung übernahm die Kontrolle. Für Aachen hatte der Zweite Weltkrieg damit ein schnelleres Ende gefunden – endlich wieder einmal ein Vorteil seiner Grenzlage.

Aachen heute: eine ›sprudelnde Vielfalt‹

Aus dem Nichts, einem nahezu menschenleeren Trümmerhaufen – gerade 6000 Personen lebten im September 1944 noch in Aachen –, begann der Wiederaufbau der Stadt. 1962 erreichte die Zahl der Wohnungen erst wieder ihren Vorkriegsstand. Die Randlage im äußersten Westen der Republik vor den ›dichten‹ Grenzen zu den Niederlanden und Belgien hemmte die wirtschaftliche Entwicklung enorm; doch die evakuierten und geflohenen Aachener strömten zurück (Okt. 1946: 110 168 Einw.) in ihre Heimat, die bis Mai 1955 unter englischer Besatzung bleiben sollte.

Im Januar 1972 vergrößerte sich durch die Eingemeindung von Laurensberg, Richterich, Haaren, Eilendorf, Brand, Walheim und einem Teil der Gemeinde Kornelimünster das Aachener Stadtgebiet auf das Dreifache, während die Bevölkerung sich nur um ein Drittel erhöhte. Von den 237 108 Personen zu Beginn jenes Jahres hat sich die Zahl konstant bleibend um die 240 000 eingependelt. Weit stärkere Veränderungen hat dagegen das Wirtschaftsleben erfahren: Aachen als Stadt der Tuch- und Nadelherstellung gehört der Vergangenheit an, wenn auch noch immer einige traditionsreiche Betriebe sogar in der Innenstadt, wie eine Nadelfabrik an der Monheimsallee, produzieren. Die großen Gewerbeviertel liegen heute in Rothe Erde, an der Jülicher Straße – manchmal unter der höchst untypischen Emissionsbezeichnung ›Erdbeerduft‹ – und im Süsterfeld. Die meisten Beschäftigten im produzierenden Gewerbe arbeiten heute in der Metallerzeugung und -verarbeitung; die

höchsten Umsätze in diesem Bereich bringen jedoch die chemische, dann die Nahrungs- und Genußmittelindustrie. Alles stellt jedoch der tertiäre Sektor mit 70 % der Beschäftigten in den Schatten: Aachen ist heute eine Stadt der Verwaltungen und Dienstleistungen.

Nach der Devise ›Forschen – Entwickeln – Produzieren‹ haben die Stadt und ihr Umland begonnen, sich zu einer Technologieregion zu wandeln. Bei der Rheinisch-Westfälischen Technischen Hochschule, die jährlich rund 2000 Absolventen und ein Viertel der Doktoren in den Ingenieurwissenschaften des alten Bundesgebietes hervorbringt, bei einer Fachhochschule, rund 400 Forschungsinstituten, Entwicklungsgesellschaften und Ingenieurbüros fehlt es nicht an innovativem Geist. Mit dem Wegfallen europäischer Binnengrenzen rückt die Stadt nun endgültig von der Randlage auf eine zentrale Position innerhalb Westeuropas.

Doch das Denken in europäischen Dimensionen ist für die Aachener längst nicht so neu; man übt sich darin wieder seit dem Ende der 40er Jahre, wie es nicht nur der Internationale Karlspreis (s. S. 203 f.) ausdrückt. Länderübergreifende Einrichtungen und Kommissionen arbeiten in der Euregio Maas–Rhein. Im Alltag haben sich nicht wenige Zeitgenossen in einem grenzenlosen Raum eingerichtet: Man wohnt in Belgien oder den Niederlanden, weil es dort billiger ist, arbeitet in Aachen, wohin man dank der guten Erschließung durch Autobahnen schnell gelangt, und strömt am Wochenende in eine abwechslungsreiche Umgebung, hat die Qual der Wahl, sich zwischen Limburger Hügelland, Ardennen und Hohem Venn, Eifel oder dem platten Land des Selfkants und des südlichen Niederrheingebietes zu entscheiden. Nicht minder zahlreich sind die Gründe, die Touristen nach Aachen ziehen (1992: ca. 233 000 Ankünfte und 663 000 Übernachtungen; nach Schätzungen knapp 3 Mio. Tagestouristen). Die ›sprudelnde Vielfalt‹ umfaßt beinahe alle Reisearten, die Lehrbücher über Fremdenverkehrswirtschaft aufzählen, vom Bade- über Kongreßtourismus zum Sightseeing, Veranstaltungs- und Geschäftsreisen, selbst Pilgertourismus fehlt nicht. Nur beim Wintersport müssen die Aachener passen: Hügel hätte man zwar schon, aber das maritime Klima spielt so selten mit.

Am Elisenbrunnen

Spaziergänge durch Aachen

Der Dom, das »vorzüglichste Denkmal altchristlicher Baukunst diesseits der Alpen...«

»... macht aber weder von außen noch von innen einen großartigen Eindruck. Man geräth in Versuchung, in der Verlängerung noch ein Kirchenschiff zu suchen.« Nicht nur den Reisenden in der Mitte des 19. Jh. verblüffte die Architektur des Aachener Münsters, so wie es Karl Baedeker in seinem Reiseführer durch das Rheinland 1843 schildert, auch heute noch versetzt der ungewöhnliche Bau den unvorbereiteten Besucher in Erstaunen. Fremd gewordene Formen und eine geheimnisvolle, mystische Atmosphäre ziehen den Eintretenden sofort in ihren Bann. Dem Bauherrn Karl dem Großen ist es gelungen, mit seiner Hof- und Palastkirche ein Bauwerk errichten zu lassen, das auch nach mehr als einem Jahrtausend seine Wirkung als Staats- und Statussymbol nicht verfehlt. Woran liegt das?

Der Raum scheint rund zu sein; im Inneren ist es ein Oktogon – eingeschlossen von einem sechzehneckigen Umgang. Der gesamte Durchmesser beträgt 29,50 m. Mächtige Pfeiler engen den Blick ein, lenken ihn nach oben über eine aufwendige Wandgestaltung in die Kuppelzone des Achtecks (s. Farbabb. 5). Die dicken Mauern sind aufgelöst und bestehen aus wuchtigen Arkaden, in denen eine zweigeschossige Säulenfolge ein Gitternetz bildet. Mit dieser merkwürdigen Gliederung – im Grundriß wie im Aufriß – griff Karl der Große Architekturformen auf, die an Bautraditionen aus der weströmischen Hauptstadt Ravenna und dem oströmischen Zentrum Byzanz anknüpfen. 553 gliederte Kaiser Justinian Italien seinem Reich an, und sein Nachfolger Maurikios setzte 584 einen Statthalter (Exarchen) in Ravenna ein, wodurch die Bedeutung dieser Stadt gesteigert wurde.

Karl verstand sich als Nachfolger der spätantiken christlichen Kaiser und oberster Schutzherr der Kirche. Um diesen Anspruch zu verdeutlichen und jedermann sichtbar zu machen, mußten die architektonischen Vorbilder ebenfalls aus jenem Kulturkreis kommen. Im Gegensatz zu den frühchristlichen Kirchen des Abendlands bevorzugte man im byzantinischen Osten den Zentralbau – eine Gebäudeform, bei der alle Teile auf ein gemeinsames Zentrum bezogen sind und deren Grundriß im Idealfall einen Kreis, ein Quadrat oder ein regelmäßiges Vieleck bzw. Achteck darstellt. Solch ein Oktogon mit umrahmenden achteckigem Umgang besaß bereits die Hofkirche Justinians San Vitale in Ravenna. Auch die ungewöhnliche Säulenanordnung hat dort ihren Ursprung. Beide Gestaltungselemente wurden jedoch in Aachen abgewandelt: Der achteckige Umgang wurde zu einem sechzehneckigen gesteigert. Das Motiv der übereinander gestellten Säulenpaare bestimmt die Innenansicht einer zweigeschossigen, apsisartigen Nische, während die Säulen in der

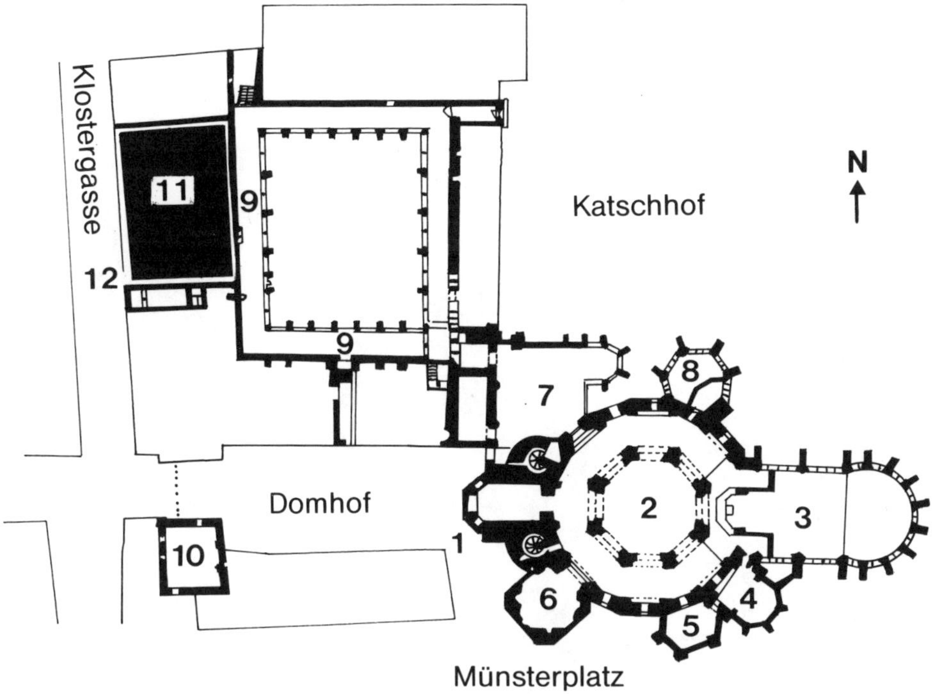

Aachen, Dom und Schatzkammer, Grundriß 1 Haupteingang 2 Oktogon 3 Chorhalle 4 Matthiaskapelle 5 Annakapelle 6 Ungarische Kapelle 7 Nikolauskapelle und Michaelkapelle 8 Karlskapelle und Hubertuskapelle 9 Kreuzgang 10 Taufkapelle 11 Schatzkammer 12 Eingang zur Schatzkammer

Aachener Pfalzkapelle in der Wandflucht des Oktogons stehen und eine Zweigeschossigkeit nur vortäuschen. Im Gegensatz zu San Vitale verläuft kein Gang hinter der oberen Säulenreihe.

Zur Inszenierung seines Machtanspruchs genügte es Karl keinesfalls nur, die Bauformen zu übernehmen, auch antikes Baumaterial aus Rom und Ravenna sollte in seiner Pfalzkapelle verwendet werden. In einem Brief an Papst Hadrian bat der König 787/88, ihm das gewünschte aus dem Palast der Stadt Ravenna zu schicken. Die Arbeiten in Aachen hatten gerade begonnen. Wie aus den Jahreszahlen hervorgeht, kann man den Monarchen als einen sehr ehrgeizigen, karriere-bewußten Herrscher bezeichnen, denn schon vor seiner Kaiserkrönung am 25. Dezember 800 ließ er bei den Bauplanungen an seiner Kirche keine Möglichkeit aus, kaiserliche Würde zu demonstrieren. Dies wird auch an den in Italien georderten antiken Spolien deutlich: Acht der bestellten Säulen bestehen aus rotem ägyptischen Porphyr, einem seltenen und wertvollen Gestein, das auch in der Antike als ›Kaiser-

CREASTI OMNIA ET PRO
CTUSQUE PIIS DAT STUDIIS HOMINUM QUORUM PERPETUI DECORIS STRUCTURA MANEBIT SI PERFECTA AUCTOR PROTEGAT ATQUE

porphyr‹ den entsprechenden Gebäuden vorbehalten war. Das edle Baumaterial fand zu seinem Leidwesen im späten 18. Jh. neue Liebhaber: Die französische Besatzung brach die alten Säulen heraus und schaffte sie nach Paris. Vier rote Porphyrsäulen stehen heute noch im kaiserlichen Saal des Louvre, die andere Hälfte der einstigen Beute gelangte 1843–47 wieder nach Aachen zurück und befindet sich heute als freundliche Leihgabe des Louvre in der Domschatzkammer.

Trotz der gleichen Wandgestaltung an den acht Seiten des Zentralbaus gibt es eine Hauptachse in Ost-West-Richtung. Im Osten war sie durch eine rechteckige Apsis vorgegeben, die dem gotischen Chor weichen mußte. Als Gegenpol steht im westlichen Quadrat des Emporenumgangs der **Königsthron**. Der Herrschersitz aus antiken, weißen Marmorplatten hat mit großer Wahrscheinlichkeit an dieser Stelle und mit diesem Unterbau noch nicht Karl dem Großen als Thron gedient. Vielleicht hat der Karolinger ihn an einem anderen Platz genutzt? Sicher ist dagegen, daß er seit der Krönung Ottos I. am 7. August 936 als Königsthron fungierte. Die Besteigung dieses Throns stellte den Abschluß der Krönungs-

◁ *Dom, Karolingisches Oktogon*

Dom, Empore mit dem Königsthron

feierlichkeiten dar. Wer auf dem Aachener Königsthron saß, der besaß das Reich. Auch im 10. Jh. wurden antike Spolien besonders geschätzt: Neben den Marmorplatten, die Einritzungen, wie z. B. ein Mühlespiel, enthalten und folglich zunächst als Bodenplatten gebraucht wurden, fanden in den vier Treppenstufen Reste antiker Säulentrommeln Wiederverwendung – ein mittelalterliches Recycling. Zwei der Säulenpaare geben der Rückseite des Thrones den angemessenen, würdevollen Rahmen und wiederholen die Anordnung aus der Oktogonwand. Dieses Aachener Motiv wurde als kaiserliches-königliches Hoheitszeichen bei Kirchen von herausragender Bedeutung verwendet. An erster Stelle wäre hier St. Maria im Kapitol in Köln zu nennen, wo die frisch gekrönten Herrscher auf dem Rückweg von Aachen Station und einen Antrittsbesuch beim Rat der Stadt Köln zu machen hatten.

Nicht nur die Architekturdetails des Oktogons, auch die farbliche Gestaltung und Verkleidungen durch Marmorplatten und **Mosaike** unterstreichen die Verwandtschaft zum byzantinischen Kirchenbau. Ravenna gilt ebenso als eine Hochburg frühmittelalterlicher Mosaikkunst. Die Anklänge an jene Sakralarchitektur, die Sie in der Pfalzkapelle vorfinden, sind Resultate von Renovierungsarbeiten im späten 19. und frühen 20. Jh. Zwar bekrönte die karolingische Kuppel innen gleichfalls ein Mosaik – so wie bei den Vorbildern von Ravenna –, doch wurde das jetzige in seiner historisierenden Darstellungsform 1881 fertiggestellt. Die Verkleidung der Wände mit den grauen Marmorplatten wurde kurz vor dem Ersten Weltkrieg vollendet.

Aus karolingischer Zeit stammt jedoch das **Bronzegitter**, das den Emporenumgang sichert. Es entstand in einer Werkstatt am Katschhof, einem Zulieferbetrieb der Pfalzbauhütte. Auch die **Bronzetür** des Portalvorbaus wurde hier gefertigt. Als Architekt und

Dom, Löwenkopf an der karolingischen Bronzetür des Hauptportals

Baumeister der Pfalzkapelle gilt Odo von Metz, dem ein fähiges Team von Bauhandwerkern zur Seite stand. Wichtige Mitarbeiter kamen aus Norditalien, wo man über Erfahrungen im monumentalen Steinbau und Gewölbetechniken verfügte. Man stelle sich den Kontrast vor: ein riesiges Gebäude aus Stein in einer Landschaft, die nur bescheidenen Fachwerkbau oder – noch primitiver – Grubenhäuser kennt. Im Jahre 805 weihte Papst Leo III. die Hof- und Palastkirche Karls des Großen. Keine zehn Jahre später wurde sie zum kaiserlichen Mausoleum: Karl starb am 28. Januar 814 im Alter von 72 Jahren; die Beisetzung in der Pfalzkapelle fand noch am gleichen Tag statt.

Eine neue Epoche begann für die Marienkirche – Karl der Große hatte seine Pfalzkapelle der Gottesmutter geweiht – in der zweiten Hälfte des 12. Jh. Im Beisein des Kölner Erzbischofs Rainald von Dassel und des Lütticher Bischofs Alexander ließ Friedrich Barbarossa am 29. Dezember 1165 die Gebeine Karls erheben und in einen hölzernen Reliquienkasten umbetten. Gleichzeitig wurde der Karolinger heiliggesprochen und damit in den Kreis der heiligen Kaiser eingeordnet. Friedrich Barbarossa konnte sein Reich nun ›Heiliges Römisches Reich‹ nennen. Die Bedeutung dieser Aktion unterstrich er noch durch den Auftrag des Karlsschreins, der 1215 vollendet wurde. Gleichzeitig stifteten er und seine Gemahlin Beatrix für das Oktogon einen Radleuchter, auch **Barbarossaleuchter** oder Lichterkrone genannt (s. Farbabb. 7). Auf den vergoldeten Kupferbändern ließ er u. a. eingravieren: »Friedrich, des Römischen Reiches katholischer Kaiser, gelobte – mit dem Geheiß zu beachten, daß Zahl und Gestalt mit den Maßen hier des erhabenen Tempels harmonisch sich einend ergänzen, – diese Lichterkrone – achteckig – als fürstliche Gabe.« Mit seinem Durchmesser, der ein Viertel des Oktogons ausmacht, ist der Leuchter in seinen Dimensionen gut an den Raum angepaßt. Um seiner Monumentalität nichts zu nehmen, berücksichtigte Meister Wibertus selbst die optische Wirkung der 27 m langen Kette. Eine nach oben scheinbar dünner werdende hätte nicht ins Konzept gepaßt, und somit fertigte er bronzene Glieder von zunehmender Größe: Der Betrachter erhält nun den Eindruck von gleichbleibender Stärke.

Dies wird auch im übertragenen Sinn vermittelt! Der Barbarossaleuchter steckt voller Symbolik. So ist es kein Zufall, wenn Sie der Kranz an eine Stadtmauer mit Türmen und Toren erinnert. Das Himmlische Jerusalem, das Reich Gottes, Christi und aller Heiligen, wird auf diese Weise dargestellt. Ursprünglich standen noch kleine silberne Engelsfiguren in den Toren. Heute hängt nur noch ein Bild des Erzengels Michael – wie ein Schlußstein – am unteren Ende der Kette; er wurde nicht nur als Wächter des Himmelreichs bemüht, sondern war gleichzeitig der Schutzpatron des Hl. Römischen Reiches Deutscher Nation. Zahlen und Maße des Leuchters wie des Kirchenbaus stehen in wohl überlegtem Verhältnis und spiegeln die kosmische Ordnung wider. Die Zahlensymbolik wurde zu einer Richtschnur künstlerischen Schaffens.

Daß es den karolingischen Baumeistern und Handwerkern gelungen ist, ein in sich geschlossenes, harmonisches Bauwerk zu errichten, läßt sich leicht nach mehr als 1200 Jahren nachvollziehen. Schwieriger wird es dagegen, sich mit den späteren Anbauten zurechtzufinden, wie es Karl Baedeker bereits 1843 ansprach. Durch den gotischen Hochchor wurde der Zentralbau architektonisch ›aufgebrochen‹, um das Gotteshaus den neuen Erfordernissen anzupassen. Anstelle der sonst üblichen Kirchenschiffe fügte man zur Zeit der Gotik einen unregelmäßigen Kranz verschieden gestalteter Kapellen an das Oktogon an.

1355 wurde der Grundstein zum **Hochchor** (s. Farbabb. 6) gelegt, der anläßlich des 600. Todestages Karls des Großen am 25. Januar 1414 geweiht wurde. Gleichzeitig entstand auf der Südseite die *Matthiaskapelle*. Daran anschließend wurde 1449 die *Annakapelle* vollendet. Den Westbau flankierend hatte man bereits 1367 die gotische Ungarnkapelle fertiggestellt. Auf der Nordhälfte des Oktogons ersetzte ein gotischer Neubau die romanische *Nikolauskapelle*. Im Obergeschoß wurde zusätzlich eine *Michaelskapelle* eingerichtet. Die Folge spätgotischer Kapellenanbauten schließt mit der 1447 geweihten *Karls-* und *Hubertuskapelle*. Schon im 14. Jh. hatte man den karolingischen Westbau zu einem Glockenturm aufgestockt.

Worin liegen die Gründe für diesen Bauboom im späten 14. und 15. Jh.? Die Wallfahrten brachten nicht nur Menschenmassen, sondern auch viel Geld in Bewegung. Zum anderen mußte das Kirchengebäude für die Bedürfnisse des Pilgerverkehrs verändert werden. So richtete man zum Beispiel im **Westturm** Heiligtumskammern ein und versah den Außenbau mit Galerien, von denen aus die Heiligtümer der Menge gezeigt werden konnten – 1322 erstmals überliefert. Ab 1349 fanden die Heiligtumsfahrten (s. S. 195 ff.) im Sieben-Jahre-Turnus statt.

Seit dem frühen 13. Jh. genügte es den Gläubigen nicht mehr, die **Reliquien** in Altären oder besonderen Gefäßen zu wissen; man wollte die Kostbarkeiten sehen, vermutlich versprach ein direkter Blickkontakt eine größere Heilwirkung. Aachen hatte bereits zu jener Zeit hochrangige Reliquien zu bieten, da Karl der Große dank seiner Person und guter Kontakte Wertvolles sammeln konnte. 799 brachte ihm ein Mönch als Geschenk des Patriarchen von Jerusalem Reliquien vom Grabe Christi mit. Im Laufe der Zeit kamen die Heiligtümer zusammen, die auch heute noch verehrt werden: Die Windeln und das Lendentuch Christi, das Kleid Mariens und das Tuch, in welches das Haupt des Johannes des Täufers nach der Enthauptung gelegt wurde. Zur Aufbewahrung dieser Reliquienschätze wurde im zweiten Viertel des 13. Jh. der **Marienschrein** in Aachen angefertigt. Den Eichenholzkasten umgibt ein Gehäuse aus getriebenem, teilweise vergoldetem Kupfer und Silber, verziert durch Schmuckbänder mit Edelsteinen und Emailarbeiten. An den Längsseiten sitzen in Dreiergruppen die Apostel, auf den Stirnseiten Christus und Papst Leo III., Kirchenoberhaupt zur Zeit Karls des Großen. Besonders herausgehoben werden durch einen querhausartig vorstehenden Teil die Hauptpersonen der Aachener Pfalzkapelle: Karl der Große als ihr Gründer, Maria als Namens- und Schutzpatronin.

Um dem »grosen gedrenghe vnder den pilgremen ... in dem gotzhuse van Achen« ein Ende zu bereiten, beschloß das Kapitel des Marienstifts 1355, »eynen nuwen chor ze machgen«. Ein zweijochiger Hochchor mit 9/14 Schluß wurde errichtet, der durch seine dichte Folge hoher Maßwerkfenster wie ein gläserner Schrein den Hochaltar und den Karlsschrein umgibt; außerdem wiederholt die Apsis die Maße des karolingischen Zentralbaus. Wie schon beim Oktogon und dem Barbarossaleuchter bestimmten auch hier christliche

Dom, der Westturm mit Galerien für die Heiligtumszeigung ▷

Symbolik und verschlüsselte Hinweise auf das Heilsgeschehen die künstlerische Ausführung. Zu diesen allgemein gültigen Regeln des mittelalterlichen Kirchenbaus kommt für das Aachener Münster noch die Verehrung des heiliggesprochenen Kaisers hinzu. Als Gründer des Marienstifts wird Karl der Große mit einem Kirchenmodell in der Hand in die Folge der Aposteln eingereiht, zu seiner Rechten die verehrte Gottesmutter mit dem Jesuskind. Die zwölf Apostel symbolisieren nach der Offenbarung des Johannes die Pfeiler des Himmlischen Jerusalems, denn ihre Namen stehen auf der Mauer der Himmelsstadt. Auf Erden gelten sie als die Stützen der Kirche. Die Figuren in der Chorapsis befinden sich auf Konsolen, die wiederum von musizierenden Engeln getragen werden. Zum Farbenspiel des Lichtes durch die bunten Fenster – »die himmlische Stadt Jerusalem glänzte wie ein kostbarer Edelstein« – kommt ein Engelschor hinzu. Über allem schwebt die **Madonna im Strahlenkranz**, eine geschnitzte, farbig gefaßte Doppelfigur. Dem Oktogon ist die aufwendiger gestaltete, 1488 datierte Seite zugewandt. Maria steht in ein faltenreiches, goldfarbenes Kleid gehüllt auf der Mondsichel. Das Kind in ihren Armen scheint sich zur Seite zu beugen, um mit einem Putto zu spielen. Ein Wolkenkranz mit Engeln umrahmt das Geschehen, das himmlische Würde und irdische Armut gleichermaßen vereint. Die jüngere Darstellung auf der Rückseite (1524 vollendet) ist dagegen schlichter und strenger gehalten. Maria blickt sinnierend ins Leere, und der Knabe sitzt in der Pose eines gütigen Herrschers mit einer Weintraube – Symbol Christi – auf ihrem rechten Arm.

Der gotische Chor gab auch älteren Ausstattungsstücken einen neuen, angemessenen Raum. Zwischen 1165, der Heiligsprechung Karls, und der Krönung Friedrichs II. 1215 wurde der **Karlsschrein** in einer Aachener Werkstatt hergestellt. Im Gegensatz zum Marienschrein, dessen Relief- und Skulpturenschatz biblische und kirchliche Inhalte präsentieren, dient der Karlsschrein der Demonstration politischer Macht und der Verherrlichung des Heiligen Römischen Reichs: Anstelle der sonst üblichen Apostel und Heiligen thronen je acht Könige auf den Längsseiten des Schreins. Die Folge beginnt mit Ludwig dem Frommen, Sohn Karls des Großen, und endet bei Friedrich II. von Hohenstaufen, der im Rahmen seiner Krönungsfeierlichkeiten den letzten Nagel in den Karlsschrein einschlug.

Bereits um das Jahr 1000 stiftete Kaiser Otto III. die goldene Altartafel, **Pala d'oro** genannt, auf der Vorderseite des Hauptaltars. Ursprünglich war die zwischen 1000 und 1020 gefertigte Goldschmiedearbeit für den Salvatoraltar in der sogenannten Kaiserloge des Westbaus vorgesehen. Mittelpunkt der querrechteckigen Reliefplatten ist das Oval, das den Salvator, den Erlöser, zeigt. Auf runden Medaillons über den Kreuzungspunkten des heutigen Holzrahmens wurden die vier Symbole der vier Evangelisten (Engel, Adler, Löwe und Stier) abgebildet. Es wäre unter der Würde Ottos III. gewesen, die Szenen aus dem Leben des Erlösers auf einen blanken Holzrahmen montieren zu lassen. Die originale Fassung muß ähnlich wie diejenige der Evangelienkanzel ausgesehen haben.

Diese Kanzel, **Ambo**, ließ sein Nachfolger Heinrich II. im ersten Viertel des 11. Jh. anfertigen. Die Inschrift am oberen Rand verrät, daß der König sie der heiligsten Jungfrau widmete, um dadurch ihre Fürsprache zu gewinnen: Heinrich hatte einige Schwierigkeiten, sich als König durchzusetzen. Sein Dankgeschenk fiel dementsprechend kostbar aus. Ein

Dom, Detail der Pala d'oro auf der Vorderseite des Hauptaltars

wahres Raritätenkabinett fügte der unbekannte Meister auf dem getriebenen und vergoldeten Kupferblech zusammen: Die Ambofront wird von zwei säulenartigen Ausbuchtungen flankiert, die sich aus dem kleeblattförmigen Grundriß der Kanzel ergeben. In das veredelte Metall wurden je drei Elfenbeinreliefs aus dem 6. Jh. eingearbeitet. Den Wert dieser ägyptischen Schnitzereien hat Heinrich II. sehr hoch eingeschätzt, so daß es weder ihn noch die Stiftsherren störte, heidnische Szenen auf der Kanzel zu präsentieren. Der griechische Weingott Dionysos wird gleich zweimal vom Weinlaub umkränzt dargestellt; eine seiner Verehrerinnen, eine Mänade – ›Rasende‹ bedeutet die Übersetzung des griechischen Worts – tanzt verzückt, wie es zu den orgiastischen Festen des Dionysos-Kultes gehörte. Auf einem anderen Relief reiten einige Nereiden auf Meerestieren; sie gehören zur großen Schar der 50 Meeresgöttinnen. Geschwätzig plaudernd galten sie dem Seefahrervolk der Griechen als Personifikation des plätschernden Meeres. Auch im zentralen Teil des Ambos ist Ungewöhnliches und recht Profanes zu sehen: Trinkgefäße aus Achat und Bergkristall werden von Schachfiguren aus Edelsteinen gerahmt. Die mittlere Trinkschale, ein römisches Stück, und die untere Achatschale gehören nicht zur ursprünglichen Fassung. Betrachtet man die Anordnung der kostbaren Gebrauchsgegenstände, ergibt sich ein griechisches Kreuz, das als ältestes christliches Zeichen angesehen wird. Erst mit den Darstellungen der vier Evangelisten zwischen den Kreuzarmen gelangen wir in die eindeutig christliche Welt. Bis auf die originale Tafel des Evangelisten Matthäus (links oben) wurden die Reliefs kurz vor dem Zweiten Weltkrieg in historisierendem Stil nachgearbeitet.

Im späten 15. Jh. gerieten die Bauarbeiten am Aachener Münster ins Stocken, und nach der Vollendung der Nikolaus- und Michaelskapelle wurde die Dombauhütte aufgelöst. Finanznot deutete sich hier an, denn das einst blühende Geschäft mit dem Ablaßhandel, dem Freikaufen von Sünden, stieß zunehmend auf Ablehnung. Zum berühmtesten Widersacher gegen diese kirchliche Finanzpolitik entwickelte sich Martin Luther. Aber nicht nur die Reformation, sondern auch die damit verbundenen Glaubenskämpfe, wirtschaftlicher Rückgang und Epidemien reduzierten den geldbringenden Pilgerverkehr.

Dom, Kanzel aus dem 11. Jh.

Erst im 18. Jh. waren wieder Mittel für weitere Baumaßnahmen vorhanden. Das karolingische Oktogon erhielt im ersten Drittel des vorigen Jahrhunderts eine Auskleidung mit barockem Stuck und Wandmalereien. Die baufällige Ungarnkapelle wurde abgerissen, und ein spätbarocker Zentralbau mit rundem Innenraum trat an ihre Stelle. Am 15. September 1767 fand die feierliche Altarweihe statt. Aber die Zeit der großen Ungarnwallfahrt war vorbei: Bildeten die Ungarn im Mittelalter die bedeutendste ausländische Gruppe unter den Aachenpilgern, so war ihre Zahl nun geschrumpft. 265 Personen nahmen 1769 an der letzten Wallfahrt ins Rheinland teil, danach verbot Joseph II. als aufgeklärter Monarch die Reliquienverehrung. Zu den heute noch erhaltenen barocken Veränderungen gehört der 1788 vollendete Portalbau, in den die karolingischen Bronzetüren eingesetzt wurden.

Mitte des 19. Jh. begannen dank königlich-preußischer Unterstützung dringend notwendige Restaurierungsarbeiten. Dabei entwickelten sich zwischen den drei beteiligten Gruppen deutlich verschiedene Interessen: Das Kapitel wünschte, den Bau zu sichern, um ihn uneingeschränkt und gefahrlos als Kirche nutzen zu können. Der 1847 gegründete

Vom Mißbrauch mit dem ›ollen‹ Kaiser

Theodor Fontane verbringt im April 1852 einige Tage bei seinem Onkel, dem königlichen Forstmeister Labry, in Aachen. In einem Brief an seine Frau Emilie schreibt er über die Stadt:

»Meine liebe Mila …
In der Stadt selbst hab' ich das Rathhaus und den Dom genauer in Augenschein genommen, beide zum Theil aus der alten Zeit Karls des Großen (gest: 814) herrührend. Im großen Ganzen wird mit dem ollen Kaiser hier ein lächerlicher Mißbrauch getrieben: in jedem alten Pfuhl oder Weiher soll er gebadet, auf jedem großen Feldstein gesessen unter jeder verkrüppelten Eiche geschlafen haben und es wundert mich fast, daß man die berühmten Schwefelwasserstoffquellen hierselbst nicht dadurch erklärt, daß man sie »mit den Blähungen Karls des Großen gesättigtes Quellwasser« nennt. Der gothische, seit Kurzem wieder hergestellte, große Rathhaussaal, in dem 36 Kaiser gekrönt worden sind, ist von einer außerordentlichen Schönheit und interessirte mich mehr als der achteckige Kuppelbau des Domes, den ich gestern während des Hochamts Muße hatte in Augenschein zu nehmen. Natürlich rührt diese Kuppel (Octogon genannt weil ihre Wände ein Achteck bilden) von Karl dem Großen her, was ich in Bezug auf das alleräußerlichste Mauerwerk nicht geradezu bestreiten mag; die ganze innre Herrichtung – im weitesten Sinne des Worts – muß meinem Ermessen nach aus viel späterer Zeit herstammen, mit alleiniger Ausnahme des großen Kronleuchters, der (vom Khalifen Harun al Raschid als Huldigungsgeschenk übersandt) allerdings nach anno 790 schmeckt und mit den Schöpfungen K. W. Kummer's keineswegs concurriren kann …«

Karlsverein zur Restaurierung des Aachener Münsters plädierte für eine historisch getreue Rekonstruktion auf der Grundlage wissenschaftlicher Forschung. Dem preußischen Hof war mehr daran gelegen, das Bauwerk als Denkmal kaiserlicher Macht herauszustellen und sich als Förderer und Bewahrer desselben in die Nachfolge Karls des Großen einzureihen. Wie man sieht, sind kaiserliche Hoheitszeichen langlebig und immer wieder gefragt! Ein Bogen von nahezu 2000 Jahren spannt sich da vom Kaiserporphyr der Antike bis zum Interesse preußischer Monarchen an der Denkmalpflege im 19. Jh.

Erneute Renovierungsarbeiten erforderten die Schäden, die der Zweite Weltkrieg hinterlassen hatte – vor allem in der Dachzone und am gotischen Bauschmuck. Rechtzeitig zur Heiligtumsfahrt 1951 waren die neuen Glasfenster im gotischen Chor fertiggestellt worden. Den Glasgemäldezyklus mit seiner Kombination von biblischen Szenen, Heiligendarstellungen und Ornamentbändern schufen Walter Brenner und Anton Wendling. Noch stärker als der Dom, der seit der Errichtung des Bistums Aachen 1930/31 diese Bezeichnung zurecht trägt, wurde seine Umgebung und die ihm zugeordneten Gebäude in Mitleidenschaft gezogen.

Beim Verlassen des Domes sollten Sie in der Vorhalle zwei Zeugnisse antiker Bronzekunst beachten. Der Brunnenaufsatz in Form eines **Pinienzapfens** beweist, daß nicht nur antike Kunstgegenstände, sondern auch Technik jener Zeit im Mittelalter noch genutzt wurde. An den Spitzen der Zapfenschuppen sind noch die Löcher zu erkennen, durch die das Wasser floß: Dafür muß der Brunnen von einer Druckwasserleitung gespeist worden sein, und dies war für die Jahrtausendwende keine Selbstverständlichkeit!

Zweifeln Sie nicht Ihre zoologischen Kenntnisse an, wenn man Ihnen das bronzene Tier in der Vorhalle als **Wölfin** ›verkauft‹. Der römische Hohlguß aus dem 2. Jh. n. Chr. stellt ohne Frage

Die römische Wölfin/Bärin

eine Bärin dar. In Erinnerung an die Kapitolinische Wölfin, die Romulus, den legendären Gründer Roms, gesäugt und damit am Leben gehalten hatte, deutete man im Mittelalter das Tier einfach um. Es ging wieder einmal darum, an einstige Machtzentren anzuknüpfen und Herrschaftsansprüche zu legitimieren. Diese Umdeutung kann also nur aus einem mittelalterlichen Herrscherhaus stammen.

Der Aachener Volksmund bietet eine eigene Geschichte zu dem bronzenen Tier: Dem Münsterbau drohte das Geld auszugehen. Man trat in Finanzverhandlungen mit dem Teufel und schloß einen Pakt, daß er dafür die erste Seele, die den Dom betreten würde, erhalten solle. Als es soweit war, jagten die Aachener eine Wölfin – von denen es in jenen Tagen noch genügend gab – in das Gotteshaus. Wenig erfreut über diese Vertragslücke mußte sich der Geprellte mit der Tierseele begnügen. Daß er sie tatsächlich genommen hat, beweist das Loch in der Brust der Wölfin!

Werfen wir einen Blick auf die äußere Gestalt des Domes vom Münsterplatz aus (s. Farbabb. 8). Mehr als 1000 Jahre Architekturgeschichte lassen sich von diesem Standpunkt verfolgen. Durch das gröbste und einfachste Mauerwerk fällt der kantige Baukörper des Zentralbaus auf, wobei die Zweigliederung in Oktogon und sechzehneckigen Umgang leicht nachzuvollziehen ist. Bemerkenswert sind die Pilaster, die an den Ecken des Oktogons die Wände verstärken. Sie deuten bereits die Weiterentwicklung zu gotischen Strebepfeilern an, mit deren Hilfe Gewölbedruck aufgefangen und weiter geleitet wird. In der Mitte des 12. Jh. erhielt das Oktogon die umlaufende Blendgalerie und als letzte spätromanische Baumaßnahme die acht Giebel. Nach dem großen Stadtbrand von 1656 mußte das Dach erneuert werden. 1664 wurde es im barocken Stil als gefaltetes Kuppeldach mit bekrönender Laterne vollendet.

Als größter Baukörper erscheint von außen trotz gleicher Firsthöhe der gotische Chor. Seine Wandfläche besteht ›nur‹ aus hohen Maßwerkfenstern und Strebepfeilern. Das filigrane Element setzt sich auch in der Dachzone fort. Eine gotische Maßwerkbrüstung umzieht den Dachansatz, unterbrochen von Fialen mit Krabben und Kreuzblumen, die jeweils die Linien der Strebepfeiler weiterführen. Die Vertikale wird auf diese Weise deutlich herausgestellt – ein charakteristisches Merkmal gotischer Architektur, die sich hier als eine frühe Form der Skelettbauweise präsentiert. Die mittelalterlichen Fenster betonten einst diese Vertikalität noch stärker, da sie ursprünglich aus sechs Bahnen bestanden. Bei Renovierungsarbeiten im 19. Jh. wurden die sechs schmalen Flächen zu fünf Bahnen verbreitert. Aus jener Zeit stammen auch die ehemals 29 Figuren, die meist paarweise auf Konsolen und von Baldachinen bekrönt an den Strebepfeilern stehen. Im Jahre 1873 wurde nicht nur der Figurenzyklus des Hofstaats Mariens vollendet und an der Chorhalle angebracht, die Rathausfassade erhielt ebenfalls neuen Schmuck. Hier waren es Skulpturen der in Aachen gekrönten Könige. Wie es inzwischen niemanden mehr erstaunen dürfte, bekrönen symbolträchtige Formen das steile Chordach. Das Firstgitter mit seiner Aneinanderreihung des Lilienmotivs weist nicht nur auf die Lilie als Zeichen der Jungfrau Maria hin, sondern auch auf ihre Nutzung als königliches Wappenemblem. Zusätzlich steht dem Kreuz am östlichen Ende des Firstkammes ein kaiserlicher Adler im Westen gegenüber.

An den Übergang von der Chorkapelle zum karolingischen Zentralbau wurden zwei Kapellen angebaut, welche die gotischen Bauformen und Gliederung des Hochchores zum Teil übernehmen, wie z. B. die Aufteilung der Wandflächen oder die umlaufende Maßwerkbrüstung, aber auch abwandeln. So ist beispielsweise die Matthiaskapelle ein zweigeschossiger Bau. Neue Architekturelemente weist die barocke Ungarnkapelle auf. Mächtige Pilasterpaare bestimmen die Wandflächen und tragen ein reich gegliedertes Gesims. Die Fassadengestaltung aus dem 18. Jh. erinnert auch an antike Tempelfronten.

Eine tausendjährige Baugeschichte hat allein schon der Westturm zu bieten. Der karolingische Westbau wurde in der ersten Hälfte des 14. Jh. aufgestockt, wobei gotische Formen verwendet wurden, wie sie auch am Chor und dem Kapellenkranz zu finden sind. Wichtigster Grund für diese Veränderungen war, geeigneten Raum für eine angemessene Darbietung der Aachener Heiligtümer zu schaffen. Von dem überdachten Gang, der durch eine Brücke ebenfalls eine Verbindung zum Oktogon besitzt, können die Reliquien einer großen Pilgermenge präsentiert werden. Die nächste Zeigung der Heiligtümer wird 1993 stattfinden. Zwischen 1879 und 1884 erhielt der Turm seine neugotische Dachzone mit der steilen achtseitigen Schieferpyramide und den vier ähnlich gestalteten Ecktürmchen. Nach den Zerstörungen im Zweiten Weltkrieg setzte man die angegriffene Bausubstanz wieder instand; zeitgenössische Architektur fand dabei keinen Platz mehr am Dom – der über tausend Jahre dauernde Wachstums- und Entwicklungsprozeß des Aachener Münsters scheint zum Stillstand gekommen zu sein.

Meisterwerke abendländischer Sakralkunst in der Domschatzkammer

Eng verknüpft mit dieser Sammlung ist die Person Karls des Großen. Während seiner Regierungszeit begann er, Reliquien zu sammeln oder sich schenken zu lassen. In der Hofschule, den Werkstätten der karolingischen Pfalz, arbeiteten Künstler und Handwerker für eine angemessene, würdevolle Ausstattung der Residenz, wobei der Schwerpunkt im Gegensatz zu zahlreichen Herrschern späterer Jahrhunderte auf dem Bereich sakraler Gegenstände lag. Nach der Heiligsprechung des karolingischen Kaisers im Jahre 1165 entwickelte sich während des Mittelalters eine rege Karlsverehrung; allen voran förderte Karl IV. das Gedenken an seinen berühmten Namenspatron. Die Aachener Domschatzkammer profitierte von den Krönungen im Münster, denn als Dankgeschenke gelangten weitere Kostbarkeiten in ihren Besitz. Spärlich erscheinen dagegen die Stiftungen ab dem Barock; unterstrichen wird die karge neuzeitliche Sammlung noch durch eine ungünstige Präsentation in einem wenig attraktiven Raum. Nach dem Besuch dieser Abteilung im Obergeschoß ist es ein Gewinn, durch die ansprechende Ausstellung der mittelalterlichen Exponate zum Ausgang zu gehen – eine schönere Erinnerung kann haften bleiben.

◁ *Dom, Nordansicht*

Domschatz, Proserpina-Sarkophag (Detail): ›Der Raub der Proserpina‹

Beginnen wir den Exkurs im Kellergewölbe bei den ältesten Stücken, die auch als ›Schatzkammer in der Schatzkammer‹ bezeichnet werden. Damit ist der Schritt gleichermaßen in die karolingische und antike Vergangenheit gemacht. Aus dem späten 2. Jh. n. Chr. stammt der marmorne **Proserpina-Sarkophag**. Die wild bewegte Szene auf seiner Vorderseite schildert ein Entführungsdrama aus der griechischen Mythologie, das hier in den römischen Götterhimmel verlegt wurde. Proserpina, die griechische Persephone, wird von einer Götterbande geraubt: Merkur führt den vierspännigen Wagen und leistet damit Pluto, dem Gott der Unterwelt, Handlangerdienste, der die junge, ohnmächtige Frau – mit Unterstützung der Göttin Minerva – auf seinem Fahrzeug hält. Die Mutter der geraubten, die Fruchtbarkeitsgöttin Ceres, verfolgt mit einem Drachengespann das räuberische Trio. Die Geschichte geht noch halbwegs gut aus, denn Proserpina darf später für zwei Drittel des Jahres wieder auf die Erde zurückkehren. Und wo liegt die erwähnte Verbindung zu Karl dem Großen? Nach der Überlieferung sollen seine Gebeine in diesem Sarkophag geruht haben, bis sie im frühen 13. Jh. in den Karlsschrein umgebettet wurden.

Eine Arbeit der kaiserlichen Hofschule vom Anfang des 9. Jh. ist der elfenbeinerne **Buchdeckel**, der auf sechs Reliefs Szenen der Auferstehung Christi schildert. Die Elfenbeinplatten werden von einem schmalen Silberrahmen gefaßt. Die beiden anderen ausgestellten Buchdeckel aus dem 11. und 12. Jh. zeigen, daß die Zierleiste größere Ausmaße einnimmt, und der Rahmen selbst zur Bildfläche wird. In Anlehnung an die karolingische Gestaltung legte der Goldschmied ein Band mit Edelsteinen in Kastenfassungen und Zellenschmelzarbeiten um die biblischen Szenen und Evangelistensymbole. Das Elfenbeinrelief stammt wie dasjenige des silbernen Buchdeckels aus Byzanz (10. Jh.). Bei der oberrheinischen Silberschmiedearbeit des späten 12. Jh. fehlt ein umlaufendes Schmuckband. Die Darstellung der Evangelisten – hier mit ihren Symbolen als Vollfiguren an Schreibpulten – ist nach wie vor ein beliebtes Motiv.

Einen meisterlichen Umgang mit dem Material Elfenbein bezeugt das Weihwassergefäß, die **Elfenbeinsitula**, das vermutlich in einer mittelrheinischen Werkstatt um 1000 entstand. Vertraute Kompositionselemente tauchen hier auf, wie z. B. die rahmenden Edelsteinbänder sowie aus der Pfalzkapelle abgeleitet der oktogonale Grundriß oder die Abbildung des Himmlischen Jerusalems. Im Unterschied zum Barbarossaleuchter wird im unteren Teil des Gefäßes ein weiterer Aspekt der Stadtmauer gezeigt: Wächter stehen vor den geöffneten Toren. Auf der oberen Relieffolge präsentieren sich von korinthischen Säulen gerahmt neben einem Kaiser kirchliche Herrscher.

Zur gleichen Zeit wurde vermutlich in einer Kölner Werkstatt das **Lotharkreuz** im Auftrag Ottos III. gefertigt. Sein Regierungsziel einer ›renovatii imperii Romanorum‹ (Wiederherstellung des Römischen Reiches) ließ er künstlerisch durch eine Verschmelzung antiker und christlicher Inhalte darstellen – unterstützt durch das Einarbeiten des antiken Augustuskameos. In die Nachfolge des römischen Kaisers, der hier als siegreicher Feldherr mit Adler und Lorbeerkranz abgebildet ist, setzte man auf der Rückseite des Kreuzes als schlichte Gravur den gekreuzigten Christus. Gottes Hand hält einen Lorbeerkranz über sein Haupt und zeichnet auf diese Weise Christus ebenfalls als Sieger aus. Seinen Namen erhielt das Kreuz durch den Siegelstein aus Bergkristall auf der Vorderseite. Um das Bild des Königs läuft in Spiegelschrift der lateinische Spruch »Christus, hilf König Lothar!«

Der Hauptraum der Domschatzkammer im Erdgeschoß liefert ein anschauliches Bild von der Pracht mittelalterlicher Sakralkunst. Neben der Heiligenverehrung und der Verherrlichung der Kirche dienten einige Gegenstände auch der Legitimation politischer Macht. Karl IV. (1346–1378) pflegte intensiv den Karlskult, denn er leitete von seiner Nachfolge auf dem Thron des großen Namenspatrons die Zustimmung Gottes zu seiner Herrschaft ab. Heute noch beeindruckende Zeugnisse seines Denkens sind die von ihm kurz nach seinem Regierungsantritt gestifteten Reliquiare. Die aus Silber getriebene und teilweise vergoldete **Karlsbüste** (s. Umschlagklappe vorn) birgt als Reliquie die Schädeldecke des Karolingers. Mit dieser Form gehört die Büste zu den ›sprechenden‹ Reliquienbehältern, da sie durch ihre Gestaltung bereits ›sagt‹, welche Reliquie in ihr steckt, oder auf welchen Heiligen verwiesen werden soll. Das vergoldete **Armreliquiar,** das König Ludwig XI. 1481 in Lyon anfertigen ließ, stellt ein weiteres schönes Beispiel dar. Am Ärmelsaum ist ein

Domschatz, Lotharkreuz

Lilienmuster zu erkennen – Zeichen des französischen Königs – während Karls Gewand mit Adlern, dem Symbol des Heiligen Römischen Reiches geschmückt wurde. Eine besondere Bedeutung besaß die Krone der Karlsbüste. Mit ihr wurde der König am 25. Juli 1349 in Aachen gekrönt; er hatte wohl schon damit gerechnet, daß die ›richtige‹ Krone der Reichskleinodien nicht rechtzeitig aus dem Besitz seines Vorgängers Ludwig der Bayer bzw. dessen Erben in seine Hände gelangen würde. Die naturalistisch anmutenden Gesichtszüge geben Karl nicht wieder. Woher hätte der Künstler auch die Vorlage nehmen sollen? Zum anderen ging es darum, ein Idealbild des Herrschers zu präsentieren. Wie am Lotharkreuz so wurden auch bei der Karlsbüste römische Kameen und zusätzlich Gemmen verarbeitet, um die Verbindung zwischen dem mittelalterlichen Kaisertum und der Antike herzustellen.

Das wahrscheinlich ebenfalls von Karl IV. gestiftete **Karlsreliquiar** bietet modellhaft gotische Architekturformen. Eine Vielzahl kleinster Reliquien steckt in den Hohlräumen der Fialen, des Daches und in dem winzigen Gefäß, das die hl. Katharina in der Rechten trägt. Ein Beinknochen Karls des Großen ruht dagegen in einem teilweise transparenten Reliquienkasten; die Gläubigen verlangten während des Mittelalters in zunehmendem

Domschatz, Gotisches Karlsreliquiar (Detail), Kaiser Karl mit einem Modell der Pfalzkapelle

Maße, die Gegenstände der Verehrung auch zu sehen. Dem neuen Sehbedürfnis kommen die Reliquiare mit durchsichtigen Bergkristallbechern, wie z. B. diejenigen mit den Gürteln Mariens und Christi sowie dem Geißelstrick Christi (alle 2. Hälfte 14. Jh.), besonders entgegen.

Ein anderes, neues Verhalten des mittelalterlichen Menschen läßt sich bei den Altären und der niederrheinischen Madonna mit dem Stifter von 1350/60 entdecken. Der Auftraggeber erscheint im Bild; er stellt sich in das biblische Geschehen hinein, doch weiß er Distanz durch eine Darstellung seiner Person im kleineren Maßstab zu wahren. Kleidung und Wappen verraten nicht nur den Rang des Stifters, sondern lassen manchmal – wie in diesem Fall – genaue Rückschlüsse auf den historischen Spender zu.

Diese Frage stellt sich seltener bei königlichen Geschenken, da dies entweder in Urkunden oder durch Inschriften und Wappen am Kunstwerk festgehalten wurde. König Ludwig der Große von Ungarn erwies sich ebenfalls als spendabler Stifter. Die gotische Ungarnkapelle ging auf ihn zurück. Selbstverständlich stattete er sie mit dem notwendigen liturgischen Gerät aus. Die drei Marienbilder aus der Mitte des 14. Jh. zeigen deutlich die Herkunft aus dem südöstlichen Europa: Ihre Gestaltung bezeugt eine enge Verwandtschaft zu den Ikonen der orthodoxen Kirche.

Zu den Kostbarkeiten des Domschatzes gehören auch liturgische Gewänder, die Paramente. Die Bildstickereien auf einem edlen Untergrund, wie z. B. Goldbrokat, Purpursamt oder Seide, erinnern an die aussagekräftigen, ›erzählenden‹ Reliefs der Elfenbeinschnitzereien und Goldschmiedearbeiten. Besonders beeindrucken die ausgestellten Kaseln (Meßgewänder) aus dem Flandern des frühen 16. Jh.

Bedauerlicherweise fehlt ein wichtiger Zweig des mittelalterlichen Kunstschaffens unter den Exponaten, denn die hochempfindlichen Blätter karolingischer Buchmalerei und Handschriften vertragen nicht das Licht der Öffentlichkeit.

Auf den Spuren der karolingischen Pfalz zum Rathaus

An den Westbau der Pfalzkapelle schloß sich ein bereits in karolingischer Zeit wieder erweiterter Innenhof an, der Vorgänger des **Domhofs**. Ganz in antiker Tradition bestand dieses Atrium auf drei Seiten aus Arkadengängen, die das Münsterportal als vierte Seite einbezogen. Mitten im Hof plätscherte das Wasser aus Brunnenaufsätzen, die Sie vom Dombesuch her kennen: der Bärin bzw. Wölfin und dem Pinienzapfen. Auf den Portikus setzte man noch ein geschlossenes Obergeschoß. Im Spätmittelalter wurden auch die Säulenhallen des Erdgeschosses zu geschlossenen Räumen umgebaut und anschließend gotische Kapellen darin eingerichtet. Von der Kapellenfolge um den Innenhof blieb nur noch die Taufkapelle an der Südwest-Ecke erhalten. Während der Dom im Zweiten Weltkrieg rela-

Fischmarkt mit der Taufkapelle und dem Westturm des Domes ▷

Aachener Antiquitätenhandlung K. Gellenkirchen
Antiquitäten

tiv wenig beschädigt wurde, hatten die umgebenden Gebäude stark unter den Bombardierungen zu leiden. Die zweigeschossigen Wohnhäuser am Domhof, die im Laufe des 17. Jh. die gotischen Kapellen ablösten, mußten auf den Resten historischer Bausubstanz erneuert werden; diejenigen der Nordseite, die sich an den Kreuzgang anschließen, entstanden 1956/57 ohne die ursprünglich klein gegliederte Bauweise wieder aufzugreifen.

Hochbetrieb muß jahrhundertelang an Sonn- und Feiertagen in der **Taufkapelle** geherrscht haben, denn vom frühen 13. Jh. bis 1811 war sie der einzige Taufort der Pfarre Aachen. Die ohnehin schon wenigen Pfarrkirchen Aachens – ganze vier an der Zahl: St. Foillan, St. Peter, St. Jakob und St. Adalbert – besaßen nämlich kein Taufrecht. Zwischen Karsamstag und Pfingstsamstag wurde der Aachener Nachwuchs ausschließlich an einem Taufstein hinter dem Königsthron im Oktogon getauft, sonst war die Tauf- oder Johanneskapelle Ort des Geschehens. Das spätromanische Gotteshaus erhielt im 18. Jh. sein barockes Aussehen. Im 19. Jh. drohte der Kapelle mehrfach der Abriß: Zuerst sollte sie für die Taufe des Sohnes Kaiser Napoleons abgerissen werden, um den Wagen bei der Feierlichkeit die Zufahrt zur Kirche zu erleichtern; später stritten sich die Stadt Aachen und das Domkapitel um eine neue Straßenführung an dieser Stelle.

Nur wenige Schritte nach Südosten stoßen Sie auf eine weiter fortgeschrittene, jedoch unvollendet gebliebene Raumplanung des späten 19. bzw. frühen 20. Jh. Das schmale Zweifensterhaus in der Schmiedstraße 4 wurde 1899 wegen Baufälligkeit abgebrochen. Hier sahen die Herren vom Domkapitel eine Chance zu einer Vergrößerung des Münsterplatzes, die ihnen paßte: Der Dom sollte von der Kleinmarschierstraße frei zu sehen sein. Die Stadt konnte nach einigen Verhandlungen diesem Wunsch entsprechen und legte als neue Fluchtlinie die Begrenzung des Grundstückes Schmiedstraße 6 fest. In Erwartung der Ehre, nun zum Münsterplatz sein Haus ausrichten zu können, ließ der Bauherr auf dieser Seite Balkons und Eckerker setzen. Er hatte allerdings Pech; seine üppige Neorenaissance-Fassade kann gar nicht zur Geltung kommen, und die erwartete schöne Aussicht auf den Platz endet an der Brandmauer der nun doch nicht abgerissenen Häuser Schmiedstraße 2 und Münsterplatz 16.

Die sehr schmalen Parzellen an der Schmiedstraße – man bedenke den Durchgang beim ehemaligen Haus Nr. 4 – verraten, daß es sich um eine mittelalterliche Straße handelt. Bei Ausgrabungsarbeiten wurden sogar Reste einer römischen Straßenbefestigung durch Knüppeldämme nachgewiesen. Nach gerade 50 m öffnet sich die Straße zum **Fischmarkt**. Der Name dieses Platzes stammt ursprünglich nicht, wie man schnell vermutet, vom Handel mit Fluß- und Meeresgetier. Die alte Aachener Bezeichnung ›Vor dem Parvisch‹ weist darauf hin, daß der Ursprung des Namens in der mittelalterlichen Kirchenarchitektur zu finden ist. Ein mit Säulenhallen umstandener Hof vor einer Kirche – ähnlich dem Atrium an der Pfalzkapelle – wird auch ›Paradies‹ genannt. Vom französischen Ausdruck ›Parvis‹ bis zum Parvisch des Öcher-Aachener-Dialekts war es nur noch ein kleiner Sprung. Nach 1500 tauchte zwar die Bezeichnung ›Fischmarkt‹ auf, doch Parvisch blieb bis ins 19. Jh. geläufig.

Passend zur Interpretation Fischhandelsplatz schuf der Berliner Bildhauer Hugo Lederer 1911 das **Fischpüddelchen**. Er schenkte es der Stadt als Zugabe zu ihrem Auftrag für ein

Das Fischpüddelchen auf dem Fischmarkt

Reiterstandbild Friedrichs III. An dem Knaben mit zwei wasserspeienden Fischen in den Armen erhitzten sich die Gemüter. Man nahm Anstoß an der Nacktheit des Kleinen! Mit verschiedenen Mitteln versuchten auf Anstand bedachte Bürger, das öffentliche Ärgernis zu beseitigen: Sie versahen den Bronzejungen mit einem Badeanzug aus Stoff, andere malten ihn mit Farbe auf, noch entschlossenere ›entfernten‹ das Fischpüddelchen vom Brunnen. Einige Jahre mußte es im Suermondt-Museum in Sicherheitsverwahrung verbringen. Im Zweiten Weltkrieg ging es verloren; vielleicht wurde es wie viele andere Bronzedenkmäler für die Rüstungsindustrie eingeschmolzen. 1954 goß der Aachener Bildhauer Heinrich-Clemens Dick nach Vorlage alter Photographien ein neues Fischpüddelchen, über das sich wohl niemand mehr aufregte.

Unter den denkmalgeschützten Häusern an der Südseite des Fischmarkts fällt eines durch seine besonders wehrhaft erscheinende Fassade auf: das **Grashaus**. In der gotischen Quaderfassade wurden zwei rundbogige Durchgänge nachträglich zugemauert und ein neuer angelegt. Ganz im Gegensatz zum geschlossenen Erdgeschoß wird die Außenwand des Obergeschosses von drei hohen Spitzbogenfenstern durchbrochen; den krönenden Abschluß der Fassade bildet eine Folge mit sieben Kurfürstenfiguren – einzeln in spitzbogige Nischen gestellt. Dieses Gebäude diente den Aachenern als erstes Rathaus; doch stammen nur noch Kellergewölbe und wenige Teile der Fassade aus dem 13. Jh. Hinter der fensterlosen Mauer im Erdgeschoß schmachteten die Gefangenen, im Hof richtete man die bürgerlichen Verbrecher mit dem Schwert hin. Daß hier manchmal ›gräßliche‹ Dinge passierten, gab dem ersten Bürgerhaus vielleicht seinen Namen. Vom 14. bis 19. Jh. findet sich die Schreibweise mit ›ss‹ und ›ß‹ in den Urkunden. Andere leiten die Bezeichnung von ›Gras‹ ab, einer Wiese hinter dem Rathaus, auf der die Bürger ihre Schießübungen absolvierten. Mit der Erhebung zur Stadt war u. a. auch die Selbstverteidigung ihrer Bewohner verbunden, und die mußte schließlich geübt werden. Im Obergeschoß tagten die Ratsherren in einem Saal, den sie als Ratskammer und weiteren Sitzungssaal auch noch nach dem Umbau der karolingischen Palastaula zum Rathaus nutzten.

Ende des 19. Jh. drohte dem verfallenen Grashaus der Abriß. Hinter die geflickte mittelalterliche Fassade setzte man nach Restaurierungsarbeiten neue Gebäude für ein Archiv. Der dazugehörige Magazinbau wurde im Zweiten Weltkrieg zerstört und nicht wieder aufgebaut. Im neugotischen Treppenhaus, das heute die zweiflügelige Anlage abschließt, befindet sich der Eingang zum Stadtarchiv.

Die Dreifensterhäuser auf der Westseite des Platzes (Fischmarkt 6, 7, 8) verstärken noch den selten gewordenen Eindruck eines typischen Alt-Aachener Straßenbilds. Backsteinhäuser mit Blaustein als Tür- und Fenstergewände lösten nach dem Stadtbrand von 1656 die weit verbreitete Fachwerkarchitektur ab. Diese drei Häuser, einst namhafte Wirtshäuser – im mittleren, ›Zum Spiegel‹, kehrte 1520 Albrecht Dürer ein –, stammen in ihrer heutigen Form aus dem späten 17. Jh. (Nr. 8) und frühen 19. Jh.

Wie sehr Aachen unter den Bombardierungen während des Zweiten Weltkriegs und den anschließenden Zerstörungen durch den Städtebau der Nachkriegszeit gelitten hat, wird auf dem weiteren Gang zum Katschhof deutlich. Mit dem wiederhergestellten **Drachenloch**, einem gotischen Portal, durch das man Kreuzgang und Domschatzkammer erreicht, endet der denkmalwürdige Bereich. Der Durchbruch der Ritter-Chorus-Straße anstelle einer namenlosen Sackgasse im Jahre 1897 leitete die schwerwiegenden Veränderungen ein, die in dem Neubau der Stadtverwaltung, der sämtliche historische Maßstäbe ignorierte, gipfelten. An der gegenüberliegenden Ecke, dem Klosterplatz 1, stand bis zum Zweiten Weltkrieg das älteste Wohnhaus der Stadt: das Romanische Haus. Noch 1941 schrieb Eberhard Quadflieg in seinen Spaziergängen durch Alt-Aachen mit optimistischem Unterton, daß es sich in absehbarer Zeit in einem neuen Zustand präsentieren wird – ein einmaliges Baudenkmal, wie es keine andere Stadt besitzt.

Mit der Einmündung der Ritter-Chorus-Straße in den Katschhof gelangen Sie auf das einstige Gelände des karolingischen Pfalzbezirks. Ein steinerner Verbindungsgang führte von der Südwest-Ecke der Palastaula geradlinig zur Nordost-Ecke des Atriums, unterbrochen von einem quer gestellten Rechteckbau auf der Höhe der Ritter-Chorus-Straße. Auf der östlichen Seite begrenzte ein hölzerner Gang den inneren Pfalzbereich. Die Ausdehnung des karolingischen Hofes läßt sich an der Fläche des Katschhofes noch erahnen. Sonst gibt es hier kaum mehr Spuren, die auf das frühe Mittelalter hinweisen; von der antiken – karolingischen – Raumplanung blieb nicht viel übrig.

Im ausgehenden Mittelalter verhalf die neue Aufgabe, Standort des Prangers zu sein, dem Platz zu seinem heute noch gültigen Namen: Aus dem Hof mit dem ›Kax‹ wurde der **Katschhof**. Die Platzfläche hatte sich in jener Zeit durch zunehmende randliche Bebauung verringert. Bis ins 19. Jh. blieb der Katschhof ein ruhiger Binnenhof, in den nur zwei kleinere Durchgänge von der mittleren Krämerstraße und vom Hühnermarkt führten. Auf dem baumbestandenen Platz wurde bis 1735 der Viehmarkt abgehalten. Eine groß angelegte Neuplanung im letzten Drittel des 19. Jh. veränderte das Gesicht des Katschhofes,

Der Katschhof mit Blick auf den Dom (oben) und mit Blick auf das Rathaus (unten), um 1900

neue Ansichten über die Raumwirkung historischer Gebäude schlugen durch – und die Häuser der Stiftsimmunität, die auf der Südseite den Blick zum Münster versperrten, fielen in den 70er Jahren der Spitzhacke zum Opfer. Solche Freilegungsaktionen fanden nicht nur in Aachen statt, sie waren eine typische Zeiterscheinung in jenen Tagen, auch der Kölner Dom wurde von seiner ›fußpilzartigen Bebauung‹ – so sahen es die Zeitgenossen – befreit und auf einen Präsentierteller gestellt. Der großzügige Platz als Ergebnis Wilhelminischer Planung entwickelte sich nach dem Zweiten Weltkrieg weiter zu seinen Ungunsten, weg von seiner historischen Gestalt zum städtebaulichen ›Loch‹ zwischen Rathaus und Münster. Erfreulicherweise hat man inzwischen die Autos von diesem ideal gelegenen Parkplatz verbannt, doch erhielt der Katschhof dadurch auch noch kein Gesicht – außer an Markttagen. Trotzdem sollten Sie die Fläche nicht wie die meisten Passanten zügig überqueren, sondern einen Blick auf die Rückseite des Rathauses (s. Farbabb. 1) und die historische Pflanzenzusammenstellung eines Heil- und Gewürzkräutergartens nach dem Capitulare de villes Karls des Großen (812) werfen.

An der rechten Seite erhebt sich der **Granusturm**, der nicht nur durch sein massives Mauerwerk, sondern auch durch seine Ecktürmchen und den Zinnenkranz stark an den Bergfried einer mittelalterlichen Burg erinnert. Der Turmaufsatz zeigt nicht diese Wehrhaftigkeit; in der historisierenden Form wurde er erst 1978 angebracht – als Nachfolge einer neugotischen Dachzone aus dem späten 19. Jh. Am 29. Juni 1883 hatte ein Rathausbrand den Türmen und dem Dach schwere Schäden zugefügt. Die unteren 20 m des Granusturmes stammen noch aus karolingischer Zeit, als der dreigeschossige Wohnturm die Palastaula flankierte. Zur luxuriösen Ausstattung zählte in jener Zeit eine Abortanlage und ein mit Warmluft beheizbarer Raum. Selbst für die königliche Familie war das Leben voller Härten und Unbequemlichkeiten – nach heutigen Vorstellungen.

Die Schicksale der Frauen Karls des Großen lassen die schweren Lebensbedingungen sogar bei Hofe erahnen. Nach dem Verstoßen der ersten Frau, einer Langobardenprinzessin, heiratete Karl 771 die dreizehnjährige Alemannin Hildegard. 783 starb sie mit 25 Jahren, inzwischen neunfache Mutter, in der Winterpfalz Diedenhofen. Zur nächsten Ehefrau wählte Karl die sächsische Grafentochter Fastrada, die 794 in Frankfurt starb. Letzte Gattin des Königs wurde die Alemannin Luitgart, die auf dem Wege zur Kaiserkrönung nach Rom in Tours starb. Wie ihre beiden Vorgängerinnen überlebte sie – geschwächt durch die schnell folgenden Schwangerschaften – die Strapazen des Reiselebens nicht. Kurz vor seiner Krönung zum Kaiser war Karl nun zum dritten Mal Witwer geworden; danach heiratete er nicht mehr, sondern pflegte nur noch Beziehungen zu Konkubinen und unterhielt ein ›Frauenhaus‹. Der Kindersegen blieb ihm treu. Sofern eines seiner – mindestens – achtzehn Kinder die ersten Jahre überlebte, warteten meist hochrangige Positionen in der kirchlichen Hierarchie auf sie.

Den kleinen Raum im Winkel von Granusturm und Rathaus füllen zwei schmale Gebäude: gleich in der Ecke das dreigeschossige Backsteinhaus ›**Eulenspiegel**‹ und davor – nicht viel größer als eine Postkutsche – der ›**Postwagen**‹ (s. Farbabb. 2), der bei seiner Gestaltung des oberen Stockwerkes eine gewisse Verwandtschaft mit den holländischen

Kaiser Karl und seine Verwandtschaft

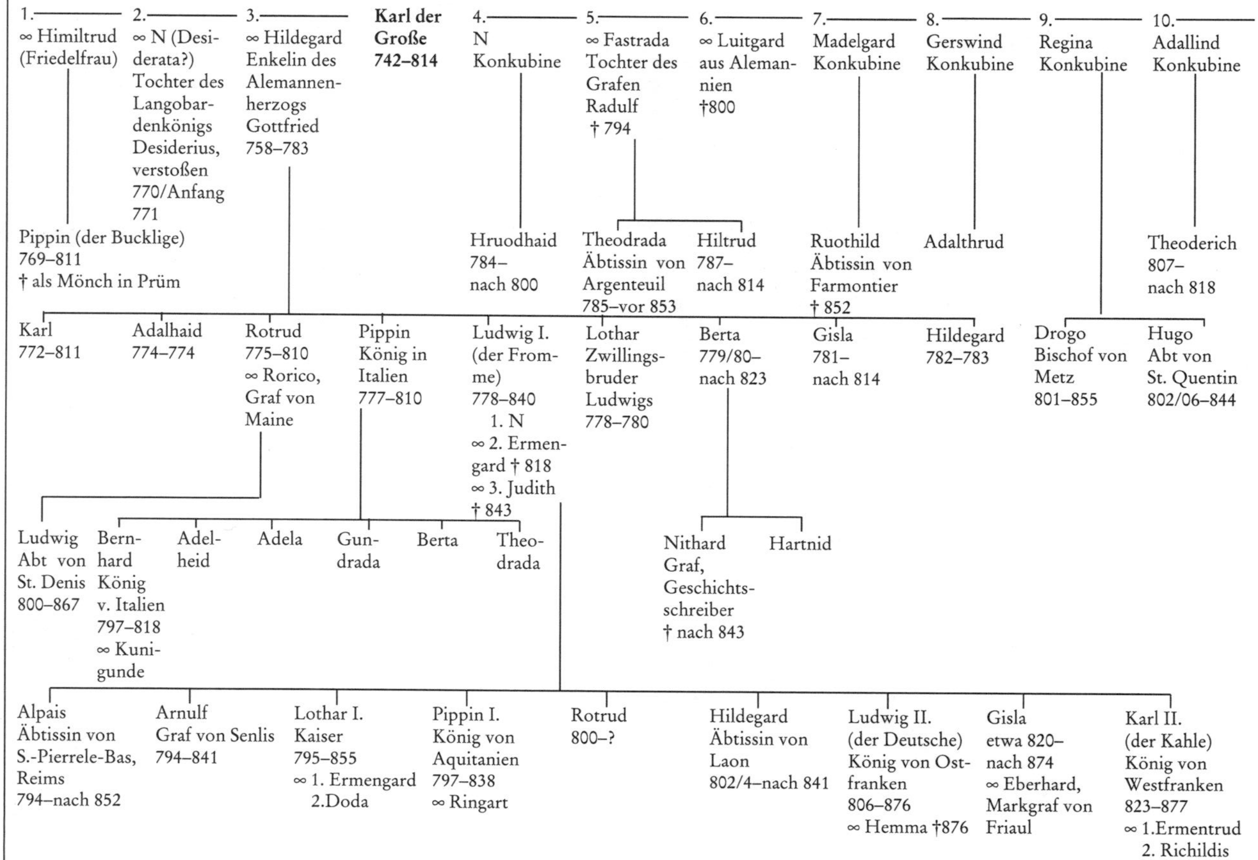

Rathausansicht (um 1860) mit Granusturm und Postwagen. Lithographie von Louis Stroobant

Kauffahrteischiffen (Handelsschiffe) des 17. Jh. nicht leugnen kann. Die ältesten Teile der beiden Häuser, die 1949 wieder aufgebaut wurden, stammen von 1657 und gehören damit zu den ersten Gebäuden, die nach dem großen Stadtbrand entstanden. Zum Ende des 19. Jh. drohte dem heruntergekommenen Postwagen der Abbruch. Die Stadt entschloß sich, die Rarität zu retten und fand eine sinnvolle Nutzung, indem sie 1901 darinnen ein Restaurant errichtete. Heute ist der Postwagen noch immer eine der originellsten Gaststätten und höchstwahrscheinlich darunter die am meisten photographierte. Der Kontrast zur monumentalen Rathausfassade könnte kaum größer sein!

Welch imposanten Eindruck muß das **Rathaus** auf den mittelalterlichen Zeitgenossen gemacht haben? Auf den Fundamenten und Resten des aufgehenden Mauerwerks der verfallenen karolingischen Palastaula errichteten die Aachener zwischen 1300 und 1349 das zweigeschossige Gebäude. Für die Bürgerschaft der Stadt erhielten diese Bauaktivitäten ein besonderes Gewicht, denn sie durften nun ihrer Freiheit und Selbstverwaltung ein Denkmal setzen. Das Königshaus machte nur zur Auflage, einen Festsaal für das Krönungsmahl einzuplanen. Das Anliegen dürfte den Interessen des Stadtrates kaum widersprochen haben, schließlich hatte man dafür gleichfalls Verwendung. Mit dem Festakt zur Inthronisation Karls IV. am 25. Juli 1349 wurde das gotische Rathaus eingeweiht.

Recht selbstbewußt verlegten die Bürger die Hauptfassade weg vom Katschhof bzw. dem Dom, drehten dem Gotteshaus die Rückseite zu und orientierten sich zum Marktplatz. Dem Handel und Gewerbe verdankte man schließlich seinen Wohlstand, der – neben allen königlichen Privilegien – über Wirtschaftskraft auch politische Mitbestimmung gebracht hatte. Das Rathaus diente nicht nur der Repräsentation, sondern natürlich auch der alltäglichen Verwaltungsarbeit. Im Erdgeschoß richtete man die großen Arbeitsräume für den Rat und die Schöffen ein. Während des 17. und 18. Jh. veränderte man die Innengestaltung jeweils nach der aktuellen Mode: Renaissancemalereien im heutigen Sitzungssaal des Stadtrates und die spätbarocke Ausstattung des Weißen Saales geben davon Zeugnis. Ab Mitte des 19. Jh. erlebte das Rathaus tiefgreifende Veränderungen; die Stadtverordnetenversammlung hatte beschlossen, zu den Anfängen zurückzukehren und dem Gebäude wieder ein gotisches Aussehen zu geben. Die neugotische Ausführung fiel weit üppiger aus als die mittelalterliche. Nach Plänen von Friedrich Ark, die der sehr an Denkmalfragen und mittelalterlicher Geschichte interessierte König Friedrich Wilhelm IV. genehmigt hatte, wurde die Marktfassade nun zu einem umfangreichen Bilderbuch der Stadtgeschichte. Die glanzvollen Höhepunkte des Krönungsortes deutscher Monarchen rufen die 50 Königsskulpturen über den Kreuzstockfenstern und auf den Konsolen zwischen den Fenstergruppen wieder in Erinnerung; 31 von ihnen wurden im Münster gekrönt. Einblicke in den bürgerlichen Alltag bieten die Relieffelder über den Erdgeschoßfenstern. Selbst hier fehlt der Rückgriff auf die Antike nicht: Die Reihe beginnt im Osten mit Darstellungen der sie-

Entwurf von Johann Joseph Couven für die Freitreppe am Rathaus, Anfang 18. Jh.

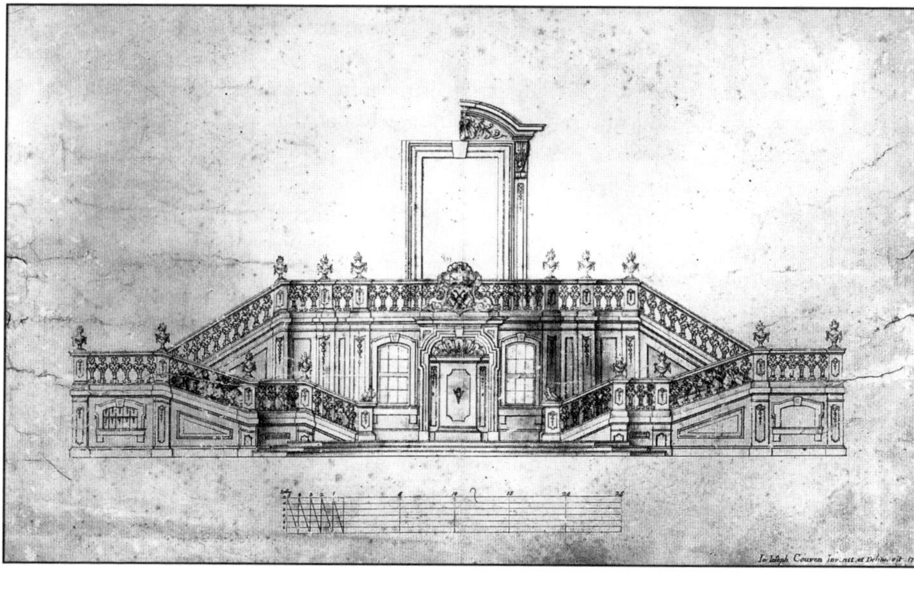

Rathaus, Ende 19. Jh.

ben freien Künste. Nach den Vorstellungen des Altertums sollte ein freier Mann – im Gegensatz zum Sklaven – über Kenntnisse in der Grammatik, Rhetorik, Dialektik, Musik, Astronomie, Geometrie und Arithmetik verfügen. Leichter sind dagegen die Zeichen der mittelalterlichen Zünfte auf der Fassade zu identifizieren. Wichtigen Akteuren des politischen Geschehens wurde die untere Wappenreihe gewidmet: den sieben Kurfürsten, die das Recht der Königswahl besaßen, den sieben freien Reichsstädten und den weltlichen wie geistlichen Herren im Rheinland.

Das Portal, zu dem eine zweiläufige Freitreppe führt, bekrönt eine thronende Christusfigur. Karl der Große und Papst Leo III. knien zu Füßen des Weltenherrschers. Die neugotische Umgestaltung des Rathauses war noch nicht abgeschlossen, als 1883 die Dächer und Türme einem Brand zum Opfer fielen. So konnte erst im Jahre 1902 die Vollendung gefeiert werden. Erneute Schäden in der Dachzone verursachte der Zweite Weltkrieg. Beim Wiederaufbau der Türme entschied man sich, nicht wieder die wuchtigen Helme des ausgehenden 19. Jh. zu rekonstruieren; statt dessen wurde der Entwurf des Dombaumeisters Leo Hugot verwirklicht, der sich an den kleineren und leichteren gotischen Turmabschlüssen orientierte. Große Restaurierungsmaßnahmen erforderte auch die Innenausstattung, vor allem im Kaiser- oder Reichssaal, wo Teile des Gewölbes eingestürzt waren.

Die verschiedenen Stilepochen, die das Rathaus prägen, lassen sich mit Ausnahme der mittelalterlichen gut bei einer Innenbesichtigung aufspüren. Sie können während der Öffnungszeiten einige der historischen Räume, die nicht ständig als Amtszimmer genutzt werden, allein ohne eine offizielle Führung ansehen. Eine detaillierte Broschüre gibt es als Eintrittskarte an der Kasse.

Die große *Eingangshalle* reicht über die gesamte Breite des Gebäudes und wird nach Süden – zum Katschhof – durch das 1846 von Friedrich Ark entworfene, neugotische Treppenhaus verlängert. Sein annähernd quadratischer Grundriß läßt sich bei der Raumaufteilung im Erdgeschoß immer wieder finden. Nur beim *Sitzungssaal* links vom Haupteingang wurde er in der Mitte des 19. Jh. verändert, indem man die trennende Wand herausbrach, und die Fläche somit verdoppelte. Bei Restaurierungsarbeiten im Jahre 1975 entdeckte man in den beiden Raumhälften Malereien auf den Gewölbefeldern, die aus unterschiedlichen Stilrichtungen stammen: zum einen aus der Renaissance (um 1628) Darstellung der Tugenden Weisheit, Gerechtigkeit und Mäßigung in menschlicher Gestalt, den Löwen als Sinnbild des Mutes; zum anderen in barocker Interpretation (um 1730) Szenen aus der antiken Sagenwelt. Diese spätere Deckenbemalung ging mit einer gründlichen Umgestaltung der Wände einher. Jakob de Reux aus Lüttich schuf die Holzvertäfelungen. Natürlich darf in einem Aachener Rathaussaal ein Portrait Karls des Großen nicht fehlen: Eine Kopie des Dürer Bildes hängt an der Stirnseite des Raumes. An der gegenüberliegenden Wand finden Sie einen weiteren Herrscher abgebildet, der sich ähnlich Karl dem Großen in die Nachfolge antiker Kaiser stellte: es ist Napoleon I., hier als römischer Kaiser verkleidet. Die für Aachen näherliegenden Beziehungen verdeutlicht der Hintergrund bei der kaiserlichen Gemahlin Josephine. Sie steht vor Rathaus und Dom. Ihr Gatte hatte die Stadt 1798 zur Hauptstadt des Departements de la Roer und 1802 zum Bischofssitz erklärt.

An ein europäisches Gipfeltreffen in der Mitte des 18. Jh. erinnern die Gemälde des *Weißen Saales* (s. Farbabb. 3). 1748 fand der Aachener Friedenskongreß zur Beendigung des österreichischen Erbfolgekriegs statt. Einige der Gesandten stifteten der Stadt zum Gedenken an das historische Ereignis ihre Portraits. Die Innenausstattung des kleinen Empfangssaales läßt erahnen, wie das Rathaus als spätbarockes Stadtschloß aussah. Nach Entwürfen Johann Josef Couvens wurde der gotische Bau um 1727 modernisiert. An den Ecken des Weißen Saales können Sie erkennen, daß die Ansätze gotischer Gewölberippen hier vom Künstler meisterlich kaschiert wurden. Mit Stuckarbeiten – Gesimsen, Rocaillen, Blätterranken und anderen Zierformen – fügte er die überflüssig gewordenen Bauglieder in seine neue Wandgestaltung ein. Dabei setzte er auch noch die allerneuesten Modeströmungen, die das Rokoko gerade erst hervorzubringen begann, in die Tat um. Die Rocaillen, das dekorative Muschelwerk, das der Epoche seinen Namen gab, zierliche, verspielte Formen und die Helligkeit durch die gewählten Farben Weiß und Gold gehören dazu. Der Fußboden mit seinem sternförmigen Muster wurde 1978 im Zusammenhang mit einer umfangreichen Restaurierung gelegt. Die meisten Veränderungen, die Johann Couven am gotischen Rathaus vornahm, wurden im 19. Jh. wieder rückgängig gemacht; nur die von ihm konzipierte Freitreppe zum Markt blieb erhalten.

Über das neugotische *Treppenhaus* aus der Mitte des 19. Jh. gelangt man in den Kaisersaal. Der Kontrast zwischen dem leichten, hellen Rokoko und der wuchtigen, dunklen

Neugotik könnte kaum größer sein! Die Portraits der Karlspreisträger seit Beginn der Preisverleihung (s. S. 203 f.) im Jahre 1950 verleiten zu einem gemächlichen, entdeckenden Durchschreiten des Treppenhauses – noch unterbrochen von interessanten Ausblicken aus den Fenstern und dem Erker im Obergeschoß. Mit Historienbildern von Albert Baur (1902) am oberen Abschluß des Treppenaufgangs werden dem Eintretenden die vielleicht wichtigsten Ereignisse der Aachener Stadtgeschichte noch einmal vor Augen geführt: Die Römer entdecken die heißen Quellen; Kaiser Friedrich I. verleiht Aachen den Rang einer freien Reichsstadt – der Festakt, bei dem die Bürger sich auch verpflichteten, innerhalb von vier Jahren eine Stadtbefestigung aufzubauen, findet vor der Pfalzkapelle statt. Ein anschaulicher Eindruck vom Zustand vor dem gotischen Bauboom! Über dem Eingang zum Reichssaal sehen Sie das berühmteste Autogramm aus Aachen im Bronzeguß. Es war im Original mit zittriger, ungeübter Hand geschrieben, denn Karl der Große, Förderer von Bildung und Kunst, soll selber erst im hohen Alter schreiben und lesen gelernt haben, und bis dahin soll sich seine ›Unterschrift‹ auf das kleine Quadrat beschränkt haben.

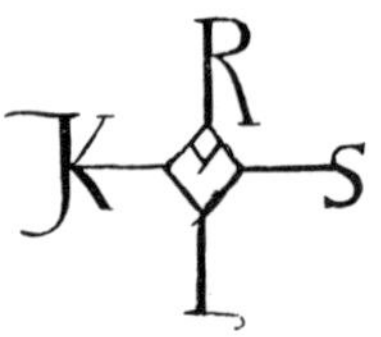

Der zweischiffige *Krönungssaal* (s. Farbabb. 4), auch *Reichs-* oder *Kaisersaal* genannt, der die gesamte Fläche des Obergeschosses einnimmt, beeindruckt auch heute noch durch seine Größe und Ausstattung. Um wieviel mehr muß er einen mittelalterlichen Menschen in Erstaunen versetzt haben, der schließlich nur andere Dimensionen gewöhnt war? Für ihn war dies ohne lange Erklärungen eine Halle des Königs. An die Erlaubnis, ein Rathaus zu bauen, hatten die Herrscher an der Wende vom 13. zum 14. Jh. die Bedingung geknüpft, einen Festsaal für das Krönungsmahl einzuplanen.

Von der mittelalterlichen Ausstattung des Raumes hat wenig die Jahrhunderte überdauert. Die Einteilung in zwei Schiffe mit je zehn Jochen und die unteren Abschnitte der Pfeiler stammen noch aus dem 14. Jh. Die Südwand, an die das neugotische Treppenhaus angesetzt wurde, war ursprünglich auch in ihrer Mitte nur von Fensteröffnungen durchbrochen – befand sich hier doch der Königsplatz. Der Zugang zum Saal erfolgte durch das Treppenhaus im Westen. Der Festsaal ließ sich von zwei Kaminen an der Südwand beheizen. Diese fielen den barocken Umbauten zum Opfer, ebenso die gotische Bemalung des Raumes.

Während der neugotischen Umgestaltung erhielt der Saal zwischen 1847 und 1861 acht Fresken von Alfred Rethel und seinem Schüler Josef Kehren. Der 1816 in Haus Diepenbend bei Aachen geborene Künstler schuf mit diesen Szenen aus der Geschichte Karls des Großen sein Hauptwerk und wird dadurch zu den bedeutendsten europäischen Historien-

Rathaus, Kaisersaal ▷

Choreographie eines Krönungsmahles

Nach der Krönung König Maximilians I. am 9. April des Jahres 1486 fand im Festsaal des Rathauses das Krönungsmahl statt. Von den Hofberichterstattern des Kaisers ist der Ablauf des festlichen Mahls überliefert:

»Unterwegs wurde auf diesem Zuge bis zum Rathaus im Namen des Königs Geld unter das Volk gestreut oder geworfen, nämlich Rheinische Gulden und Silbermünzen im Werte von 300 Gulden; und das Volk lief mehr dem Geld als dem König nach.

So kam man nun auf das Rathaus, wo der König ein großes Mahl für alle Fürsten hatte bereiten lassen . . .

Dann stieg die kaiserliche Majestät zum Rathaus hinauf, zog sich in ein Einzelzimmer zurück und legte dort ihre Pontifikalkleidung ab, begab sich darauf zu ihrem Tisch, der an der Kopfseite des (Kaiser-)Saales, quer durch den Raum, aufgestellt und geschmückt war, sechs Stufen hoch erhöht, an dem seine Majestät und sein Sohn, der Römische König Maximilian, Platz nahm.

Der Tisch war gedeckt mit einer golddurchwirkten Decke, aufs kostbarste geziert mit dem Wappen von Burgund. Auf der linken Seite (des Tisches) stand ein Kredenztisch 7 Tritte hoch, geschmückt mit den kostbarsten Gefäßen, im Werte von über 200 keineswegs kleinen, sondern großen Gold- und Silberstücken, nicht gerechnet die silbernen Schalen und Becher . . .

Als nun der Kaiser und der Römische König zum Essen erschienen waren, kam der erwählte Bischof von Augsburg, genannt (Friedrich II.) von Hohenzollern, nahm die Stelle des (nichtanwesenden) Markgrafen von Brandenburg mitsamt den übrigen Grafen ein, wobei Herzog Ernst von Sachsen mit einem Stab vorausging, und reichte ihnen Wasser und Handtuch dar: das Wasser befand sich in einer silbernen Schüssel.

Die 3 Erzbischöfe sprachen alsdann den Tischsegen und das Dankgebet. Und sie empfingen gleichzeitig aus der kaiserlichen Kanzlei ihr Siegel (nämlich der Mainzer als Kanzler von Deutschland, der Kölner als Kanzler von Italien und der Trierer als Kanzler von Arelat = Burgund); diese (Siegel), die an einem Stab befestigt waren, legten sie vor dem König nieder.

Als sie (Erzbischöfe) sich dann selbst gesetzt hatten, während die (weltlichen) Kurfürsten des Römischen Reiches noch bei ihren Tischen standen, Kurfürst Herzog Ernst von Sachsen als Erzmarschall mit einem schwarzen Stab in der Hand, und der Kurfürst von der Pfalz, als Truchseß des Römischen Reiches nach jenem, begaben diese sich zur Küche des Königs. Dort empfing der Pfalzgraf hoch zu Roß aus der königlichen Küche vier silberne Schüsseln, stieg vor dem Rathaus wieder vom Pferde, ging dann die Rathaus(treppe) hinauf, wobei ihm Herzog Ernst von Sachsen mit seinem Stab vorausging, trug die silbernen Schüsseln mit den Speisen in der Hand und setzte sie auf den Tisch des Königs. Nachdem die Kurfürsten ihre Hofämter also verrichtet hatten, setzte sich jeder Kurfürst an den für ihn bereiteten Tisch samt eigner Kredenz . . .

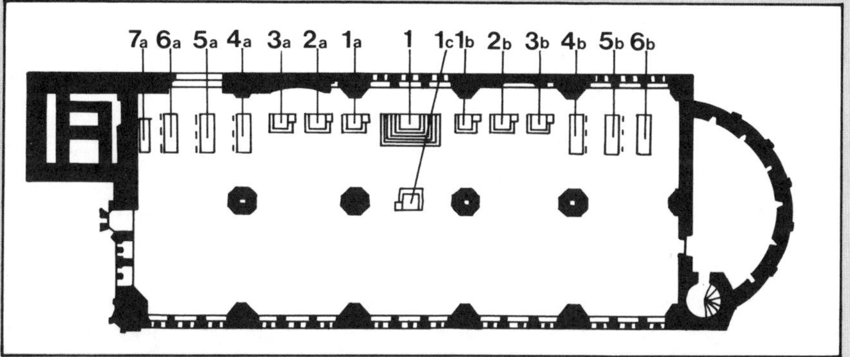

Die Tischordnung beim Krönungsmahl im Rathaus 1 Kaiser Friedrich III., König Maximilian I. 1a Erzbischof von Köln 2a König von Böhmen (abwesend) 3a Kurfürst und Pfalzgraf Philipp 4a Gesandte des Herzogs von Österreich 5a Bischöfe von Lüttich, Worms, Cambrai, Siebenbürgen und Meißen 6a Vertreter der Stadt Aachen 7a Abgesandte der Stadt Köln 1c Erzbischof von Trier 1b Erzbischof von Mainz 2b Kurfürst und Herzog von Sachsen Ernst 3b Markgraf von Brandenburg (abwesend) 4b Herzog Albert von Sachsen, Herzog von Kleve, Herzog Kaspar von Bayern, Herzog von Jülich, Abgesandter des Grafen von Württemberg 5b Räte der Stadt Frankfurt 6b Räte der Stadt Nürnberg

Dieses Mahl dauerte aber fast bis zur 3. (Nachmittags-)Stunde. Was soll ich noch davon erzählen? Es gab gegen 50 Gänge und immer wieder waren die Schüsseln überfüllt. (Es gab) einen ganzen Hasen, Lamm, Pfau und alle Arten Geflügel, Fisch und Wild, besten und edelsten Wein. An den Gängen hingen die Abzeichen der Fürsten: wer kann das alles aufzählen?

Auf dem Markt aber standen die Armen und Hungerleider, denen durch die Fenster Fleisch, Brot, ganze Hasen und gebratene Lämmer zugeworfen wurden: und so entstand ein großes Geschrei auf dem Markt. Aber im Saal oder Palast herrschte Schweigen, kein Lärm, es sei denn einer unterhielt sich mit dem anderen mit gedämpfter Stimme. Nach dem Mahle wurde wieder Wasser in silbernen Becken samt Handtuch zu Tisch der kaiserlichen Majestät und des Römischen Königs gebracht, dann sprachen die drei Erzbischöfe das Dankgebet.

Darauf rief einer der zahlreichen Herolde mit lauter Stimme: »Wenn jemand da ist, der zum Ritter geschlagen zu werden wünscht, so komme der zum König, der hier oder in seinem Hause dazu bereit ist. Wenn auch heute einige kommen sollten, die nicht dazu geeignet sind, so gelten sie als nicht erwählt, und andere mögen verhindern, daß sie ritterliche Abzeichen tragen, und wer von diesen trotzdem bleiben will, muß dem König dies sagen«. Nach diesen Worten erhoben sich alle, begleiteten Kaiser und König zu ihren Herbergen, etwa um die 4. Stunde, und alles blieb in Frieden.«

malern gezählt. Vier Wandbilder führte er selber aus, das bekannteste und zuerst entstandene ist ›Otto III. in der Gruft Karls des Großen‹; vier weitere Gemälde vollendete nach seinen Entwürfen sein Schüler. Den Zweiten Weltkrieg überstanden leider nur fünf Werke. Das Bild über dem Eingang schildert die Schlacht bei Cordoba gegen die Sarazenen im Jahre 778 – ein erfolgloser Versuch, die Araber aus Spanien zu vertreiben und die eigene Grenze aus dem Vorland der Pyrenäen weiter nach Süden zu schieben. Auf ein anderes Kampfgebiet des Karolingers weist das Fresko auf der östlichen Wand hin: ›Sturz der Irminsul‹. Die Zerstörung des sächsischen Heiligtums der Irminsul, eines geweihten Holzstammes, leitete 772 die Unterwerfung und Missionierung der Sachsen ein. Eroberungen an der Südost-Grenze seines Imperiums verherrlicht der ›Einzug Karls in Pavia‹. 774 war es ihm gelungen, das Langobardenreich einzunehmen. Der gefesselte König Desiderius wendet sich ab, als Karl hinter den Fahnenträgern durch das Stadttor reitet. Seine Herrschaft ist vorüber, wie es auch eine gestürzte Säule links des Portals versinnbildlicht. Ein berittener Kleriker befindet sich ebenfalls auf der Siegerseite und zeigt – ohne ihn eines Blickes zu würdigen – mit dem Finger auf den Verlierer. Es ist Papst Hadrian, der Karl um seinen Schutz vor den Langobarden gebeten hatte. Von der ersten Krönung in Aachen nach derjenigen Karls des Großen berichtet das zweite Bild auf der Westseite. 813 läßt der Kaiser den Sohn Ludwig zum Mitkaiser erheben, nachdem seine älteren Söhne schon gestorben sind, und darüber hinaus auch andere Ereignisse desselben Jahres als Vorzeichen auf den baldigen Tod Karls verstanden werden. – Vier Monate nach dieser Krönung stirbt Karl bereits.

Zu einer kleinen Schatzkammer wurde der gotische Kapellenerker auf der Ostseite des Reichssaals umfunktioniert. In maßstabs- und materialgetreuen Nachbildungen aus dem frühen 20. Jh. sehen Sie die Reichskleinodien. (Die originalen Kostbarkeiten befinden sich heute in der Hofburg zu Wien.) Nach ihrem ursprünglichen Aufbewahrungsort werden sie in die Aachener Gruppe (Reichsevangeliar, Stephansburse und Säbel Karls des Großen) und die Nürnberger Kleinodien (Reichskrone, Reichskreuz, Heilige Lanze, Reichsschwert, Reichsapfel, Zeremonienschwert, Zepter und Weihwasserwedel) eingeteilt. Im Gegensatz zu den Nürnberger Gegenständen mußten alle Aachener Kleinodien bei der Krönungszeremonie eingesetzt werden. Die Stephansburse kam beim Krönungsmahl zum Einsatz: Der Reliquienschreinbehälter in Form einer Pilgertasche stand als einziges der Reichsreliquiare bei den Feierlichkeiten auf dem Kredenztisch des Königs.

Links des Altarerkers befindet sich eine Bronzestatue Karls des Großen – ausgestattet mit einigen Reichsinsignien. Die überlebensgroße Figur entstand 1620 im belgischen Dinant: Von ihrem ursprünglichen Standort auf dem Marktbrunnen mußte sie 1969 entfernt werden. Der ›Zahn der Zeit‹ – saurer Regen und mutwillige Beschädigungen – setzten ihr zu stark zu. Eine naturgetreue Kopie wurde statt dessen diesem Schicksal ausgeliefert.

Der Wiederaufbau des Kaisersaals nach dem Zweiten Weltkrieg dauerte bis in die späten 70er Jahre. 1956 schuf Ewald Mataré die Fenster; ein Jahr zuvor hatte er die Bronzetür am Rathausportal gegossen. Zu den letzten Arbeiten gehörten die gotisierenden Gewölbemalereien von Roland Gassert im Jahre 1978.

Das Geheimnis der dreieckigen Plätze und Baublöcke – ein Bummel durch die östliche Altstadt

Ein Blick auf den Plan von Aachen zeigt östlich des Ensembles Dom und Rathaus eine merkwürdige, kleingegliederte Aufteilung. Im Gegensatz zu den anderen Gebieten des mittelalterlichen Stadtkerns besitzen hier sämtliche Plätze, also der Hof, Hühnermarkt und Markt, die Form von Dreiecken. Ähnliches läßt sich auch bei der Anordnung der Häuser und den Umrissen der angrenzenden Baublöcke beobachten. Ein schönes Beispiel sind die Gebäude zwischen Krämerstraße, Hof, Hühnermarkt und Romaneygasse oder die Bebauung nordöstlich des Marktes zwischen Großköln- und Kleinkölnstraße. Des Rätsels Lösung liegt am Münsterchor, wo dieser Spaziergang beginnen soll.

Aachen innerhalb der Gräben 1 Dom 2 Grashaus 3 Rathaus 4 Couven-Museum 5 St. Nikolaus 6 Internationales Zeitungsmuseum 7 Hauptgebäude der TH 8 St. Paul 9 St. Anna 10 St. Michael 11 Elisenbrunnen und aachen tourist information 12 Altes Kurhaus 13 Stadttheater

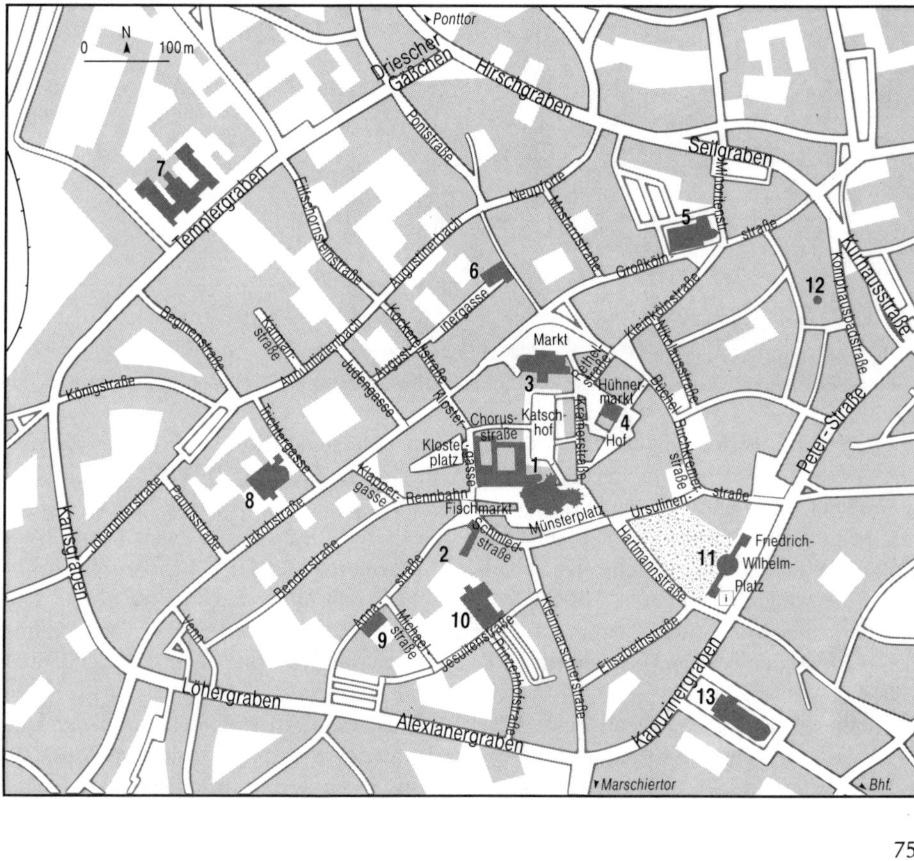

St. Foillan, Innenansicht

Die exakte Ausrichtung des Chores nach Osten ist letztendlich ›schuld‹ an den zahlreichen Dreiecksformen im Stadtgrundriß; doch darf diese raumordnende Wirkung nicht dem gotischen Chor angelastet werden, sondern dem nicht mehr existierenden, kleinen Rechteckchor an der karolingischen Pfalzkapelle. Der antike Brauch, sich beim Gebet nach Osten zur aufsteigenden Sonne, dem Licht- und Wärmespender des Lebens – nach christlicher Deutung also Christus – hinzuwenden, schlug sich in der Architektur nieder: Die Altäre fanden ihren festen Platz im Osten der Kirchenräume; wurden sie von einem besonderen Anbau, einer Apsis oder einem Chor umgeben, mußte dieser ebenfalls nach Osten weisen.

An dieser Leitlinie des karolingischen Kirchenbaus orientierte man nicht nur die Anlage der Palastaula – ein von Osten nach Westen verlaufendes Wegenetz wurde zum Grundraster der frühmittelalterlichen Siedlungsentwicklung. Doch konnte sich dieses nicht ungestört entfalten, da die älteren römischen Straßen sich bereits seit Jahrhunderten bewährt hatten und weiter genutzt wurden. Das antike Straßensystem hatten die Römer in Aachen dem Gelände, dem Marktsporn, angepaßt und somit die Nordost-/Südwest-Richtung eingeführt. Der karolingische Ausbau drehte das weiterhin gefragte Rechteckschema um 38 Grad nach Osten, und durch die Verschiebung entstanden Dreiecksformen im Stadtgrundriß, die sich trotz Stadtbrand, Kriegszerstörungen, moderner Stadtplanung und jahrhundertewährenden Bauaktivitäten bis heute gehalten haben.

Inmitten steht die älteste Pfarrkirche Aachens, **St. Foillan**. Das gotische Gotteshaus wurde nicht streng geostet, denn schon zur Erbauungszeit muß Platzmangel an dieser Stelle geherrscht haben. Für einen idealen gotischen Kirchenbau fehlte das Grundstück, und so geriet die dreischiffige Kirche für ihre Breite eigentlich zu kurz. Dem Turm erlaubten die beengten Verhältnisse nur den ungewöhnlichen Standort am südlichen Seitenschiff. Noch immer ist die Kirche nicht nur in die lückenlose Bebauung am östlichen Münsterplatz eingebunden, ein Wohnhaus reicht sogar um ihre Westecke und bedeckt einen Teil ihrer Straßenfront. 1482 wurde St. Foillan zum Gedenken an einen schottischen Mönch und Märtyrer geweiht. Nach dem großen Stadtbrand entstand zwischen 1657 und 1672 ein Neubau. Im 19. Jh. erhielt der Turm seine neugotischen Obergeschosse. 1944 fielen große Teile des Kirchengebäudes den Luftangriffen zum Opfer; die Lücken, die die Bomben rissen, wurden mit zeitgenössischen Architekturformen (Entwürfe von Leo Hugot) geschlossen. Gotische Relikte wie der 5/8 Chorschluß und das südliche Seitenschiff umrahmen die moderne zweischif-

St. Foillan, Foillansmadonna

fige Halle, die das alte Mittelschiff und das nördliche Seitenschiff ersetzt. Mit neuen Materialien, Stahlbeton und Eisenträgern, wurden mittelalterliche Formen, wie z. B. gotisches Sterngewölbe, weiterentwickelt. Durch die harmonische Farbgebung werden die unterschiedlichen Teile zusammengefaßt. In die Fenster der Südwand setzte man in den späten 50er Jahren einen Glasgemäldezyklus von Wilhelm Buschulte ein. Darauf folgte die Neugestaltung der Chorfenster. Die nördliche Wand wurde nach den Kriegsschäden geschlossen aufgebaut, alte Spitzbögen und Gewölbeansätze deuten noch den gotischen Zustand an. Auf die große neue Wand malte der Aachener Künstler von Brandis 1947 die beiden Gemälde ›Grablegung Christi‹ und ›Hochzeit zu Kanaa‹. Ursprünglich schloß sich eine kleine Nebenkirche wie ein schräg gestelltes Seitenschiff nach Norden an. Zu den wenigen aus dem Mittelalter erhaltenen Kunstwerken gehört die überlebensgroße *Foillansmadonna* im südlichen Seitenschiff. Die ungefaßte Eichenholzfigur des sogenannten Weichen Stils (um 1410/20) weist eine enge Verwandtschaft zur Schiffermadonna von St. Maria Lyskirchen in Köln auf.

Die herausragende Stellung von St. Foillan unter den mittelalterlichen Pfarrkirchen Aachens wird noch durch den Sitz eines Sendgerichts betont. Ein kleines Renaissance-Relief der Justitia mit Waage und Schwert über der Tür des angrenzenden Hauses am Münsterplatz erinnert an diese Funktion der Kirche. Bis zu drei Mal im Jahr tagte das Gericht meist am Altar und ahndete Vergehen der Laien mit Kirchenstrafen – vom Hausverbot bis zur Exkommunikation – oder Geldbußen, die an den Bischof zu zahlen waren.

Das Eckhaus ›Zum Heiligen Geist‹ ragt nah an den Münsterchor heran, verstellt quasi den nördlichen Ausgang vom Münsterplatz und markiert beinahe wie ein halbes Stadttor den Eingang ins mittelalterliche Krämerviertel. Hier lebten und arbeiteten Kleinhändler wie Handwerker; neben dem großen Markt vor dem Rathaus gab es weitere kleine Plätze, auf denen bestimmte Produkte gehandelt wurden. Übrig blieb von den verschiedenen Märkten nur noch der Name und die unbebaute Fläche des Hühnermarktes. Hauptstraße in diesem alten wie modernen Geschäftsviertel ist die **Krämerstraße**, die ›steil‹ auf den Rücken des Marktsporns ansteigt. Nahezu alle Häuser hier besitzen Namen. Einige lassen ehemalige Nutzungen deutlich werden, wie z. B. ›Weinfaß‹, ›Güldenes Faß‹ oder ›Goldener Becher‹. Beim Haus ›Zum Heiligen Geist‹ hat sich der enge Kontakt zu St. Foillan ausgewirkt, andere Bezeichnungen wie ›Rad von Aventüre‹, ›Elster‹, ›Haupt‹ und ›Goldener Wagen‹ geben dagegen Rätsel auf. Zwei Gebäude am oberen Ende der Krämerstraße, den ›Eulenspiegel‹ und den ›Postwagen‹ kennen Sie vielleicht schon vom Rundgang um das Rathaus. Die zahlreichen Hausnamen, aber auch die schmalen Grundstücksparzellen, weisen auf das hohe Alter dieses Straßenzugs hin. Doch hat der Zweite Weltkrieg auch hier vieles zerstört, so daß manches im alten Stil neu aufgebaut, anderes wiederum aus historischem Baumaterial von schwerbeschädigten Gebäuden an dieser Stelle zusammengesetzt wurde.

Schon das *Eckhaus ›Zum Heiligen Geist‹* ist ein Beispiel dafür: Das erste Gebäude entstand kurz nach dem Stadtbrand 1656 in einer Bauweise, die weniger feuergefährdet als Holzfachwerk in den nachfolgenden Jahrhunderten für Aachen charakteristisch werden sollte. Die Architektur der maasländischen Renaissance hat diese neue Materialkombination von Backstein und Blaustein bereits eingeführt. Das heutige Gebäude mit den Kreuzstockfenstern, Gesimsen und Kanten aus Blaustein greift zwar die historischen Formen des späten 16. und 17. Jh. auf, zählt aber zu den Nachkriegsbauten.

Die zweite Möglichkeit, Altes neu zu präsentieren, bietet das folgende Haus *Krämerstraße 19–23*. Hier wurden drei schmale Parzellen zusammengefaßt, ein Neubau errichtet und dem Ganzen 1965 eine alte Fassade, die sich ursprünglich an der Peterstraße 49 befand, vorgesetzt. Dort stand sie der Straßenverbreiterung im Wege, zu einer Zeit, als ohne große Hemmungen historische Bausubstanz dem schnellen, ungestörten Fluß des Autoverkehrs geopfert wurde; kurz vor Abbruch hatte das Haus auf Kosten der Denkmalpflege noch ein neues Dach erhalten. Die Fassade am Haus in der Krämerstraße bietet trotz ihrer Anpassung an den modernen Geschäftsbetrieb, der sich in einer Vergrößerung sämtlicher Fensterflächen ausdrückt, einen guten Einblick in die maasländische Architekturgeschichte. Von der barocken Bauweise in den südlichen Niederlanden übernahm man die Kolossalordnung, in diesem Fall eine große Pilasterordnung. Dabei ziehen sich lange Pilaster – der Wand vorgelegte, flache Pfeiler mit Basis und Kapitel – über drei Geschosse. Die gestalterischen Möglichkeiten, die sich aus den Materialien Ziegel und Naturstein, vor allem Blaustein ergeben, prägen bereits seit der Renaissance die Fassaden im Maastal. Am Haus der Krämerstraße sehen Sie diese Architekturmerkmale in einer Weiterentwicklung aus dem späten 18./frühen 19. Jh., also im klassizistischen Stil.

Gegenüber – *Krämerstraße 20–34* – findet man die dritte Variante, Altes neu zu präsentieren. Schon die Hausnummer weist darauf hin, daß hier schmale mittelalterliche Grundstücke zu einem Block zusammengewachsen sind. Ende des 19. Jh. legte man in direkter Nachbarschaft zum Münster diese Großbaustelle an, die von den Aachenern mit einigem Argwohn betrachtet wurde. Welch ein profaner Klotz rückte da dem Hochchor zu Leibe? Ein riesiges Textilgeschäft! Schnell hatte das 1884 eröffnete neue Kaufhaus Appelrath seinen Spitznamen weg: Man nannte es das ›Boxemünster‹, den ›Hosendom‹! Wenn auch die Dimensionen dieses Gebäudes die Einheimischen zurecht erschreckten, so brauchten sie bei seiner Gestaltung weniger Sorge zu haben, da diese in Händen des Dombaumeisters Prof. Josef Buchkremer lag. Er griff in seinem Entwurf Formen der Romanik und Gotik neu auf, und so entstanden die historistischen Fassaden mit neugotischen Säulen und Maßwerk als Angleichung an den gotischen Münsterchor. Bei einer Erweiterung und dem Umbau zwischen 1909 und 1911, die nicht minder ›heiß‹ in der Stadt diskutiert wurden, kam eine neuromanische Gliederung durch Lisenen und Reliefs hinzu. Gut zu erkennen sind die beiden figürlichen Darstellungen eines Kaufleutepaares. Der Herr trägt Schaube und Barrett, während die Dame ebenfalls mit einem Renaissancegewand bekleidet ist.

Der **Puppenbrunnen** am Übergang von der Krämerstraße zum Hof reizt kleine wie große Leute zum Anfassen und Spielen. Den Brunnen mit seinen beweglichen Bronzefiguren schuf Bonifatius Stirnberg im Jahre 1975.

Der **Hof** gehörte seit der Antike zum Badeviertel Aachens. Mit dem ersten Blick über den sich öffnenden Platz umfaßt man – ohne es zu ahnen – bereits 1800 Jahre Aachener

BABY-AUSSTATTUNGEN · KINDERMODEN
J·C SCHIRP
HAAR
HAUS

Badebetrieb: Der rekonstruierte **Portikus** (s. Farbabb. 14) aus dem 2. Jh. (s. S. 9) lenkt von der Baulücke und dem Baustellenzaun des 1984 abgerissenen Kaiserbades ab. Vom klassizistischen Quirinusbad (Hof 7) blieb wenigstens die Fassade erhalten.

Die Höhenunterschiede auf dem Platz deuten an, wie das Straßenniveau einer Stadt im Laufe der Jahrhunderte ansteigen kann. Die Gegensätze sind an dieser Stelle noch weit größer, da die römischen Rinnsteine – meist originale Kohlenkalkstein-Quader – im Rahmen der Platzgestaltung 1970 um rund vier Meter höher verlegt wurden. Die originalen Sandsteinsäulen und Steine der Rundbögen wie der weiteren Aufbauten widerfuhr ein unterschiedliches Schicksal. Bereits Karl der Große ließ das römische Baumaterial an seiner Pfalzkapelle weiter verwenden; vieles verschwand in den folgenden Jahrhunderten auf den anderen Baustellen der Stadt, und die letzten Reste wanderten nach Ausgrabungen in den 60er Jahren ins Rheinische Landesmuseum nach Bonn. So erinnert heute eine rekonstruierte Bogenarchitektur an die ehemalige Säulenhalle, die Münster- und Büchelthermen miteinander verband und zwei Quellheiligtümer einschloß. Eines davon stand über der Quirinusquelle, von deren Quellfassung einige Sandsteinquader stammen, die mit der Teilrekonstruktion des Portikus ebenfalls ans Tageslicht geholt wurden. Der originale Portikus aus dem späten 2. bzw. frühen 3. Jh. zählte nicht nur zu den bedeutendsten antiken Funden im Rheinland, sondern war ebenso das einzige erhaltene Teilstück einer durch Bögen verbundenen Säulenfolge nördlich der Alpen.

Auch nur mit großen Veränderungen überstand das **Quirinusbad** als Beispiel klassizistischer Bauweise die Zeit. Um 1825 schuf der Stadtbaumeister Adam Franz Friedrich Leydel (1783–1838) den Neubau des Badehauses in den typischen Formen des frühen 19. Jh.: Über dem Blausteinsockel erhebt sich eine Fassade mit Putzquadern, deren Mitte durch einen schwach vortretenden Mittelrisalit betont wird. Das Gebäude besitzt neun Fensterachsen und wird durch den Risalit in zwei symmetrische Hälften geteilt. Zu der strengen und klaren Gliederung der Front paßt die weiße Farbe besonders gut. Hinter der Fassade finden Sie heute weder historische Bausubstanz noch Aachener Badeleben, statt dessen Gemeindeleben: Der Neubau, der unter der Leitung Leo Hugots nach dem Zweiten Weltkrieg an die historische Vorderseite angefügt wurde, dient der Gemeinde von St. Foillan als Pfarrheim.

Den nördlichen Abschluß des Hofes bildet ein Ensemble aus drei Backsteinbauten, die rund 200 Jahre bürgerliches Bauen widerspiegeln. Das Haus Nr. 1 wurde 1658 kurz nach dem Stadtbrand errichtet. Es steht mit dem Giebel zum Platz, an dem eine Ladeluke verrät, daß der Dachraum auch als Warenlager genutzt wurde – nichts Ungewöhnliches für ein Krämerviertel! Mit der Wahl des Architekturstils hat sich der Bauherr in der Mitte des 17. Jh. als weitgehend altmodisch gezeigt, da er den mittelalterlichen Kreuzstockfenstern den Vorzug gab. Nur mit dem Ochsenauge, einem kleinen ovalen Fenster, hat er etwas Mut zum ›neumodischen‹ Barock bewiesen. Das Nachbarhaus ist knapp 100 Jahre jünger. Die

◁ *Der Puppenbrunnen*

FOTO BRELL

Verteilung von Blaustein an den Fenster- und Türlaibungen ist geblieben, ebenso der Ziegel als zweites Baumaterial. Das spätbarocke Gebäude weist eine klare Gliederung in drei Achsen auf. Die Fenster des zweiten Obergeschosses fallen jedoch aus dem Rahmen – im wahrsten Sinne des Wortes! Dieses schlichte Geschoß wurde erst im 19. Jh. aufgesetzt. Aus der gleichen Zeit stammt das Haus Nr. 5, das nach dem Zweiten Weltkrieg vom Büchel 2 hierhin verpflanzt wurde.

Die **Körbergasse** (s. Farbabb. 13) deutet mit ihrem Namen schon auf die Korbflechter hin, die sich in dieser schmalen Gasse niedergelassen hatten. Heute besitzt noch ein letzter Vertreter der alten Handwerkskunst hier einen Laden. Wenn bei schönem Wetter die Auslagen in die Gasse gestellt werden, kommt noch einmal der Eindruck eines mittelalterlichen Straßenlebens auf – besonders wenn der Blick entlang der alten Häuserfronten Richtung Münsterchor geht. Ursprünglich nannten die Aachener den Durchgang vom Hof zum Büchel wie zwei weitere kurze Gassen vom Hof Romaney-Gassen. Ob die Bezeichnung von den ersten Siedlern in diesem Bereich abzuleiten ist oder von Händlern südländischer – römischer – Weine, hat die Forschung noch nicht klären können. Mitte des 18. Jh. erscheint der Name ›Kurbergaß‹ in den Urkunden, doch erst Ende des 19. Jh. wird der Wechsel offiziell vollzogen. Ein enger Wirtschaftsverbund bestand zwischen der Körbergasse – alias Romaney-Gasse – und der Ruraue. Dort wuchs der Rohstoff, der gleich an Ort und Stelle verarbeitet wurde. Mit vollbeladenen Karren transportierten die Korbflechter ihre Waren zum Verkauf in die Stadt.

Als genußvolle Vorbereitung und Stärkung für einen Besuch des Couven-Museums empfiehlt sich ein Abstecher in das Eckhaus Körbergasse/Büchel, in die *Alt-Aachener Kaffeestuben*. Hier gibt es eine Innenausstattung im Aachen-Lütticher-Barock mit allen Nachteilen engen, verwinkelten Bauens, dafür aber mit einer unverwechselbaren Atmosphäre, die das historische Interieur ausstrahlt. Weit jünger ist dagegen das Denkmal an der Hausecke, das dem berühmtesten Aachener Gebäck gesetzt wurde. Das *Printenmädchen* in Bronze (1984 von H. Löneke geschaffen) erinnert unauffällig daran, welches Souvenir man – nicht nur zur Weihnachtszeit – mitnehmen könnte (s. S. 183 ff.).

Die Sammlung bürgerlicher Wohnkultur des 18. und frühen 19. Jh. im **Couven-Museum** gibt Einblicke in eine Epoche Aachens, in der die Stadt ein – wenn auch kleines – Kapitel europäischer Möbelgeschichte geschrieben hat. Eng mit der Vergangenheit des Hauses sind die Familien Couven und Monheim verbunden. Beide haben im Laufe der Zeit viel für die Stadt getan, so daß ihnen mit Straßennamen langlebige Denkmäler gesetzt wurden: Die Erinnerung an die beiden Architekten Johann Josef Couven (1701–1763) und seinen Sohn Jakob (1735–1812) wird auf der ›Wartespur‹ Couvenstraße zum neuen Bushof und dem angeschlossenen Parkhaus mit Motorenlärm und Abgasen eher erstickt als gefördert. Weit besser kommt die Familie Monheim davon, der das Kurviertel Monheimsallee ›gewidmet‹ ist.

◁ *Der Hof, mit röm. Portikus (Rekonstruktion) und dem ehemaligen Quirinusbad (links)*

Im Jahre 1783 übernahm Andreas Monheim das aus der Mitte des 17. Jh. stammende Coebergh'sche Haus am Hühnermarkt. Kurz darauf engagierte er Jakob Couven, das Haus zu modernisieren und im Stil des späten Rokokos zu verändern. Als Vorbild diente das sogenannte Wespienhaus, das nach Entwürfen von Johann Couven 1737 fertiggestellt worden war. Oberstes Gestaltungsprinzip war für die beiden Architekten und Designer, ein Gesamtkunstwerk zu schaffen. Sie verstanden ein Gebäude als eine Einheit, bei der Innen- und Außenarchitektur nicht zufällig aneinander stoßen. Die Ausstattung der Räume bildet dabei ein harmonisches Gefüge, ohne daß einzelne Stücke, wie vielleicht ein Schrank oder eine Stuckdecke, dominieren. Solch eine ganzheitliche Gestaltung kam mit dem Barock in Mode und blieb bis ins späte 18. Jh. aktuell.

Nach rund 60jähriger Unterbrechung hat sich Haus Monheim heute wieder seinem Zustand während des späten 18. Jh. angenähert. Um 1900 wurde die Fassade im Erdgeschoß durch den Einbau zweier großer Schaufenster für den Kolonialwarenladen Hermann Monheim verändert – verschandelt aus denkmalpflegerischer Sicht – und die Räume des repräsentativen Bürgerhauses den modernen Bedürfnissen angepaßt. Die nächste stärkere Zerstörung erlebte das historische Gebäude im Zweiten Weltkrieg.

Couven-Museum, Innenhof

In den 50er Jahren entstand Haus Monheim neu im Stil des Rokokos. Damit besaß die Stadt wieder ein Domizil für die Zeugnisse der hohen bürgerlichen Wohnkultur aus dem 18. Jh., denn das erste Aachener Rokokomuseum im Haus Frey am Seilgraben war den Bombardierungen zum Opfer gefallen. Die traurigen Reste des Wespienhauses von der Kleinmarschierstraße und des Kerstenschen Pavillons vom Lousberg, den ebenfalls Johann Josef Couven entworfen hatte, wurden unter der Leitung des Museumsdirektors Dr. Felix Knetgens wieder zu einem Gesamtkunstwerk zusammengefügt. So ist es kein Wunder, daß Sie sich beim Besuch kaum wie in einem Museum fühlen; vielmehr wäre man nicht überrascht, träte plötzlich die Dame des Hauses in einem langen, schlichten Seidenkleid und weiß gepuderter Perücke zur Begrüßung entgegen.

Links vom Eingang, mit den Initialen A und M für Andreas Monheim im Oberlicht, befindet sich wieder eine Apotheke, so wie sie bis 1871 zu dem gutbürgerlichen Wohnhaus gehörte. Nicht nur Pillen, Pulver und Tinkturen zählten zum Angebot der *Adlerapotheke* (s. Farbabb. 11). Da Kakao in der feinen Gesellschaft als morgendliches Stärkungsgetränk genommen wurde, dürfte es nicht allzu sehr verwundern, in der Apotheke auch auf eine Schokoladenherstellung zu stoßen. Seit 1857 arbeitete ein italienischer Chocolatier im

Couven-Museum, Fliesenraum

Hause Monheim und legte damit den Grundstein zur Schokoladenproduktion in Aachen – ein expandierender Wirtschaftszweig in den folgenden eineinhalb Jahrhunderten, der die Stadt zur heimlichen süßen Hauptstadt Europas werden ließ.

Die ›Aachener Bohne‹ ist jedoch kein Rohstoff für ein ›Lustgetränk‹ noch exotisches Naschwerk, sondern wie die ›Aachener Nase‹ ein charakteristisches Detail der hiesigen Möbelkunst im 18. Jh. Aus den geschweiften Gesimsen der Schränke ragen symmetrisch angeordnet oftmals zwei Spitzen – Nasen – aus der Oberkante des Möbelstücks nach oben. Die ›Bohne‹ bildet dagegen das Kernstück eines üppig rankenden, geschnitzten Ornaments – Phantasieblättern ähnlich. Erkerartige Vorsprünge als weiteres typisches Kennzeichen finden Sie nicht nur bei Schränken, auch der Holzkamin im *Großen Saal* (s. Farbabb. 12) weist dieses Formenspiel auf. An der gegenüberliegenden Saalwand steht ein Lütticher Aufsatzschrank aus der Mitte des 18. Jh. Seine Vitrine erscheint kommodenhaft auf den Unterbau aufgesetzt, während man bei den Aachener Glasschränken beide Teile höchstens durch ein Gesims trennte und sie somit stärker verwachsen ließ. Ein ungewöhnliches Beispiel für das Verschmelzen zweier – auch noch sehr unterschiedlicher – Teile stellt die Kommode mit Uhr im Fayencenzimmer (Raum 11) dar. Bei der Gestaltung der Räume bemühte man sich ebenfalls, die verschiedenen Elemente zu einer harmonischen Einheit zu verbinden, aus dem kein Einzelstück besonders hervorsticht. Decken-, Wand-, Bodengestaltung und Möblierung streben in der höfischen wie bürgerlichen Innenarchitektur des 18. Jh. die Wirkung eines Gesamtkunstwerks an. Unterschiede tauchen höchstens in der Materialauswahl auf; so ›beschränkt‹ man sich im Bürgerhaus auf Wandgemälde, während man für ein Schloß eher Gobelins in Auftrag gegeben hätte. Ob dies der Finanzlage eines Schloßherrn immer angemessen war, steht auf einem anderen Blatt!

Zum Ende des 18. Jh. beschleunigt sich der Stilwandel im Kunsthandwerk. Der Vitrinenschrank im *Fayencenzimmer* (Raum 11) kündet mit seinen geschnitzten Girlanden und Kränzen bereits den Übergang vom Rokoko zum Klassizismus an. Antike Schmuckmotive und weniger verspielte Formen werden modern, wie sie im Directoirezimmer (Raum 9) beispielsweise zu sehen sind. Noch schlichter wird die Gestaltung während des Empires (Raum 23). Klare Formen und Flächen bestimmen das Bild zu Beginn des 19. Jh. Schnitzereien sind wenig gefragt – vielleicht noch zierliche, sparsam verwendete Säulchen oder die Beine eines Beistelltischchens geschwungen wie eine Lyra. Ein wichtiger Trend in der bürgerlichen Wohnkultur ist das Aufkommen von kleinen Beistelltischen für Servier- und Arbeitszwecke. Die Möbel des Biedermeierzimmer (Raum 26) zeigen, daß sich die Entwicklung zum Schlichten bis in die Mitte des 19. Jh. fortsetzt, ohne jedoch auf hochwertige Materialien, wie z. B. Kirschbaumholz, oder sorgfältigste Verarbeitung zu verzichten.

Zwei Räume (Nr. 7 und 8) des Museums fallen deutlich aus dem Rahmen des bisher Gesehenen; sie gehören auch nicht mehr zum Haus Monheim, sondern befinden sich im benachbarten Haus ›**Zum Lindenbaum**‹. Das Erdgeschoß entstand Ende des 17. Jh., während die beiden Obergeschosse in der ersten Hälfte des 19. Jh. aufgesetzt wurden. Die Attraktion dieser Museumserweiterung ist die Sammlung niederländischer Fliesenkeramik, einer Stiftung von Irene und Peter Ludwig. Über sämtliche Wände verteilt sich die aktuelle

Kollektion des späten 17. und 18. Jh. und vermittelt einen Eindruck von der Wandgestaltung jener Zeit. Das Angebot an Fliesen reichte dabei von schmalen, bordüreartigen Kacheln über quadratische mit in sich geschlossenen Darstellungen oder Motiven, die einen Rapport bilden, bis hin zu vergleichsweise großflächigen Fliesenbildern wie dem Zyklus der vier Jahreszeiten. Weder die Wahl der Farben noch diejenige der Ornamente leugnet die Verwandtschaft zur ostasiatischen und islamischen Fayence. Durch ihre weltweiten Handelsbeziehungen und Verkehrsverbindungen wurden die Niederlande in der zweiten Hälfte des 17. Jh. zu einem wichtigen Umschlagplatz für Kunstgewerbe aus dem Fernen Osten. Chinoiserien kamen groß in Mode und zogen in der Folge sogar die Erfindung des Vitrinenschranks (Ende des 17. Jh. in Holland) nach sich. Aber nicht exotische Originale fanden hier einen Platz, sondern auch Stücke der Delfter Fayencen, die neben einheimischen Motiven oftmals Chinesisches – für den europäischen Geschmack abgewandelt – im charakteristischen Kobaltblau auf weißem Grund zeigen. Von dieser Sammelleidenschaft zur Zeit des Barocks spannt sich ein Bogen bis hin zu den Mokka- oder Sammeltassen und dem Nippes im Glasteil des deutschen Wohnzimmerschranks in der zweiten Hälfte des 20. Jh.!

Einem ungebetenen Gast auf dem Hühnermarkt setzte der Aachener Oberbürgermeister Philipp Veltmann 1913 ein Denkmal: dem **Hühnerdieb**. Die erste Bronzefigur des Berliner Bildhauers Hermann Joachim Pagels wurde 1943 eingeschmolzen. Glücklicherweise überstand das alte Gipsmodell der Skulptur den Zweiten Weltkrieg, so daß ein neuer Hühnerdieb gegossen und 1953 wieder aufgestellt werden konnte.

Der **Hühnermarkt** – ein ebenfalls dreieckiger Platz – gehörte vom Mittelalter an bis ins späte 19. Jh. zu einer Reihe heute nicht mehr existierender Marktplätze und -hallen, die für Viktualien reserviert waren. Noch in der Mitte des 19. Jh. plante der Stadtrat eine neue Markthalle an der Nordost-Ecke des Hühnermarkts, um Schlachtung und Fleischverkauf besser kontrollieren zu können. Die um 1600 am Büchel errichtete Fleischhalle entsprach nicht mehr den Erfordernissen, und die Fleischer bevorzugten schon längst ihre eigenen Metzgereien. Doch den Trend zum individuellen Laden konnten die städtischen Bestrebungen nicht bremsen, und so wurde die 1855 von Stadtbaumeister Friedrich Ark entworfene spätklassizistische Halle zu einem Pleite-Objekt. Nur wenige Stände konnten an Metzger, einige schließlich an Händler anderer Branchen verpachtet werden. Der Versuch, die Markthalle in eine Einkaufspassage umzuwandeln, scheiterte. Im Dezember 1887 wurde sie abgerissen und auf dem Grundstück statt dessen die **Rethelstraße** angelegt. Von der ersten Bebauung der neuen Straße stehen noch zwei Häuser (Nr. 4 und 6) mit Backsteinfassaden und Neorenaissance-Schmuck.

Als Zentrum des mittelalterlichen Geschäftslebens galt der **Markt** vor dem Rathaus, dessen östliche Begrenzung damals noch in einer direkten Linie von der Krämer- zur Pontstraße verlief. Auf dem schmalen Platz im Osten befand sich der Salzmarkt. Nützlich für den Marktbetrieb und wichtig für die Anwohner waren die öffentlichen Brunnen. Aus dem Aachener Wald floß Quellwasser in die Marktwasserleitung, die unter den verschiedenen Leitungen, wie z. B. derjenigen ins Krämviertel oder den Münsterbereich, die ebenso seit

Markt mit Haus Löwenstein und Karlsapotheke

dem 14. Jh. belegt sind, als die älteste angesehen werden kann. Auf diese Weise kam Trinkwasser in die Stadt, denn die Bäche lieferten aufgrund der gewerblichen Nutzung und Verschmutzung nur Brauchwasser. Meist speisten die Leitungen einfache Laufbrunnen, doch für den Marktplatz reichte das nicht, und der Stadtrat gab einen repräsentativen **Marktbrunnen** in Auftrag. Um 1620 wurde die *Bronzefigur Karls des Großen* in Dinant gegossen. In internationaler Zusammenarbeit entstand eine bronzene Brunnenschale in einer Aachener Werkstatt. Mit der barocken Umgestaltung des Rathauses erschien dem Architekten Johann Josef Couven auch eine Erneuerung des Marktbrunnens nötig. Der Renaissance-Brunnen wurde im Juni 1735 abgebrochen und im Oktober desselben Jahres durch ein großes, geschwungenes Becken aus Blaustein ersetzt. Die Stadtchronik überliefert, daß bei dieser Gelegenheit die Karlsstatue wieder dem Rathaus zugewandt wurde. Heute wie im Mittelalter dreht der Kaiser und Stadtpatron dem Rathaus den Rücken zu. Ob er mit der bürgerlichen Selbstverwaltung nichts zu tun haben will? Selbst die Bronzefigur hat eine bewegte Vergangenheit aufzuweisen, denn französische Soldaten entführten die Statue 1794 nach Paris, wohin sie noch andere wertvolle Dinge schleppten – von den Kaisersäulen und dem Bleidach des Münsters bis hin zum kupfernen Adler vom Rathausfirst. Im Frühling 1805 brachten die zähen Verhandlungen den Aachenern den gewünschten Erfolg, und sie konnten am 23. Mai mit einem Festakt die Heimkehr ihres Karls feiern.

Zu den besten Wohnlagen in der mittelalterlichen Stadt gehörten die Grundstücke am Markt. Ein schönes Beispiel hierfür ist das **Haus Löwenstein** an der Ecke zur Pontstraße. Die älteste Bausubstanz des spätgotischen Gebäudes stammt aus dem 14. Jh. Zinnenkranz, Ecktürmchen und schmale, hohe Kreuzstockfenster sind – wenn auch nach Kriegsschäden erneuert – typische Architekturformen des späten Mittelalters. Teile der beiden mittelalterlichen Fassaden entstanden kurz nach dem Stadtbrand von 1656 in den ›altmodischen‹ Formen; im Weserraum errichtete man seit mehr als einem Jahrhundert nicht nur Schlösser, sondern auch Bürgerhäuser im Stil der Renaissance. Der Rückgriff auf traditionsreiches Bauen zeigt sich besonders deutlich in den Ecktürmen am Dachansatz, die dem Burgenbau entlehnt wurden und selbst dort in der zweiten Hälfte des 17. Jh. wehrtechnisch bereits überholt waren. Als repräsentativer Schmuck erfüllen sie dagegen in der Nachbarschaft eines gotischen Rathauses durchaus noch ihren Zweck. Die Wappen über den Fenstern stehen zwar auch in der Tradition des Mittelalters, als sich Rittergeschlechter in ähnlicher Weise verewigten, und bürgerliche Gemeinschaften wie Zünfte und Gilden ihre Zeichen auf Rathausfassaden anbringen ließen, doch handelt es sich bei denjenigen von Haus Löwenstein um Wappen ehemals selbständiger Gemeinden, die seit dem Ende des 19. Jh. von Aachen eingemeindet wurden.

Das schmale, moderne Nachbarhaus, in dem sich der Eingang von Haus Löwenstein befindet, erhielt ein Blausteinportal aus dem 18. Jh., das ursprünglich zum Kloster im Klosterbongard gehörte. Die Fassade des **Goldenen Schwans** (Haus Nr. 37) bekam Ende des 19. Jh. ihr heutiges Aussehen; im Kern stammt das ebenfalls schmale Haus aus dem 17. Jh. Wie man an der Form der Häuserparzellen sieht, wurde der gefragte Baugrund in bester Lage in möglichst viele, folglich sehr schmale Parzellen aufgeteilt. Wie sehr große, wenig gegliederte Fensterflächen eine Fassade entstellen können, zeigt der Vergleich zwischen den Häusern Nr. 35 und 33, dem **Einhorn.** Unverkennbar deutet das Relief mit einem goldenen Einhorn auf den Hausnamen hin. Die Pilasterfassade erinnert an jene translozierte Fassade, die Sie an der Krämerstraße Nr. 19–23 gesehen haben. Im Unterschied dazu steht das Einhorn jedoch seit 1700 am selben Standort. Mit ihm endet die historische Bebauung am Westende des dreieckigen Marktplatzes, der hier in die Jakobstraße (s. S. 96 ff.) übergeht. Deutlichen Abschluß konnte in unruhigen Zeiten eine Kette bilden, die über die Jakobstraße geführt, den Zugang zum Marktplatz versperrte.

Wir wenden uns seiner östlichen Hälfte zu. Gemeinsam mit Haus Löwenstein flankiert die **Karlsapotheke** (aus dem Jahre 1605) den Anfang der Pontstraße, seit 1701 befindet sie sich an dieser Stelle. Das dreigeschossige Gebäude mit seinem Mansarddach ist ein gut erhaltenes Beispiel eines Wohn- und Geschäftshauses im Stil des Aachener Rokokos, des ›Couven-Stils‹. Ähnlich dem Haus Monheim am Hühnermarkt wird die Fassade gegliedert: Vom Erdgeschoß, das ganz aus Blaustein gemauert wurde, zieht sich der gehauene Stein als Rahmen um die beiden Obergeschosse aus rot geschlämmten Backstein und – in einer Wiederholung – als Gewände um die Fenster. Die strenge Gliederung der Fassade sowie der Verzicht auf Bauplastik zeigt, wie sehr sich der Architekt von den verspielten Formen des Rokokos bereits entfernt hat, und sein Werk klassizistische Stilelemente

Das Kaiserbad am Büchel, um 1900

andeutet. Damit steht er recht nah am aktuellen Trend, ganz im Gegensatz zum Architekten des benachbarten Haus Löwenstein, der zu seiner Zeit der Bauentwicklung um eineinhalb Jahrhunderte nachhinkte.

Von der Ostseite des Marktes zweigt der **Büchel** ab und führt in das einstige Kurviertel hinunter. Seinen merkwürdig im rechten Winkel abgeknickten Verlauf verdankt der Büchel einem offenen Kanal, durch den früher überschüssiges Wasser der Kaiser- und der Büchelquelle abfloß. Ausgangspunkt dieses Grabens war ein Trinkwasserbrunnen an der Stelle des heutigen **Bahkauv-Brunnens.** Die 1967 von Kurt-Wolf von Borries geschaffene Bronzefigur erinnert an ein legendäres Quellungeheuer, das im frühen Mittelalter hier sein Unwesen trieb. Pippin, der Vater Karls des Großen, soll sich bereits mit ihm herumgeschlagen haben – wohl erfolgreich, bedenkt man die Karriere, die Aachen bald darauf als karolingische Pfalz bei den heißen Quellen erlebte. Den Vorgänger dieses Bahkauvs – Bachkalbes – stellte man 1904 aus pädagogischen Gründen auf, um spätheimkehrende Zecher nach wenig gesundheitsfördernden Trinkkuren zu erschrecken. Das sagenhafte Untier soll ebenfalls schon in dieser Richtung erzieherisch tätig gewesen sein!

Wie man daraus ableiten kann, muß es in früheren Zeiten im Kurviertel zwischen Büchel und Komphausbadstraße ein anderes Treiben gegeben haben als heute. Am Büchel standen im 19. Jh. die besten Hotels der Stadt. Im Sommer 1867 quartierte der türkische Sultan Abdul Aziz seinen rund 100-köpfigen Hofstaat inklusive Harem in Dremels Hotel ›Zum

Großen Monarchen‹ ein, während er selber im Präsidialgebäude, dem ehemaligen bischöflichen Palais in der Ursulinenstraße abstieg, das den Staatsgästen vorbehalten war. Zwischen 1862 und 1865 entstand nach Plänen des Stadtbaumeisters Friedrich Ark ein Neubau des Kaiserbades. Neben den 36 Einzelbädern gehörten 64 Fremdenzimmer zu dem viergeschossigen Palasthotel, das der benachbarten Dremel'schen Konkurrenz den Rang streitig machte. Doch vom Glanz jener Tage, von der Atmosphäre eines Kurviertels ist nichts übriggeblieben, selbst die architektonischen Spuren sind rar geworden. An der Stelle des ›Großen Monarchen‹ steht inzwischen ein Parkhaus; der Nachfolgebau des Kaiserbads, der 1963 eingeweiht wurde, ist mittlerweile auch schon abgerissen, und eine Baulücke mit bunt bemaltem Zaun entwickelt sich zum langlebigen Provisorium. Ein Museum soll vielleicht auf dem historischen Grund, in dem die Fundamente römischer Thermen liegen, entstehen. Gegenüber an der Buchkremerstraße 1a befindet sich vom einstigen **Bad zur Königin von Ungarn** noch eine spätklassizistische Putzfassade, die ebenfalls von Friedrich Ark entworfen wurde. Büchel und Buchkremerstraße sind heute eher die Wartespur für das Parkhaus, und die Autoabgase vernebeln die Erinnerungen an ein Kurviertel.

Kein besseres Schicksal ist dem **Alten Kurhaus** an der Komphausbadstraße vergönnt; es hat ebenso stark unter dem Verkehrsaufkommen zu leiden. Hier rauschen Autos über mehrere Fahrbahnen, wo sich einst ein Kurgarten ausdehnte. Der Park und das 1782–86 von

Das Alte Kurhaus, Gartenseite, um 1900

Special Information for English Travellers

Route 36. – Aix-La-Chapelle To Cologne
$9^1/_2$ Prussian miles = $43^1/_2$ English miles

»Aix-La-Chapelle, a town of 68,000 Inhab. (2500 Protestants), was known to the Romans under the name of Aquis Granum. The warm springs induced that bath-loving people to settle on the spot, and remains of their baths are constantly found in digging. It is to Charlemagne, however, who was born here, that the city owes its eminence. He died here, 814. He raised it to the rank of second city in his empire, and made it capital of his dominions N. of the Alps, appointing it the place of coronation for the kings of Germany and of the Romans, his successors, 37 of whom were crowned here between 814 and 1531.

In the middle ages it flourished with the privileges of a Free Imperial City, and attained great eminence in its manufactures, especially in that of cloth, for which it is celebrated even to the present day...

The Manufacture of Cloth, the most important in Aix-La-Chapelle, employs more than 14,900 persons, who work either in the 48 factories in and around the town, or at their own houses. In 17 needle factories employment is found for 1500 persons. An important manufacture of looking-glasses has been established by a French company here and at Stolberg. These workshops well deserve a visit. There are several manufactories of steam engines, spinning machinery, & c.

At Mayer's Library are to be found English newspapers. H. Benrath has a well-furnished library and music-shop. He keeps the subscription book for the English Church...

English Ch. Service is celebrated on Sunday, at 12 and 7, in the ch., 21 Anna-Strasse.«

Murray, John: A Handbook for Travellers on the Continent: Being A Guide To Holland, Belgium, Prussia, Northern German,. And The Rhine From Holland To Switzerland, Sixtheenth Edition, Corrected. London 1867 (S. 243, 246)

Jakob Couven errichtete Gebäude waren Mittelpunkt des gesellschaftlichen Lebens der Kurgäste. John Murrays Handbuch für Reisende auf dem Kontinent von 1867 überliefert sogar das Unterhaltungsangebot: Von 10 bis 22 Uhr war im Kurhaus ein Lesesaal geöffnet, in dem auch ausländische Zeitungen auslagen. Im Ballsaal begann jeden Samstagabend um halb neun ein bal paré, ein prachtvolles Tanzfest. Täglich spielte von 3 bis halb 5 im Garten ein Orchester. Große Konzerte fanden im Gartensaal statt, einem Anbau an der Stelle des heutigen fensterlosen und wenig geschmackvollen Erweiterungsbaus an der Kurhausstraße.

In der jüngsten Vergangenheit wurden die Räumlichkeiten durch die Neue Galerie – Sammlung Ludwig genutzt. Im Sommer 1991 wechselte diese in die ehemalige Schirmfabrik Bauer an der Jülicher Straße (s. S. 185 ff.) über und bot damit den Sammlungen des Suermondt-Museums (s. S. 153 ff.) eine Bleibe, die wegen Umbauarbeiten an der Wilhelmstraße ausquartiert werden mußten. 1995 werden sie voraussichtlich dorthin zurückkehren. Die Wanderungen Aachener Ausstellungen sollen damit keinesfalls beendet sein; ein größeres Stadtmuseum als es bisher in der Burg Frankenberg existiert, ist in der Diskussion. Doch zurück zum Alten Kurhaus!

Während des Zweiten Weltkrieges wurde das Gebäude schwer beschädigt, so daß es sich jetzt größtenteils als eine Rekonstruktion präsentiert. Im Vergleich zum Haus Monheim, das zur gleichen Zeit unter der Leitung Jakob Couvens entstand, sparte der Architekt hier nicht mit Bauplastik und repräsentativen Formen aus dem Schloßbau. Dazu gehört beispielsweise die Betonung der Mittelachse durch einen Mittelrisalit. Nicht nur das Vortreten des Baukörpers aus der Fluchtlinie, auch die aufwendigsten Fenstergestaltungen, ein Ziergiebel und eine Erhöhung des Mansarddaches unterstreichen die Mittelachse. Aus der barocken Schloßarchitektur stammt ebenso die Verwendung verschiedener Fenstergrößen und -formen. Sie machen dem Betrachter von außen deutlich, welchen Rang die Räume innehaben. Das erste Geschoß gilt als ›bel étage‹, die ihre Steigerung im Mittelrisalit findet, denn dort liegt hinter den größten und aufwendigsten Fenstern der Ballsaal. Bei der Gestal-

Gasthof zur Kaiserlichen Krone in der Alexanderstraße. Lithographie, um 1850

tung des Erdgeschosses hat Jakob Couven auf der ehemaligen Gartenseite das Vorbild ›Schloßarchitektur‹ verlassen und recht zweckmäßig eine Wandelhalle mit Rundbogenarkaden entworfen. Mit der Wahl des Baumaterials und seiner Verteilung – blausteinverblendetes Erdgeschoß, Obergeschosse aus Backstein mit einer Blausteingliederung – ist Jakob Couven auch bei dieser präsentativen Bauaufgabe seinem Stil treu geblieben. Sein Bauwerk wurde ursprünglich die Neue Redoute genannt, die Alte Redoute stand ebenfalls an der Komphausbadstraße – keine 100 m entfernt. Neben den bereits erwähnten Unterhaltungsmöglichkeiten war in beiden Häusern das Glücksspiel, jedoch nur für Kurgäste und Fremde, erlaubt. Die Aachener Bürger hatten mit ihrer Spielleidenschaft schon die Geduld des Rates überstrapaziert; 1750 verbot dieser sämtliche Hazardspiele in Kaffee-, Wirts- und Privathäusern und ließ schließlich sogar noch Nachtwachen vor verdächtigen Häusern postieren.

Von den weiteren Kureinrichtungen in der **Komphausbadstraße** – mehreren Badehäusern, Hotels, Trinkbrunnen, literarischem Café – existiert nichts mehr. Bis 1961 stand das ursprünglich vom Stadtbaumeister Laurenz Mefferdatis 1723 fertiggestellte Korneliusbad gegenüber der Neuen Redoute, dann mußte es dem Kaufhaus Horten den Platz räumen, obwohl es neun Jahre zuvor gerade erst wieder eröffnet worden war. Als ›Trost‹ und Denkmal wurde die Korneliusstraße in den 70er Jahren in Mefferdatisstraße umbenannt. Heute müssen Sie schon schnüffeln, um auf eine weitere Spur des Badelebens zu stoßen! Unter dem Kaufhaus tritt die *Rosenquelle* aus, eine 47° C warme Schwefelquelle. Nachdem einige Quellen im Innenstadtbereich verpfropft wurden, ist die Rosenquelle nun die ergiebigste. Ihr Wasser speist das Römerbad am Büchel und den Quellenhof an der Monheimsallee. Rund die Hälfte des Thermalwassers (45 m^3/Std.) wird abgepumpt, damit es neben den Quellkammern aus napoleonischer Zeit nicht auch noch den Keller des Warenhauses füllt. Es gibt Pläne, das überschüssige Heilwasser zu nutzen, doch solange Sie es an der Telefonzelle Baderstraße und vor der Schaufensterfront in der Komphausbadstraße noch riechen können, ist dies nicht der Fall.

Intensive Gerüche strömten einst auch aus dem Eckhaus Mefferdatisstraße/Antoniusstraße, wie die Inschrift Germania Fischhallen vermuten läßt. Die Architekten H. Verheim und G. Krämer errichteten 1906 das dreigeschossige Jugendstilhaus mit heroischen Fischerskulpturen zu beiden Seiten des Erkers. Zu den vornehmsten Straßen gehörten Antoniusstraße, Nikolausstraße sowie die Korneliusstraße noch nie; bis in die Mitte des 19. Jh. besaßen sie keine eigenen Namen und wurden wegen der zahlreichen Pferdeställe nur als ›Mistgassen‹ bezeichnet. Die Rückseite des Bäderkomplexes an der Komphausbadstraße wurde 1857 zur Korneliusstraße erklärt, die beiden anderen Bezeichnungen stammen aus den frühen 70er Jahren.

Die **Großkölnstraße** gehört zu den ältesten und wichtigsten Straßenzügen der Stadt. Zur römischen Zeit verlief hier die Trasse der Verbindung von Köln nach Lüttich; im Mittelalter blieb sie mit Jakobstraße und Markt die Hauptachse in Ost-West-Richtung und entwickelte sich zu einer bevorzugten Wohnlage des Adels und des reichen Bürgertums, wie die Häuser am Markt belegen. Einen weiteren Hinweis auf ihre Bedeutung gibt die

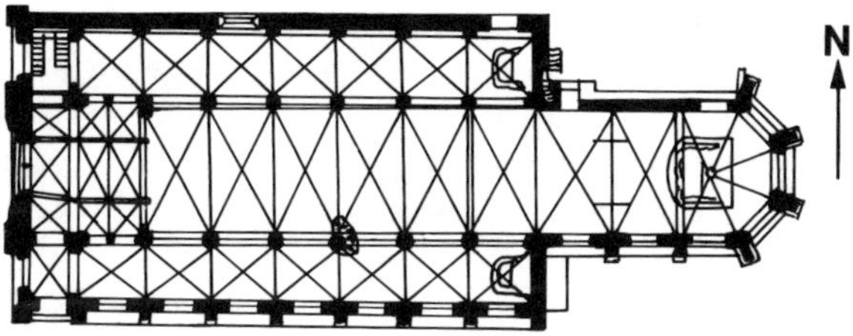

Aachen, St. Nikolaus, Grundriß

Zahl der Kirchen und Klöster, denn zwei Bettelorden, die Franziskaner und Dominikaner, und die beiden Pfarrkirchen St. Jakob und St. Peter – an der heutigen Alexanderstraße – konzentrierten sich längs dieser Linie. Bezeichnend ist dabei, daß man sich mit den Kirchenbauten dem Verlauf der Straße anpaßte und die liturgisch vorgeschriebene Ostung von Chor und Altar nicht streng einhielt. Die Franziskaner errichteten als erster Bettelorden in Aachen ein Kloster, von dem nur noch die **Kirche St. Nikolaus** steht (s. Farbabb. 9). Im Gegensatz zu den anderen Orden, wie z. B. den Zisterziensern, suchten sie im 13. Jh. eine zentrale Lage mitten in den Stadtkernen, weil sie von den Spenden der Bürger lebten und nur mit deren Hilfe ihre Bauten finanzieren konnten. Dafür widmeten sich die Mönche der Seelsorge in den Gemeinden, während die Stifte und Klöster, die nicht zu Bettelorden gehörten, weitgehend geschlossene Gesellschaften blieben. Die Franziskaner, auch Minderbrüder oder Minoriten genannt – siehe Minoritenstraße – gründeten im ersten Drittel des 13. Jh. ein Kloster, das in die Gebäude des 1234 aufgelösten Stifts St. Nikolaus an der Großkölnstraße einzog. Die Weihe der dreischiffigen, gotischen Hallenkirche fand 1327 statt. Zum Ende des 14. Jh. verlängerte man den Chor um ein drittes Joch mit einer 5/8 Apsis. St. Nikolaus ist heute die einzige der mittelalterlichen Pfarrkirchen, die trotz Kriegsbeschädigungen und Rekonstruktionen ihre gotische Raumgestaltung weitgehend bewahren konnte. Die drei Kirchenschiffe erhielten während des Barocks ihre Altäre, zu einer Zeit, in der das Geld auch noch für den Neubau der Klostergebäude reichte. 1664 wurden sie nach rund dreißigjähriger Bauzeit vollendet. Einen schweren Einschnitt bedeutete die französische Besetzung des Rheinlands Ende des 18. Jh. Das Dormitorium, der Schlafsaal der Mönche, wurde zum Militärhospital, der Kreuzgang zum Pferdestall umfunktioniert, und schließlich ließ man die Klostergebäude abreißen. Allein die Kirche entging diesem Schicksal, sie blieb – nun ausschließlich als Pfarrkirche – erhalten. Während der Restaurierungsarbeiten im letzten Viertel des 19. Jh. ersetzte man die Couven'sche Orgelempore durch eine neugotische Steinempore. Hermann Krahforst bemalte 1899–1909 die nördliche Seitenschiffwand mit Darstellungen der sieben Sakramente, von denen ein Gemälde verloren ging. Gleichzeitig mit den Veränderungen im Inneren wurde der Außenbau stark im historischen Stil überarbeitet. Nach dem Zweiten Weltkrieg mußte der schwer beschädigte Hochaltar mit den Abraham Diepenbeck zugeschriebenen Bildern rekonstruiert werden.

Vor der Kirche setzten die Bürger 1974 dem *Aachener Wetter* und einem einstmals bedeutenden Wirtschaftszweig der Stadt ein Denkmal. Bei Regen und vollem Treiben in der Fußgängerzone fallen die drei Schirmträgerinnen von Heinz Tobolla kaum auf. Wie den beschwingten, bronzenen Grazien anzusehen ist, sind die 700 mm Niederschlag, die das atlantische Klima im Aachener Kessel bringt, kein Grund zur Traurigkeit. An eine andere Möglichkeit, sich vor Wind und Wetter – zumindest teilweise – zu schützen, erinnert die wenig westlich einmündende **Mostardstraße**. Der Name leitet sich weder von einer Senfmühle noch einer entsprechenden Fabrik ab. Deutlicher verrät die alte Bezeichnung ›Mutzgersgasse‹, daß hier die Mützenmacher angesiedelt waren. Eine kleine Figur am Eckhaus zur Neupforte, deren südliche Straßenseite mit ihren Häusern aus dem 18. und 19. Jh. unter Denkmalschutz steht, zeigt einen solchen Handwerker.

Kulissenschieben für Alt-Aachen oder die Hohe Kunst des Translozierens

Der Spaziergang durch die **Jakobstraße** und ihre einmündenden Nebenstraßen bietet interessante Ansichten – und Einsichten über den schmalen Grat, auf dem sich Städtebau und Denkmalpflege bei historischen Ortskernen bewegen. Da gilt es einerseits, in alten Häusern akzeptable Wohnverhältnisse zu schaffen; andere, nicht renovierbare Gebäude, worüber man gelegentlich streiten kann, abzureißen; Baulücken wieder aufzufüllen. Andererseits ist man bestrebt, dem heruntergekommenen Stadtviertel wieder neues Leben und eine gesunde Struktur zu geben. Erschwert wird das ohnehin schon umfangreiche und vielschichtige Unternehmen einer Altstadtsanierung noch durch die Denkmalpflege, wenn Geschichtsträchtiges zu bewahren ist. Das Vorbild vom Abriß des denkmalgeschützten Hauses Peterstraße 49 machte dabei Schule: Der Abbruch erhaltenswerter Häuser und die Einlagerung ihrer Fassaden auf dem städtischen Bauhof entwickelte sich in Aachen zum Trend. Wie im ›Bäumchen-wechsle-dich‹-Spiel fand manches seinen neuen Platz an der Jakobstraße oder den angrenzenden Seitenstraßen.

Aus der Bauflucht der Jakobstraße fällt gleich das erste, gelb verputzte Haus *Nr. 2* heraus und verrät auf diese Weise, daß es an seinem originalen Standort steht. Doch blieb dem viergeschossigen, klassizistischen Gebäude, das noch immer den Namen ›Ejjene Kaiser Karl‹ einer ehemaligen Gaststätte an dieser Stelle trägt, eine Anpassung an die moderne Verkehrsführung nicht erspart: Mitte der 70er Jahre wurde das Erdgeschoß teilweise verändert, um Raum für einen neuen Bürgersteig zu schaffen. Im Inneren mußte das vermutlich von A. F. F. Leydel geschaffene Haus verändert – entkernt – werden, da es durch die vielen Umbauten am Stabilität verloren hatte. Als moderne Zutat wurden in die Fenster kleine Brüstungsgitter gesetzt, um den aktuellen Bauordnungsvorschriften zu genügen. Die beiden Nachbarhäuser *Nr. 4* und *Nr. 6* standen ursprünglich an der Schildstraße 10 und 8. Genaugenommen sind jedoch nur ihre Backsteinfassaden aus dem 19. Jh. ›umgezogen‹.

1 AACHEN Blick über den Hof zum Rathaus ▷

2 Aachen Der ›Postwagen‹ am Rathaus

4 Aachen Rathaus, Krönungssaal

3 Aachen Rathaus, Weißer Saal

5 Aachen Dom, Kuppel des Oktogons

6 Aachen Dom, Chorgewölbe ▷

7 AACHEN Dom, Oktogon mit Barbarossaleuchter

8 AACHEN Dom, Ansicht von Südosten ▷

9 AACHEN St. Nikolaus, Langhaus

10 AACHEN-BURTSCHEID St. Michael, Hochchor ▷

11 Aachen Couven-Museum, Apotheke

13 Aachen Körbergasse

12 Aachen Couven-Museum, Großer Saal

Alt Aachener
Kaffeestuben
Bayer
Korb-Waren

14 Aachen Römischer Portikus (Rekonstruktion) am Hof

15 Aachen Internationales Spielcasino, Neues Kurhaus

16 AACHEN Ludwig Forum, ehemalige Schirmfabrik Brauer

18 AACHEN Neues Klinikum

17 AACHEN Innenansicht des Ludwig Forums

19 Aachen-Kornelimünster Ehemalige Abtei

21 Aachen-Kornelimünster Ostansicht der ehemaligen Abteikirche

20 Aachen-Burtscheid Ehemalige Abteikirche St. Johann Baptist

P
nur für
PKW

22 AACHEN Ponttor

24 STOLBERG Burg ▷

23 ERKELENZ Rathaus

25 Schloß Merode

27 Lüttich Curtius-Palais

26 Jülich Zitadelle, Ostflügel des Schlosses

28 Im Wurmtal

30 ALDENBIESEN Kommende des Deutschen Ordens ▷

29 MAASTRICHT Vrijthof mit St. Servaas und St. Janskerk

S. CAROLVS MAGNVS ROM: IMPERATOR ET GAL
REX POTENTISSIMVS FVND ET PATRON. AQVISGRANI.
Aquisgranim.
Oliuerus

Solche Häuserfronten lassen sich gut in ihre Einzelteile zerlegen und translozieren – an einem anderen Ort wieder aufbauen –, während den historischen Putzfassaden ein Ortswechsel nicht gut bekommt: Stuckornamente würden stark darunter leiden. Das Backsteinhaus *Nr. 8* stand einst an der Promenadenstraße 7. Dort mußte es dem expandierendem Einkaufszentrum in der Fußgängerzone um Adalbert- und Blondelstraße weichen. Einen kürzeren Weg hatten dagegen die Backsteine und Blaustein-Werkstücke des Nachbarhauses *Nr. 10*. Die Fassade, die vorher an der Judengasse 2 stand, wurde gerade nur um die Ecke gerückt und etwas verändert wieder errichtet, indem man eine Haustüre neu in die Mittelachse des Gebäudes setzte.

Das Translozieren dieser historischen Bausubstanz war trotz der geringen Entfernung ein schwerwiegender Eingriff in das alte Stadtbild, denn die alte Judengasse war im Stadtgrundriß gelöscht und eine neue 30 m parallel zum ursprünglichen Verlauf angelegt worden. Das schmale Karree zwischen der alten Judengasse und der Kockerellstraße war so dicht bebaut, daß die Innenhöfe der Wohnhäuser nicht viel mehr als Lichtschächte waren. Im Rahmen der Sanierung sollten sich hier die Wohnbedingungen verbessern. Nach dem Zweiten Weltkrieg hatte das Viertel um die Judengasse und die Jakobstraße ständig an Wert verloren; ein Lebensmittelgroßhandel und ein Brauereilager sorgten in den engen Gassen für Geruchs- und Lärmbelästigung, die Jakobstraße litt zunehmend unter dem Durchgangsverkehr. Wer es sich leisten konnte, zog weg und das Gebiet sank zu einem armen Wohnviertel herab – obwohl es reich an historischen Gebäuden war. Aachener Baugeschichte von der Mitte des 17. Jh. bis zur Gründerzeit war trotz aller Kriegsschäden kaum anderswo in der Stadt noch so vollständig erhalten. Die Auswirkungen dieses Absinkens reichten sogar bis zum Markt, in die Nachbarschaft des Rathauses. Der Einkaufsbereich verlor derart an Attraktivität, daß Geschäfte von dort in die südöstliche City abwanderten. Deutlichstes Beispiel ist der Kaufhof, der 1964 vom Markt in die Adalbertstraße wechselte. Heute, nach Abschluß der Sanierung, präsentiert sich der Markt als ein attraktiver, gern besuchter Platz, dem die bunte Mischung aus Studenten, Aachenern und Touristen viel Leben verleiht.

Doch zurück zur Denkmalpflege und den historischen Fassaden an der Jakobstraße! Das hierbei in wiederholender Weise stets nur von translozierten Fassaden gesprochen wird, läßt sich nicht vermeiden, denn die gesamten Gebäude erschienen nicht erhaltenswert. Ein Blick durch das Hoftor an der Judengasse, welches zum Eckhaus Jakobstraße 10 gehört, macht deutlich, daß die Rückwände und auch die Gebäude selber aus dem späten 20. Jh. stammen. Allerdings braucht man vor dem Hintergrund der bunt verputzten Rückfronten nicht auf Historisches zu verzichten. Die erwähnte Tordurchfahrt mit ihrem Blausteinportal stand früher an der Peterstraße 45, und der Stadtadler in der Hofmauer zierte einst einen Erweiterungsbau des Bades ›Königin von Ungarn‹, das 1975 abgerissen wurde. Die Fassade des Hauses Nr. 12, das ehemalige Zunfthaus der Fleischer, hat eine Wanderung hinter sich,

◁ 31 AACHEN Burg Frankenberg, Glasgemälde von 1897/98

die in der Sammlung ›Wege des Translozierens‹ noch fehlt. Ursprünglich befand es sich an der Jakobstraße 6 und bildete das Eckhaus zur alten Judengasse (unter Verwendung von Teilen des Hauses Großkölnstraße 7). Die drei benachbarten Häuser Jakobstraße 12–16 kamen als Gruppe von der Großkölnstraße 3–7 an ihren neuen Standort. Architekt der historischen Front von *Nr. 14* und *Nr. 16* war kein geringerer als J. J. Couven. Im letzteren wurde das Erdgeschoß, das im Laufe der Zeit sein Gesicht verändert hatte, in Anlehnung an die Gestalt der oberen Geschosse ›neu-alt‹ wieder hergerichtet. Zur Abwechslung erhielten die Häuser dieses Baublocks auf der Rückseite Wände aus unverputztem Backsteinmauerwerk, das eher mit den historischen Fassaden harmoniert und die Kulissenwirkung mindert.

Trotzdem bleibt die Straßenansicht recht steril; Denkmalpflege ist eben mehr als nur das Bewahren alter Steine. Neben dem vordergründigen Konservieren historischer Bausubstanz geht es auch darum, Ausschnitte des früheren Alltags zu erhalten, zu zeigen, wie historische Gebäude ihre einstige Nutzung, deren Bewohner und ihre sozialen Verhältnisse widerspiegeln. Die Zusammenhänge zwischen Architektur und dem Leben und Wirtschaften sind – egal ob es sich um ein Schloß, Bürgerhaus, eine Fabrik oder Zechenkolonie handelt – erhaltenswerte Zeitdokumente genauso wie die ›zeitlosen‹ Meisterwerke der Architektur. Ob die Sanierung an der Jakobstraße als »Juwel des wieder auferstandenen Aachens«, so die Festschrift aus dem Jahre 1975, oder als Denkmal für die Sehnsucht nach allem, was alt aussieht und für die Flucht aus der zeitgenössischen Architektur angesehen werden kann, wird sich mit der Zeit herausstellen. Auf alle Fälle kann man es schon heute als ein gutes Beispiel für den Seiltanz der Denkmalpflege bezeichnen. Dies wird auch andernorts sichtbar, z. B. an den Resten des Wespienhauses in der Kockerellstraße (s. S. 126) und am Haus Augustinergasse Nr. 2/4.

Die Jakobstraße

Vom ursprünglichen Charakter einer alten Hauptverkehrsstraße durch den Stadtkern vermittelt die Fortsetzung der Jakobstraße ein anschauliches Bild. Mit dem Haus *Nr. 18* ›Zum goldenen Verken‹ überdauerte ein Gebäude die Zeit, das bald nach dem Stadtbrand von 1656 entstand und ein aussagekräftiges Zeugnis vom Wiederaufbau in der Mitte des 17. Jh. darstellt. Nach der Feuersbrunst hatte der Stadtrat aus verständlichen Gründen verfügt, daß die Neubauten aus Stein zu errichten seien. Diesem Beschluß war auch der Bauherr des einstigen Brauhauses gefolgt, indem er die Architekturformen des spätgotischen Fachwerks in seine Blausteinfassade übernahm. Dazu gehörten auch hohe Kreuzstockfenster, die Anfang des 19. Jh. beim Umbau vom Brauhaus zum Entbindungsheim, dem Marianneninstitut, her-

ausgebrochen wurden. Die schmalen Blausteinbänder, die als waagerechte Steine durch die Fenster und Wandflächen verliefen, sind im Mauerwerk noch zu erkennen.

Um 1400 errichteten die Dominikaner ihre **Klosterkirche St. Paul** an der Jakobstraße. Von der dreischiffigen Hallenkirche blieben nach den Zerstörungen von 1943 nur noch die Umfassungsmauern übrig. Während der gotische Chor in Anlehnung an sein historisches Aussehen wieder aufgebaut wurde, ersetzte man in den 50er Jahren die zerstörte Halle durch einen modernen Bau. Schlanke Stützen deuten die ehemalige Dreischiffigkeit an und tragen eine tiefer gelegte, wellenförmige Decke. Das barocke Rosenkranzportal wurde an die Längswand der Kirche verlegt und bildet nun den Haupteingang.

Im Vorhof steht eine *Bronzestatue der Franziska Schervier* (1819–1876) mit einem Bettler, 1976 von H. Löneke geschaffen. 1851 gründete die seit ihrer Jugend sozial engagierte Frau, Tochter eines Nadelfabrikanten, gemeinsam mit anderen Aachenerinnen den Orden der Armen Schwestern vom hl. Franziskus. Sie widmeten sich der Armen- und Krankenfürsorge, wie sie es heute noch in ihrem Kloster am Lindenplatz weiterführen. An eine zweite Frau der Pfarre St. Paul erinnert eine Bronzetafel im südlichen Seitenschiff der Kirche: Klara Fey (1815–1894) stiftete die Genossenschaft der Schwestern vom armen Kinde

Franziska Schervier (1819–1876)

Jesus zur Pflege und Erziehung der armen katholischen Jugend, die König Friedrich IV. 1847 genehmigte. Das Klostergebäude mit einer aufwendigen zweifarbigen Backsteinfassade und neugotischem Bauschmuck aus dem ausgehenden 19. bzw. frühen 20. Jh. steht schräg gegenüber an der Jakobstraße 19–21. Beide Frauen wurden seliggesprochen und zwei Burtscheider Straßen nach ihnen benannt. Der Einsatz gegen die sozialen Mißstände bei der frühen Industrialisierung war im Gebiet der Pfarre St. Paul besonders groß, denn Adolf Kolping gründete im Mai 1851 den katholischen Gesellenverein Aachen, der in der Trichtergasse eine Unterkunft fand.

Gieb uns einen Fußtritt, o Fremdling...

Zu Aachen, im alten Dome, liegt
Carolus Magnus begraben.
(Man muß ihn nicht verwechseln mit Carl
Mayer, der lebt in Schwaben.)

Ich möchte nicht todt und begraben seyn
Als Kaiser zu Aachen im Dome;
Weit lieber lebt' ich als kleinster Poet
Zu Stukkert am Neckarstrome.

Zu Aachen langweilen sich auf der Straß'
Die Hunde, sie flehn unterthänig:
Gieb uns einen Fußtritt, o Fremdling, das wird
Vielleicht uns zerstreuen ein wenig.

Ich bin in diesem langweiligen Nest
Ein Stündchen herumgeschlendert.
Sah wieder preußisches Militär,
Hat sich nicht sehr verändert.

Heinrich Heine, 1844

Doch ging es in diesem Viertel nicht immer nur friedlich zu, wie es das *Denkmal vom Wehrhaften Schmied* andeutet. (Die Brunnenfigur vollendete Karl Burger 1909). In der Gertrudisnacht – also vom 17. auf den 18. März – im Jahre 1278 überfiel Graf Wilhelm IV. von Jülich die Stadt Aachen. Der Eroberungsversuch scheiterte, da er mit drei Söhnen in der Jakobstraße vor dem Weißfrauenkloster erschlagen wurde – nach der Sage von einem Schmied, wahrscheinlich jedoch von einem Fleischhauer. Schlimmeres Blutvergießen wurde dadurch verhindert, mit Ausnahme eines Rachemordes am Aachener Schultheiß, und die Auseinandersetzung wurde schließlich auf diplomatischem Weg geregelt. Im Sühnevertrag von 1280 wurden die Aachener zur Zahlung von 15 000 Mark und dem Aufstellen von vier Sühnealtären verpflichtet, einen davon nahe beim Tatort im Weißfrauenkloster, dem Vorläufer des Klosters der Schwestern vom armen Kinde Jesus.

Der Wylresche Hof, heute **Haus Heusch** genannt, an der Jakobstraße 35, erscheint mit seiner Anlage wie ein kleines barockes Schloß. Im 18. Jh. besaß Aachen eine Reihe solcher Anwesen, die nicht nur wohlhabenden Bürgern als Wohnsitz dienten, sondern gleichfalls als Fabrikationsräume und Lager genutzt wurden. Während der Mittelteil stets dem Wohnen vorbehalten war, umfaßten die Seitenflügel, wenn sich dort keine Arbeits- und Geschäftsräume eines Fabrikanten befanden, Stallungen, Remisen und Wirtschaftsräume für einen großbürgerlichen Haushalt. Eine andere Lösung hatten die Herren auf Haus Heusch gefunden: Hier verband ein klassizistischer Wandelgang, der durch den rückwärtigen Garten führte, das Wohngebäude mit einer im Zweiten Weltkrieg zerstörten Fabrik. Bei den Kupferhöfen in Stolberg haben verwandte Bauformen und die gleichzeitige Nutzung als Wohnhaus und Sitz eines Unternehmens bis in die heutige Zeit überdauert (s. S. 232 ff.). Die Finanzkraft dieses Personenkreises erlaubte, die bekanntesten Architekten zu beauftragen. Für den Neubau an der Jakobstraße engagierte man zu Beginn des 18. Jh. Laurenz Mefferdatis. Seine Handschrift zeigt sich in den straßenseitigen Fenstern der Seitenflügel, die mit seinen charakteristischen Keilsteinstürzen um 1725 entstanden. Nach seinem Tode setzte Jakob Couven um 1750 die Arbeiten fort. Von ihm stammen das mächtige Hoftor, das fast die Breite eines Seitenflügels einnimmt, der Balkon auf Rocaille-Konsolen in der Mittelachse der Hoffront und die Gestaltung der Dächer.

Durchs Quartier Latin zum Ponttor

Mit einer engen Straßenführung zweigt zwischen Haus Löwenstein und der Karlsapotheke die **Pontstraße** vom Markt ab. Während ihre Breite heute ideal für eine Fußgängerzone ist, mußte sie früher als eine der wichtigsten Torstraßen einen beachtlichen Durchgangsverkehr aufnehmen: Wagen und Karren von Mensch oder Tier gezogen, dazwischen ›fliegende‹ Händler, spielende Kinder, herumlaufendes Kleinvieh. Die Steigung zum Markt hoch und eine Brücke über den Johannisbach, der noch bis ins 19. Jh. offen längs der Straßen Annuntiatenbach und Augustinerbach floß, ließen den Beginn der Pontstraße zum Nadelöhr im innerstädtischen Nord-Süd-Verkehr werden. Vom lateinischen ›pons‹ – Brücke, Knüppeldamm – leitet sich ihr Name ab.

Augustiner-Eremiten gründeten im 13. Jh. ein Kloster auf dem Gelände, das heute vom Kaiser-Karls-Gymnasium eingenommen wird. Die **Klosterkirche St. Katharina** fügt sich im Osten in die Bauflucht der Pontstraße ein. Wie bei den anderen bereits erwähnten Kirchen St. Nikolaus und St. Paul paßte man sich dem Straßenverlauf an und hielt sich nicht so streng an die Ostung der Gotteshäuser. Der barocke Neubau der Augustinerkirche, der nach dem Stadtbrand und der Zerstörung des Klosters 1687 geweiht werden konnte, orientiert sich sogar nach Westen. Die Ostwand wurde durch eine aufwendige Pilaster- und Gesimsgliederung zur Schauseite umgestaltet, ein Portal angelegt und somit ein direkter Zugang von der Pontstraße geschaffen. 1804 endet auch die Geschichte dieses Augustinerklosters; kurzfristig wird es zum Soldatenquartier umfunktioniert. Im August desselben Jahres ordnet Napoleon an, in den Gebäuden eine Sekundarschule einzurichten. Am 1. Dezembert 1805 wird feierlich die Ecole secondaire eröffnet, und die einstige Klosterkirche erhält nun als Schulkirche ihre alte Aufgabe zurück. Nach dem Ende der französischen Herrschaft wandelt sich die Ecole secondaire in ein preußisches Gymnasium, das 1886 in Kaiser-Karls-Gymnasium umbenannt wird. 1903 werden die barocken Klostergebäude abgerissen und durch einen neugotischen Backsteinbau am Augustinerbach abgelöst. Bis zur Eröffnung des heute unter Denkmalschutz stehenden Schulhauses im April 1906 gab es für das KKG natürlich keine Ferien; der Unterricht fand in Räumen des ehemaligen Landgerichts an der Großkölnstraße statt. Heute wird der dreischiffige Kirchenbau nicht nur für Schulgottesdienste, sondern auch als Mehrzweckhalle für städtische Veranstaltungen, wie z. B. Ausstellungen, genutzt.

Die Turmhallenwand in der Kockerellstraße verdient einen kleinen Abstecher: Hier wurden die wenigen Reste des Wespienhauses – Fragmente aus dem Mittelrisalit – von der Kleinmarschierstraße ›gerettet‹ und angebracht. Ob solche Konservierung und Präsentation alter Bausubstanz immer angebracht ist, darüber läßt sich streiten –, daß es sich bei dem Wespienhaus um eines der schönsten Aachener Bürgerhäuser (1737 von Johann Josef Couven vollendet) handelte, darf an dieser Stelle nicht unerwähnt bleiben.

Das älteste, weitgehend in originaler Substanz erhaltene Bürgerhaus steht an der Pontstraße 13, das ›**Große Haus von Aachen**‹. Ein ›Kleines Haus von Aachen‹ gab es bis zum Zweiten Weltkrieg nicht weit entfernt in der Pontstraße 39. Für mittelalterliche Verhältnisse war das Große Haus ein ungewöhnlich großer Bau: mindestens vier normale, schmale Giebelhäuser hätten auf seiner Parzelle Platz gefunden, wie es ein Vergleich mit der gegenüberliegenden Straßenseite zeigt. Auch durch sein Baumaterial fiel es aus dem Rahmen; solche Steingebäude galten unter bürgerlichen Wohnhäusern als Rarität. Schon das Vorgängergebäude an der Pontstraße 13, das als ›Rupenstein‹ 1460 erwähnt wird, bestand nicht aus dem weit verbreiteten Fachwerk. Der Bauherr des jetzigen Baus und das Jahr der Fertigstellung überliefert eine Bogeninschrift: Heinrich Dollart 1495. Betrachtet man die Veränderungen, die sich u. a. an der dreigeschossigen Backsteinfassade mit den charakteristischen Blaustein-Verblendungen ablesen lassen, werden unterschiedliche Nutzungen des Großen Hauses im Laufe der Geschichte deutlich.

Traurig endete das Schicksal des Bauherrn: 1508 wurde er wegen angeblicher Beteiligung an einem Diebstahl von Silberbarren hingerichtet. Der Verdacht, daß Neid dabei eine Rolle gespielt hat, drängt sich auf. Im 16. Jh. erhielt das Haus als Sitz des Galmeihandels die Bezeichnung ›Kelmis Haus‹, doch der gleichfalls aufgekommene Name ›Großes Haus von Aachen‹ setzte sich durch. Ende des 17. Jh. vermietete man die Kellerräume an einen Weinhändler, 19 Jahre später verlegte der Rat die Stadtwaage auf den zum Augustinerbach hin gelegenen Teil des Grundstücks. Die französische Besatzung richtete im ausgehenden 18. Jh. eine Zollstelle ein, der schließlich eine Königlich-Preußische Salzfaktorei folgte. Nach dem Umbau durch den Stadtbaumeister Friedrich Ark zog 1854 die Königlich-Preußische Polizei-Direktion ein. Nach einem weiteren Umbau kurz vor dem Ersten Weltkrieg konnte 1912 das Kunstgewerbe-Museum eröffnet werden, das die Karriere des Großen Hauses als Museumsgebäude einleitete, während gleichzeitig noch städtische Dienststellen und die Oberbürgermeisterwohnung darin Raum fanden. 1930 zog das Stadtgeschichtliche Museum vom Ponttor hierher, ein Jahr später fand das **Internationale Zeitungsmuseum** im zweiten Obergeschoß seinen Platz. Im Oktober 1962 wurde es nach der Evakuierung während des Kriegs im ersten Obergeschoß wieder eröffnet.

Oscar von Forckenbeck (1822–1898) schuf mit seiner Sammlung den Grundstock des Internationalen Zeitungsmuseums der Stadt Aachen, dem bislang einzigen seiner Art in der Welt. Dem ältesten Sohn eines Königlich-Preußischen Geheimen Regierungsrates und Generalkonsuls gelang es nicht, das juristische Assessorexamen zu bestehen und damit in die Fußstapfen des Vaters zu treten, sowie dessen Wunsch nach einer Diplomatenkarriere zu erfüllen. Rettung aus dem tristen Alltag einer Amtsstube in Rheine brachte dem Frustrierten nach neun Jahren seine Hochzeit mit Marie Packenius, der einzigen Tochter eines wohlhabenden Gutsbesitzers aus Wassenberg. Das Vermögen seiner jungen Frau reichte aus, den Lebensunterhalt des Paares und seine Hobbies zu finanzieren; ausgedehnte Rei-

№ 1. Sonntag, den 7. Mai. 1848.

Kladderadatsch.

Wochenkalender.

Montag den 8. Mai.
Von 1187 Wählern geben 1473 den Herren **Thadden**, **Krausnick**, **Meding** und **Möllendorf** ihre Stimme für Frankfurt.

Dienstag den 9. Mai.
Man entdeckt auf dem Altar des Vaterlandes mehrere galvanoplastische Schmucksachen.

Mittwoch den 10. Mai.
Die Stumme von Portici wird ohne Dekorationen aufgeführt.

Wochenkalender.

Donnerstag den 11. Mai.
Demonstration der Berliner Säuglinge für **direkte** Mutterbrust gegen **indirekte** Lutschbeutelernährung.

Freitag den 12. Mai.
Wegen anhaltendem Regenwetter keine Weltgeschichte.

Sonnabend den 13. Mai.
Den Tag über ruhig. Gegen Abend erscheint plötzlich Kladderadatsch Nr. 2 mit der Biographie des Dr. Eilert. Große Aufregung!

Organ für und von Bummler.

Dieses Blatt erscheint täglich mit Ausnahme der Wochentage für den Preis von 1¼ Sgr. Es kann jeden Sonnabend von fünf Uhr ab aus sämmtlichen Buchhandlungen abgeholt werden, und wird dem richtigen Bürger, dem fleißigen Künstler, dem tapfern Krieger Sonntags früh, überall, bis in die tiefsten Kellerwohnungen hinab, colportirt werden.

Die Redaktion.

Berlin, am ersten Mai.

Im wunderschönen Monat Mai
Wo alle Blüthen sprangen: —
Da sind auch meiner Bummelei
Die Augen aufgegangen!

Die Zeit ist umgefallen! Der Geist hat der Form ein Bein gestellt! Der Zorn Jehovahs brauset durch die Weltgeschichte! Die Preußische Allgemeine, die Vossische, die Spenersche, — Gesellschafter, Figaro und Fremdenblatt haben zu erscheinen aufgehört — Urwahlen haben begonnen, — Fürsten sind gestürzt — Throne gefallen — Schlösser geschleift, — Weiber verheert — Länder gemißbraucht — Juden geschändet — Jungfrauen geplündert — Priester zerstört — Barrikaden verhöhnt — Kladderadatsch!

Wer dürfte hiernach die Farbe, — die Tendenz — den Charakter unseres Blattes in Zweifel ziehen. Der klare Ausdruck unseres Bewußtseins wird uns Männer wie

Junius, Julius, Curtius, Gervinus, Ruppius und Uebenius; — Löwisohn, Löwenfeld, Löwenberg, Löwenthal, Löwenheim, Löwenstein, Löwenherz, Ledrü-Rollin, D. A. Benda, Louis Blanc, von Bülow, Eylert und Lamartine, Thiele, Hecker, Eichhorn, Struve, Meding und Herwegh, Jacoby und Aegidi,

zu Mitarbeitern

gewinnen. Berliner! Räumt die Hindernisse weg, die dem Erscheinen dieses Journals im Wege stehen. — Entiendet Männer voll des ächten Berliner Geistes, die auf Kladderadatsch subscribiren!

Eure liebreiche Freundin, die Redaktion dieser Blätter, vereinigt ihre äußersten Bitten um baldiges Abonnement mit denen ihrer Mitarbeiter. —

zu 179,4

sen, Zeitungssammeln und die Beschäftigung mit Literatur, Geographie und anderen Wissenschaften wurden zum Lebensinhalt. Forckenbeck besuchte eine Reihe großer europäischer Bibliotheken, um die dortigen Zeitungsbestände zu sichten und in eigenen Verzeichnissen zu erfassen.

Aus dieser breit angelegten Arbeit entwickelten sich zwei Forschungs- und Sammelschwerpunkte, die nicht nur Oscar von Forckenbeck zum Ziel seiner Aktivitäten machte, sondern nach wie vor auch die Aufgaben des heutigen Zeitungsmuseums darstellen. Zum einen wird die Geschichte des Pressewesens erfaßt, zum anderen werden diese Druckerzeugnisse als Quellen der Zeitgeschichte betrachtet und gesammelt. Nullausgaben oder Probenummern, Erstausgaben, Jubiläums- und Sondernummern sowie Letztausgaben dokumentieren die Pressegeschichte, deren Anfänge ins frühe 16. Jh. zurückreichen. Einblattdrucke mit dem Titel ›Zeytung‹ informierten die wenigen des Lesens mächtigen Zeitgenossen in kurzer Form über herausragende Ereignisse. Der Informationswert jener hoch offiziellen Sprachrohre läßt sich mit demjenigen von Wahlzeitungen unserer Tage vergleichen. Im 17. und 18. Jh. spiegeln die immer zahlreicher werdenden Zeitungen auch nur genehme Ausschnitte und gewünschte Einstellungen der Herrschenden wider. Manche zeigen es bereits in ihrem Titel mit dem Adjektiv ›privilegiert‹, wie z. B. die Schlesische Priviligirte Staats-, Kriegs- und Friedens-Zeitung, 1742 in Breslau erstmals erschienen. Privilegiert bedeutet nicht mehr als ›offiziell genehmigt‹ und weist die journalistische Arbeit als Hof- und Obrigkeitsberichterstattung aus. Auch unter der späteren Herrschaft Napoleons wird die Pressefreiheit noch nicht erfunden.

Einen Meilenstein in diese Richtung setzt Friedrich Wilhelm, König von Preußen im März 1848, wie in der Kölnischen Zeitung vom 20. März nachzulesen ist, wo er im ersten Paragraph des neuen Gesetzes über die Presse die Aufhebung der Zensur erklärt. Eine Vitrine mit Zeitungen der Jahre 1848/49 zeigt, welche Meinungsvielfalt die neue Freiheit und der demokratische Aufbruch hervorbrachten. Auch Frauenzeitungen, beispielsweise ›Das Kränzchen‹ – Zeitung für das weibliche Geschlecht –, gehören dazu.

Wie aus der Geschichte bekannt ist, währte der ›Pressefrühling‹ nicht allzu lange. Unzureichende Sprachkenntnisse bewies ein französischer General 1923 während der Ruhrbe-

Vossische Zeitung

Berlinische Zeitung von Staats- und gelehrten Sachen / Gegründet 1704

Berlin

Nummer 77 | SONNABEND, 31. MÄRZ 1934 | 15 Pfennig

Kommende Verfassung

Die französische Revolution hat mit der Einberufung einer „Constituante", einer verfassunggebenden Nationalversammlung, begonnen. Die Männer, die die Revolution von 1848 trugen, hielten es für ihre heiligste Pflicht, dem deutschen Volke eine wohl erwogene Verfassung zu geben. Die Reichsverfassung wurde fertig, aber das Reich kam nicht zustande.

Abschied vom Leser

EW Die Geschichte einer Zeitung, die nahezu ein Vierteljahrtausend umfaßt, findet mit dem heutigen Tag einen Abschluß. Der Ullstein-Verlag hat vor einer Woche an dieser Stelle bekanntgegeben, daß er die vor zwanzig Jahren von ihm erworbene Vossische Zeitung Ende März einzustellen beabsichtigt.

freien Meinungsäußerung gelegentlich zu einer Ueberdisziplinierung hinübergeschlagen. Namentlich erschien es uns nicht notwendig, dem deutschen Leser Nachrichten vorzuenthalten, die er — manchmal in grotesker Aufbauschung und Entstellung — in ausländischen Zeitungen lesen konnte. Und wenn in dieser

setzung bei seinem Versuch, eine Ausgabe der Westfälischen Volkszeitung zu zensieren. Einige Spalten von unerwünschten Artikeln zerstörte er, doch gerade die ›Ehrenliste der Verhafteten‹ ließ er unbeschädigt.

Das Aufkommen des Nationalsozialismus brachte in den 30er Jahren ein Zeitungssterben. Eine über 200 Jahre alte Zeitung wie die Vossische Zeitung – Berlinische Zeitung von Staats- und gelehrten Sachen (1704 gegründet) – ist gezwungen, sich vom Leser zu verabschieden. Der Völkische Beobachter als nationalsozialistisches Organ – eine Mantelzeitung mit Regionalteilen – wird tonangebend bis zur Letztausgabe am 14. April 1945. Durch die Grenzlage im Westen endete für Aachen der Krieg früher, und in diesem Zusammenhang konnte bereits am 24. Januar 1945 mit den Aachener Nachrichten wieder eine erste parteiunabhängige Zeitung, genehmigt und herausgegeben von der Alliierten Militärbehörde, erscheinen. Die Dokumentation der Pressegeschichte und der herausragenden Ereignisse reicht in der Ausstellung leider nur bis in die frühen 70er Jahre. Es fehlt an Räumlichkeiten, den täglich um einen Zeitungsberg wachsenden Bestand angemessen zu präsentieren. Auswärtige Sonderausstellungen ermöglichen hin und wieder, Spezialgebiete und andere pressegeschichtliche Kostbarkeiten zu zeigen.

Nicht nur das Publikum, sondern auch die Geschäfte in der Pontstraße machen deutlich, daß man sich dem Bereich der TH nähert: Buchhandlungen, Sportbedarf, Kopierladen erfüllen die täglichen Bedürfnisse der Studentenschaft. Selbst die **Theresienkirche** bzw. das ehemalige Karmeliterinnenkloster wurde von der Hochschule vereinnahmt – allerdings zur seltenen Nutzung. Im Sommer 1662 zogen Karmeliterinnen aus Köln in das neu erbaute Aachener Kloster. Die Pforte und ein Gebäudeflügel sind noch erhalten und gehören heute zum Alexander-von-Humboldthaus der Rheinisch-Westfälischen Technischen Hochschule, dem Treffpunkt und Clubhaus ausländischer Studenten. Die Klosterkirche erbaute Laurenz Mefferdatis 1739– 48. Ähnlich der Kirche St. Katharina ist die einschiffige Saalkirche mit ihrer Schauseite zur Pontstraße orientiert und besitzt einen nach Südwesten gerichteten Rechteckchor. Bürgermeister Johann von Wespien stiftete die Innenausstattung, die Mitte des 18. Jh. nach Plänen von Johann Josef Couven in dunklem Eichenholz angefertigt wurde. Nach schweren Kriegsschäden mußte das Interieur später zu großen Teilen rekonstruiert werden.

Neben der Kunststoff- und Glasfassade des benachbarten Forschungsinstituts für Kunststoffverarbeitung fällt eine Fassade aus den traditionellen Aachener Baumaterialien Backstein und Blaustein auf. Doch so alt, wie das Gemäuer vortäuscht, ist es nicht, denn es handelt sich um eine Rekonstruktion. In einem zurückliegenden Teil des Gebäudes stecken noch als Relikte historischer Bausubstanz u. a. ein zweischiffiger, gewölbter Saal des einstigen **Lombard**. Dieses alte Pfandleihhaus stellte Laurenz Mefferdatis 1705 fertig.

Die kleine Grünanlage an der Kreuzung Pontstraße/Driescher Gäßchen gibt einen Einblick in die mittelalterliche Geschichte. Hier haben die Kriegsfolgen einen Rest der **Barbarossamauer** aus dem späten 12. Jh. freigelegt. Kaum hundert Jahre später war die Stadt so gewachsen, daß ein größerer Mauerring erforderlich wurde, dessen Verlauf die Alleen nachziehen. Die Gräben folgen dagegen der Linie des inneren und ersten Befestigungsgür-

Pfarrhaus Hl. Kreuz, Pontstraße

Theresienkirche, Pontstraße

tels. Ein kleiner Widerspruch in der Namensgebung sollte dabei nicht verwirren: Auf den ehemaligen Außenwällen der Barbarossamauer legte man die Wege an, die Vorläufer der Graben-Straßen, während man erst im 19. Jh. die einstigen 20–25 m breiten Gräben zuschüttete und Häuser darauf setzte. Sparsamkeit und Recycling des alten Baumaterials führte dazu, die staufische Stadtmauer als Rückseite der neuen Häuser weiter zu verwenden. Bei einigen Abschnitten des Hirschgrabens läßt sich dies an den Rückfronten beobachten. Das Teilstück an der Pontstraße gibt Aufschluß über die mittelalterliche Mauertechnik. Eine 2,20 m mächtige Mauer ließ sich am kostengünstigsten, ohne dabei Stabilität zu verlieren, in Schalenbauweise errichten: Zwei Mauerschalen wurden aus großen Kohlensandsteinquadern hochgezogen und der Zwischenraum anschließend mit einem Gemisch aus Bruchstein und Gußmörtel ausgefüllt.

Mit 40 Brieftauben startete Paul Julius Reuter im Frühjahr 1850 sein Institut zur Beförderung telegraphischer Depeschen in der Pontstraße 117. Seine Taubenpost auf der Strecke Aachen-Brüssel wurde bald von der technischen Entwicklung überholt, denn noch im selben Jahr konnte die Telegraphenverbindung Aachen-Verviers in Betrieb genommen werden. Für den flexiblen und mobilen Herrn Reuter bedeutete dies keineswegs das Ende seiner Aktivitäten. Er siedelte gleich nach Verviers über, bald darauf an die französische Grenze und gründete auf Anregung von Werner von Siemens 1851 das Reuter'sche Telegraphenbüro in London, das als Reuter press heute noch zu den großen internationalen Nachrichtenagenturen zählt.

Ungefähr zur gleichen Zeit wie an der Pontstraße 117 wurde auch auf dem Grundstück Nr. 148 gebaut, doch die unterschiedliche Finanzkraft der Bauherrn spiegelt sich deutlich in den beiden Gebäuden wider. 1738 wurde das ehemalige Prioratsgebäude des Kreuzherrenklosters – heute **Pfarrhaus der Hl. Kreuz Gemeinde** – fertiggestellt, ein unverkennbar barocker Bau. Die drei Mittelachsen der Blausteinfassade sind als schwacher Risalit vorgezogen und werden von einem geschwungenen Blendgiebel bekrönt. Eine ähnliche architektonische Gestaltung findet sich, jedoch in aufwendigerer Form, beim Alten Kurhaus. Auch die katholische Pfarrkirche Hl. Kreuz besaß einen barocken Vorgängerbau, von dem nur der Sakramentsaltar von Johann Josef Couven und Kirchenbänke erhalten blieben. Die neugotische Basilika mit ihrem seitlichen Westturm entstand zwischen 1897 und 1902 nach Plänen von Josef Buchkremer; die heutige Kirche ist das Resultat eines Wiederaufbaus, der 1951 abgeschlossen werden konnte.

Das **Ponttor** (s. Farbabb. 22) aus der zweiten Hälfte des 13. Jh. mußte ebenfalls nach Kriegsschäden teilweise rekonstruiert werden. Trotzdem zählt es zu den wenigen erhaltenen Doppeltoranlagen des Rheinlands. Das Weiertor in Zülpich und das Klever Tor in Xanten sind weitere Beispiele dieser besonders wehrhaften Stadttore. Vor das Haupttor setzte man noch ein Vortor, um dem potentiellen Angreifer die Arbeit zu erschweren. Hatte dieser den ersten Wall und Graben auf der Feldseite überwunden, stand er eingezwängt in einem schmalen brückenartigen Durchgang – nun dem Beschuß von allen Seiten ausgesetzt. Nicht nur zwischen den beiden Toren, sondern auch auf Wehrgängen hinter den zinnenbekrönten Mauern konnte die Aachener Bürgerwehr ihre Stadt verteidigen. Die Anlage eines solchen Zwingers hatte sich im Burgenbau schon längst bewährt. Im 17. Jh. erhielten die Torbauten ihre steilen Walmdächer, und der äußere Graben wurde mit einer Zugbrücke versehen, deren Widerlager beim Ausschachten des Fußgängertunnels 1967 gefunden und freigelegt wurden. Vor dem Ersten Weltkrieg fuhr noch die Straßenbahn durch die Bögen des Ponttors.

Auf dem Rückweg vom Rand der mittelalterlichen Stadt ins Zentrum durchquert man das ausgedehnte Hochschulviertel der **Rheinisch-Westfälischen Technischen Hochschule**, kurz TH genannt. Ende des 19. Jh. verfügte die Stadt im Gebiet zwischen der staufischen Stadtmauer und derjenigen des 13. Jh. über soviel Freiraum, daß hier ausreichender Baugrund für die erste polytechnische Schule Preußens vorhanden war. (Die älteste polytechnische Schule auf deutschem Boden wurde 1869 in Darmstadt eröffnet.) In den östlichen und südlichen Außenbereichen der mittelalterlichen Stadt hatte bereits eine stärkere Bebauung durch Fabriken und Wohnhäuser eingesetzt. Nach dem Zweiten Weltkrieg schob sich die TH mit zahlreichen neugebauten Instituten bis zum Annuntiaten- und Augustinerbach in den historischen Stadtkern vor. Die großen Zerstörungen während des

Technische Hochschule, Hauptgebäude am Templergraben ▷

Kriegs hatten Platz in zentraler Lage geschaffen, gleichzeitig wuchs die TH weiter in nordwestliche Richtung, wo sie nun mit dem Neuen Klinikum (s. S. 216) nicht nur die Stadt-, sondern auch gleich noch die Staatsgrenze erreicht hat. Ausgangspunkt der Entwicklung zu einer Hochschule mit rund 37 000 Studenten, die ungefähr ein Siebtel der Bevölkerung Aachens ausmachen, ist das **Hauptgebäude am Templergraben**.

Um den Standort eines Polytechnikums bemühten sich Mitte des 19. Jh. verschiedene rheinische Städte. Nach fünf Jahren Wettbewerb und Streit zwischen Aachen, Düsseldorf und Köln erhielt Aachen per Kabinettsorder vom 14. November 1863 den Zuschlag, da hier der größte Teil der Kosten nicht zu Lasten des Staates fallen sollte. Die Aachener und Münchener Feuerversicherungsgesellschaft und ihre Tochtergesellschaft, der Aachener Verein zur Beförderung der Arbeitsamkeit, übernahm gemeinsam mit den ansässigen Unternehmen das Gros der Finanzierung. Zum anderen wollte das preußische Königshaus mit diesem prestige-trächtigen Objekt die Stadt für die Schließung der Spielbank entschädigen. Im Mai 1865 wurde der Grundstein zu der Schule gelegt, die eine Verbindung zwischen den Handwerkerschulen und der rein theoretischen Ausbildung an den entsprechenden Fakultäten der Universitäten bringen sollte.

Als Baugrund bot sich ein 3 1/2 Morgen großes Gelände zwischen dem Templergraben und dem Bahnhof Templerbend an. Robert Cremer legte für das Hochschulgebäude zwei Entwürfe vor, einen im gotischen, einen im ›italienischen‹ Stil. Formen der Neorenaissance und die warmen Farbtöne einheimischer Baustoffe bestimmen die Außenfassade des Gebäudes, während die Hofseiten schlicht im Ziegelrohbau belassen wurden. Auf den Sockel aus Trachyt vom Drachenfels folgt ein Rustika-Erdgeschoß aus rötlichem Trierer Sandstein. Die beiden Obergeschosse bestehen aus Brohler Tuff. Eine Monotonie der 23 Fensterachsen breiten Fassade verhinderte der Architekt durch die Gliederung in einen Mittel- und zwei Seitenrisalite. Als krönenden Abschluß seiner Fassade wählte er eine Balustrade, auf der ursprünglich eine Reihe großer Statuen standen. Zur Verherrlichung der technischen Wissenschaften müssen heute die aus Ton geformten Medaillonköpfe in der Aula reichen. Eine ministerielle Bestimmung wurde eigens dafür herausgegeben, wer zu diesem Kreis der Auserwählten gehörte. Nicht fehlen durften Portraits der allerhöchsten zeitgenössischen Förderer des Polytechnikums: Kaiser Wilhelms und des Kronprinzen. Die feierliche Eröffnung fand im Oktober 1870 statt, doch die beabsichtigte Teilnahme des Kaisers fiel durch den deutsch-französischen Krieg aus. Obwohl die Polytechnische Schule schon für 500 Studenten ausgerichtet war, reichte der Raum bald nicht mehr, so daß in den 70er Jahren erste Erweiterungen nötig wurden. Zunächst errichtete man auf der Hofseite neue Labors für Chemiker. Zum Ende des Jahrhunderts entstanden weitere repräsentative Institutsgebäude, die – allerdings durch An- und Aufbauten nicht mehr im originalen Zustand – erhalten blieben und inzwischen wie das Hauptgebäude unter Denkmalschutz stehen.

Zwischen 1894 und 1897 baute man nach Plänen von C. Moritz und C. Hennike das *Institut für Bergbau und Hüttenwesen* an der Wüllnerstraße 2. Die stilistische Verwandtschaft mit dem Hauptgebäude am Templergraben ist deutlich zu sehen; nur geriet der Bau in Ausmaßen und Gestaltung etwas bescheidener. Als Loblied auf den damaligen Stand der Technik sind die Reliefs im ersten Obergeschoß zu verstehen, auch wenn antike Figuren dabei auftreten. An der Wüllnerstraße 3 wurde 1900 der *Bibliothek-Altbau* seiner Bestimmung übergeben. Anfang des 20. Jh. orientierte sich der Ausbau der TH auf das Gelände westlich des Hauptgebäudes längs der Schinkelstraße. Der neubarocke Sandsteinbau des *Reiffmuseums* wurde 1908 eröffnet. 1927–29 entstand das erste fünfgeschossige Institut, der Putzbau des *Rogowski-Instituts* mit seiner markanten Lisenengliederung. Der ebenfalls denkmalgeschützte, dreigeschossige Kastenbau des Instituts für elektrische Maschinen wurde 1934 fertiggestellt. Wenn auch die beiden letztgenannten Gebäude die nüchterne Formensprache moderner Architektur aufweisen, so besitzen sie doch wie die historisierenden Gebäude der TH ein auffallend hohes Sockelgeschoß.

Der Anstieg der Studentenzahlen und die Zunahme von Instituten brachten einigen Bauwerken im Umkreis der TH ebenfalls eine Nutzung als Hochschulgebäude ein. Das Kraftfahrzeug-Institut besitzt in der ehemaligen **Spinnerei Marx & Söhne** an der Ecke Templergraben/Eilfschornsteinstraße seine Räume. F. Ark entwarf den viereinhalbgeschossigen Backsteinbau mit seiner kolossalen, d. h. über mehrere Geschosse reichenden, Pilastergliederung. Die Spinnerei, die in den 60er Jahren ihren Betrieb aufnahm, ist ein Beispiel jener Fabrikgründungen des 19. Jh. auf dem bis dahin unbebauten Gelände vor der staufischen Stadtmauer. Auf dem gegenüber liegenden Grundstück wurde ein Stück der Barbarossamauer freigelegt. Gewerbliche Aktivitäten mit rauchenden Schornsteinen haben dagegen schon eine längere Tradition, wie der Straßenname überliefert: Im Mittelalter standen hier Kupferöfen.

Gegenüber der historischen Spinnerei erinnert ein **Blausteinportal** aus dem 18. Jh. an den einstigen Klosterrather Hof. Für Kenner der Kulissenschieberei an der Jakobstraße (s. S. 96 ff.) sei nachgetragen, daß der barocke Torbogen 1974 abgerissen worden war, dann auf Halde gelegt wurde und als Denkmal vor den neuen Hochschulgebäuden wiederentstand.

Aus der Blütezeit der klassizistischen Bäderstadt: Elisenbrunnen und Stadttheater

Große Pläne entwickelten die Franzosen um die Wende des 18. zum 19. Jh., das Aachener Kurviertel an der Komphausbadstraße zu sanieren und gleichzeitig nach eigenem Geschmack ein neues, elegantes Badeviertel zu schaffen. Sogar die Finanzierung war geregelt: Der Bäderbetrieb wurde 1811 verstaatlicht, und die Einnahmen sollten in den Aufbau weiterer Einrichtungen fließen. Als Gelände hatte man ein noch nicht erschlossenes Gebiet an der Barbarossamauer, dem Bereich des späteren Friedrich-Wilhelm-Platzes, vorgesehen. Kein unwesentlicher Grund zur Förderung des Badeortes Aachen lag in den Vorlieben und politischen Motiven Napoleons. Er und seine Familie hielten sich hier häufiger auf, obwohl es im Empire genügend andere Kurorte gab. Aber keiner von ihnen bot die Gelegenheit, so wirkungsvoll etwas für das Image zu tun, wie das Bad in der Nachbarschaft des Grabes

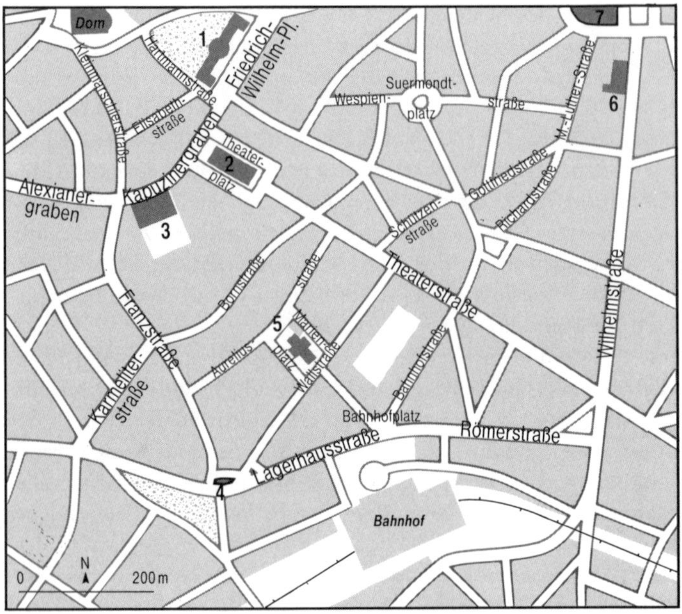

Viertel um die Theaterstraße
1 Elisenbrunnen und aachen tourist information
2 Stadttheater
3 Hauptpost
4 Marschiertor
5 St. Marienkirche
6 Suermondt-Ludwig-Museum
7 St. Adalbert

Karls des Großen, im Ruhm eines vorbildhaften Reichsgründers – darin war Napoleon bekanntlich nicht der erste! So verwundert es auch nicht, daß er den lang ersehnten Stammhalter, den ihm seine zweite Frau Marie-Luise von Österreich schenkte, im Juni 1811 im Aachener Münster taufen ließ. Doch alle Vorsorge nützte nichts: 1814 endete die französische Herrschaft in den Rheinprovinzen, und aus der Karriere Napoleons II., dem König von Rom, wurde auch nicht das Erhoffte.

Bei der Neuordnung Europas auf dem Wiener Kongreß fiel Aachen als westlichste Stadt an Preußen. Nicht nur die geographische Distanz zur neuen Hauptstadt Berlin, sondern auch die Zugehörigkeit zu einem protestantischen Staat schuf Aachen wie anderen rheinischen Städten einige Probleme. Für das preußische Königshaus läßt sich ähnliches behaupten; doch mit dem Erbe Karls des Großen hatte man weniger Schwierigkeiten. Der Karolinger und seine Verehrung riefen ein besonderes Interesse hervor.

Im Herbst 1818 trafen sich die Herrscher Rußlands, Österreichs und Preußens zu einem Monarchenkongreß in Aachen. Ihre Anwesenheit verhalf den Straßen, an denen die Hoheiten logierten, zur Ehre neuer Namen: Zar Alexander I. läßt aus der Kölnstraße die *Alexanderstraße* werden, Kaiser Franz I. von Österreich gibt der Marschierstraße die Bezeichnung *Franzstraße*. Dem preußischen König Friedrich Wilhelm III. bleibt die Ehre vorbehalten, am Foggengraben im Offermannschen Haus Wohnung zu nehmen und damit dem prestige-trächtigen Objekt eines neuen Kurviertels um den *Friedrich-Wilhelm-Platz* seinen Namen zu geben. Wie hoch diese Ausbaupläne eingeschätzt wurden, zeigt, daß man sich wenig an der Vergangenheit dieses Straßenabschnitts störte. Noch zu Beginn des 19. Jh. hatten die Bürger den sumpfigen Graben vor der Barbarossamauer als Pferdetränke genutzt. Die Frösche – Foggen – gaben dem zentral gelegenen Feuchtbiotop seinen Namen, bevor er von dem königlichen abgelöst wurde.

1822 kam Friedrich Wilhelm III. anläßlich seines 25-jährigen Regierungsjubiläums nach Aachen, um am 16. November den Grundstein zum **Elisenbrunnen** (s. Frontispiz) und zum Stadttheater zu legen. Der Geheime Oberbaurat des preußischen Staatsbauamtes, Karl Friedrich Schinkel, hatte den klassizistischen Bau entworfen. Bauinspektor Johann Peter

Elisenbrunnen, Rotunde, um 1937

Cremer leitete die Ausführung. 1827 war die Anlage für Trinkkuren fertiggestellt, doch erst im folgenden Jahr wurde sie mit dem Aufstellen einer Büste aus Carraramarmor der Kronprinzessin Elisabeth eingeweiht. Christian Quix, ein Zeitgenosse und Verfasser einer Stadtbeschreibung jener Tage, gibt Einblicke in die Nutzung der Räumlichkeiten und den Alltag der Kurgäste: »... im rechten Flügel ein geräumiges Zimmer für die während der Kurzeit statt findende Harmonie-Musik, ein zweites Zimmer, in welchem die Kurgäste während der Morgens- und Abendsstunden kleine Bedürfnisse in Getränken, Confect und dgl. haben können und ein drittes für die Aufbewahrung derselben«. Im linken Flügel befand sich ein Marmorsaal für kleinere Veranstaltungen. Mittelpunkt der symmetrischen Anlage ist die *Rotunde*, das Brunnenhaus über der Mineralquelle. Bereits zwölf Jahre nach der Eröffnung des Elisenbrunnens traten Bauschäden auf, da man minderwertiges Material verarbeitet hatte. Die Eichenbalken im Dachgebälk der Rotunde und der Wandelhallen waren schon vermodert. Auch die direkte Umgebung entsprach nicht mehr den Vorstellungen eines Kurbereichs: Schmutz, »nicht zu durchwatender Koth«, gestiegenes Verkehrsaufkommen und unerwünschte Zaungäste wie »Leute, deren Kleider von einem unausstehlichen Tabakgeruch durchzogen sind, Mägde mit kleinen Kindern, Bettler und Krüppel«. 1851 kauft die Stadt das Gelände des ehemaligen Ursulinenklosters, das sich auf der Rückseite an den Elisenbrunnen anschloß. Als neue Kurpromenade entstand der Elisengarten – architektonisch ein Problem, da die Wandelhallen wie die Rotunde nun zur ›falschen‹ Seite geöffnet waren. Den Ruhe und Distanz suchenden Kurgästen konnte mit diesem Park die gewünschte Oase gegeben werden. An berühmte Besucher der Aachener Quellen erinnern vier Wandtafeln in den Säulenhallen. Nach schweren Kriegszerstörungen wurde der Brunnen 1952/53 wieder aufgebaut. Im westlichen Pavillon fand 1991 die **aachen tourist information** ein neues Domizil, den östlichen nimmt ein Restaurant ein. Im mittleren offenen Teil der Anlage erleben die Zustände, die schon vor 150 Jahren unangenehm auffielen, traurige Renaissance.

Geldumlaufbrunnen am Elisengarten

Die Architekten Johann Peter Cremer und Karl Friedrich Schinkel entwarfen ebenso gemeinsam, d. h. der Staatsbaumeister korrigierte die Pläne des Aachener Bauinspektors, das **Stadttheater**. Obwohl der Musentempel eine größere Bauaufgabe als der Elisenbrunnen darstellte, konnte er bereits 1825 im Rahmen des Niederrheinischen Musikfestes eröffnet werden. Zu diesem Ereignis wurde Beethovens 9. Sinfonie nach der Wiener Uraufführung das zweite Mal gespielt. »Freude schöner Götterfunken, Tochter aus Elysium . . .« – passendere Worte hätte man für ein Theater nach dem Vorbild antiker Tempel kaum finden können. Die Hauptfassade greift die Formen einer Tempelfront auf: Acht kannelierte Säulen mit ionischen Kapitellen tragen einen wenig gegliederten Architrav. Darauf ruht ein reliefgeschmückter Tympanon. Die Figuren des Giebelfelds fertigte der Kölner Bildhauer

Das Stadttheater mit den ›Eselsohren‹, 1906

Wilhelm Josef Imhoff nach einem Entwurf Schinkels. Eine Gottheit reicht den beiden Musen – Melpomene, der Schutzpatronin des Gesangs und Thalia, der Göttin der Komödie – Kränze. 1901 wurden die Fassade und der Platz vor dem Theater umgestaltet. Die Schauseite des Theaters erhielt dabei neue Aufbauten, die den Eindruck erweckten, als seien die Kulissen dem Haus übers Dach gewachsen. Die Aachener bezeichneten die beiden turmförmigen Auswüchse schlicht als ›Eselsohren‹.

Ein Reiterstandbild von Kaiser Wilhelm I., entworfen von Franz Scharper, wurde im Oktober 1901 auf dem Vorplatz enthüllt. Der Zweite Weltkrieg brachte auch hier einschneidende Veränderungen. Das Denkmal verschwand und wurde eingeschmolzen – Recycling für Kriegszwecke, und der Theaterbau erlitt schwere Schäden. Zu Beginn der 50er Jahre rekonstruierte man den übergiebelten Portikus. Kaiserverehrung beschränkt sich in Aachen heutzutage auf Karl den Großen, so daß die Bronzeplastik eines Pferdes, der **›Fröhliche Hengst‹**, den reitenden Wilhelm I. ersetzt. 1962 schuf Gerhard Marcks das Roß in seiner wiehernden Pose, Zeichen einer Vorliebe der Aachener für große Tiere und für das Treffen der Pferdefreunde aus aller Welt zum CHIO.

Der Name des **Kapuzinergrabens** erinnert an ein Kloster, das sich an der Stelle des Theaters befand. Die Säkularisation bedeutete das Ende dieser Ordensgemeinschaft; 1806 ging das 1615 gegründete Kloster in Privatbesitz über, nachdem es die Franzosen einige Jahre als Getreidelager genutzt hatten. 1817 wurde es für den Theaterbau abgerissen.

In den späten 20er Jahren begann Johann Peter Cremer, der ›Aachener Schinkel‹, mit dem ersten Stadtplanungsprojekt vor der Barbarossamauer. Ausgangspunkt war das Stadttheater mit dem Theaterplatz, von dem aus als breite – für damalige Verhältnisse – und repräsentative Achse die Theaterstraße nach Burtscheid führte. Einige Gebäude künden noch heute von der einstigen Nobelstraße. Gleich am Platz entstand 1828–30 das klassizistische Gebäude der **Bezirksregierung**, ebenfalls ein Entwurf des Stadtbaumeisters. Aus der strengen, 13 Achsen breiten Fassade springt ein fünfachsiger Mittelrisalit geringfügig hervor. Zur Gestaltung des Reliefs wurde Schinkel bemüht. In abgewandelter Form zeigt es heute das Landeswappen Nordrhein-Westfalens – umgeben von den Sinnbildern der Gebiete, die Preußen auf dem Wiener Kongreß zugesprochen wurde: dem Rheinstrom, dem Westfalenroß und der Lippischen Rose. An der Theaterstraße 48, 51, 67, 75, und 88 stehen spätklassizistische Häuser der Cremer'schen Stadterweiterung.

Das Stadtplanungsprojekt umfaßte auch den Bereich südlich der Theaterstraße. Ensembles klassizistischer Wohnhäuser sind in unterschiedlichem Zustand aus den verschiedenen Jahrzehnten des 19. Jh. zu finden. In der Leydelstraße aus der Mitte des 19. Jh., ebenso in der Horngasse, während in der Aureliusstraße und der Bahnhofsstraße spätklassizisti-

›Der Fröhliche Hengst‹ (Bronzeplastik von Gerhard Marcks, 1962)

Der Hauptbahnhof mit den Bronzepferden (Plastik von Bonifatius Stirnberg, 1975)

sche Gebäude aus der zweiten Hälfte des 19. Jh. erhalten blieben. Am Marienplatz entstand in zentraler Lage zwischen 1859 und 1863 die neugotische **Marienkirche** nach Plänen von Vincenz Statz. Das neue Stadtviertel sollte nicht allein dem Wohnen vorbehalten sein, und so errichtete man in der Horngasse 15/17 eine Metallfabrik in Form eines schlichten Backsteinbaus (Mitte 19. Jh.).

Zu einem weiteren Ausgangs- oder Anziehungspunkt städtischer Bebauung entwickelte sich der Bahnhof der Rheinischen Eisenbahn. Nebenbei brachte er den Bewohnern der neuen Straßen und den Fremden auf dem Weg ins Zentrum bereits 1841 eine Straßenbeleuchtung durch Gaslaternen ein. Ein technisches Meisterwerk passierte der Reisende kurz vor der Einfahrt in den Bahnhof, nämlich den »großartigen, an die kühnsten Römerbauten erinnernden 892 Fuß langen Viaduct, der auf 15 kleinen und 20 großen, in der Mitte, wo das Wurm-Thal 70 Fuß tief ist, sogar auf Doppel-Bogen ruht«. Der 275 m lange **Viadukt** wurde 1838–40 unter der Leitung des Oberingenieurs der Rheinischen Eisenbahn Pickel errichtet. Mit diesem gigantischen Brückenbau – für die noch lange staunenden Zeitgenossen – meisterte der Techniker den problematischen Anstieg der Eisenbahn aus dem feuchten Wurmtal zu den ersten Ausläufern des Gebirges. 1843 konnte die wirtschaftlich bedeutende Verbindung von Köln, über Aachen, Lüttich zum Hafen Antwerpen eröffnet werden. Diese ideale Anbindung verhalf Aachen sofort zu einem enormen Aufschwung in der industriellen Entwicklung, obwohl Preußen gleichzeitig noch den Ausbau eines vornehmen Badeortes betrieb. Die Aachener Maschinenfabrik Pauwels & Co hatte sich bereits seit 1838 auf den Bau von Eisenbahnwagen spezialisiert. Einer ihrer Teilhaber, Hubert Jakob Talbot, eröffnete 1843 einen Zweigbetrieb in Heidelberg und brachte den Namen Talbot in die Geschichte des Fahrzeugbaus. 1846 ermöglichten Bahnanschlüsse die Gründung des Walz- und späteren Hüttenwerks Rothe Erde. 1926 mußte das Werk stillgelegt werden, doch der Name blieb als Vorort Aachens und unter den Fußballfreunden lebendig.

Der heutige **Hauptbahnhof** wurde 1905 nach achtjähriger Bauzeit fertiggestellt, ein wuchtig wirkender Werksteinbau mit barockisierenden Formen. Als Zeugnis der klassizistischen Stadterweiterung zur Bahnlinie hin steht auf der Westseite des Bahnhofsplatzes das **Hauptzollamt**, das J. P. Cremer geplant und der Architekt Hansen 1846–49 ausgeführt hat. Die für Aachen charakteristische Fassadengestaltung mit Blau- und Backstein ist auch an diesem historischen Verwaltungsgebäude zu beobachten. Zur ersten Generation von Hochhäusern auf dem europäischen Kontinent kann das Stadtverwaltungsgebäude, das ehemalige **Haus Grenzwacht**, am Bahnhofsplatz gezählt werden. 1924 begannen die Arbeiten; 1929 wurde es unter der Leitung des Kölner Architekten Jakob Koerfer fertiggestellt, der dort das Hochhaus am Hansaring ebenfalls in direkter Nachbarschaft zu den Eisenbahngleisen vollendet hatte. Ob die Erschütterungen durch vorbeifahrende Züge eine besondere Herausforderung für den Architekten war und ein Test für die tragende Eisenkonstruktion seiner Gebäude? Zu Beginn des 20. Jh. wurde das Gelände zwischen der Bahntrasse und der äußeren mittelalterlichen Stadtmauer erschlossen: Hackländerstraße und Zollamtstraße bis zur Reumontstraße entstanden. Ein großes Problem, das durch die Bahnführung geschaffen worden war, hatte man in den 90er Jahren in Ansätzen bereits gelöst. Der hohe Damm unterbrach die Verkehrsverbindung in Nord-Süd-Richtung und engte gleichermaßen das Stadtwachstum nach Süden ein. Unterführungen und Brücken wurden angelegt, um die ›moderne eiserne Stadtmauer‹ nicht in die Nachfolge eines mittelalterlichen Befestigungsrings treten zu lassen.

Von der äußeren Stadtmauer blieb das **Marschiertor** (Mitte 13. Jh.) am Ende der Franzstraße erhalten – genaugenommen nur der Hauptbau, denn das Außentor der ehemaligen Doppeltoranlage wurde im 17. Jh. abgerissen. Keines der anderen Aachener Stadttore war ständig einer solchen ›Bedrohung‹ ausgesetzt wie das Marschiertor: Gerade 400 m entfernt stand das nächste, mit dem Burtscheid den Zugang zu seiner Hauptstraße sicherte. Bei dieser engen Nachbarschaft schien den Aachenern ein Doppeltor mit dazu gehörigen Gräben nicht ausreichend. Sie schützten ihren Stadteingang noch durch zusätzliche Vorwerke, die im 19. Jh. für den Bahnbau abgerissen wurden. 1897 hatte man eine wirkungsvolle Kontrolle über den mittlerweile konkurrierenden Badeort erreicht; Burtscheid wurde eingemeindet. Im 20. Jh. erlebte das Marschiertor friedliche Nutzungen. Von 1921–32 diente es als Jugendherberge für Jungen. Nach dem Wiederaufbau in den 50er Jahren zog die Karnevalsgesellschaft Öcher Penn ein.

Am Straßenstern, der bestimmt wird von Boxgraben/Karmeliterstraße/Kasernenstraße und Mozartstraße, hat sich nach dem Volksmund ein *›Drei-Räuber-Eck‹* herausgebildet. Den Eingang in die Stadt kontrolliert die Hauptwache der Polizei mit symbolischer Unterstützung des legendären Stadtpatrons, dem hl. Georg in Form eines Reliefs auf der neubarocken Fassade von 1910. Auf der gegenüberliegenden Seite sitzen die Finanzbeamten für die Innenstadt. Der Bischof vervollständigt mit seinem Wohnsitz und dem Priesterseminar die illustre Runde. Auf diesem Grundstück ließ der Fabrikant Delius in der zweiten Hälfte des 19. Jh. seine Villa errichten. Von ihr überdauerte nur ein Abschnitt des neobarocken Gartenzauns längs der Friedlandstraße die Zeit.

Der Name Boxgraben verdeutlicht, daß er dem Verlauf des mittelalterlichen Befestigungssystems folgt. In einer Grünanlage am Lavastein stößt man auf ein weiteres Relikt, den **Stadtturm Lavenstein** – ursprünglich 14. Jh., in der heutigen Form eine Rekonstruktion. Ähnlich dem äußeren Bereich der mittelalterlichen Stadt im Nordwesten, wo sich Ende des 19. Jh. das Polytechnikum ausdehnen konnte, entstanden im Südwesten – am Boxgraben – ebenfalls Hochschulbauten. Die Königliche Höhere Webschule/Preußische Höhere Fachschule für Textilindustrie konnten 1891 aus gemieteten Räumen in ein eigenes Gebäude ziehen. Der Aachener Verein zur Beförderung der Arbeitsamkeit hatte den Backsteinbau mit Neorenaissance-Formen in seinen stark gegliederten Fassaden errichtet. In primitiver wie brutaler Weise wurde das Hochschulgebäude im 20. Jh. aufgestockt: Beton erdrückt die denkmalgeschützte Gründerzeit-Architektur.

Das Stadtgebiet um Hubertusstraße, Stephanstraße bis hin zur Stadtmauer wurde im letzten Viertel des 19. Jh. von den Unternehmern Reisdorf und Pinagel angelegt. Vom Hubertusplatz gelangt man mit der Stromstraße jedoch schon wieder auf Wege, die im Mittelalter entstanden sind. Gleiches gilt für die **Rosstraße**. Dieser Name geht weniger auf einen blumigen Ursprung zurück, sondern auf ein trauriges Kapitel mittelalterlichen Lebens. Personen mit Krankheiten, wie z. B. Lepra oder Pest, wurden aus der Gemeinschaft ausgeschlossen und im gleichen Zug auch aus der Stadt verbannt. In ärmlichsten Verhältnissen fristeten sie vor den Toren der Stadt ihr Dasein. Die Leprosen gaben vermutlich der Straße ihren Namen.

Auf das nächste Kapitel in der Geschichte weisen die Bezeichnungen ›Stromgasse‹, ›Mühlengasse‹ und ›Paugasse‹ hin. Der Paubach entwickelte sich im 18. und 19. Jh. zu einer wichtigen Energiequelle, die ein Gewerbegebiet der Tuchmacher und Nadelmeister versorgte. An der *Rosstraße 9* arbeitet hinter einer wieder hergestellten Backsteinfassade von 1738 noch immer eine Nadelfabrik. Für die Nadelindustrie besaß Aachen hervorragende Standortfaktoren. In den Schleif- und Schauermühlen wurden die Nadeln geschliffen und poliert. Bis ins 19. Jh. war dies die einzige maschinelle Arbeit bei der Nadelherstellung – eine höchst ungesunde Betätigung, da die Arbeiter nach etwa zehn Jahren Beschäftigung an einem Schleifstein schwindsüchtig geworden waren. Entscheidende Verbesserung brachte

◁ *Das Marschiertor*

1831 die Erfindung eines Exhaustors des Burtscheider Nadelfabrikanten Philipp Heinrich Pastor, der mit einem Luftzug den Staub aufsaugte. 1836 wurde auch das Stanzen und Stechen der Nadeln zuerst in Burtscheid, wenig später auch in Aachen maschinell betrieben. Erwartungsgemäß stieg die Produktion in ungeahnte Höhen, wie ein Zeitzeuge 1884 schreibt: »Zwei geschickte Nadlermeister konnten in 12 Stunden an 3500 Nadeln die Köpfe (d. i. Oehre) herstellen, nun aber drei Männer, zwei Mädchen und zwei Kinder die Oehre von 80 000 Nadeln.« Man beachte die Andeutungen über den Arbeitsalltag!

Erfindergeist, Innovationsfreude und die gute kapitalistische ›Großwetterlage‹ verhalfen der Aachener Nadelindustrie in der Mitte des 19. Jh. zu Weltrang: In den 30er Jahren entsteht aus dem Recycling schadhafter Nähnadeln die Stecknadel mit Glaskopf, und bereits in den 40ern florieren die Exporte nach Amerika. Als dort rund 20 Jahre später die Entwicklung der Nähmaschinen so weit fortgeschritten ist, daß auch diese in die Serienproduktion gehen kann, liefert Friedrich Schumacher aus Aachen als erster in Europa Nähmaschinennadeln. Bis heute gehört Aachen zu den führenden Städten der Nähnadelherstellung, wenn auch die alten Standortvorteile – neben den Bächen und Mühlen –, die Nähe zu den Kohlegruben des Wurm- und Indereviers, zum Altenberger Galmei als Rohstoff und der Verbund wie die Zulieferung zur Tuchindustrie längst keine Rolle mehr spielen.

Denkmal am Holzgraben. Die Figuren erheben den kleinen Finger zum typischen Aachener Gruß, dem ›Klenkes‹

Eine typische Handbewegung aus der Nadelproduktion, genauer dem Aussortieren, hat sich als ›Aachener Gruß‹ etabliert: der **Klenkes**. Die Feinheiten der Handhabung lassen sich an einem Denkmal am Holzgraben (Hubert Löneke, 1970) studieren und lernen. Alte Damen, die noch das vornehme Abspreizen des kleinen Fingers beherrschen, sind dabei im Vorteil.

Zurück ins Rosviertel! Eine wichtige Rolle spielt seit dem frühen 18. Jh. das **Roskapellchen** im religiösen Leben und Brauchtum des Viertels. Es löste 1759 ein älteres Heiligenhäuschen ab, das ebenfalls der Muttergottes geweiht war. Der sechseckige Putzbau mit dem geschweiften Dach, das von einer Laterne bekrönt wird, weist typische barocke Formen auf. Eckpilaster und Ochsenaugen gehören dazu. 1705 wurde der Verein ›Streuengelchen open Rues‹ gegründet und dem seltenen Brauchtum des Streuengelchens – neben Aachen soll es nur noch in den Pyrenäen gepflegt werden – auf diese Weise vermutlich das Überleben bis in die heutige Zeit gesichert.

Nach grundlegenden Sanierungen in den späten 70er Jahren zeigt sich die Rosstraße in der Nähe des Kapellchens neu in altem Gewande. Kennern der Jakobstraße wird es vor Ort auffallen, daß bei den neuen Häusern historisches Baumaterial aus dem 17. und 18. Jh. wiederverwendet wurde. Original erhalten sind dagegen an der Rosstraße zahlreiche Gebäude aus allen Stilrichtungen des 19. Jh. Das Ensemble um die Paugasse 13/15 hat sehr von den umfangreichen Sanierungsmaßnahmen profitiert. Als Schmuckstücke präsentieren sich heute die einst stark heruntergekommenen Gebäude aus der Wende vom 18. zum 19. Jh. Bei Haus Nr. 15 wurde eine ehemalige Ladeluke zum Fenster umfunktioniert.

Nur wenige Schritte entfernt verläuft parallel zur Paugasse die Jakobstraße, ein Teilstück der historischen Ost-West-Verbindung, durch die Stadt. Oberhalb der Einmündung der Stromgasse zweigt die Vaalser Straße ab, und nach einem kurzen Stück wird die Jakobstraße zur Lütticher Straße. Seit dem Mittelalter zählten die beiden Straßen zu den wichtigen Verkehrswegen in fremde Territorien, und damit erhielt ihr Zusammentreffen kurz vor dem Tor der Barbarossamauer eine strategische Bedeutung. Aus Sicherheitsgründen wurde der Turm der romanischen **Kirche St. Jakob** (Anfang 12. Jh.) besonders ausgebaut, denn er hatte die Funktion eines Wachturms zu übernehmen. 1260 erklärte Papst Alexander IV. St. Jakob zur Pfarrkirche, ebenso die vor der Stadtmauer gelegenen Kirchen St. Adalbert und St. Peter, da die Bevölkerung der Stadt derart angewachsen war, daß das Münster bzw. St. Foillan als erste und einzige Pfarre bis dahin die seelsorgerische Arbeit nicht schaffen konnte. Die fünfschiffige, neuromanische Basilika St. Jakob entstand 1877–86 nach Plänen von Heinrich Wiethase und Eduard Linse. Steine der mittelalterlichen Stadtmauer fanden dabei eine neue Verwendung. Der 1890 vollendete Turm überragt mit seinen 98 m sogar noch denjenigen des Münsters und ist der höchste der Stadt. Unter der Leitung Dr. Hugots vollzog sich 1969 bis 1986 die Wiederherstellung des neuromanischen Kirchengebäudes. Anstelle eines Gewölbes wurden flache Kassettendecken eingezogen, deren Farbigkeit wenig mit den historischen Vorbildern zu tun hat, sondern eher den Geschmack des späten 20. Jh. trifft.

Der Vorplatz der Kirche könnte ein stimmungsvoller Platz sein, litte er nicht so unter der Gabelung zweier Hauptstraßen und dem Verkehr. Blickpunkt der dreieckigen, von Bäumen umstandenen Fläche ist eine neugotische *Kreuzigungsgruppe* (1893). Schmiedeeiserne Gitter, altes Straßenpflaster in einigen Resten, das alte Pfarrhaus – ein Backsteinbau mit Blausteingewänden an der Jakobstraße 208, das um 1800 entstand – und das anschließende Küsterhaus (Mitte 17. Jh.) geben dem Umkreis von St. Jakob eine schöne Atmosphäre, die etwas an belgische Ortsbilder erinnert.

In den ersten Jahren des 20. Jh. herrschte in der **Deliusstraße** rege Betriebsamkeit, eine Baustelle reihte sich an die andere. Als Zeichen einer florierenden Tuchindustrie entstand

Fabrik in der Deliusstraße

der dreieinhalb geschossige Backsteinkomplex der Firma Delius, dem nach seiner Renovierung und dem Umbau in Wohnungen noch die gute Wirtschaftslage seines Ursprungs anzusehen ist. 1905 nahm der Betrieb seine Arbeit auf und gehörte mit mehr als 1000 Beschäftigten zu den größten Arbeitgebern Aachens. Durch die Spinnerei, Weberei, Färberei und Appretur konnten alle Teilschritte der Tuchherstellung in einem Unternehmen vollzogen werden. Aus dem Rohmaterial Wolle fertigte Carl Delius hochwertige Kammgarnstoffe. 1928 schlossen sich acht deutsche Betriebe, darunter C. Delius und J. Erckens – ebenfalls aus Aachen – zur ›Toga, vereinigte Weberei AG‹ mit einem Kapital von 15 Mill. Reichsmark zusammen. Doch die Weltwirtschaftskrise brachte bald das Ende der hochstrebenden Pläne: 1932 löste sich die AG auf, und die beiden Aachener Unternehmen wurden stillgelegt. Von diesem Schlag erholte sich die Tuchindustrie bis zum Zweiten Weltkrieg nicht mehr, da die nationalsozialistische Wirtschaftspolitik die Einfuhr hochwertiger Rohstoffe aus dem Ausland, auf welche die Qualität der Aachener Tuche zurückzuführen ist, stark beschränkt wurde. Die Ausrüstung der Wehrmacht erforderte keine edlen Anzugstoffe.

Nach dem Krieg zog die Schokoladenfabrik Leonhard Monheim in das Gebäude an der Deliusstraße, weil ihr Werk im Süsterfeld 1944 zerstört worden war. Mit Brotaufstrich, Suppenwürze und Säuglingsnahrung startete man die Produktion zweckmäßigerweise. 1949 griff das Trumpf-Werk seine traditionsreiche Herstellung von Schokolade wieder auf. Zu Beginn der 80er Jahre wanderte das Unternehmen zurück ins Süsterfeld. Nach dem Auszug aus dem historischen Werksgelände wurde dieses auf seine schützenswerte Bausubstanz reduziert und in vorbildlicher Weise in Wohnraum umgestaltet. Trotz der Veränderungen im Erdgeschoß, wo neue Eingänge in das 17 Achsen breite Gebäude gelegt werden mußten, blieb der optische Eindruck der geschwungenen Straßenfront gewahrt. Ohne Bruch fügt sich die Fabrikfassade mit dem gotisierenden Bauschmuck und der abwechslungsreichen Fenstergestaltung in die Reihe der repräsentativen Wohnhäuser ein. Auf dem Weg zurück ins Zentrum stoßen Sie am *Löhergraben 22* auf die ehemalige Tuchfabrik Startz, einen Backsteinbau mit Blausteingewänden aus dem späten 18. Jh. Der Straßenname deutet einen alten Gewerbestandort an: Hier gingen die Löher – Gerber – ihrer Arbeit nach. Richtung Fischmarkt und Münster zweigt die **Annastraße** ab, die durch zahlreiche kleinere Häuschen aus dem 18. Jh., abwechselnd mit spätklassizistischen Fassaden des 19. Jh., ein historisches Straßenbild abgeben. Erst zum Ende des 18. Jh. erhielt die Scherpstraße nach dem Benediktinerinnenkloster St. Joachim und Anna ihren jetzigen Namen. 1513 hatte die Witwe Herzog Wilhelms IV. von Jülich-Berg, Markgräfin Sibylla von Brandenburg, den Benediktinerinnen das Kloster gestiftet. Mitte des 18. Jh. entstand – nach Plänen J. J. Couvens – die Klosterkirche, ein schlichter Saalbau neu. 1802 vertrieb die Säkularisation die Ordensfrauen, und die **Kirche St. Anna** wurde den Protestanten als Gotteshaus zugewiesen: Bis dahin hatten die evangelischen Bürger Aachens weite Wege zu ihren Kirchen; entweder gingen sie nach Burtscheid oder ins niederländische Vaals zum Gottesdienst.

Das nächstgelegene Kloster mit der **Kirche St. Michael** gehörte den Jesuiten. 1617–28 errichteten sie auf dem soliden Fundament aus Quadern der Barbarossamauer den dreischiffigen Bau mit seinen gotisierenden Formen im Inneren. Der Rückgriff auf längst überholte Architektur ist dabei Ausdruck ihrer gegenreformatorischen Haltung. Die Hauptfassade im Stil der Neorenaissance wurde erst 1891 vorgeblendet.

In der Elisabethstraße könnte man die Runde, die mit dem klassizistischen Badeviertel begann, tatsächlich in einem historischen Wasserbecken beenden und sich den Staub der Geschichte und des Weges in einem **Jugendstilbad** abspülen. Ein marmorverkleideter Zugang führt in eine Eingangshalle, die von den vier Natursteinsäulen in drei Schiffe gegliedert wird. Zwei alte Kassenhäuschen aus dunklem Holz stehen heute leer; ein roter Automat hat kostengünstig ihre Funktion übernommen. Doch er bleibt der einzige sichtbare Schönheitsfehler! An der Brunnennische scheidet sich der Weg in die Kleine und Große Halle. Beide Schwimmhallen besitzen noch ihre vollständige Innenausstattung aus der Zeit vor dem Ersten Weltkrieg: von der Aufteilung des Raumes in zwei Ebenen bis zu Details der Ausstattung, wie z. B. alten Kleiderhaken und kleinen, holzumrahmten Spiegeln an den Marmorwänden der Umkleidekabinen – ein Denkmal des Schwimmbadbaus vor dem ›Kunststoff-Zeitalter‹.

Gründerzeitlicher Bauboom an den Gräben und dem Alleenring

Das Städtewachstum, das beinahe ein halbes Jahrtausend ausreichenden Raum innerhalb des mittelalterlichen Befestigungsringes gefunden hatte, sprengte in der zweiten Hälfte des 19. Jh. diesen Mauergürtel – eine typische Erscheinung europäischer Stadtentwicklung jener Zeit. Aachen hatte als Besonderheit zwei einstige Befestigungssysteme zu bieten, die nun für die Anlage großer Straßenringe um die Stadtmitte herum zur Verfügung standen. Die Stadttore wurden zuerst abgerissen, so im Laufe des Jahres 1875 das Adalberts-, Köln-, Sandkaul, Königs-, Vaalser- und Jakobstor, weil sie den zunehmenden Verkehr in die Stadt am stärksten behinderten. Neue Durchbrüche durch die Mauer öffneten die Bergstraße und die Kühgasse. Verbindungen zwischen den alten Torstraßen und den neuen Straßen auf dem mittelalterlichen Befestigungsring entstanden. Ein schönes Beispiel stellt die **Mariahilfstraße** dar, die durch die nahezu vollständig erhaltene Erstbebauung das historische Bild aus ihren Anfängen (3. Viertel 19. Jh.) bewahrt hat. Ähnlich geschlossene Häuserfronten des gründerzeitlichen Baubooms findet man am Templergraben und der unteren Mauerstraße, die als Verbindung zwischen dem Templergraben und der Vaalser Straße konzipiert wurde. Die Aktivitäten der Stadtplaner brachten neue Plätze hervor: den Kaiserplatz vor dem ehemaligen Adalberttor oder den **Hansemannplatz** am Standort des Kölntores. 1875 begannen die Arbeiten für den Platz am Übergang von der Jülicher- zur Peterstraße, der zwar bereits 1888 ein **Denkmal David Hansemanns** (geschaffen von H. Hoffmeister) erhielt, seinen Namen jedoch erst 1894. David Hansemann (1790–1864) gehörte zu den herausragenden Persönlichkeiten Aachens, die dem Wirtschaftsleben wesentliche Impulse gegeben und damit in entscheidender Weise die Weichen zu Beginn der Gründerzeit gestellt haben. Als Vizepräsident der Rheinischen Eisenbahngesellschaft setzte er sich für den Anschluß Aachens an die Linie Köln–Antwerpen ein. Er gründete 1825 die Aachener Feuer-Versicherungs-Gesellschaft – die Vorläuferin der ›Aachener und Münchener‹, deren Gewinne zu einem Teil den Betrieb des Polytechnikums finanzierten und damit letztendlich den Standort der TH in der Konkurrenz zu anderen rheinischen Städten nach Aachen brachte. Zahlreiche wirtschafts- und sozialpolitische Schriften sowie die Gründung und Förderung sozialer Einrichtungen gehören zum Lebenswerk dieses Mannes, dessen Karriere – für Aachen völlig unauffällig – mit dem Wollhandel startete und 1848 den krönenden Abschluß auf dem Sessel des Finanzministers Preußens fand.

David Hansemann (1790–1864). Lithographie nach einer Zeichnung von Paul Bürde, 1847

Die alte Hauptpost am Kapuzinergraben. Historische Ansicht

Den gründerzeitlichen Umwälzungen konnten nur geringe Teile der spätmittelalterlichen Befestigungsanlagen widerstehen. Erhalten sind heute, größtenteils restauriert, teilweise sogar rekonstruiert, die einstige *Bastion Marienburg* (1512/13) an der Ludwigsallee, die 1932 zum **Ehrenmal** ausgebaut wurde, das Ponttor, der Lange Turm mit Ansätzen der Stadtmauer in einer Grünanlage zwischen Turm- und Junkerstraße, der Pfaffenturm (um 1450) weiter südlich an der Junkerstraße, das Marschiertor, ein 43 m langes Mauerstück mit Schießscharten an der Theaterstraße 31/33 und schließlich ein Bastionsturm (15. Jh.) am Adalbertstift. Von der Barbarossamauer aus der zweiten Hälfte des 12. Jh. blieben nur die bereits erwähnten Mauerreste am Hirschgraben wie am Templergraben übrig.

Repräsentative Wohnhäuser und öffentliche Gebäude entstanden an den Ringstraßen, so z. B. die **Hauptpost** am Kapuzinergraben zwischen 1891 und 1893. Durch Kriegszerstörungen hat das Postamt, das sich mit seiner Schauseite dem geschwungenen Straßenverlauf anpaßt, sein zweites Obergeschoß und seine aufwendig gestaltete Dachzone verloren. Einst begrenzten zwei mächtige, dem Burgenbau entlehnte Ecktürme das Gebäude, während ein Mittelrisalit mit Verwandtschaft zu spätromanischen Kirchenfassaden die Mittelachse bildete und somit die lange Straßenfront gliederte. Zwillingsarkaden, die im staufischen Kirchenbau des Rheinlands weite Verbreitung fanden, waren Vorläufer der heutigen nüchternen Fensterpaare im zweiten Obergeschoß.

Im sachlichen Stil expressionistischer Architektur errichtete man in den 20er Jahren am Alexianergraben ein neues **Alexianerkloster** mit einem Krankenhaus. Seit dem späten

14. Jh. besaßen die Alexianer, damals Brotbegarden genannt, in dieser Gegend vor dem Scherptor eine Niederlassung. Von der mittelalterlichen Bausubstanz existieren noch Teile des Refektoriums, z. B. eine Außenmauer mit den charakteristischen Kreuzstockfenstern; aus der barocken Umbauphase stammen Stuckdecken sowie ein Blaustein-Portal mit Figurennische. Mit dem Neubau des Klosters (Baubeginn 1922) beendeten die Mönche den öffentlichen Leichendienst, den sie seit Jahrhunderten in der Stadt ausgeübt hatten und widmeten sich statt dessen der Krankenpflege in ihrem 1931 geweihten Komplex.

Das Paradebeispiel der Ringstraßenbebauung Aachens, das ohne Bedenken in die Reihe repräsentativer Architektur an den neuen Straßen und Alleen der zweiten Hälfte des 19. Jh. gestellt werden kann – von der Wiener Ringstraße über den Boulevard Haussmann in Paris bis zu den Ringen der Kölner Neustadt –, ist das **Haus Casalette** an der Wilhelmstraße 18. Die Bezeichnung ›Haus‹ für diese historistische Ausgabe eines italienischen Palazzo darf man getrost als Untertreibung abhaken: Nach dem Vorbild der Biblioteca di San Marco in Venedig (Mitte des 16. Jh. von Jacopo Sansovino erbaut, und von Andrea Palladio als das »vollkommenste Bauwerk der nachantiken Zeit« bezeichnet) entwarf Eduard Linse das private Wohnhaus, das nach zehnjähriger Bauzeit 1892 vollendet wurde. Einen Eindruck vom großbürgerlichen Lebens- und Wohnstil vermittelt das Erdgeschoß. Man betrat das Haus trockenen Fußes von einer Durchfahrt für Kutschen, stieg über Treppen in ein pompöses Vestibül und wurde dann in einen prachtvollen Empfangssaal gebeten, der barocken Schloßräumen um nichts nachstand. Ölgemälde an der Decke und Reliefs – allerdings aus kostengünstigerem Pappmaché – schmückten den repräsentativen Raum. Folgte eine Einladung in die privatere Sphäre des Hauses, stand dem Gast bereits schon ein Personenaufzug zur Verfügung. Die Freude an seinem Palazzo blieb dem Bauherrn nur kurze Zeit vergönnt, denn er hatte sich damit finanziell übernommen und mußte die Villa 1898 an die Stadt Aachen verkaufen, die ein Domizil für die Sammlung Suermondt suchte. 1882 hatte Barthold Suermondt (1818–1887) dem seit fünf Jahren bestehenden Museumsverein 104 Gemälde gestiftet. Dem Grundstock dieser Sammlung sollten weitere Schenkungen des Mäzens sowie Dauerleihgaben aus Berliner Museen folgen. 1883 konnte ein erstes **Suermondt-Museum** in der Alten Redoute an der Komphausbadstraße eröffnet werden. Nach dem Erwerb des Hauses Casalette mußte die städtische Verwaltung dieses erst einmal für den Ausstellungsbetrieb umbauen und erweitern – ein zweigeschossiger Anbau mit Seiten- und Oberlichtsälen, der das Raumangebot mehr als verdoppelte, wurde angefügt. Am 24. November 1901 öffnete das Suermondt-Museum seine Tore an der Wilhelmstraße. Weitere Schenkungen privater Kunstsammler vergrößerten den Bestand, so z. B. die Besteckkollektion und Sammlung von Textilien, Gemälden, Skulpturen und Möbeln des Kanonikus Dr. Franz Bock und die Bilder altdeutscher und altniederländischer Meister, gestiftet von der Familie van Houtem. Die Ehre, nach einer Schenkung auch im Namen des Museums genannt zu werden, wurde jedoch nur noch dem Ehepaar Ludwig zuteil, das seit 1960 den Fundus nicht nur um alte Kunst, sondern auch moderne Werke bereichert hat. Die Sammelleidenschaft Prof. h.c. Ludwigs auf dem Gebiet der zeitgenössischen Kunst hatte inzwischen solche Ausmaße erreicht, daß der Raum an der Wilhelmstraße schon lange nicht mehr genügte, und nach einem Intermezzo im Alten Kurhaus am 29. Juni 1991 das Ludwig-Forum in der alten Schirmfabrik Brauer (s. S. 185) eröffnet wurde. Das **Suermondt-Ludwig-Museum** präsentiert nun als einen bedeutenden Schwerpunkt, dem die historischen Räumlichkeiten angemessener sind, *Skulpturen von der Romanik bis zur Moderne.* Leider wird das Gebäude wegen erneuter Erweiterungen und Umbauten bis voraussichtlich Frühjahr 1995 geschlossen sein. Die wichtigsten Exponate werden in der Zwischenzeit im Alten Kurhaus an der Komphausbadstraße ausgestellt.

Am Anfang der Präsentation mittelalterlicher Plastik stehen die romanischen Skulpturen dreier Apostel und des hl. Remigius (um 1150 aus Nordfrankreich, z. Zt. im unteren Galerieraum hinter einem Gerüst versteckt), die noch den Zusammenhang – im engsten Sinn des Wortes – mit der Architektur jener Zeit veranschaulichen. Die starre, axiale Komposition der Skulpturen löst sich zunehmend auf und entwickelt sich weiter zur bewegteren und natürlicheren Darstellungsweise in der gotischen Schnitzkunst. Zahlreiche Madonnen (im ehemaligen Ballsaal) – von der Einzelfigur mit dem Kind bis hin zu Figurengruppen als Schutzmantelmadonna – lassen die regionalen Unterschiede innerhalb der europäischen Kunstlandschaften deutlich werden; im Rheinland, Seeschwäbischen oder Norden Frankreichs bestimmen andere Vorstellungen von der Muttergottes und verschiedene Schönheitsideale die künstlerische Arbeit. Die Vielzahl der

König Balthasar (Caspar). Südl. Niederlande, um 1470

Der Sippenaltar, Niedersachsen, 1511

Heiligen läßt sich ungeachtet ihrer geographischen Herkunft meist problemlos anhand ihrer Attribute erkennen. Die hl. Magdalena – in mehreren Ausführungen aus dem Antwerpener Raum aber auch aus Schwaben – trägt stets ein Gefäß für Salben in der Hand, der hl. Antonius aus Westfalen oder vom Niederrhein wird stets von einem kleinen Schwein begleitet. Besondere Verehrung erfuhr der hl. Sebastian im Süddeutschen.

Die Altargestaltungen des späten Mittelalters weisen gleichfalls wesentliche Unterschiede aufgrund ihrer Herkunft auf. Einen aufschlußreichen Vergleich erlauben drei Altäre aus dem frühen 16. Jh.: der Sippenaltar (Niedersachsen), das Petrusretabel (Niederrhein) und der Marienaltar (Schwaben); der Sippenaltar und der Marienaltar befinden sich z. Zt. im linken Nebenraum des Ballsaals, das Petrusretabel wurde vorübergehend ins Magazin abgestellt. Eine nahezu unüberschaubare Fülle an Figuren und Szenen bietet der Petrusaltar aus ungefaßtem Eichenholz. Er steht in der Tradition der Antwerpener Schnitzaltäre, die beispielhaft zeigen, daß während des Mittelalters nicht nur der Handel zwischen dem Rheinland und der Nordsee florierte, sondern gleichzeitig auch ein künstlerischer Austausch stattfand. Charakteristisch für die Altäre dieser beiden Regionen ist die vertikale Anordnung der Figuren, die zu Gruppen und Szenen zusammengestellt wurden. Ein üppiges Fries mit gotischem Bauschmuck – Maßwerk, Fialen und Bögen – schließt die Reliefblöcke nach oben ab. Weit aufwendiger muß das ursprüngliche Gesprenge gewesen sein.

Qualitätsunterschiede in der Ausführung verschiedener Figuren machen deutlich, daß ein solches Werk, auch wenn es einem Künstler zugeschrieben wird, als Teamarbeit in einer Werkstatt – in Abstufung der technischen Schwierigkeiten vom Meister, seinen Gesellen und Lehrlingen – entstand.

Übersichtlicher werden dem Betrachter die biblischen Ereignisse und Heiligenlegenden in den beiden anderen Altären dargeboten. Die Schnitzarbeiten nähern sich eher dem Relief als der Vollplastik; Farbe und Malerei besitzen größere Bedeutung; gotisches Rankenwerk schließt hier nur in sparsamer Form die Bildfelder ab. Die farbigen Fassungen der Figuren verstärken trotz der goldenen Gewänder, die sie in eine ferne Sphäre heben, den Charakter von Portraits: Menschen aus dem Umkreis der Schnitzer wurden verewigt. Eine Steigerung in der Darstellung der Zeitgenossen zeigt sich in den bemalten Flügeln des Sippenaltars – liebenswerte Familienidyllen, die sich um die Halbschwestern Mariens drehen. Maria

Salome gibt ihrem Jüngsten gerade die Brust, während sein Cousin auf dem Schoß von Maria Kleophas an einer Milchkanne nuckelt.

Einblicke in Aachener Familienleben und Stadtansichten geben verschiedene Werke der umfangreichen *Gemäldesammlung*, so z. B. ›Das Gruppenbild der Familie des Nadelfabrikanten Neuß‹ (Johann Joseph Bastiné, 1842, obere Galerie), ›Markttreiben vor dem Rathaus‹ (Hendrik van Steenwyck, um 1585) oder ›Aix-La-Chapelle‹ – Ansicht des Münsters während einer Heiligtumsfahrt (Nehler, 1854). Die stadtgeschichtlichen Bilder sind größtenteils in die Burg Frankenberg ausgelagert worden. Unter der Vielzahl der Künstler, von Lucas Cranach über die niederländischen Maler des 17. Jh. wie Peter Paul Rubens, Anthonis van Dyck, Rembrandt, Jan Vermeer zu den Klassikern der Moderne (Max Beckmann, Marc Chagall, Otto Dix, August Macke, Emil Nolde, Heinrich Nauen, Ernst Wilhelm Nay) verdient *Alfred Rethel* (1816–59) besondere Beachtung.

Das Hauptwerk des Malers und Graphikers ist eng mit der Stadt Aachen verbunden – deshalb wurde diese Sammlung auch vorübergehend in die Stadtgeschichtliche Sammlung in der Burg Frankenberg aufgenommen. Er schuf die Karlsfresken im Kaisersaal des Rathauses. Da diese Wandgemälde durch Zerstörungen und Restaurierungen heute nur noch bruchstückhaft die Handschrift des Künstlers widerspiegeln, kommt den umfangreichen Vorstudien, die sich zum großen Teil im Suermondt-Ludwig-Museum befinden, eine besondere Bedeutung zu. Bleistift-, Kreide- und Tuscheskizzen zu Details, z. B. Kopfstudien oder Entwürfe von Körperhaltungen, stehen am Anfang seiner schöpferischen Arbeit,

Alfred Rethel (1816–1859), Selbstbildnis

Aquarelle, welche die Wirkung der Fresken im zu gestaltenden Raum andeuten, und Kartons, auf denen schließlich die endgültigen Farbverteilungen und Abstufungen ausprobiert und festgelegt werden, beenden die Vorstudien. Historienbilder zu politischen und religiösen Themen sowie mythologische Darstellungen aus der rheinischen Sagenwelt umfassen das malerische Werk des Aacheners. Internationalen Durchbruch erlangte er jedoch mit seinen Holzschnitten ›Auch ein Totentanz aus dem Jahre 1848‹ – einem Zyklus aus sechs Blättern, in dem er seine konservative Einstellung durch die Wahl des altdeutschen Holzschnitts aus der Zeit Dürers noch unterstrich. Daneben bot diese Technik den Vorteil, daß die leichte Reproduzierbarkeit hohe Auflagen und weite Verbreitung ermöglichte. In Paris, London und New York waren die Blätter unter dem Titel ›Le socialisme, nouvelle danse de mort‹ bereits 1850 – ein Jahr nach dem Erscheinen in Leipzig – bekannt. Zu diesem Zeitpunkt gingen die Arbeiten an den Karlsfresken aus der Studienphase in ihre Ausführung vor Ort über. Doch es sollte Alfred Rethel nicht vergönnt sein, das Werk zu vollenden. 1853 brach eine Geisteskrankheit aus; sechs Jahre später starb er in geistiger Umnachtung. Die Verbindung zwischen der Arbeit an den Karlsfresken, die in einer Zeit starker Rückbesinnung und Verherrlichung des Mittelalters stattfand – man dementsprechend Historienmalerei als höchste Aufgabe der Kunst ansah –, und dem Ausbruch der Geisteskrankheit führte rund ein Jahrhundert lang zu einer Idealisierung Rethels. Der Mythos über den als genial betrachteten Künstler, der über seiner Arbeit an der Geschichtsmalerei wahnsinnig geworden war, brachte im Schatten des Karlskultes einen Rethelkult hervor.

Am **Kaiserplatz** trifft der Reisende auf ein überraschendes Ensemble. Aus dem Asphalt erhebt sich ein roter Felsen mit einer Kirche, die auf der östlichen Seite vom Halbrund einer Häuserreihe umgeben ist. Zur Westseite hin bietet ein balkonartiger Platz guten Überblick über das Treiben in der unteren Adalbertstraße. Hier besaß die mittelalterliche Stadt mit 158 m NN ihre tiefste Stelle, an der drei Bäche (Pau, Ponelle, Johannisbach) zusammenflossen und durch ein Wassertor der Stadtmauer zur Wurm geleitet wurden. Während der spätmittelalterlichen Ausbauphase bezog man den Adalbertfelsen in die Stadtbefestigung ein, wie Ansätze der Mauer auf seiner Nordseite und der **Bastionsturm** (15. Jh.) belegen. Zum Andenken an Bischof Adalbert von Prag, der im April 997 bei der Missionierung der heidnischen Preußen am Frischen Haff den Märtyrertod fand, stiftete der junge Kaiser Otto III. noch im Herbst desselben Jahres einen Kirchenbau. **St. Adalbert** war geplant als Anfang einer Reihe von Kirchengründungen, mit denen die Kaiserstadt Aachen sich zu einem zweiten Rom entwickeln sollte. Dem Projekt war kein Erfolg beschieden; Otto III. starb bereits 1002, und die im Jahr 1000 begonnene Kirche mußte nach fünfjähriger Bauzeit König Heinrich II. einweihen. Der romanische Kernbau der Stiftskirche wurde nach 1868 von Heinrich Wiethase erweitert. Steine aus der abgerissenen Stadtmauer fanden als Grundlage einer neuen Rampe Wiederverwendung. 1894–97 wurde der Westturm ausgebaut und vollendet. 1943 fielen die Gebäude auf dem Adalbertfelsen einem Luftangriff zum Opfer; der Neubau unter der Leitung Günther Dörings konnte am 23. Oktober 1949 geweiht werden. Innen präsentiert sich St. Adalbert heute als eine fünfschiffige, weiß verputzte Basilika mit schmalen, durch Säulenreihen getrennten Seitenschiffen. Ein Glasfenster im Chor zeigt den hl. Adalbert mit Kelch und Bischofsstab in der Linken.

Der geradlinige Verlauf des **Adalbertsteinwegs** deutet an, daß er in dieser Form auf dem Reißbrett entstanden ist. Von einer dem Gelände angepaßten oder historische Bauten und Plätze berücksichtigenden Wegführung ist bei dieser napoleonischen Straßenplanung nichts mehr zu sehen; die Spuren eines mittelalterlichen Torwegs sind verschwunden, obwohl dieser als ›Steinweg‹ sogar über eine befestigte Straßendecke verfügte. Der untere Teil des Adalbertsteinwegs hat sich nach dem Zweiten Weltkrieg zu einer gesichtslosen Verkehrsschneise entwickelt. Der neubarocke Bau des **Landgerichts** (1927–29) und das benachbarte **Gefängnis,** das Robert Cremer 1864–72 – zur gleichen Zeit wie das Hauptgebäude der TH – baute, tragen mit ihren wuchtigen Baukörpern und ihren Funktionen nicht gerade zur positiven Belebung des Straßenbildes bei. Dagegen lohnt sich eher ein Abstecher zum nahe gelegenen **Ostfriedhof** an der Gabelung Adalbertsteinweg/Stolberger Straße. Die alte Grünanlage hinter hohen Mauern gehört ebenfalls zur Raumplanung der Franzosenzeit. Zu Beginn des 19. Jh. nahmen die neuen Herren im Rheinland starken Anstoß an der Sitte, die Toten um die Kirchen herum, also mitten im dichtesten Wohngebiet zu bestatten. Sie setzten der aus dem Mittelalter stammenden Gewohnheit ein Ende und legten große Friedhöfe außerhalb der historischen Stadtkerne an, z. B. in Köln den Melatenfriedhof an der Aachener Straße. 1812 eröffneten sie den Ostfriedhof. Seit dieser Zeit wird die Anlage mit einer Erweiterung im Jahre 1933 genutzt; eine Bürgerinitiative verhinderte 1987 die Schließung des traditionsreichen Begräbnisplatzes. Bald 200 Jahre Totenkult lassen sich auf einem Spaziergang studieren.

Zum Bauboom an den Ausfahrtsstraßen in der zweiten Hälfte des 19. Jh. gehörten gleichfalls Kirchen, die häufig als Blickpunkte in das neue Straßennetz eingefügt wurden. Die neugotische **St. Josefs-Kirche** (1893–98) macht in diesem Sinn aus dem Adalbertsteinweg eine auf sie hin führende Blickachse, deren Raumwirkung durch das Gotteshaus nicht abgeriegelt wird, sondern durch den hohen Westturm sogar noch die Vertikale einbezieht. Ein völlig anderes Verständnis von der Einordnung sakraler Architektur ins Stadtbild – als beispielsweise im Mittelalter – wird deutlich. In diesem Zusammenhang sind auch die vergeblichen Bemühungen des Domkapitels im späten 19. Jh. zu sehen, als man sich für den Abriß zweier Häuser am Münsterplatz einsetzte, um eine Blickachse von Süden zu schaffen (s. S. 60). Das Freilegen mittelalterlicher Kirchen und Dome, ihre »Befreiung von fußpilzartiger Bebauung« (Zitat aus der Diskussion über die Umgestaltung des Dombereichs in Köln, 2. Hälfte 19. Jh.), die allerdings authentisch war, geistert seit dieser Zeit nicht nur in den Köpfen von Stadtplanern herum. Manche fotografierende Touristen neigen auf der Suche nach ›ungestörten‹ Ansichten ebenfalls dazu!

Die Wohngebiete beiderseits des unteren Adalbertsteinweges entstanden im letzten Drittel des 19. Jh.; die beiden Unternehmer Rehm und Steffen errichteten drei- bis viergeschossige Wohnhäuser mit vorwiegend klassizistischen Putzfassaden. Eine Fabrik, die Tuchfabrik Escher-Wieser, befand sich seit der Mitte des 19. Jh. an der Ottostraße. Sie blieb bestehen, doch kamen weitere trotz der gründerzeitlichen Wirtschaftsentwicklung nicht hinzu. Die Stadtverwaltung ging zunehmend dazu über, Fabriken aus der Enge der Stadt zu verbannen und erließ 1900 ein entsprechendes Bauverbot. Das Gelände östlich der Stadtmauer entwickelte sich zum bevorzugten Siedlungsgebiet, denn hier bot sich noch relativ ebener Baugrund nahe beim Zentrum, und zum anderen engten keine Eisenbahntrassen das Stadtwachstum ein – im Süden und Westen wirkten die Bahndämme wie ein neuer eiserner Gürtel. Aus diesem Grund konnte der Alleenring zwischen dem Kaiserplatz und dem Ponttor besonders aufwendig und Platz beanspruchend angelegt werden. Mehrreihige Alleen, Plätze für Denkmäler, wie die Standbilder Friedrichs III. an der Heinrichsallee (1911, H. Lederer) und David Hansemanns (s. S. 150), oder Grünanlagen zwischen den Fahrbahnen geben diesen Straßenzügen einen repräsentativen Charakter. Kein Wunder, daß die Stadt Terrain an der Monheimsallee auswählte, um dem sanierungsbedürftigen Kurbetrieb neuen Raum und Impulse zu geben.

Renaissance des Badebetriebs im 20. Jh.: Das Kurviertel an der Monheimsallee

Die Diskussion um eine Verlagerung des Kurbereichs begann bereits im späten 19. Jh. In den 90er Jahren hatte man zwar wesentliche Verbesserungen in der Innenstadt in Angriff genommen, wie z. B. Ausbau und Pflasterung der Straßen, Straßenreinigung und Müllabfuhr, Kanalisation und Elektrizität, doch litt der Kurbetrieb stark unter der zunehmenden Unruhe im Zentrum. Ruhige Wohnstraßen entwickelten sich zu belebten Geschäftsstraßen; der Verkehr meldete gleichfalls Raumbedarf an – neue Straßen entstanden, alte wurden den neuen Bedürfnissen angepaßt. Neben der städtischen Hektik wurde vor allem das Fehlen eines Kurparks in der Umgebung des Kurhauses bemängelt. Die Kurhausstraße hatte gerade den Garten hinter dem Alten Kurhaus an der Komphausbadstraße ›abgelöst‹. Bei der Frage um dringend notwendige Erweiterungsbauten am Maria-Hilf-Hospital wurden 1895 die Weichen für ein Kurviertel an der Monheimsallee gestellt, denn zu seinen Gunsten sollte das Krankenhaus an den Stadtrand verlegt werden. Der 1852 von Peter Josef Lenné, Königlicher Gartendirektor in Potsdam, entworfene **Stadtgarten** konnte als Ausgangspunkt eines weit reichenden Kurparks und Grüngürtels genutzt werden, der sich vom Salvatorberg über den Lousberg bis in die Soers ausdehnen sollte.

Die Pläne blieben zunächst in der Schublade. Die Flaute im Aachener Fremdenverkehr ließ Zweifel aufkommen. Burtscheid übertrumpfte um die Jahrhundertwende Bad Aachen mit seinen Gästezahlen, und der Abstand zu den namhaften Kurorten, zu denen Aachen im 18. Jh. noch gehörte, hatte sich unaufholbar vergrößert. Man fuhr beispielsweise nach Baden-Baden, wenn die Kur mehr als nur medizinische Gründe hatte.

Im Frühjahr 1913 sprach sich die Stadtverwaltung schließlich für eine Verlagerung des Kurbereiches aus, und man begann mit den Arbeiten an der Monheimsallee. Die Entwürfe

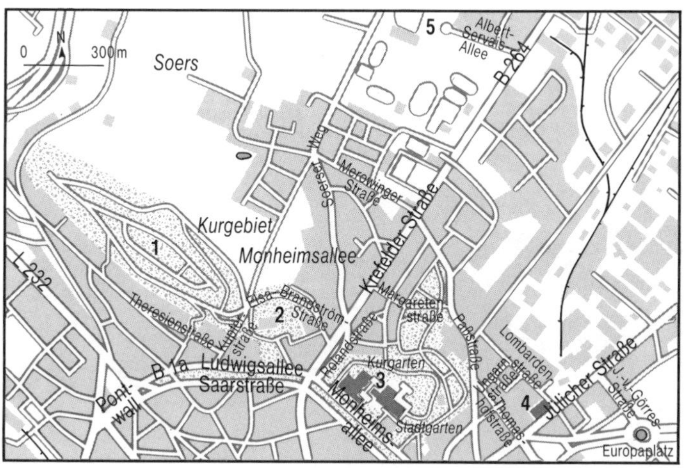

Aachener Norden zwischen Europaplatz und der Soers
1 Lousberg
2 Salvatorberg
3 Eurogress, Kurhotel Quellenhof, Internationales Spielcasino (Neues Kurhaus)
4 Ludwig Forum
5 Reitplatz

des Münchner Architekten Carl Stöhr waren angenommen worden, und mit einem Aufwand von rund sechs Mio. Mark entstand das repräsentative Zentrum des Aachener Kurbetriebes: das Kurhotel Quellenhof, das anschließende Kurmittelhaus und durch eine kleine Gartenanlage getrennt das Neue Kurhaus. Das anvisierte Ziel, wieder in den Kreis mondäner Badeorte aufzurücken, erwies sich bald als ein unerreichbares. Der Erste Weltkrieg brach aus, doch die Arbeiten gingen trotzdem weiter, und der gesamte Komplex konnte am 8. Juni 1916 feierlich eingeweiht werden. In der deutschen Presse wurde das Ereignis als vielversprechender Versuch gewertet, wieder an den alten Glanz anzuknüpfen. Aber die Zeiten für einen luxuriösen Badebetrieb sollten bald vorbei sein und das traditionelle Publikum andere Sorgen haben. Auf den Krieg folgte 1918–28 die belgische Besatzung, die den Aachener Fremdenverkehr nicht gerade förderte. Allen Hindernissen zum Trotz erfreute sich der Quellenhof vorwiegend bei den ausländischen Gästen gewisser Beliebtheit, während Genesung suchende deutsche Badegäste preiswerter in der Innenstadt oder in Burtscheid kurten.

Nicht nur das **Kurhotel Quellenhof**, sondern auch das sich rückwärtig anschließende **Kurmittelhaus** wurden nach dem neuesten Stand der Technik und Mode errichtet. Als Gipfel der Badekultur war »ein höchst feudales Luxusbad vorhanden, das eine Wanne aus Calcatta-Marmor birgt und einen eleganten mit Seidendamast ausgeschlagenen Vorraum besitzt, der mit erlesenen Möbeln bestellt ist« (aus einem Reiseführer um 1927). Die übrigen 32 Thermaleinzelbäder verfügten zwar auch über jeweils einen geräumigen Auskleide- und Ruheraum, doch etwas weniger aufwendig. Das Wasser für den medizinischen Badebetrieb wird über eine 600m lange Leitung von der Rosenquelle hochgepumpt. Die Technik ermöglichte es, den dritten Standort des Aachener Kurviertels – nach Komphausbadstraße und Elisenbrunnen – unabhängig von der Nähe zu den Thermalquellen zu machen.

In Nachfolge zu den dazugehörenden Gebäuden für den geselligen Teil des Kuralltags entstand das **Neue Kurhaus** – das heutige Casino (s. Farbabb. 15). Verschiedene Säle, »alle vornehm und dabei äußerst behaglich ausgestattet«, gaben dem gesellschaftlichen Leben Raum und Kulisse – »ein mit edlem Holz getäfelter Lesesaal, reich ausgestattete Gesellschaftsräume, Spiel-, Rauch- und Frauensäle, einen mit Sgraffito, Majoliken, Springbrunnen und Zierpflanzen geschmückten Innenhof. Die Gasträume bestehen aus Wein- und Speisesaal und verschiedenen Kaffeeräumen, welche auf die zweistufige Wein- und Bierterrasse führen.« Prachtstück der Anlage war ein großer Musiksaal mit 850 Sitzplätzen; für das tägliche Kurkonzert hatte der Architekt einen Platz nahe der Restaurantterrasse gestaltet.

Heute zeigt sich das Innere des Neuen Kurhauses nicht minder repräsentativ, doch vom ursprünglichen Interieur haben die Zerstörungen des Zweiten Weltkriegs wenig übriggelassen. Nach außen hin erscheint das Gebäude unverändert mit seiner historistischen Fassadengestaltung. Die lang gestreckte neoklassizistische Front wird in ihrer Mitte durch

◁ *Internationales Spielcasino, Lichtregen (Heinz Mack, 1976) im Foyer* einen weit aus der Bauflucht herausragenden Portikus gegliedert. Sechs Kolossalsäulen tragen ein Giebelfeld, auf dem Äskulap umgeben von Nereiden thront. Dem Heilgott und den Wassergöttinnen wurden im Laufe der Zeit neue Aufgabenbereiche zugeschoben: Für Gesundheit, die das Wasser spendet, scheinen sie hier nicht mehr zuständig, statt dessen für das Glücksspiel – vielleicht nur für die Tränen der Freude oder der Wut? Auch ohne sich solchen Gefahren auszusetzen, könnte ein Besuch des **Internationalen Spielcasinos** Gewinn bringen. Sehen Sie es als Museum für moderne Kunst!

Angeregt durch die Wandbilder, die René Magritte 1951 für das Casino von Knokke – Le Zoute – in Belgien malte, kam die Geschäftsführung der Westdeutschen Spielbanken auf die Idee, im 1976 eröffneten Casino zu Aachen die Werke von 25 zeitgenössischen Künstlern zu präsentieren. Kunstinteressierte können unter diesem Vorwand ruhigen Gewissens einen Casinobesuch einplanen; der Eintritt ist nicht teurer als in einem Museum. (Berücksichtigen Sie bitte die übliche Kleiderordnung, stecken den Paß ein und organisieren Sie vorher ein Alternativprogramm für den Nachwuchs, denn Personen unter 18 Jahren haben keinen Zutritt.)

Den zweigeschossigen, von einem kassettierten Tonnengewölbe überspannten Raum des Foyers beherrscht der Lichtregen, eine Lichtplastik aus 7000 Lampen, die Heinz Mack 1976 geschaffen hat. Mit 256 Variationen und 10 verschiedenen Geschwindigkeiten versucht der Künstler, kosmische Ereignisse nachzuempfinden. In irdische Gefilde holt die Bronzeplastik ›Stilleben‹ von Fernando Botero (1976/77) den Betrachter zurück und leitet mit Früchten und Gefäßen auf einem Tisch zum Gastronomiebereich des Casinos über. Der Weg führt in das Palm-Bistro, wo die Temperagemälde von Bernhard Dörries ›Südliche Fische‹ (1977) und ›Stilleben mit Nüssen‹ (1975) die Funktion des Raums unterstreichen. Den künstlerischen wie kulinarischen Höhepunkt dieses Seitenflügels bietet das Restaurant Gala, benannt nach der Frau Salvador Dalis. Zehn Graphiken in Lithographie, Serigraphie und Kupferstich auf Lammfell-Pergament umfaßt die Folge ›L'Alchimie des Philosophes‹ (1976/77). Die surrealistischen Darstellungen illustrieren alchimistische Gedanken, zu deren Wesensmerkmalen die Mehrdeutigkeit gehört. ›Der Traum eines Alchimisten oder der Baum des Lebens‹ deutet schon im Titel die verschiedenen Ebenen an: Zwei Schlangen – im Altertum Symbole der Wandlung und Erneuerung – winden sich um einen Lebensbaum, verwandeln den Stamm auf diese Weise in einen Äskulapstab. Gleichzeitig formen sie durch ihre miteinander verschlungenen Körper die Molekularstruktur des Eiweißmoleküls, den Grundbaustein des Lebens, nach.

Wie ein roter Faden zieht sich eine silberne Leichtmetallkette durch die Gestaltung der Räume – im Gastronomieflügel wie den Spielsälen. Insgesamt 500 km Kette wurden angebracht, um Räume zu gliedern und die Deckenbereiche durchzustrukturieren. Manchem sensiblen Betrachter mag die Raumwirkung zu drückend erscheinen, besonders wenn ihn die dominierenden rot-violetten Farbtöne des übrigen Interieurs auch nicht gerade anziehen. Die Farbpsychologie empfiehlt für Spielernaturen wohl ein anderes Spektrum! Im Kaminsaal konstrastieren moderne Metallketten und ein Nagelrelief (1964) von Günther Uecker mit den historischen Stuckformen an der Decke. Assoziationen an antike Kunst

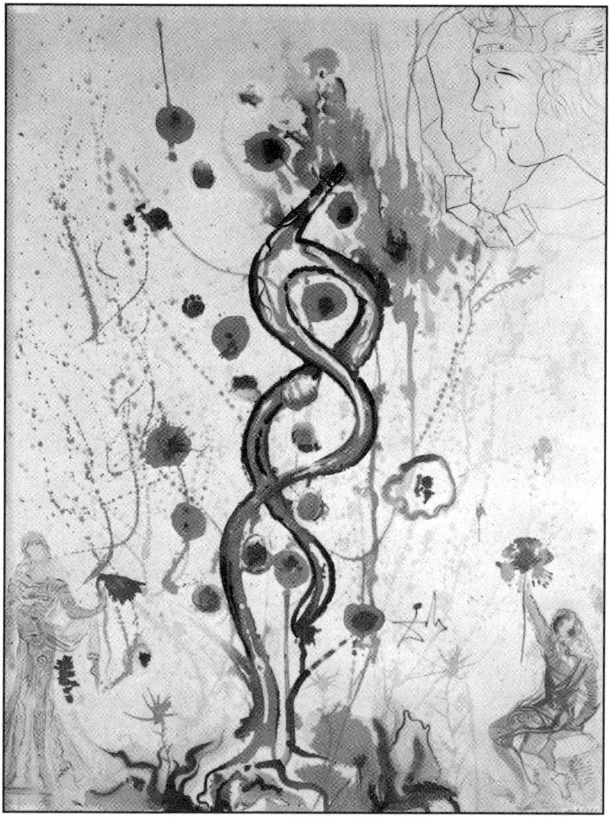

›Der Traum eines Alchimisten oder der Baum des Lebens‹
von Salvador Dali

wecken die Gipsreliefs des Amerikaners George Segal im Baccara-Zimmer. Der aktuellen Luxusgüterwerbung könnten dagegen die Frauenbilder – Aquarelle von 1976 – des Malers Pol Mara in der Empire-Bar als Vorlage dienen. In einem Beispiel hat er diese Verbindung witzig angedeutet: An einer Wäscheleine, die sich parallel zur Frau und damit senkrecht durchs Bild zieht, hängen Dessous – in dieser Form aufgereiht erinnert das Ganze an Ankleidepuppen von Ausschneidebögen vergangener Zeiten. Acrylgemälde von Helen Frankenthaler im Stil der art informel oder des action painting hängen im Großen Spielsaal. Die ›Grüne Lisa‹ (1964), surrealistische Interpretation der berühmten Mona Lisa, von Paul Wunderlich gehört zu den Stammgästen an der Herz-Dame-Bar. Marilyn Monroe in zehnfacher Ausführung, Siebdrucke von Andy Warhol (1964), bietet der Club Zero; doch damit sind die Exponate des namhaftesten Vertreters der amerikanischen pop art noch nicht erschöpft: ›Four Marlos‹ (1966) und ›Triple Elvis‹ (1966) präsentieren ebenfalls Filmstars jener Jahre.

Sollten Sie nach der Beschäftigung mit moderner Kunst noch wissen wollen, was sich vor den Werken abspielt, kann das Casino natürlich auch diesem Studienwunsch nachkommen (s. S. 193ff.). Einen Blick hinter die Kulissen und in die Kasse des Spielcasinos – inklusive Warnung für potentielle Steuerhinterzieher – erhalten Sie dort ebenso.

Mit der Umgestaltung des Neuen Kurhauses zum Casino verlor die Stadt einige Säle für festliche Veranstaltungen. Um diesen Mangel zu beheben und gleichzeitig geeignete Räumlichkeiten für den wachsenden Kongreßtourismus zu schaffen, entstand nach Plänen von E. Schiffer Mitte der 70er Jahre das **Eurogress** – modernes Verbindungsglied zwischen den beiden denkmalgeschützten Komplexen des Quellenhofs und Kurmittelhaus sowie dem Spielcasino.

Wenn auch der Quellenhof heute nicht mehr als ein Kurhotel bezeichnet werden kann, und das Gros der Patienten im Kurmittelhaus Aachener sind, die diese Einrichtungen in ambulanter Weise nutzen, so hat sich die Bezeichnung ›**Kurpark**‹ für die ausgedehnten Grünanlagen erhalten. Eigentlich ist dieser ein Konglomerat aus verschiedenen Anlagen der letzten 170 Jahre. Der *alte evangelische Friedhof* an der Südecke wurde ungefähr ab 1820 bis 1889 genutzt. 1952 war seine Umgestaltung zum Park abgeschlossen. 100 Jahre zuvor hatte Peter Josef Lenné den *Stadtgarten* vollendet. Eine steinerne Büste zum Gedenken des Königlich-Preußischen Gartenarchitekten schuf Karl Krauß 1896. 1885 erweiterte die Stadt den Park um den *Botanischen Garten.* Große Aktivitäten sind erst wieder in den 20er Jahren zu verzeichnen: 1925–28 entstand als Arbeitsbeschaffungsmaßnahme der *Farwickpark* an der Nordseite – benannt nach dem Oberbürgermeister Wilhelm Farwick. An die große Politik, den Monarchenkongreß von 1818, erinnert das *Kongreßdenkmal* am *Rosengarten.* Karl Friedrich Schinkel entwarf den kleinen Tempel, der 1844 – drei Jahre nach seinem Tode – zunächst am Adalbertsteinweg aufgestellt wurde und 1924 an seinen heutigen Standort gelangte. Bronzene Medaillons an der Stirnseite zeigen die bedeutendsten Köpfe jenes Gipfeltreffens: König Friedrich Wilhelm III. von Preußen, Kaiser Franz I. von Österreich und Zar Alexander I. von Rußland.

Im Schatten der Burg Frankenberg

Die Herren von Frankenberg dürften sich im späten Mittelalter etwas eingeengt gefühlt haben, denn vom Bergfried ihrer 1346 erstmals genannten Burg konnten sie im Westen weniger als einen Kilometer entfernt, die Mauern der Stadt Aachen – und noch näher – den jedoch unbefestigten Ort Burtscheid sehen. Gespannte nachbarschaftliche Verhältnisse blieben demzufolge auch nicht aus, und so lebte man beispielsweise 1449–51 und 1456 offiziell mit der Stadt Aachen in Fehde. Die Beziehungen zu Burtscheid waren besser, solange die Frankenberger die Vögte stellten. Als kaiserliche Beamte hatten sie die Aufgabe, die Reichsabtei St. Johann, die dazu gehörenden Güter und die Einwohner des Dorfes zu schützen. Von der Mitte des 13. Jh. bis 1583 war dieses Amt mit den jeweiligen Herren auf **Burg Frankenberg** verbunden.

Die Anlage ihrer mittelalterlichen Wasserburg ist heute kaum mehr als eine solche zu erkennen – daran ändert auch der kleine Teich im anschließenden Park nichts. Östlich der Hauptburg folgte der Wassergraben dem heutigen Straßenverlauf, und auf der gegenüberliegenden Seite befand sich die Vorburg. Die kriegerischen Ereignisse – Angriffe durch spanische Truppen 1579, Besetzung durch Gaston de Spinola, den spanischen Gouverneur zu Limburg, 1598 und 1608 durch Jülich-Clevische Truppen – setzten der Bausubstanz zu. Mitte des 17. Jh. wurde die Burg renoviert und der alte Palas ausgebaut. 1825 kaufte Friedrich von Coels, ein Landrat des Kreises Aachen, die verfallene Anlage. Begeisterung für Burgen oder deren Ruinen waren in der feinen Gesellschaft, allen voran das preußische Königshaus, modern geworden. Man steckte privat enorme Summen in den Erhalt oder Wiederaufbau mittelalterlicher Herrensitze. Die Burg Frankenberg profitierte ebenfalls von dieser romantischen Zeitströmung. Zwischen 1834 und 1838 wurde sie unter der Leitung J. P. Cremers in historisierenden Formen erneuert. Zum damaligen Verständnis und Ideal gehörte die Einbindung eines solchen Bauwerks in die Natur oder zumindest in einen Park. Neue Brücken verbanden die Gartenanlagen. 1872 hatte die romantische Idylle ein Ende. Die Umgebung entwickelte sich zu einer Stadtbaustelle, und die Frankenberger AG, die zwei Jahre später die Konzession zur Erschließung des gleichnamigen Viertels erhielt, funktionierte die Hauptburg zum Wohnhaus um. Bald fielen die Vorburg und der Wassergraben den Bauplänen zum Opfer.

Ohne Übertreibung kann das historische Gemäuer in der Zeit von 1897 bis 1915 als eine Hochburg des Flugzeugbaus bezeichnet werden. Prof. Hugo Junkers (1859–1935), Dozent

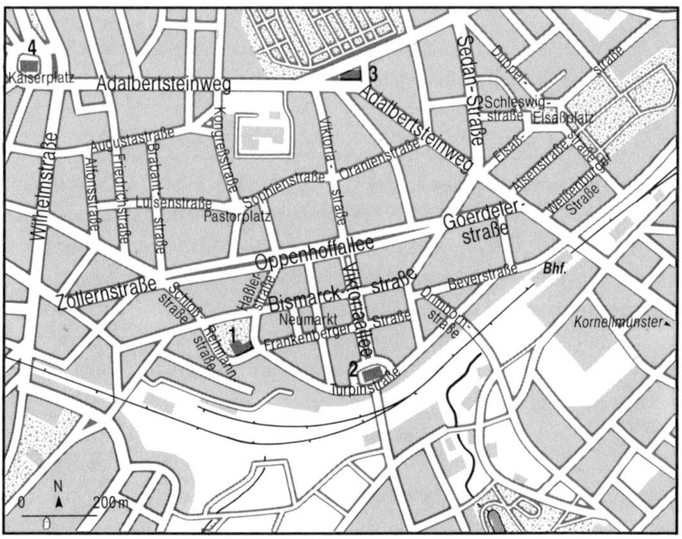

Frankenberger Viertel
1 Burg Frankenberg
2 Herz-Jesu-Kirche
3 St. Joseph-Kirche
4 St. Adalbert

Burg Frankenberg. Stahlstich von Johann Poppel, um 1860

für Maschinenbau an der TH, besaß hier Wohnung und Labor. Somit durfte die Burg Frankenberg wohl die einzige in der Geschichte mit einem Windkanal gewesen sein! In den letzten Jahren seines Aufenthalts entwarf der Ingenieur das erste Ganzmetallflugzeug der Welt; 1915 war es vollendet. Danach verließ er die Burg sowie Aachen und gründete mehrere Werke des Motoren- und Flugzeugbaus. 1928 stand Hugo Junkers im internationalen Rampenlicht: Am 12./13. April war mit einem seiner Flugzeuge die erste Atlantiküberquerung von Ost nach West gelungen. Noch im selben Jahr bedankte sich die Stadt Aachen mit der Verleihung der Ehrenbürgerwürde und taufte den westlichen Teil des Alleenrings in ›Junkerstraße‹ um. Die ›Tante Ju‹, ein Aachener Erzeugnis, erfunden auf der Burg Frankenberg?

Nach dem Zweiten Weltkrieg bezog das Arbeitsamt die Burg, und 1961 fand das Heimatmuseum, die **Stadtgeschichtliche Sammlung** aus dem Großen Haus an der Pontstraße, hier eine neue Bleibe. Sieben Jahre später kamen noch kunsthandwerkliche Abtei-

lungen aus dem Suermondt-Ludwig-Museum hinzu. Ende der 90er Jahre sollen die Bestände des Museums Burg Frankenberg – nach der Rückkehr des Suermondt-Ludwig-Museums an die Wilhelmstraße – ebenfalls im Alten Kurhaus ausgestellt werden, um die Burg renovieren zu können. Eine Umgestaltung der Räumlichkeiten, vor allem eine Überarbeitung der Ausstellung nach neueren Erkenntnissen der Museumspädagogik, wäre wahrlich ein Gewinn.

Davon ausgenommen ist die vorgeschichtliche Abteilung, die den steinzeitlichen Bergbau am Lousberg in vorbildlicher wie ansprechender Weise präsentiert. Zwischen 2900 und 2500 v. Chr. wurde dort Feuerstein gewonnen, und die halbfertigen Klingen in einem Umkreis bis zu 200 km gehandelt. Man kann davon ausgehen, daß bereits zur Jungsteinzeit eine ständig bewohnte Siedlung der hochspezialisierten Bergleute und Klingenproduzenten am Südhang des Lousbergs existierte – und Aachens Ursprung damit in einer prähistorischen Zechenkolonie liegt. Die Funde der Römerzeit sind eng mit dem antiken Kurbetrieb verbunden: eine Kopie des Weihesteins für Apollo Grannus, eine Rekonstruktion der römischen Fußboden- und Wandheizung – der Hypokausten – und Relikte einer Holzwasserleitung. Pläne verdeutlichen die ergrabenen Grundrisse und ordnen ihre Lage in das heutige Straßennetz ein.

Die mittelalterliche Epoche wird durch einige Modelle (karolingischer Pfalzkomplex, Doppeltoranlage des Kölntors, gotischer Rathausbau oder Ensemble des Stiftsbezirks von St. Adalbert) veranschaulicht. Das Modell mit dem nicht ausgeführten St. Gallener Klosterplan erlaubt nicht nur Vergleiche mit dem ersten Kloster Inda zu Kornelimünster, sondern gibt gleichzeitig hochinteressante Einblicke in die frühmittelalterliche Raum- und Siedlungsplanung. Zwei Arten des historischen Fremdenverkehrs steigerten die Bedeutung Aachens bis in den südosteuropäischen Raum hinein, zum einen der Pilgertourismus mit der Heiligtumsfahrt (s. S. 20 u. S. 195ff.), zum anderen der Bade- und Kurbetrieb. Einen markanten Einschnitt in sämtliche Entwicklungen der Stadt brachte der große Brand von 1656. Doch mit dem Wiederaufbau setzte man auch weiterhin auf die Nutzung des Wassers. Neben der heilenden Wirkung schätzten Mühlen- und Hammerbesitzer es als zuverlässige Antriebskraft. Die Wollverarbeitung und Tuchproduktion profitierte von den warmen Quellen. Bemerkenswerte Einbrüche in das städtische Wirtschaftsleben, vor allem im 17. Jh., brachte die religiöse Intoleranz (s. S. 24). Erst die Ideen der Französischen Revolution, die wenige Jahre später auch für Aachen als Hauptstadt des Rur-Departements verbindlich werden, schufen die Voraussetzungen für die industrielle Entwicklung, von denen die Bilder im Dachgeschoß künden. Stadtansichten mit qualmenden Schloten sind nicht aus dem aktuellen Blickwinkel mit der Assoziation ›Umweltzerstörung‹ zu verstehen, sondern als Ausdruck gewissen Stolzes, wie er aus den Portraits von Unternehmern und anderen Persönlichkeiten jener Zeit heraus gelesen werden kann.

Von den Exponaten der **Kunstgewerblichen Sammlung** lassen sich direkte Verbindungslinien zur Stadtgeschichte ziehen. Sogenannte Brunnengläser dokumentieren nicht nur Stand und Mode der Glasmacherkunst, in ihnen spiegeln sich auch Kurgeschichte, historisches Reiseverhalten und ein Stück Sozialgeschichte wider. Ebenfalls in enger Beziehung zu Aachen steht die Sammlung von Printenmodeln aus dem 18./19. Jh. – in Holz geschnitzte bürgerliche Ideale und Sehnsüchte, die nicht nur zur Weihnachtszeit gefragt waren (s. S. 183 ff.). Meisterwerke der Möbelkunst können Sie genußvoller im Couven-Museum (s. S. 83 ff.) studieren, wo die Wohnkultur des 18. und 19. Jh. als Gesamtkunstwerk präsentiert wird. Die vorhergehenden Epochen bietet – vom Platzmangel beeinträchtigt – das Museum Burg Frankenberg.

Unter den großen planmäßigen Stadterweiterungen im späten 19. Jh. konnte das **Frankenberger Viertel** von Anfang an für sich beanspruchen, die ›besseren Adressen‹ zu bieten. Daran hat sich bis heute nicht viel geändert! Großzügige Fassadengestaltungen und üppiger Bauschmuck sämtlicher Varianten des Historismus zeigen, daß vornehme Zurückhal-

Frankenberger Viertel, Gründerzeithäuser an der Bismarckstraße ▷

AC D 691

tung die Architekten nicht an der vollen Entfaltung ihrer kunstgeschichtlichen Kenntnisse zu hindern brauchte. Einen Gegensatz zu den überquellenden Schmuckformen und plastisch herausgebildeten Fassaden mit ihren Gesimsen, Erkern, Balkonen, Türmchen oder Ziergiebeln stellt das streng geometrische Straßennetz dar – unverkennbares Ergebnis einer Planung auf dem Reißbrett. Etwas Unordnung bringt nur die Burg Frankenberg mit ihrer Parkanlage. Die **Oppenhoffallee** und die Viktoriaallee sind als Hauptachsen des neuen Straßennetzes durch größere Breite, ursprünglichen Grünstreifen in ihrer Mitte – der trotz seiner Umwandlung zum Parkstreifen den ständigen Parkplatzmangel nicht behebt – und die Baumreihen besonders hervorgehoben. Um die Pracht der gründerzeitlichen Architektur an der Oppenhoffallee besser bewundern zu können, empfiehlt sich ein Spaziergang zur Zeit der kahlen Bäume. Dann läßt sich auch leichter beobachten, welche Fassaden jeweils die Handschrift eines Architekten tragen. So entwarf z. B. Cudell zwischen 1887 und 1892 die Häuser Nr. 21– 45 und Reinartz die Fortsetzung von Nr. 47– 65 in den Jahren 1890–92. In der Fülle sich wiederholender oder leicht abgewandelter Architekturformen erkennt man vermutlich erst auf den zweiten Blick die gemeinsamen Ursprünge. Vergleicht man die Jahreszahlen der Fertigstellung der Wohnhäuser, wird deutlich, daß das Frankenberger Viertel von West nach Ost errichtet wurde – ausgehend vom Straßenstern Oppenhoffallee, Schloßstraße, Zollernstraße, Lothringer- und Brabantstraße. Für diesen Kreuzungspunkt haben die beteiligten Architekten aufwendige Ecklösungen der spitz auslaufenden Baublöcke gefunden; bedauerlicherweise hat ein neueres Bankgebäude ein Loch in diese Runde gerissen. Bis zum Jahre 1957 trug die Oppenhoffallee den Namen ›Kaiserallee‹, so wie die meisten Straßenbezeichnungen einen Bezug zum preußischen Kaiserhaus oder Staat aufwiesen. Zum Gedenken an den Oberbürgermeister Franz Oppenhoff, der im März 1945 von einem Mordkommando der SS-Organisation Werwolf in seiner Wohnung erschossen wurde, erhielt sie nach dem Krieg den neuen Namen, ebenso die Karlstraße, die nun an den im Konzentrationslager ermordeten Aachener Gewerkschaftsvorsitzenden Michael Haßler erinnert. 1975 wurde am Beginn der Oppenhoffallee die Stelengruppe *Mahnmal gegen die Intoleranz* von Ernst Wille aufgestellt.

Die Blickachse als ein Element gründerzeitlicher Stadtplanung finden Sie beispielhaft an der **Viktoriaallee** verwirklicht. Zwischen 1905 und 1914 hatte man die Viktoriastraße, die schon zum Ende des 19. Jh. weitgehend bebaut war, nach Süden um eine Allee mit schlichteren Wohnhäusern verlängert. Für eine repräsentative Architektur, wie sie in den westlich angrenzenden Straßen mit ihren pompösen Einfamilienhäusern zu finden ist, waren die Zeiten vorbei. Nur die Anlage der Viktoriaallee als Blickachse zum Blickpunkt **Herz-Jesu-Kirche** weist repräsentative Züge auf. Die Nordseite des neuromanischen Gotteshauses hat der Architekt Prof. Josef Kleesattel zur Schaufassade umgestaltet. Eine doppelläufige Treppe führt einerseits – praktisch – auf die künstlich geschaffene Plattform der Kirche, andererseits leitet sie – optisch – die symmetrisch konzipierte Giebelwand des nördlichen Querschiffs ein. Völlig gegen die Tradition der mittelalterlichen Vorbilder werden hier die historistischen Bauformen ›in Szene‹ gesetzt: Die gotische Fensterrose, ursprünglich Gegenpart zu den Chorfenstern am westlichen Ende eines Langhauses, wanderte an den

›unbedeutenden‹ Ort nördlicher Querschiffgiebel. Zwei Treppentürme flankieren diesen Gebäudeteil und bilden gemeinsam mit dem oktogonalen Vierungsturm eine Turmgruppe, deren Schaufront ebenfalls nur von der Nordseite zu erfassen ist. Im Inneren des 1908–10 errichteten und nach Kriegszerstörungen rekonstruierten Kirchenbaus läßt sich die Asymmetrie und die Betonung der Nordseite wiederfinden. Die Orgelempore und ein interessanter Kreuzweg – nicht mehr in historistischen Formen, sondern mit Anklängen an den Jugendstil – geben dem Kirchenraum eine deutliche Gewichtung im Norden, während das südliche Querschiff eher wie ein leeres, vernachlässigtes Seitenschiff wirkt: Der neoromanische Raum kippt optisch. Baumeistern des Mittelalters wäre solch eine unausgewogene Gestaltung in ihren Planungen kaum passiert.

Konkurrenz vor den Toren der Stadt: die heißen Quellen von Burtscheid

Der Wettbewerb zwischen Aachen und Burtscheid kann bald sogar sein 2000jähriges Jubiläum feiern. Die größte Konkurrenz stellte der Burtscheider Badebetrieb im späten 19. Jh. dar, als es gelang, die Bedeutung und die Gästezahlen der Karlsstadt zu übertreffen. Seit 1897 ist Burtscheid zwar ein Vorort von Aachen, aber trotzdem konnten sich die Aachener nicht mit dem Einverleiben eines florierenden Kurbereichs zufriedengeben. Sie modernisierten ihre innerstädtischen Bäder und schufen das Kurviertel an der Monheimsallee (s. S. 159 ff.). Heute hat man die Aufgaben klar verteilt: das Kurmittelhaus an der Monheimsallee wird ausschließlich für ambulante Behandlungen der Aachener genutzt, für ein eingeschränktes medizinisches Angebot steht ebenfalls das Römerbad am Büchel zur Verfügung, während die stationären Behandlungen in den Burtscheider Kurkliniken (Reha-Klinik Schwertbad, Goldmühlen- und Prinzenbad sowie Rheumaklinik Aachen) stattfinden. (Die beiden erstgenannten Bäder bieten sich auch für den ambulanten Betrieb an.)

Ein bedeutender Fund zur römischen Bädergeschichte im Aachener Raum – der 120/130 n. Chr. gestiftete Weihestein für den Heilgott Apollo – stammt aus Burtscheid. Bei Bauarbeiten im Schwertbad wurde 1957 nicht nur der Votivaltar, sondern später auch noch auf dem benachbarten Grundstück des Goldmühlenbads das dazugehörende antike Quellhaus entdeckt. Das Original des Apollo-Steins befindet sich heute gemeinsam mit anderen Originalen im Rheinischen Landesmuseum in Bonn, doch erlauben Kopien im Foyer des Schwertbads einen Einstieg in die Vergangenheit. Nach dem Stand der archäologischen Forschung wurde der Burtscheider Kurbetrieb in der zweiten Hälfte des 1. Jh. n. Chr. aufgenommen, d. h. einige Jahrzehnte später als der Betrieb der Münster- und Büchelthermen. Das relativ enge und steile Tal der Wurm mit seiner sumpfigen Aue bot sich kaum zur Anlage vergleichbarer Thermenkomplexe an, obwohl das heißere Burtscheider Wasser mit seinen 73 °C sicherlich gewisse Vorteile brachte; denn Wärmedämmung erübrigte sich bei solchen Temperaturen. Es müssen kleine Badehäuser gewesen sein – umgeben von Blockhütten und Fachwerkbauten, die im Bereich der Altdorfstraße und des Adlerbergs den

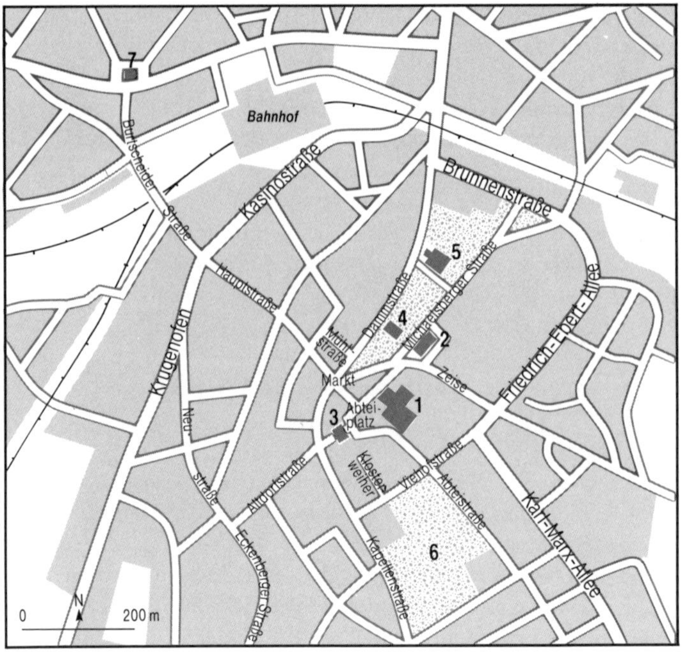

Burtscheid
1 Ehemalige Abteikirche St. Johann Baptist
2 Pfarrkirche St. Michael
3 Abteitor
4 Ehemaliges Rathaus, Informationszentrum
5 Kurgarten und Kurklinik
6 Kurgebiet Ferberpark
7 Marschiertor

Ausgangspunkt der Besiedlung bildeten. Die obere Quellengruppe von Burtscheid entwickelte sich auf diese Weise schon während der römischen Zeit zum Standortfaktor Nr. 1; die untere Quellengruppe erlangte keine Bedeutung für den Badebetrieb, und bis ins 19. Jh. hinein verhinderten die feuchten Wiesen im Wurmtal mit ihren Quellaustritten sowie dem abfließenden Wasser der oberen Quellen ein Ortswachstum in diese Richtung. Die Grünanlagen des Kurgartens verdeutlichen heute noch den einstigen Gegensatz von sumpfiger, siedlungsfeindlicher Talaue und dicht bebauten Hängen.

Die mittelalterliche Entwicklung vollzog sich auf den gegenüberliegenden Hängen. Zwischen der Höhe des Krugenofen und der Aue wuchs das Dorf an der neu angelegten, steil abfallenden Hauptstraße; auf dem Rücken des Johannesberges entwickelte sich aus einem dahinkümmernden Benediktinerkloster eine Reichsabtei mit ausgedehntem Immunitätsbezirk. Die Verbindungen zwischen den beiden Ortsteilen waren selbstverständlich eng: Die Äbtissin des Zisterzienserinnenklosters fungierte gleichzeitig als Landesherrin über die Herrschaft Burtscheid und als ›Kurdirektorin‹ an den Heilquellen. Mit der Säkularisation gelangten die Quellen in private Hände.

Neben dem Kurbetrieb diente das Wasser – wie auch in Aachen – einigen Handwerken und Gewerben in besonderer Weise. Es trieb zahlreiche Mühlen an, einige sogar noch bei klirrender Winterkälte, da eingeleitetes heißes Wasser das Zufrieren der Bachläufe verhinderte. Wollverarbeitung und Tuchherstellung profitierten ebenfalls von den natürlichen

Gegebenheiten. Im November 1300 wurden die Burtscheider Tuchmacher erstmals urkundlich erwähnt, als sie sich um einen Schutz ihres Handwerks bemühen. Sechs Jahre später erlauben ihnen Äbtissin, Konvent und Vogt, sich zu einer Zunft zusammenzuschließen. Das mittelalterliche Wirtschaftsleben unterschied sich in Aachen und Burtscheid – klammert man den Pilgertourismus einmal aus – kaum von seiner Struktur her, sondern von den Umsätzen.

Im Gegensatz zu Aachen durfte sich Burtscheid nicht mit einer Befestigungsmauer schützen. Man mußte sich mit einem Dorfgraben beschränken, und nur der Verlauf der Hauptstraße war durch ein Ober- bzw. Untertor besser gesichert. Für den Notfall, der bei solch unzureichenden Wehranlagen schnell eintreten konnte, standen den Einwohnern vier steinerne Schutzhäuser als ›Fliehburgen‹ in ihrem Dorf offen. An der Mühlradstraße 3/5, auch durch einen engen Gang von der unteren Hauptstraße zwischen den Häusern Nr. 6 und 8 zu erreichen, blieb als einziges Beispiel das ›**Verkensloch**‹ erhalten. Eine Inschrift läßt den zweigeschossigen Bau aus Bruchsteinen und Ziegeln in das ausgehende 15. Jh. datieren. Berücksichtigt man, daß zu jener Zeit Fachwerkhäuser die Ortsbilder prägten, wird deutlich, daß diese Bauweise schon einigen Schutz bot. Den Wehrcharakter unterstreichen noch mehrere Schießscharten. Das heutige Gebäude ist trotz des alten Baumaterials weitgehend das Resultat des Wiederaufbaus nach dem Zweiten Weltkrieg. Wie Aachen hatte Burtscheid schwer unter den Bombardierungen gelitten und weite Teile seiner historischen Bausubstanz verloren. Mittelalterliche Architektur muß man mit der Lupe suchen, dann entdeckt man spätgotische Kreuzstockfenster an der Rückseite der Hauptstraße Nr. 6 auf dem Weg zum Verkensloch oder wieder verwendete romanische Säulen an einem Gartenpavillon am Abteiplatz.

Die zahlreichen Gebäude aus dem 18. Jh. zeigen dagegen an, daß es zur Zeit des Barocks und Rokokos einen Bauboom in Burtscheid gegeben hat. Am Anfang dieser regen Bautätigkeit stand eine Abrißwelle auf dem Johannesberg, die mit der gotischen **Abteikirche St. Johann Baptist** (s. Farbabb. 20) aus der Mitte des 14. Jh. begann und sich mit der spätromanischen Pfarrkirche St. Michael fortsetzte.

Seit den letzten Jahren des 10. Jh. hatte kirchliches und klösterliches Leben den Alltag auf dem Hügel bestimmt. Im Gefolge Ottos III. war der byzantinische Mönch Gregor nach Aachen gekommen und hatte eine halbe Stunde Fußweg von der Pfalz entfernt, nahe

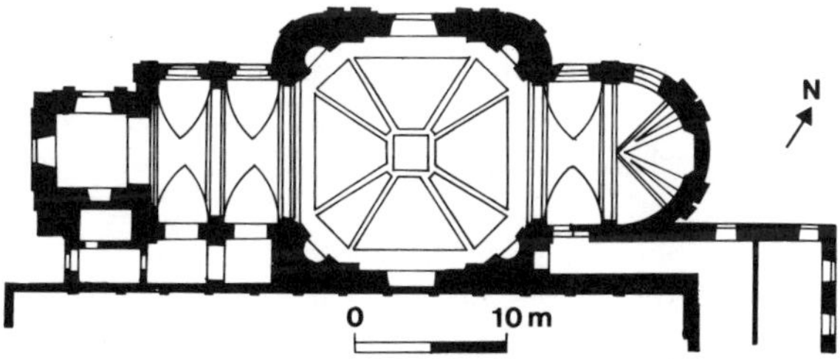

Burtscheid, Ehemalige Abteikirche St. Johann Baptist, Grundriß

Burtscheid, Innenansicht der ehemaligen Abteikirche St. Johann Baptist

bei einem Königshof, 997 ein Benediktinerkloster gegründet. Als Angehörigem der oströmischen Kirche galt die besondere Verehrung des Abtes dem hl. Nikolaus. Im selben Jahr errichtete er eine *Nikolauskapelle*, die das erste Nikolausheiligtum im christlichen Abendland wurde. Noch heute befindet sich eine alte Nikolaus-Ikone im Kirchenschatz von St. Johann; jedoch handelt es sich nicht um diejenige, die Gregor mitgebracht haben könnte. Die heute erhaltene wurde rund 100 Jahre nach Gregors Tod um 1100 in Konstantinopel angefertigt und gilt heute als die älteste bekannte Nikolaus-Ikone. An die Nikolauskapelle baute man 1628–30 ein Gästehaus für die Abtei an, das **St. Nikolausquartier**, welches inzwischen stark restauriert als Pfarrhaus genutzt wird. Die ebenso im Zweiten Weltkrieg schwer beschädigte Kapelle wurde dagegen trotz ihrer historischen Bedeutung nicht wieder aufgebaut.

Nach Vollendung der kleinen Nikolauskapelle begann Abt Gregor mit dem Bau einer größeren Abteikirche, die den Erfordernissen der Klostergemeinschaft mehr entsprach. Von ihr blieb nicht viel mehr erhalten als die Zwergsäulen, welche die Fensterfolge am Gartenhaus der Abtei gliedern. Der Alltag im Benediktinerkloster muß Ende des 12. bzw. Anfang des 13. Jh. Anstoß erregt haben – zu wenig Ordnung und klösterliches Leben, sogar zu wenig Mönche wurden beklagt. 1220 entzog der Kölner Erzbischof Engelbert den letzten vier Benediktinern das Kloster und teilte es den Zisterzienserinnen vom Salvatorberg zu. Die Damen führten die Abtei erfolgreicher und geschäftstüchtiger weiter. 1226 wurden zwei Brauhäuser erwähnt, eines in der Immunität, ein anderes an der Kreuzung Hauptstraße/Adlerberg. Auch die heißen Quellen gehörten der Reichsabtei, die 1138 ihren reichsunmittelbaren Status erhielt. Der Höhepunkt des merkantilen Talents zeigte sich im Jahre 1779, als es der Äbtissin gelang, gegen den Widerstand des Aachener Stadtrates vor dem Reichskammergericht die Einführung des Glücksspieles, das man in Aachen eifrig

Burtscheid, St. Johann Baptist. Kirchenschatz, Johannesbüste, 14. Jh.

bekämpfte, in Burtscheid durchzusetzen. Ob sie mit der Spielleidenschaft der Aachener und ihrer Gäste das Loch, das der barocke Kirchenneubau in die Abteikirche gerissen hatte, stopfen wollte?

Schon nach dem Bau des Turmes 1735–41 war eine Unterbrechung der Arbeiten nötig geworden, weil das Geld fehlte, auch das Kirchenschiff in barocker Form neu entstehen zu lassen. Zwischen 1748 und 1754 konnte das dreischiffige, gotische Langhaus durch einen barocken Kuppelbau mit zweijochigem Langhaus und einjochigem Chor von einer Halbkreisapsis abgeschlossen, ersetzt werden. Johann Josef Couven schuf einen Kirchenraum von ungewöhnlicher Strenge und Kühle für diese Epoche. Das Innere von St. Johann nimmt eher klassizistische Elemente vorweg, als daß es Verwandtschaft mit zeitgleichen barocken Kirchen Süddeutschlands aufweist. Die Gestaltung des Außenbaus und die Einbindung der Kirche in das Siedlungs- und Landschaftsbild lassen dagegen keine Zweifel an Schöpfungen im Stil des Barocks aufkommen. Die befremdlich nüchterne Wirkung des Innenraums ist teilweise auch dem Wiederaufbau nach dem Zweiten Weltkrieg zuzuschreiben, denn im April 1944 brannte die Kirche bis auf die Außenmauern ab. Die Rekonstruktion des barocken Gebäudes dauerte bis in die 60er Jahre – und demzufolge fehlt auch die Patina.

Mit besonderem Aufwand gestaltete Johann Josef Couven die Ecken des Kuppelbaus. Er schrägte sie ab und wandelte damit das äußere Rechteck innen zu einem Achteck um, Formen, die sich an das Münster anlehnen. Die schmalen Wandfelder rahmte er durch Pilaster, verkröpfte diese durch weit ausladende Gesimse und setzte große Nischen in die hochrechteckigen Flächen. In ihnen stehen Apostelstatuen, die während der zweiten Hälfte des 18. Jh. in den Niederlanden nach Vorbildern des italienischen Barocks geschnitzt wurden. Obwohl die Figuren jeweils auf einem beschrifteten Sockel stehen, fällt es nicht schwer, sie mit Hilfe ihrer typischen Attribute zu erkennen, wie z. B. Petrus an seinem Schlüssel und dem Hahn, vor dessen Krähen er Christus dreimal verleugnet hatte, oder Jakobus dem Älteren, dessen Muschel zum Pilgerzeichen wurde. Das Andreaskreuz aus der Leidensgeschichte dieses Heiligen gehört ebenfalls dazu. Die Rundbögen in den breiteren Wandpartien des Kuppelsaales erinnern an die Wandgestaltung des Pfalzoktogons. Enge Verbindungen zum Münster hat auch der *Hochaltar*, im 18. Jh. in Lüttich angefertigt, aufzuweisen: 1804 wurde er erstmalig als Hauptaltar im Aachener Dom aufgestellt, der seit 1802 den Rang einer Bischofskirche besaß. Der Altar trägt den Namen des ersten Bischofs, des Elsässers Marc Anton Berdolet. Während Napoleon der Pfalzkapelle Karls des Großen aus taktischen Gründen wohl gesonnen war und sie zum religiösen Zentrum des ersten Aachener Bistums erklärte, traf die Säkularisation die Abtei St. Johann in der üblichen harten Weise. Die Zisterzienserinnen mußten ihr Kloster verlassen, ihr Besitz ging in weltliche Hände über – 1812 wurden die Badehäuser mitsamt den Heilquellen an Privatleute verkauft –, und das französische Militär nutzte den Kirchenbau als Labor für Ballonversuche. Große Teile der Abteigebäude wurden abgerissen. Dem endgültigen Untergang der einstigen Reichsabtei setzte Bischof Berdolet ein Ende, indem er die Kirche, die nahe bei seinem Sommersitz lag, zur Pfarrkirche erklärte und seinen Sekretär als Pfarrer einsetzte.

Damit besaß der Johannesberg nun zwei Pfarrkirchen in direkter Nachbarschaft. **St. Michael** (s. Farbabb. 10) war bereits im Mittelalter als Pfarrkirche errichtet worden, da die Abteikirche St. Johann allein den Nonnen vorbehalten gewesen war. Zwischen 1215 und 1230 wurde das erste romanische Gotteshaus der Gemeinde zu Burtscheid auf dem Grund und Boden der Abtei gebaut. Das Kloster hatte für den Unterhalt eines Pastors aufzukommen. In einer Urkunde aus dem Jahre 1353 werden die finanziellen Verpflichtungen genau geregelt: Die Nonnen sind für die Instandhaltung des Chores, des Langhauses und der beiden kleinen Glocken zuständig, die Gemeinde für den Turm und die Bannglocke und der Pastor für die Sakristei. Ihm wurde später auch noch der Unterhalt des Chores zugeschoben – doch sicherlich noch nicht in der Mitte des 14. Jh., als man den romanischen Chor durch einen gotischen ersetzte. Das Geld in der Gemeindekasse muß sehr knapp gewesen sein, denn die Pfarre besaß kaum liturgisches Gerät. Vor jeder Messe lieh sich der Pastor in der Abtei die notwendigen Dinge aus. Anfang des 17. Jh. erforderte der schlechte Zustand des Gotteshauses eine gründliche Renovierung.

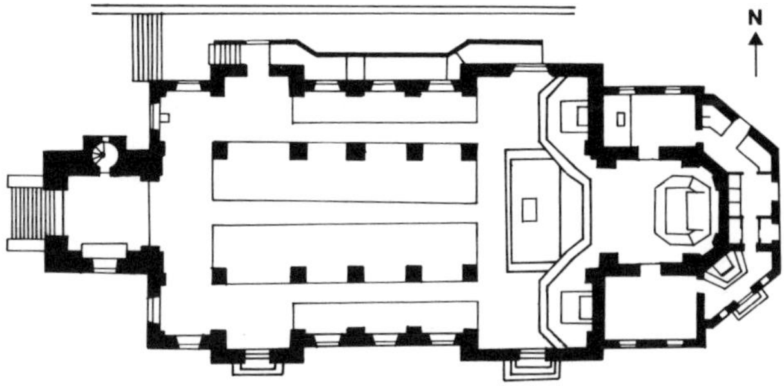

Burtscheid, Pfarrkirche St. Michael, Grundriß

Während des barocken Baubooms auf dem Johannesberg verwandelten die Nonnen auch St. Michael in eine Baustelle. Wie bei ihrer Abteikirche beauftragten sie Johann Josef Couven mit dem Neubau der Pfarrkirche. Ist es ein Zufall, daß St. Michael schon nach einer dreijährigen Bauzeit (1748–51) fertiggestellt war? Der Architekt mußte selber den Rotstift an seinen ersten Entwurf ansetzen und streichen: die Apsiden am Querhaus, ein Joch am Langhaus, den neuen Turm vollständig, da der romanische bleiben sollte – vom Chor bis zur Vorhalle wurde an allen Enden gespart. Dem preisbewußten Bauen kam der neue Stil des Klassizismus sehr entgegen, und somit zeigt die Gestaltung des Innenraums von St. Michael noch deutlicher strenge klassizistische Architekturformen als die Abteikirche. Auch hier unterstreichen die jüngsten Renovierungen die Kühle des Raumeindrucks. Die Farben Hellblau, Rosé, Flieder und ein blasses Grau tendieren stark zu einer zeitgenössischen Interpretation. Der Grundriß fiel schlichter aus, da es einer Pfarrkirche nicht anstand, Verbindungen zur Pfalzkapelle aufzuweisen. Mit der dreischiffigen Pfeilerbasilika griff Couven einen Bautyp der Hochrenaissance auf, dem es jedoch nicht an bekannten Vorbildern, wie z. B. St. Roch und St. Sulpice in Paris, fehlte. Ganz im Trend der Zeit und den noch aktuellen Formen des Rokokos lag das Bemühen, rechtwinklig aufeinander stoßende Wände zu verhindern, und statt dessen leicht geschwungene Raumteile mit fließenden Übergängen zu schaffen. Im Querhaus und Chor läßt sich dies – buchstäblich – an allen Ecken und Enden beobachten.

Eine üppige Pracht entfaltet der ebenfalls von Couven entworfene *Hochaltar* (1751–54). Die dahinter liegende Apsiswand wurde in die Wirkung des Altars einbezogen, denn das kleine runde Fenster, ein sogenanntes Ochsenauge, wiederholt zum einen durch den Strahlenkranz das Motiv aus dem Altaraufbau und zum anderen leitet es den Blick durch die einzige Lichtöffnung im Altarraum in den Himmel. Die direkte Verbindung zwischen dem Altar und dem richtungsweisenden Fenster stört an dieser Stelle kein weit ausladendes Gesims: Es wurde zugunsten der vertikalen Linie unterbrochen.

Die Kanzel aus Eichenholz war ursprünglich für die Kirche von Kalterherberg geschnitzt worden (1767–69). 1782 hatte sie eine farbige Fassung bekommen, die Anfang des 20. Jh. wieder abgebeizt wurde. Verschiedenen Veränderungen waren ebenso die Altäre ausgesetzt: Der Hochaltar ist heute das Resultat einer umfangreichen Restaurierung in den Jahren 1962/63; der weitgehend aus dem 17. Jh. stammende Josefsaltar erhielt zur Couven-Zeit den oberen Rahmen aus Rocaillen und Engeln; der Marienaltar setzt sich aus einer weiß und gold gefaßten Madonnenfigur (um 1780) und einer älteren Blaustein-Altarplatte zusammen. Das Ranken- und Muschelwerk des bekrönenden Baldachins ist ein Werk des Aachener Rokokos.

Im späten 19. Jh. brach man den romanischen Turm ab, verlängerte das zu klein gewordene Langhaus um zwei Joche und fügte einen neobarocken Turm an. Anfang des 20. Jh. wäre eine weitere Vergrößerung der Kirche nötig gewesen, da die Bevölkerung in Burtscheid stark zugenommen hatte; das Frankenberger Viertel (s. S. 168) hatte die Zahl der Gemeindemitglieder ansteigen lassen. Man entschied sich jedoch, die Herz-Jesu-Kirche als Neubau (s. S. 170) hinter der Eisenbahn am Rand des neuen Stadtteils zu errichten. Beide Kirchen wurden im Zweiten Weltkrieg schwer beschädigt. Der Wiederaufbau von St. Michael konnte erst 1984 abgeschlossen werden.

Vor dem Westturm erinnert eine *Bronzestatue des Abtes Gregor von Kalabrien* an den Gründer des ersten Klosters auf dem Johannesberg. Die Plastik schuf Bonifatius Stirnberg 1964.

Sollten Sie die Treppen aus der Talaue zu den Kirchen emporgestiegen sein, empfiehlt sich der Abstieg über den Abteiplatz, um das – ebenfalls nach dem Zweiten Weltkrieg wieder aufgebaute – **Abteitor** näher zu betrachten. Bei dem Tor- und Wohngebäude handelt es sich um eines der wenigen erhaltenen Beispiele maasländischer Renaissance im Aachener Raum. Auf charakteristische Weise wurden an dem in das Jahr 1644 datierten Tor die Baumaterialien verwendet: Backstein bildet das Gros der Wände, während der Blaustein stärker dekorativ in Gesimsen und Gewänden eingesetzt wurde. Das Blausteinportal zeigt in seinem gesprengten Giebelfeld von antikisierender Tempelarchitektur gerahmt als Wappen der Bauherrin, der Äbtissin Henriette Raitz von Frentz. Der Vollständigkeit halber seien auch noch die beiden ›baufreudigen‹ Frauen, die Äbtissinnen Anna Carla von Renesse und Maria Antoinette von Woestenrath, genannt, die den Johannesberg in der Mitte des 18. Jh. in eine einzige Baustelle verwandelten. Das Familienwappen der letzteren Dame wurde 1882 sogar wesentlicher Bestandteil des Burtscheider Stadtwappens.

Im 19. Jh. erlebte Burtscheid einen großen Aufschwung als Badeort, denn für den romantischen Zeitgeschmack gab es hier im Gegensatz zu Aachen eine dörflich-ländliche Atmosphäre. Die nach Beschaulichkeit, Ruhe und Naturidylle suchenden Badegäste fanden neben dem Heilwasser auch ein günstiges Klima für das seelische Wohlbefinden. Doch löste die gestiegene Nachfrage erst einmal einen Bauboom im Wurmtal aus: 1820 wurde ein öffentlicher Trinkbrunnen vollendet, anschließend die Kurpromenade in Angriff genommen. Beides mußte in der Mitte des Jahrhunderts erweitert werden. Aus der architektonischen Fassung der Viktoriaquelle entwickelte sich ein Kurhaus mit Gesellschaftszimmern und Sälen; um 1856 besaß Burtscheid einen 1,87 ha großen Kurgarten in der Talaue. Neue Badehäuser umrahmten die öffentlichen Kureinrichtungen. Am nördlichen Talausgang entstand 1829 »einfach, aber vornehm« das Rosenbad mit schönem Blick auf die Alleen

Kuren in aller Stille

»Kaum eine kleine Viertelstunde von Aachen entfernt liegt der durch mehrere Fabriken belebte, ungemein heitre und freundliche Flecken Burscheid, der mit seinen beiden Kirchen, seinen vielen hübschen im modernen Style erbauten Häusern recht wohl für ein eben nicht unbedeutendes Städtchen gelten könnte. Viele Brunnengäste ziehen den stillern halbländlichen Aufenthalt in dem ringsum mit Gärten und Alleen umgebenen Burscheid dem in Aachen vor, und während der eigentlichen Badesaison hält es oft schwer, in demselben eine bequeme Wohnung zu finden. Auch gewährt Burscheid, oder Borcette, wie es ebenfalls genannt wird, ebenso wohl als Aachen, Alles, was ein Badegast bedarf: gute Gasthöfe, zahlreiche Gesellschaft, elegante, mit Gärten umgebene Wohnungen, kräftige Heilquellen, die von denen in Aachen sich durch ihren Gehalt wenig unterscheiden, gut eingerichtete Badeanstalten und schöne schattige Spaziergänge. Alles dieses, verbunden mit einer für Leidende höchst wohlthätigen Ruhe und Stille, die man, wenn man derselben überdrüßig wird, sogleich mit dem Geräusch einer großen Stadt vertauschen kann. Denn Ball und Societät, Spiel und Theater liegen ganz nahe zur Hand.«

Johanna Schopenhauer, 1828

Burtscheid im frühen 18. Jh.

D'AIX LA CHAPELLE

und Gartenanlagen; 1843 waren bereits Erweiterungen nötig. 1848 wurde in ähnlicher Weise das Karlsbad erbaut, und beide übernahmen die Rolle der ersten Häuser am Platz. Daneben führte der 1822 in Aachen gegründete ›Verein zur Unterstützung auswärtiger unbemittelter Badegäste‹ das Krebsbad im oberen Teil des heutigen Kurgartens, das 1882 noch um das Michaelsbad vergrößert wurde. Fünf Jahre später erfolgte ein Neubau des Krebsbades. Damit war die Zahl der Bäder in Burtscheid keinesfalls vollständig – jedoch die Breite des Publikums angedeutet. Nur wenig blieb von den historischen Kureinrichtungen erhalten.

Von der ersten Blüte des Bades im frühen 19. Jh. kündet heute nur noch das 1823 fertiggestellte **Rathaus**, ein klassizistischer Bau, der heute als *Haus des Gastes* touristische Aufgaben (u. a. Information) erfüllt. Ein Baublock mit mehreren Bädern wurde um die Jahrhundertwende abgerissen, um den Markt zu vergrößern und die Anbindung an die Kapellenstraße zu verbessern. Daraufhin entstanden neu auf dem frei gewordenen Gelände das

Das Kurhaus in Burtscheid, Ende 19. Jh.

Schwertbad, Goldmühlenbad und **Prinzenbad**. Zwischen 1907 und 1912 errichtete die Landesversicherungsanstalt Rheinprovinz am Markt/Ecke Altdorfstraße das **Landesbad**.

Schwere Zerstörungen brachte der Zweite Weltkrieg dem Burtscheider Zentrum: Viktoriabrunnen und Kurhaus wurden schwer beschädigt, Schwertbad, Goldmühlenbad und Landesbad überstanden die Bombardierungen soweit, daß sich ein Wiederaufbau lohnte. Aus dem Aachener Kaiserbad verpflanzte man 1963 einen historischen Prunkbaderaum in das neue Kurzentrum. Fünf Jahre zuvor hatte man bereits einen barocken **Pavillon** von Johann Josef Couven (Mitte 18. Jh.) in den Burtscheider Kurgarten transloziert. Es war nicht das erste Mal, daß das Gartenhaus seinen Standort wechselte: Ursprünglich gehörte es zum Haus Nuellen nahe dem Friedrich-Wilhelm-Platz; 1928 wurde der Pavillon als Ausstellungsstück in den Garten des neuen Couven-Museums, dem vorherigen Fey'schen Haus am Seilgraben gesetzt.

Aachener Spezialitäten

Nicht nur zur Weihnachtszeit gefragt: Printen

Die Anfänge des harten Gebäcks sind schwer nachzuvollziehen; man hat es lieber verzehrt als erforscht. Zwar läßt sich die Printe als eine Unterart des Lebkuchens einordnen, doch reicht ihre Geschichte mit Sicherheit nicht bis in die Antike zurück. Der Aachener Mundartdichter Josef Starmanns (1854–1944) kam nicht umhin, den Printen Heilung von Bauchschmerzen bei keinem Geringeren als Karl dem Großen zuzusprechen, doch lassen sich die historisch nachgewiesenen Spuren in der Karlsstadt ›nur‹ ins 17. Jh. zurückverfolgen. 1688 wird eine Lebkuchenbäckerei in den Urkunden genannt – Ursprung der Printen- und Schokoladenfabrik Lambertz. Einflüsse auf das Geschehen an den Aachener Backöfen hatten Gelbgießer und Kupferschläger aus Dinant, die seit dem 15. Jh. vor feindlicher Besatzung in den Aachener Raum flüchteten. Sie brachten die aus dem 10. Jh. für die Maasstadt überlieferte Tradition des Gebildbrotes mit.

Nicht minder unklar wie die Ursprünge sind die Zutaten für den Printenteig. Die besten Rezepte gelten als Familien- bzw. Firmengeheimnis, und das richtige Fingerspitzengefühl für das ›Komponieren‹ der Gewürzmischung aus Nelken, Zimt, Ingwer, Anis, Kardamon und Zitrone läßt sich sowieso nicht schriftlich vermitteln. Falsch ist zumindest jedes Rezept, das Fett vorsieht.

Größte Schwierigkeiten bereitete im frühen 19. Jh. der süße Bestandteil: die europäische Wirtschaftspolitik Napoleons verursachte eine Wende in der Printenherstellung. Die von ihm verhängte Kontinentalsperre schnitt die Bäcker vom dringend benötigten Rohrzucker aus den englischen Kolonien in Übersee ab, dessen brauner Sirup dem Teig nicht nur die gewünschte Süße, sondern vor allem die richtige Konsistenz gab. Nur in dieser Zusammensetzung ließ sich die schwere Masse nach monatelanger kühler Lagerung in die Modeln drücken – prenten – und nahm während des Backens die fein geschnitzten Formen an. Figuren und Bilder, wie sie heute beim Spekulatius in Relikten noch gepflegt werden, gehörten zum Äußeren der Printe. Ungewöhnlich große Modeln, Zeugnisse ehemals gebackener Volkskunde und Kulturgeschichte des 18./19. Jh. sind im Museum Burg Frankenberg (s. S. 168) zu sehen. Das Schnitzen der Formen gehörte früher zur Ausbildung eines Printenbäckers.

Zu Beginn des 19. Jh. wurden die Bäcker also gezwungen, auf den Rübenzucker umzusteigen, denn der Zuckerschmuggel aus England brachte nicht genügend über die Grenzen. Man mußte auf dem Kontinent nun einen zäheren Teig hinnehmen, der die kunstvollen Bil-

der und Formen nicht mehr so gut wiedergab. Als ›Notlösung‹ entwickelte sich die flache Schnittchenform. Das wenig attraktive Äußere wertete man mit aufgedrückten Nüssen und Mandeln oder einem Zuckerguß auf. Zukunftsweisend sollten die neuen Flachprinten trotzdem noch werden, denn mit dem Aufkommen der Eisenbahn stiegen auch die Chancen, das Backwerk in größeren Entfernungen zu vermarkten. Schließlich eignete sich diese Version hervorragend für den Transport, während die alten großen Formen solche Reisen höchstens als Bruchprinten überstanden. Seit ihren Anfängen sind die Printen mit religiösen Motiven als Andenken an eine Heiligtumsfahrt gekauft worden und dann in alle Himmelsrichtungen gelangt.

Heute können Sie das ganze Jahr über in den Bäckereien der Stadt oder Läden der Printenfabriken aus einem reichhaltigen Sortiment auswählen. Um 1870 waren die technischen Probleme gelöst, Printen maschinell mit einem Schokoladenüberzug zu versehen. Während des Ersten Weltkriegs wurde bei Lambertz der Spitzkuchen erfunden; nach dem Krieg ging er in Serienproduktion. Zur Palette der unverzichtbaren Weihnachtsgebäcke steuerten die Sachsen 1928/29 den gefüllten Dominostein bei. Ungefährlichen, Zahn schonenden Printengenuß forderten die Verbraucher nach dem Zweiten Weltkrieg – und erhielten ihn. 1955 wurde die weiche ›Schokoladensaftprinte‹ patentiert.

Daß die Printe als berühmtestes Aachener Gebäck auch mit Redewendungen seinen Eingang in den Öcher Wortschatz gefunden hat, dürfte niemanden verwundern. Schon Josef Starmanns verkündete »Sue lang, wie de Mure von Oche stöhnt, sue lang sall me backe de Öcher Prent!« – eine durchaus glaubwürdige Äußerung. Der steife Zeitgenosse läßt sich treffend mit ›Prentemann‹ charakterisieren. Sollten Sie von einem Aachener ein »Leck mich de Prent!« hören, dann entnehmen Sie schon dem Tonfall, daß er nicht zur Kostprobe einlädt, sondern Ihnen gerade die Öcher Variante eines bekannten Götzzitats an den Kopf geworfen hat.

Schokolade für Kunst: das Ludwig Forum

Ausgehend von den 400 Tafeln Schokolade, die ein italienischer Chocolatier 1857 täglich in der Adlerapotheke im Hause Monheim herstellte, hat sich diese ›Hinterstuben-Produktion‹ zu einem beachtlichen Wirtschaftsfaktor für Aachen gemausert. Ungewöhnliche Spuren hinterläßt das Genußmittel, das längst seinen luxuriösen Charakter verloren hat, heutzutage in der Kunstszene. Es bringt erstaunliche Mittel hervor, läßt Museen entstehen, füllt sie mit Exponaten aller Kunstrichtungen und schafft noch solche Vorräte, daß selbst ein ehemaliges Fabrikgebäude mit Ausstellungsflächen, die bei Museumsneubau kaum zu erreichen – sprich: finanzieren – wären, ständig wechselnde Exponate einer riesigen Sammlung präsentieren kann.

Prof. h. c. Dr. Peter Ludwig und sein Unternehmen Ludwig Schokolade GmbH, das in Ludwigshafen (!) und Saarlouis produziert und nur noch die Verwaltung in Aachen besitzt, sorgen für Bewegung auf dem internationalen Kunstmarkt und der regionalen Kulturpolitik. Bei diesen Dimensionen seiner Sammlung und den privaten Ambitionen, zeitgenössische Kunst zu fördern, greift der Mäzen gelegentlich mit seinen Auflagen der öffentlichen Kulturpolitik ins Steuer. Einflußmöglichkeiten bleiben eben nicht aus, wenn man zu den großen Kunstsammlern der Welt gehört und in die Nachfolge der Medici eingereiht wird.

Als ideales Bauwerk für das – mittlerweile schon nicht mehr neueste – Ludwig-Museum bot sich die ehemalige Schirmfabrik Brauer an der Jülicher Straße 97–109 an (s. Farbabb. 16, 17). Das denkmalgeschützte Fabrikgebäude entstand 1928 nach Plänen des Architekten Josef Bachmann im Bauhaus-Stil. Strenge geometrische Formen und ein klar gegliederter Baukörper charakterisieren den historischen Werkskomplex. Zentrum der Anlage ist eine 3000 qm große Shedhalle (benannt nach dem Sheddach), in der einst 1000 Arbeiterinnen täglich 12 000 Schirme herstellten, verpackten und für den Versand vorbereiteten. Zur Jülicher Straße und zur Lambardstraße schließt sich ein drei- bzw. zweigeschossiger Flügel an. Durch das abfallende Gelände erscheint hier der Keller als ein Sockelgeschoß. Den Fassaden hat der Architekt eine starke horizontale Dynamik gegeben; die Fensterbänder mit ihrer kleinteiligen, querrechteckigen Gliederung betonen die Waagerechte, die durch die abgerundete Ecke des Gebäudes noch wesentlich gesteigert wird. Um Ausgewogenheit und Ruhe in die Fassade zu bringen, ließ er aus dem rot verklinkerten Sockel einen farblich abgehobenen Baukörper aus der Fluchtlinie treten, der nun mit senkrechten gelben Ziegelbändern und schmalen Fenstern einen Akzent setzt, bevor sich die horizontale Fassadengliederung fortsetzt. Der Grundriß des Gebäudes inspirierte auch den Designer beim Entwurf des Signets für das Ludwig Forum.

Kunst nicht als Ergebnis, sondern als Ereignis zu präsentieren, lautet die Devise des Hauses. Zeitgenössische Kunst – zum Teil frisch von der Staffelei – soll gezeigt werden, denn einige Künstlerwohnungen und Ateliers sind in den Komplex integriert, so daß die neue Art Museum auch zur Begegnungsstätte, zum Forum von Künstlern und Nicht-Künstlern wird. Dafür hat der leitende Architekt des Umbaus, Prof. Fritz Eller, in die Mitte der Shedhalle eine quadratische, rund 300 qm große Vertiefung als ›Aktionsmulde‹ eingefügt – eine moderne Interpretation eines Amphitheaters. Die Konzeption ständig wechselnder Exponate mußte inzwischen etwas abgeändert werden, da der Transport großer Skulpturen sehr aufwendig ist, manches zu sehr unter Ortsveränderungen leiden würde, aber auch um dem Besucher einige Fixpunkte zu geben – »Inseln im unübersichtlichen Meer der modernen Kunst« zu bieten.

Für eine vorsichtige Annäherung an die zeitgenössische Kunst empfiehlt sich die Besichtigung des Ostflügels, den die Museumsleute als ihre ›Kapelle‹ bezeichneten. Hier werden die Klassiker der Moderne gezeigt. Namen tauchen auf, die auch einem wenig mit moderner Kunst vertrauten Zeitgenossen bekannt sind: Pablo Picasso, Roy Lichtenstein, Andy Warhol oder Jasper Johns. Die ›Mona Lisa von Aachen‹ – Duane Hanson's Supermarket Lady (1970) steht dort mit ihrem überquellenden Einkaufswagen als Sinnbild einer Konsumgesellschaft, das man leicht als ›typisch amerikanisch‹ abqualifiziert. Bloß, weil die korpulente Person, sichtlich Opfer von fast- und junkfood, so wenig unseren offiziellen Geschmacks- und Verhaltensmustern entspricht?

In der Klassiker-Galerie wie in den übrigen Ausstellungsräumen werden ständig, jedoch mit wechselnden Exponaten, folgende Stilrichtungen der zeitgenössischen Kunst vertreten sein: Pop-art der 60er und ihre aktuellen Fortsetzungen, Fotorealismus in der Malerei, Neue Expressionisten und ihre Weiterentwicklung zu den Neuen Wilden, Land-art, Archäologische Spurensuche in der Kunst, Konstruktive und Konkrete Kunst, Soz-art und Videokunst. Bereits bei der Eröffnung des Ludwig Forums im Juni 1991 wurde in der Ausstellung ›Ostkunst – Westkunst‹ ein weiteres Ziel des Hauses erreicht, nämlich Forum für eine internationale Kunst zu sein und diese ungeachtet ihrer Herkunft zu akzeptieren. Die Sammelleidenschaft des Ehepaares Irene und Peter Ludwig auf diesem Gebiet löste in den 70er Jahren noch einiges Befremden in der Fachwelt aus. Peter Ludwig dazu: »Das für mich absurde Gerede von der Qualitätslosigkeit östlicher Kunst im Vergleich zur hohen Qualität des gleichzeitigen westlichen Kunstschaffens muß endlich aus unseren Vorstellungen heraus.«

Als Einstiegshilfe in die regelmäßig wechselnden Exponate soll ein kleiner Rundgang zu den – wahrscheinlich immer ausgestellten – Fixpunkten des Ludwig Forums dienen. Gleich nach dem Passieren der Kasse zieht eine große Holzskulptur den Betrachter an, provoziert, ruft Empörung oder Schmunzeln hervor. Jeff Koons hat sich selbst und seine Frau beim

Aachen, Ludwig Forum, Peter Ludwig und die ›Mona Lisa‹

Liebesspiel dargestellt (Jeff and Ilona made in Heaven, 1990). Trotz der alltäglichen Überflutung mit nackten Körpern und der Präsentation von Sexualität in der Öffentlichkeit verfehlt diese Skulptur nicht ihre Wirkung. In ihrer kitschigen Verfremdung des Geschehens und der Personen wirkt sie wie eine überdimensionale Nippesfigur, obwohl sie in einer ›altehrwürdigen‹ Tradition von Liebespaardarstellungen steht. Jeff Koons will sich jedoch weniger dort eingeordnet wissen, sondern er möchte einen Beitrag »zur Befreiung vom sogenannten guten Geschmack« leisten.

Für Anne und Patrick Poirier stellt Kunst »ein privilegiertes Mittel dar ... auch um unsere Verwurzelung im gesamten Abenteuer Menschheit zu begreifen«. Ihre ›Vom Blitz getroffene Landschaft‹ (1982–84) führt in die Antike zurück, gibt dem Mythos Jupiters Kampf mit den Titanen Ausdruck. Die göttliche Rache hat eine einst blühende Stadt vernichtet, die Ruinen großer Bauwerke ragen aus einer alles bedeckenden Schicht winziger Holzkohlestückchen heraus. Ein gespenstiges Bild bietet sich, das einen starken Kontrast zu unseren Assoziationen und Erfahrungen mit antiken Stätten bildet; weißer Marmor, heller Kalkstein, mediterrane Landschaft bestimmen eher unsere Erinnerungen. Das französische Künstlerehepaar will durch diese künstliche Landschaft die Auseinandersetzung mit kollektiver Vergangenheit und daraus abgeleitet auch der persönlichen initiieren. Der Betrachter soll die verschütteten Landschaften in sich selbst entdecken.

Ludwig der Große – Sammler

Über das Ehepaar Peter und Irene Ludwig:
»Nur schwer läßt sich in ihrem Leben das Sammeln als Ersatz für etwas anderes deuten – es ist ihr Leben schlechthin; und andere Tätigkeiten sind lediglich Kompensationsmechanismen oder Momente des Atemholens und der Relaxation. Für die Familien, denen beide entstammen, war es überflüssig, das Kunstsammeln als eine Vergegenständlichung des Besitzes zu betreiben; kein Relikt einer adligen Attitüde, selbst wenn das Sammeln bei Peter Ludwig in die Museumsgründung mündet. Und damit ist Ludwig zum festen Bestandteil einer Kunstsoziologie geworden, so eng oder weit man sie auch fassen möge.«

Speck: Peter Ludwig, Sammler, Frankfurt 1986, S. 23

Über den Kulturpolitiker P. L.:
»art: Sie planen eine großzügige Stiftung, reden nicht vom Geld, und erwecken doch den Verdacht, daß Sie kulturpolitisch Einfluß nehmen wollen.
Ludwig: Ich rede vom Geld, aber nicht vom Geld für uns persönlich. Es geht uns um mehr Geld für Kunst und Künstler. Das erhoffen wir von den öffentlichen Händen, und dazu sind wir auch selbst bereit durch die von uns in Aachen errichtete ›Ludwig Stiftung für Kunst und internationale Verständigung‹. Kulturpolitik macht jeder, der sich im Kunstbetrieb profiliert. Meine Pop-art-Käufe in den USA haben sicherlich in den 60er Jahren Kulturpolitik gemacht. Auch was ein documenta-Chef wie zuletzt Rudi Fuchs in Kassel ausstellt, ist ein Marktfaktor. Aber Kultur-Politik, wie ich sie verstehe, ist darauf ausgerichtet, das zu tun, was ohne uns später oder schlechter oder gar nicht getan würde.«

art: Das Kunstmagazin 7/1984, S. 61

Der Kunstkäufer in Aktion – Variante 1
»1969 besuchte das Ehepaar eine Allen-Jones-Ausstellung bei Zwirner. Drei Skulpturen des englischen Pop-art-Künstlers gefielen dem Sammler besonders gut, Frauen in laszi-

Oberflächlichkeit und Überflutung mit Reizen in dieser Zeit hat Jenny Holzer zu ihrer Leuchtschrift-Installation (1991) angeregt. Vier Stunden lang flimmern Binsenweisheiten in Englisch, Deutsch und Französisch über 13 m hohe Anzeigetafeln, ohne sich dabei zu wiederholen.

Aus einer anderen Welt stammen dagegen die ›Mori Woods‹ (Wälder, 1987) des Japaners Shigeo Toja. 28 schmale, 2,13 m hohe Holzskulpturen bilden einen Wald aus Phantasiebäumen, einen verwunschenen Märchenwald. Die zwiespältigen Gefühle, die das Betrachten wie das Durchstreifen des Waldes auslösen kann, entsprechen gleichfalls den Erfahrungen und Absichten des Künstlers. Zum einen strahlen die Bäume eine Geborgenheit aus, eine

ven Möbel-Positionen als Tisch, Stuhl und Hutständer. ›Irene, ich möchte die gerne kaufen‹, erklärte Ludwig. ›Das kommt überhaupt nicht in Frage‹, sagte sie. ›Peter, das kaufst du nicht!‹ Dann verließen beide die Galerie. In der Tür drehte Ludwig sich noch einmal um und zischte über die Schulter: ›Herr Zwirner, ist gekauft!‹

Sager: Die Besessenen, Köln 1992, S. 189 f.

Über seine Sammeltätigkeit im Osten:

»Es ist unhaltbar, sich vorzustellen, daß Kunst nur unter bestimmten gesellschaftlichen Systemen, also unter unseren westlichen stattfinden könnte. Wenn das stimmen würde, hätte es bis Mitte des 19. Jahrhunderts in Europa keine Kunst gegeben, weil es immer nur Diktaturen gab. Das ist eine unhaltbare Prämisse, die aus unseren Köpfen gehört.«

Aachener Volkszeitung, 26. 6. 1991

Der Kunstkäufer in Aktion – Variante 2

»Evelyn Weiss: ›Ich war 1982 mit ihm auf so einer Einkaufstour in Rußland, einmal und nie wieder! Es war furchtbar! Alles vom staatlichen Künstlerverband organisiert, mit schwarzer Karosse!‹ Ludwig hat das eher genossen.«

Sager: Die Besessenen, Köln 1992, S. 193

Über Aachens Platz in der Weltkunst:

»Ludwig selbst, Universalist mit katholischem Geschmack und unersättlichem Erwerbstrieb, erläutert sein multinationales Kunstbedürfnis naturgemäß gern aus der Unternehmerperspektive: ›Ich glaube, daß Deutschland als größtes Exportland der Welt eine besondere Sicht der Internationalität gewonnen hat und wie kein anderes Land in der Lage sein sollte, auch in der Kunst die Welt in den Blick zu nehmen. Das soll in Aachen geschehen.‹ Dort habe man ja von früh an internationale Beziehungen gepflegt: ›Schon Karl der Große bekam aus Bagdad einen Elefanten geschenkt.‹ «

Sager: Die Besessenen, Köln 1992, S. 202

Vertrautheit, die man in Kindertagen vielleicht zu den großen, starken und schutzbietenden Lebewesen entwickeln konnte, zum anderen wecken die Figuren – als Geister und Dämonen gesehen – Ahnungen von geheimnisvollen, magischen Kräften.

Der Engländer Richard Long gehört zu den wenigen europäischen Vertretern der Land-art. Naturerfahrungen und Naturmaterialien bestimmen seine künstlerische Arbeit. Die ›Cornwall Carrara Line‹ (1988) verbindet zwei Orte, die sich trotz ihrer geographischen Distanz durch die in der Natur ablaufenden Prozesse sehr nahe kommen.

Kommunikationstechnik des späten 20. Jh. präsentiert Nam June Paik in seiner Videoskulptur ›Earth, Moon, Sun‹ (1990). Kabel verbinden die großen Hauptstädte der Welt, auf

3477625

allen Sternen flimmert es unaufhörlich, und die Bildflut verhindert, einzelnes wahrzunehmen. Was würde wohl Ludwig van Beethoven, den Herr Paik, der ›Vater der Videokunst‹, zum Mann im Mond erhoben hat, zu diesen bunten Blitzen sagen? Würde ihn dies noch zu einer Hymne ›Freude schöner Götterfunken‹ inspirieren?

Archaisch wirkt dagegen Magdalena Jetelovas überdimensionale Holzskulptur ›Der Setzung andere Seite‹ (1987). Räumliche Erfahrungen – hier die Einengung und Bedrückung – will die tschechische Künstlerin vermitteln. Anklänge an die Einengung künstlerischen Schaffens durch das politische System sind keine Fehlinterpretation, doch stehen sie für M. Jetelova bei diesem Werk nicht im Vordergrund.

Politik und Zeitgeschehen hat Jörg Immendorff in einer ebenfalls monumentalen Skulptur ›Naht Brandenburger Tor – Weltfrage‹ (1982/83) thematisiert und damit ein aussagekräftiges Denkmal deutsch-deutscher Geschichte geschaffen. Gleichzeitig vergegenwärtigt er uns, daß das Brandenburger Tor zu einer Grenzlinie gehörte, die zwei Machtblöcke mit ihren Ideologien – Welten – voneinander trennte. (Ausgelegte Informationsblätter helfen die wenigen Details zu entziffern, die man nicht auf den ersten Blick bereits erkennt.)

Wie ein Mahnmal gegen menschliche Schwächen steht ein überdimensionaler Aschenbecher mit Kippen ›Fag-Ends in Colossal Ash-Tray‹ (1975) des Schweden Claes Thure Oldenburg in der Vorhalle. Durch die ungewöhnliche Dimension der banalen Gegenstände wird angedeutet, daß sie für nicht wenige Zeitgenossen eine ungerechtfertigte Größe, einen Fetischcharakter, besitzen, und ihr Gebrauch die persönliche Identität aufwertet. Auf diesem Gebiet kann die Zigarettenwerbung – und nicht nur diese – beachtliche Erfolge verbuchen!

Daß Widersprüche und Gegensätze zum Menschen gehören, versinnbildlicht die über 9 m hohe Skulptur ›Ballerina-Clown‹, die Jonathan Borofsky gemeinsam mit seinem Freund und Techniker John Lilly im Sommer 1991 im Skulpturenhof aufstellte. Seitdem übt die Ballerina unermüdlich gegenüber dem Haupteingang ihren Schritt in der hohen Kunst des klassischen Balletts und gibt sich gleichzeitig mit ›billigen‹ Kunststückchen – einer Ringnummer – ab. Irritierend wirkt der große übergestülpte Clownskopf auf den Schultern der zierlichen Tänzerin – und trotzdem gehören das männliche und weibliche Element zusammen.

Die traditionellen Verbindungen von Landschaft und Kunst griff Horst Antes in einem ›Lustgarten mit 7 Monumenten der Lüste oder Garten des Malers‹ auf. Für die Bundesgartenschau in Karlsruhe schuf er 1967 die fröhlich bunten Stahlplastiken, wie z. B. das ›Nasenmonument oder die Lust der Bedürfnisse‹ und den ›Wolkenfänger oder die Lust, für sich allein zu sein‹. Für den Besuch des Ludwig Forums wäre dies jedoch keine gute Empfehlung; viel zu sehr regen die Exponate zum Diskutieren an, ebenso die breite Palette von Veranstaltungen (s. a. ›Praktische Reiseinformationen‹).

◁ *Aachen, Ludwig Forum, Ballerina-Clown von Jonathan Borofsky und John Lilly, 1991*

Einst schätzten Äbtissinnen Glücksspiele – heute ist es das Land Nordrhein-Westfalen

Die Spielleidenschaft der Aachener war den Stadträten schon in der Mitte des 18. Jh. ein Dorn im Auge. 1750 erließen sie zum ersten Mal ein Spielverbot für Glücksspiele in Kaffee-, Wirts- und Privathäusern. Diese Verordnung muß wenig gefruchtet haben, denn in den 70er und 80er Jahren wird es immer wieder nötig, den Erlaß zu erneuern und die Kontrollen zu verschärfen. Nachtwachen vor verdächtigen Häusern und die enge Begrenzung auf Spiele in der Alten wie Neuen Redoute und der Ketschburg vor dem Adalberttor gehören dazu. Nur Kurgäste und Fremde durften offiziell genehmigt ihrer Spielfreude nachgehen. So unmoralisch und lasterhaft ›anständige‹ Bürger das Glücksspiel finden mußten, so willkommen waren die Einnahmen daraus. Die schon als geschäftstüchtig erkannten Äbtissinnen zu Burtscheid sahen dies in ähnlicher Weise und setzten sich in einer spielfeindlichen Zeit – selbstverständlich gegen den Willen des Aachener Stadtrats – 1779 vor dem Reichskammergericht durch. Gerade 15 Jahre lang können sie sich an ihrem Erfolg und den Einnahmen aus ihrer eigenen Spielbank erfreuen, bis 1794 die französische Besatzung sämtliche Spielhäuser schließen läßt. Dem Aachener Münster ergeht es ähnlich; alle Versammlungsorte erscheinen den Franzosen verdächtig.

Unter der preußischen Herrschaft unternimmt die Stadt Versuche, die Hazardspiele wieder einzuführen. Friedrich Wilhelm III. gestattet 1832 die Gründung der ›Aktiengesellschaft der Spielbanken – Entreprise von Aachen‹. Die Rechnung für das Stadtsäckel geht auf: Ein Drittel des Reingewinns zuzüglich 10 500 Taler Pacht bessern alljährlich die Finanzlage auf. Die Burtscheider kommen dabei schlecht weg, denn ihnen wird nur ein Zwanzigstel von einem Drittel des Gewinns zugestanden. Das Gros der Gewinne dürfte in die preußische Kasse geflossen sein. 1854 überwogen dann doch die moralischen Bedenken,

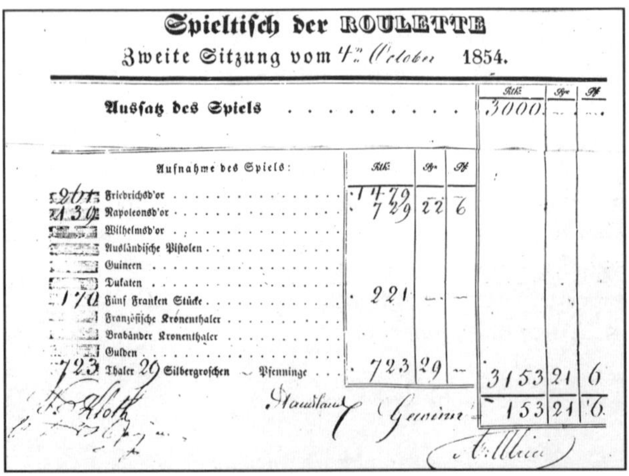
Spieltisch der ROULETTE

Zweite Sitzung vom 4. October 1854.

	Rth	Sg	Pf
Aussatz des Spiels	3000	..	....

Aufnahme des Spiels:	Rth	Sg	Pf
Friedrichsd'or	1479		
Napoleonsd'or	729	22	6
Wilhelmsd'or			
Ausländische Pistolen			
Guineen			
Dukaten			
170 Fünf Franken Stücke	221	—	—
Französische Kronenthaler			
Brabänder Kronenthaler			
Gulden			
723 Thaler 29 Silbergroschen — Pfenninge	723	29	—
	3153	21	6
Gewinn	153	21	6

Gewinnaufstellung der Spielbank, 19. Jh.

Der alte Aachener ›Cursaal‹, um 1854

und die Spielbank in der Neuen Redoute wurde geschlossen. Ein harter Schlag für den Fremdenverkehr, denn die Zahl der Gäste sank rapide auf die Hälfte (1854: 19 631; 1855: 10 227 Gäste) und pendelte sich für die folgenden 15 Jahre auf diesem Niveau ein. Auch für Bauarbeiten in der Stadt hatte das Ausbleiben des Geldes unangenehme Folgen, so mußte z. B. die geplante Umgestaltung der Rathausfassade ausfallen, die bereits aufgestellten Gerüste wurden wieder abgebrochen. Als Ausgleich und Entschädigung für die geschlossene Spielbank sprach König Wilhelm I. 1865 der Stadt die Polytechnische Schule, die Vorläuferin der TH, zu.

Nach dem Zweiten Weltkrieg besann sich das Land Nordrhein-Westfalen wieder auf die ungenutzten Chancen des Glücksspieles. Mit einem Spielbankengesetz wurden die Voraussetzungen für neue, reichlich sprudelnde Einnahmequellen geschaffen. So erfolgreich ein Casinogast auch sein mag – 1992 betrug der höchste Einzelgewinn 600 000,– DM – der ständige und größte Gewinner ist das Land. Es schöpft derart gründlich ab, daß nicht einmal genügend in der Spielbank bleibt, um die Angestellten zu bezahlen. Die Gehälter und Löhne des Personals inklusive der Lohnnebenkosten müssen aus dem Trinkgeldtopf, dem Tronc, bestritten werden. Am Monatsende wird die gesamte Summe nach einem Punktesystem anteilig aufgeteilt. 65 % der Gewinne fließen in den Finanzhaushalt des Landes, von

denen ein Teil für karitative Zwecke verwendet werden muß, weitere 15% gehen an die Stadt Aachen. Der Stadtkämmerer kann dabei zwischen 18 Mio. DM in schlechten Jahren und rund dem Doppelten in guten Zeiten erwarten.

Wo soviel Geld rotiert und manchem durch die Finger gleitet, sind wachende Augen nicht fern: 17 Finanzbeamte sorgen neben den Mannschaften an den Tischen dafür, daß alles mit rechten Dingen zugeht. Neuste Technik unterstützt die Kontrolle, dies sei besonders potentiellen Steuerhinterziehern gesagt. Es wird gespeichert, wer wann das Casino besucht hat, allerdings nicht, ob man auch gewonnen hat. Halten Sie also gegebenenfalls die richtige Reihenfolge ein!

So spielerisch leicht man im Casino sein Geld verlieren kann, so hart ist die Arbeit an den Roulette-Tischen. Sie erfordert nicht nur manuelle Geschicklichkeit im Umgang mit dem

Aachen, Roulette im Internationalen Spielcasino

Rateau und den Jetons, sondern sie verlangt höchste Konzentration in einer, diesem wenig förderlichen Atmosphäre; ein photographisches Gedächtnis, das ständig nach kurzer Zeit eine neue Situation auf dem Spieltisch festhält – wer welche Jetons wohin geworfen hat – und zusätzlich noch die Verantwortung für viel Geld. Je nach Mindesteinsatz am Tisch besteht die Anfangsausstattung mit Jetons zwischen 100 000 und 200 000 DM. Ein Team von vier Croupiers hält das Spiel in Gang: ein Kopfcroupier, der in der Berufshierarchie noch relativ weit unten steht, zwei Drehcroupiers an den gegenüberliegenden Ecken der Spielfläche, welche die Kugel in Bewegung setzen und den ›Jeton-Haushalt‹ führen, und erhöht sitzend der Tischchef. 12–18 Jahre Berufserfahrung am Spieltisch sind notwendig, um in diesen Rang als Vorgesetzter einer Tischmannschaft aufzusteigen. Zu ihr gehört noch ein fünfter Mann als ›Auswechselspieler‹. Es fällt auf, daß es sich bei den Teams um reine Herrenrunden handelt. Frauen wird der Zugang zu diesem Beruf keineswegs verwehrt, doch haben vermutlich die Arbeitsbedingungen, die beim Roulette-Spiel die härtesten des Casinos darstellen, zu dieser Geschlechtertrennung geführt. Etwas besser sieht es dagegen an den Black Jack-Tischen aus.

Unter den Gästen des Internationalen Spielcasinos zeigt sich eine ausgewogenere Aufteilung zwischen den Geschlechtern. Zwei Hauptgruppen suchen hier ihr Glück: Selbständige und Hausfrauen!

Pilgerverkehr im 7-Jahre-Rhythmus: die Heiligtumsfahrt

Ohne Karl den Großen wäre die Aachener Heiligtumsfahrt kaum eine bedeutende Wallfahrt geworden – vielleicht noch nicht einmal entstanden. Nach der Legende soll der Karolinger die Reliquien sogar selbst aus dem Nahen Orient herangeschafft haben. Den historischen Wahrheitsgehalt zu überprüfen, ist unnötig; mit Sicherheit hat Karl der Große den schon vorhandenen Reliquienschatz seiner Familie beachtlich vergrößert.

Jan Luyken fecit.

De Lieve Vrouwe Kerck tot Aken en de Reliquien. die tot Aken alle

n en alle Jaren eens Vertoont Werden

Das Reliquiensammeln war seit dem frühesten Mittelalter nicht nur eine Frage des Glaubens, sondern gleichfalls eine der Macht, denn Missionierung – Christianisierung – und Ausdehnung von Herrschaftsgebieten gingen Hand in Hand. Der Bedarf an Reliquien, welche die Ausbreitung des christlichen Glaubens unterstützen sollten, war so groß, daß die sterblichen Überreste der Märtyrer allein nicht ausreichten. Profane Gebrauchsgegenstände der Heiligen – in den Rang sogenannter Berührungsreliquien erhoben –, konnten diesem Mangel abhelfen. Tücher, die das Blut von Märtyrern aufgesogen hatten, wurden zu begehrten Objekten. Problematisch war bis ins frühe 5. Jh. die Verehrung Mariens, da sie nicht als Märtyrerin gestorben war. Das Konzil von Ephesus erklärte sie 431 zur Gottesgebärerin und schuf damit eine wichtige Grundlage für den Marienkult.

Reliquien galten als kostbarste Geschenke; Kaiser, Könige und Päpste pflegten sie bei bedeutenden diplomatischen Unternehmungen im Reisegepäck mitzuführen; manches wechselte auf Kriegs- und Raubzügen die Besitzer. Der Rang eines Kirchenbaus, so auch derjenige der Pfalzkapelle zu Aachen, konnte durch Reliquienschenkungen erhöht werden. So gelangten die *drei kleinen Heiligtümer* – die Gürtel und ein Geißelstrick Mariens – sowie die *vier großen Heiligtümer* – das Kleid Mariens aus der Heiligen Nacht, zwei Windeln des Jesuskindes, das blutbefleckte Enthauptungstuch Johannes des Täufers und das Lendentuch Christi – an die Pfalzkapelle Karls des Großen.

Im 13./14. Jh. erfuhr der Reliquienkult einen starken Aufschwung, der sich noch immer sichtbar in der sakralen Architektur und dem kirchlichen Kunstgewerbe niederschlug: Die Gläubigen wollten die Gegenstände ihrer Verehrung sehen. Aus dem Märtyrergrab unter dem Altar entwickelte sich daraufhin der Reliquienschrein, der in den Hochchor gestellt werden konnte. Im Idealfall, so auch im Aachener Dom, konzipierten die mittelalterlichen Baumeister den Chor selbst als einen aufwendigen steinernen Schrein. Für die vier großen Heiligtümer gab das Domkapitel den Marienschrein in Auftrag. 1238 konnten die Kostbarkeiten aus einer karolingischen Lade dort hinein übertragen werden. Verstärkt durch die Heiligsprechung Karls des Großen und seine Verehrung nahm die Zahl der nach Aachen pilgernden Gläubigen rasch zu. Seit dem frühen 14. Jh. (1312 älteste Erwähnung der Heiligtumsfahrt) ist es schon nötig, die Reliquien vom Turm des Münsters zu zeigen, um einer möglichst großen Menschenmenge das Erlebnis zuteil werden zu lassen. Von 1349 an findet die Wallfahrt im 7-Jahre-Turnus statt.

Die älteste bekannte Schilderung vom Ablauf des Höhepunktes der Heiligtumsfahrt verfaßte der Metzer Bürger Philipp von Vigneulles im Jahre 1510 (s. S. 21).

Der Zustrom der Gläubigen stellt die Stadt vor einige Probleme. 1440 bricht z. B. ein Haus unter den Zuschauermassen zusammen, so daß 17 Pilger ums Leben kommen, 80 schwer verletzt werden. Aus dem Jahre 1492 ist eine Zahl von 142 000 Besuchern überliefert – berücksichtigt man zu jener Zeit eine Einwohnerzahl zwischen 10 000 und 15 000, wird trotz aller Fragwürdigkeit der Gesamtmenge, das Gedrängel in und um den Dom

◁ *Aachener Dom, Zeigung der vier großen Heiligtümer. Nach einem Kupferstich von A. Hogenberg, 1632*

Aachener Dom, die Zeigung der Heiligtümer durch Bischof Bornewasser aus Trier am 20. Juli 1930

sowie in der Stadt deutlich. Da war es kaum möglich, alle Pilger innerhalb der Stadtmauern unterzubringen. Auf die Strapazen der langen Fußmärsche warteten keineswegs erholsame Tage in Aachen. Zu den Gläubigen aus der größten Entfernung gehörten die Ungarn; auch aus dem Alpen- wie dem Ostseeraum pilgerte man nach Aachen. Um den Gewinn einer solch mühe- und gefahrvollen Reise zu vergrößern, suchten die Gläubigen weitere Orte auf, und es entwickelte sich als Alternative für die noch aufwendigere Romfahrt eine sogenannte Römerfahrt zu sieben rheinischen Wallfahrtsorten (Aachen, Trier, Köln, Schillingskapellen bei Bonn, Grefrath bei Solingen, Düsseldorf und Mönchengladbach). Nicht nur im Aachener Raum, wie z. B. in Kornelimünster und Burtscheid, stimmten die Kleriker ihre Wallfahrtstermine mit derjenigen der Heiligtumsfahrt ab, sondern auch im Gebiet des späteren Dreiländerecks. Wer aus dem Westen kam, konnte mit dem Aachen-Besuch Abstecher zu den bedeutenden Stätten der Märtyrer-Verehrung in Maastricht, Roermond, Lüttich, Tongeren, St. Truiden oder Hasselt verbinden.

Während der Heiligtumsfahrt wurde in der Stadt ein großer Jahrmarkt abgehalten, eine hervorragende Gelegenheit, neben Devotionalien auch die Produkte des Aachener Handwerks einem breiten Publikum anzubieten. Die Tradition dieses Markts wird noch immer lebendig gehalten, nur verlagerten die Stadtväter 1927 das Ereignis, den ›Öcher Bend‹, auf den Bendplatz an die Süsterfeldstraße.

Nach dem Zweiten Weltkrieg erfuhr die Heiligtumsfahrt einschneidende Veränderungen: Ihre Dauer wurde reduziert, der Termin vom Aachener Kirchweihfest gelöst, und im Zusammenhang mit einer stärkeren Besinnung auf die heilige Messe verzichtete man 1972 erstmals auf die Zeigung der Heiligtümer vom Domturm. 1993 wird die nächste Heiligtumsfahrt stattfinden. Ständig bietet dagegen das Stadtgeschichtliche Museum in der Burg Frankenberg mit historischen Abbildungen und Wallfahrtsandenken Einblicke in die Aachener Reliquienverehrung.

CHIO – Mekka für Pferdefreunde

Internationale Reitertreffen besitzen in Aachen eine bis ins Mittelalter zurückreichende Tradition; gehörten doch Turniere und Festumzüge zum Rahmenprogramm der Krönungsfeierlichkeiten. Der Concours Hippique International Officiel (kurz CHIO genannt) setzt diese Gewohnheit mit seiner Mischung aus Volksfest und gesellschaftlichem Treffpunkt – nicht nur der Reiterelite der Welt – alljährlich im Juni/Anfang Juli fort. Die Bezeichnung ›Mekka der Pferdefreunde‹ ist keineswegs übertrieben, denn die Reitanlagen in der Soers sind nicht nur die größten der Welt, sondern das CHIO ist auch das einzige Turnier, bei dem Wettkämpfe in drei Disziplinen des Reitsports – Springen, Dressur und

CHIO 1992, Preis der Nationen: die Sieger

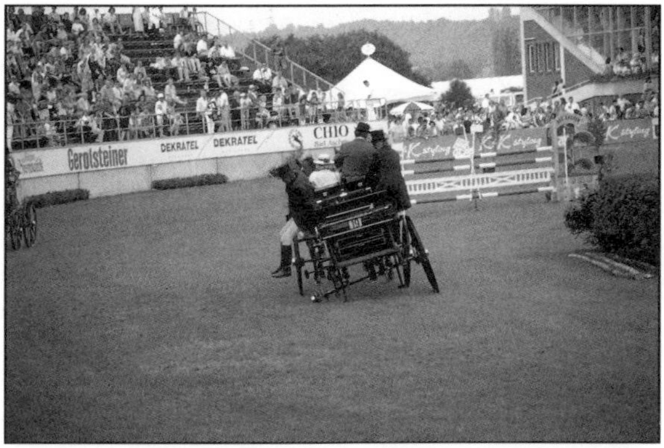

CHIO 1992: Pechvögel in der Ehrenrunde der Vierspänner

Fahren – stattfinden. Auf 22,5 ha verteilen sich das Hauptstadion für die Springprüfungen, zwei verschieden große Vorbereitungsplätze der Springreiter, das Dressurstadion – dazu ebenfalls zwei Vorbereitungsplätze – und zwei 21 000 m^2 große Plätze für die Gespannfahrer. 1978 wurde an der Hubert-Wienen-Straße die Albert-Vahle-Halle errichtet, zu der eine kleinere Halle zum Abreiten und Vorbereiten gehört. (Hubert Wienen hat als Präsident des Aachen-Laurenzberger Rennvereins seit 1925 maßgeblich die Entwicklung des Turniers bestimmt und sich in den 30er Jahren besonders dafür eingesetzt, daß das wichtigste deutsche Reitturnier in Aachen blieb und nicht in die Reichshauptstadt Berlin verlegt wurde.) In der Südost-Ecke der Anlage befindet sich der Stallbereich: 331 Pferdeboxen, Schmiede, Veterinärstation mit Röntgenabteilung und Unterkünfte für Pferdepfleger. Mitten im Turnierkomplex – architektonisch interessant gelöst als Unterbau der Ehren- sowie Pressetribüne und des Richterhauses – befindet sich die Geschäftsstelle des Aachen-Laurensberger Rennvereins (ALRV).

Dieser 1898 gegründete Verein ist nicht nur Hausherr im Reitstadion, sondern gleichzeitig ›Erfinder‹ und Veranstalter des Aachener CHIO. In den Anfangsjahren beschränkte man sich noch weitgehend auf das Ausrichten von Pferderennen. 1924 fand ein erstes Turnier mit Spring-, Dressur- und Fahrwettbewerben statt. Trotz des finanziellen Reinfalls ließ sich der ALRV nicht entmutigen, für den August 1925 im Rahmen der Jahrtausendfeier des Rheinlands ein erstes internationales Reit-, Spring- und Fahrturnier zu planen. Diesmal sollte dem Unternehmen Erfolg beschieden sein und ab 1927 auf dem inzwischen ausgebauten Soerser Platz die Tradition eines Reitertreffens von Weltrang eingeleitet werden.

Die Bezeichnung ›CHIO‹ taucht jedoch erst 1952 auf, nachdem die Bundesrepublik Deutschland wieder in die Internationale Reiterliche Vereinigung (Fédération Equestre Internationale – FEI) aufgenommen worden war, und die Stadt Aachen bzw. der Aachen-Laurensberger Rennverein ausgewählt wurden, das ›offizielle‹ Turnier auszurichten. Damit erhielt Aachen die Rolle der deutschen Hauptstadt der Reiterei, denn in jedem Land darf nur ein offizielles Turnier ausgetragen werden.

Die bekanntesten Wettbewerbe aus der Zahl von heute 37 Prüfungen wurden Ende der 20er Jahre ins Leben gerufen: 1927 der ›Große Preis von Aachen‹ und 1929 der ›Preis der Nationen‹. Noch wenige Tage vor dem Ausbruch des Zweiten Weltkriegs trafen sich vom 17.–27. August die Reiter aus 14 Nationen zum 15. Internationalen Reit-, Spring- und Fahrturnier. Im September 1946 fand das nächste statt, bei dem bereits wieder 200 Pferde an den Start gingen. Wegen der Olympischen Spiele 1948 wurde das Aachener Reitertreffen um einige Wochen vorverlegt, und seitdem notieren sich die Pferdefreunde sechs Tage Ende Juni/Anfang Juli im Terminkalender. 1966 kam zu den Dressurprüfungen der ›Große Dressurpreis von Aachen‹ hinzu. Ein besonders attraktiver Wettbewerb bereichert seit 1984 das Programm: die rund 24 km lange Marathonfahrt der Vierspänner im Aachener Wald. Dafür sind im Laufe der Zeit andere Gespannprüfungen, wie z. B. das Zweispännerrennen, weggefallen. Beim Springen haben Mensch und Tier dazugelernt. Heute kann der Parcoursaufbau mit seiner Linienführung und den Hindernissen so gestaltet werden, daß er zwar nicht leichter geworden ist, doch besser den Möglichkeiten der Pferde angepaßt wird.

Ein ›kluges‹ Reiten wird herausgefordert. Seit 1967 ein Pferd während des Großen Preises von Aachen vermutlich an Herzschlag starb, hat es keinen schweren Unfall oder spektakulären Sturz mehr gegeben.

Beachtlich zugenommen haben seit dem Wiederbeginn nach dem Zweiten Weltkrieg die Preisgelder. Waren es 1961 noch 121 000 DM, so ist die Summe mittlerweile über eine Million geklettert. Firmen und Unternehmen der verschiedensten Sparten haben ihr Herz für den Pferdesport entdeckt; die Reihe der Sponsoren spiegelt mehr als nur den Aachener Wirtschaftsraum und das Dreiländereck wieder: Von Käse bis Kohle, von Marmelade bis Brot, von Nadeln bis Möbeln, von Versicherungen und Banken bis zu pferdestarken Autos tragen sie alle zum Aachener CHIO bei.

Letztendlich gehört zum Gelingen eines großen Turniers auch ein sachverständiges Publikum, das ungefähr zu 60 % aus dem Aachener Gebiet kommt. Man kennt sich aus: Man bestellt seine Eintrittskarten fürs nächste Jahr gleich nach dem Turnierende; für den Großen Preis von Aachen nimmt man einen Platz auf der Tribüne, während es beim lang andauernden Nationenpreisspringen ratsam scheint, flexibler zu bleiben und auf dem sogenannten Sattelplatz zu stehen. Ihren großen Auftritt haben die Zuschauer am Sonntagabend beim Abschied der Nationen, wenn sie für die Teilnehmer mit dem traditionellen Taschentuchwinken beim Verlassen des Stadions eine bewegte wie bewegende Kulisse schaffen.

Orden und Preise aus Aachen

In den ersten Nachkriegsjahren, während der Wiederaufbau auf dem Trümmerfeld Aachen den vollen Einsatz erforderte, dachten einige Bürger intensiv darüber nach, wie aus dem politischen Scherbenhaufen, dem verständlichen Mißtrauen und der Feindschaften sich eine europäische Völkergemeinschaft entwickeln könnte. Treibende Kraft war Dr. Kurt Pfeiffer (1893–1987), ein weit gereister und weltoffener Unternehmer, der 1949 den *Internationalen Karlspreis* ›erfand‹ bzw. die Karlspreis-Gesellschaft organisierte. Das Direktorium umfaßte den amtierenden Oberbürgermeister und Oberstadtdirektor, den Dompropst (zu Beginn den Bischof), den Rektor der RWTH – auch nur in der Amtszeit – und zusätzlich acht Aachener Bürger, die jedoch auf Lebenszeit gewählt werden. 1974 wurde das Wahlgremium noch um je einen Vertreter der Ratsfraktionen erweitert. In geheimer Diskussion findet die Gesellschaft für die Verleihung des Internationalen Karlspreises zu Aachen e. V. (Verein seit 1987) einen Preisträger, der sich allerdings im Gegensatz zum karolingischen Namensgeber der Auszeichnung in friedlicher Weise für die Einheit Europas eingesetzt hat. Dabei werden Leistungen im politischen, wirtschaftlichen oder geistigen Bereich honoriert. Wenn meist auch nur ein Träger des Karlspreises ermittelt wird, so kann damit auch eine Gruppe oder ein ganzes Volk, wie 1986 das luxemburgische, ausgezeichnet werden. Nicht unbedingt jedes Jahr gibt es Gelegenheit, einen verdienten Europäer zu ehren – manchmal fand sich keiner, und ein einziges Mal bisher hat eine ausgewählte Per-

Die Karlspreis-Medaille

sönlichkeit den Karlspreis abgelehnt. Im Treppenhaus des Rathauses, wo im Karlssaal am Himmelfahrtstag der Internationale Karlspreis vergeben wird, finden Sie eine Fotogalerie der seit 1950 ausgezeichneten Streiter für die Vereinigten Staaten von Europa.

Ebenfalls seit 1950 verleiht man in Aachen den *Orden ›wider den tierischen Ernst‹* – allerdings zur Karnevalszeit, wenn Humor eine Schonfrist hat und ernst genommen bzw. zelebriert wird. Auf diese Weise ermutigt der Elferrat des Aachener Karnevalsvereins von 1859 vornehmlich Politiker zu mehr Witz im Dienst und in den Amtsstuben, indem er gelungene Handlungen lobend herausstellt. Mögen die erzieherischen Absichten mehr Früchte tragen!

Die Förderung des karnevalistischen Nachwuchses hat sich seit 1992 eine Marmeladenfabrik vorgenommen – ein ausgekochter Werbefeldzug! Mit einer Summe, welche die Portokasse kaum schmerzen dürfte, hat man sich teure Werbeminuten im Abendprogramm gesichert.

Welchen Stellenwert der Fremdenverkehr für Aachen besitzt, drückt sich im Macerpreis aus, der 1978 erstmals verliehen wurde. Damit ehrt die Stadt Bürger, die sich besonders für das Image Aachens und den Tourismus eingesetzt haben. Der älteste namentlich bekannte Gast – Lucius Latinius Macer, Centurio der neunten Legion – verhalf der Auszeichnung zu ihrem Namen.

Auf alten Schmugglerpfaden

Wer auf den Spuren beinahe schon historischer Berufe im Grenzraum wandeln möchte, für den führt kein Weg am *alten Zollhaus* in Aachen-Horbach vorbei. In einer bewundernswerten Initiative haben hier ein gutes Dutzend Zollbeamter unter der Leitung des Regierungsdirektors a. D. Christian Friedrichs nicht nur als Denkmalpfleger nach Dienstschluß eine ehemalige Amtsstelle vor dem Verfall und Abbruch gerettet, sondern gleichzeitig eine **Zollgeschichtliche Sammlung** mit 22 Schauräumen aufgebaut. Sie zeigt in einem Bogen vom alten Ägypten bis in unsere Tage, daß Abgaben so alt sind wie die Menschheit. Schon die ältesten Herrscher fanden Mittel und Wege Gelder einzutreiben und besaßen keine Bedenken, weder Nilschlamm noch Urin (»non olet« – »Geld stinkt nicht«) zu besteuern. In den modernen Zeiten fungiert der Zoll als verlängerter Arm eines Wirtschaftsministers – weiterführend gelegentlich auch als ›Langfinger‹ empfunden. Mit der Geschichte des Zolls, der nichts anderes ist als eine Art Steuer, sind aufs engste Grenzgeschichte, Münzgeschichte, Sozialgeschichte, Wirtschaftsgeschichte, und -politik verbunden; eine komplexe Angelegenheit, der die Sammlung gerecht wird.

Seit dem Mittelalter waren Wegezölle ein hervorragendes Geschäft; Burgen und Türme an den Hauptverkehrsstraßen, die wie der Rhein auch die schiffbaren Flüsse umfaßten, stellten begehrte Besitztümer dar. Auf Nebenstrecken mußten oftmals Grenzsteine ausreichen, um Ansprüche zu markieren. Unmißverständliche Angaben darüber, wer hier kassieren durfte, machten die Wappen auf den Grenzsteinen. Hatte man zwei einmeißeln lassen, mußte der Zoll geteilt werden. Streitigkeiten konnten da nicht ausbleiben. Für diese Fälle gab es den hl. Matthäus, der als Schutzpatron der Zöllner vielleicht Hilfe gewährte. Bevor der Heilige zum Apostel berufen worden war, hatte er als Zöllner (Lukas 5,27) einschlägige Berufserfahrungen gesammelt. Auf Meinungsverschiedenheiten im Grenzverlauf hatte sich im Rheinland die hl. Lüfthildis besonders spezialisiert. Sie lebte als Eremitin im 8./9. Jh. auf dem Lüftelberg bei Meckenheim und trat in dieser Region mit ihrer Spindel als erste ›Landvermesserin‹ auf.

Stadttore wurden vom Mittelalter bis ins ausgehende 19. Jh. als gut gesicherte Zollstationen genutzt. Offizielle Schreiben und Fotos dokumentieren den beruflichen Werdegang des letzten Torkontrolleurs am Aachener Ponttor Ende des 19. Jh. und geben – unterstützt durch die Einrichtung einer Wohnküche aus jener Zeit – noch einen Einblick in das Alltagsleben seiner Familie. Weit unbequemer als am Stadttor konnte der Wachdienst auf einem Außenposten im Gelände sein. Dafür stand dem Zöllner im Liegestuhl zumindest ein Dienstschlafsack zur Verfügung.

Mehrere Räume des Museums sind den Entwicklungen des 19. Jh. gewidmet, wo die engen Verflechtungen zwischen Politik, Wirtschaft, Verkehrs- und Industrieentwicklung und dem Zollwesen deutlich werden. Um 1790 existierten im Deutschen Reich ungefähr 1800 Binnenzollgrenzen, 1818 bestanden im Deutschen Bund 38 verschiedene Zollsysteme. Friedrich List (1789–1846) gründete 1819 den Handels- und Gewerbeverein als ersten Ansatz, die Zersplitterung aufzuheben. Damit verbunden war eine notwendige Vereinheit-

Grenzbeamter und Schmuggler, historische Postkarte

lichung der Maßsysteme. 1828 ging die wirtschaftliche Einigung Deutschlands mit dem Preußisch-Hessischen, Mitteldeutschen und Süddeutschen Zollverein weiter, und 1834 wurde auf Initiative des preußischen Finanzministers Friedrich von Motz der Deutsche Zollverein ins Leben gerufen. Industrialisierung und politische Einigung konnten sich auf dieser Grundlage entwickeln. Wenn nun auch alte Zölle wegfallen mußten, so reichte die Kreativität der Wirtschaftsleute aus, andere zu erfinden bzw. durchzusetzen: Schutzzölle, Wertzölle und Verbrauchssteuern brachten u. a. neue Einnahmequellen.

Die große Schmuggelwelle nach dem Zweiten Weltkrieg galt dem Umgehen der Verbrauchssteuer auf dem Kaffee. Schon zu preußischen Zeiten versuchten einmal amtliche Kaffeeschnüffler bei Haus- und Kannendurchsuchungen den staatlich unerwünschten Luxuskonsum durch Kontrolle einzuengen. In den 40er Jahren erschienen hohe Abgaben ein gutes Mittel, an der Kaffee-Leidenschaft des Volkes teilzuhaben und daraus Einkünfte zu erzielen. Bei einem Preis von 16 DM pro Pfund Kaffee ist es kein Wunder, daß Kaffeeschmuggel zu einem tragenden Wirtschaftszweig im Aachener Raum wurde. Erfindungsgabe an beiden Fronten zeigen sich heute von ihrer amüsanten Seite: Beim grenzüberschreitenden Holzverkauf führte man einen hohlen, 80 Pfund Kaffee fassenden Baumstamm mit. Damit die Scharniere und Schnittflächen nicht auffielen, zog man diesen kostbaren Stamm genau wie alle anderen durch den Dreck. Aus Nägeln zusammengeschmiedete Krähenfüße warfen Schmuggler auf Verfolgungsjagden vor die Zollautos. Daraufhin konstruierte ein technisch begabter Zöllner, wie Fotos belegen, eine Vorrichtung aus beweglichen Besen vor den Rädern des Dienstporsches. Sämtliche Verkehrsmittel wurden für den Schmuggel eingesetzt; größte Berühmtheit erlangte eine Hauptroute, die durch den Gemmenicher Eisenbahntunnel führte. Sie wurde in den 50er Jahren Drehort des Filmes »Die sündige Grenze«. Von Roetgen führte die ›Himmelsleiter‹ ins Land mit den paradiesischen Kaffeepreisen.

Die volkstümliche Bezeichnung der Kirche St. Hubertus in Schmidt mit ›St. Mokka‹ spricht für sich – hatte man doch das Gros der Bausumme mit wilden ›Kaffee-Jagden‹ durch den Wald eingebracht. Andere Gemeinden arbeiteten ähnlich, und so ist es kein Wunder, daß schon mal der Pfarrer von Mützenich nach Aachen radelte, um seinen Schäfchen – der halben Gemeinde – beizustehen. Bei rund 40 000 – 45 000 Anzeigen pro Jahr hatten die Schreibkräfte der Zollverwaltung reichlich Arbeit; im Schnitt galt es alle Viertelstunden einen neuen Täter zu erfasssen. Kolonnen von 100 –150 Schmugglern machten sich teilweise auf den Weg, und da reichte es für den Bürobetrieb schon aus, wenn nur der kleinste Teil geschnappt wurde. Dabei muß es sich nicht unbedingt um die Kleinsten gehandelt haben, denn auch Kinder waren in großer Zahl in diesen Wirtschaftszweig integriert. Bei dem illegalen Güterverkehr ließen sich sogar geographische Unterschiede beobachten: Während man sich im Aachener Süden hauptsächlich dem Kaffee- oder umfassender dem Genußmittelschmuggel widmete, war es im Aachener Norden verstärkt der Vieh- und Industriegüterschmuggel.

Als 1953 mit den neuen Kaffeesteuergesetzen die Abgaben deutlich reduziert wurden, und das Pfund Kaffee nur noch 9 statt 16 DM kostete, ließ der Schmuggel schlagartig nach, und der erste Stellenabbau im Zollbereich setzte ein. Unterstützt durch Funkgeräte und zunehmende Motorisierung konnten die Grenzen ab den späten 50er Jahren besser überwacht werden. Bei der nächsten Rationalisierung in den 70ern kam der Zoll buchstäblich auf den Hund; zuerst wurde der Vierbeiner zum Beschützer des Zöllners, dessen zweibeiniger Kollege nun eingespart werden konnte. Bald übernahmen die Tiere Aufgaben, bei denen sie nicht zu übertreffen sind: Sie werden als Rauschgiftspürhunde eingesetzt. Wenn auch Anfang 1993 die Binnengrenzen Europas gefallen sind, bleiben von den ehemals 700 Zöllnern an den Grenzen des Regierungsbezirks Aachen einige im Amt. Größte Chancen den kritischen Blicken eines Zöllners ausgesetzt zu sein, haben sie als Tourist aus fernen Ländern. Das Washingtoner Artenschutzabkommen verbietet sowohl die Einfuhr exotischer Tiere als auch die Einfuhr von Souvenirs, die aus Teilen dieser Tiere gefertigt sind. Berücksichtigen Sie dies, damit ihre Reisemitbringsel nicht auch eines Tages im Zollmuseum landen!

Der grüne Rand des Aachener Kessels

Napoleon läßt den kahlen Lousberg aufforsten

Der Lousberg mit seinem Waldbestand ist heute solch ein beliebtes Spaziergebiet – Parkplätze finden Sie hier nicht unbedingt leichter als im nahen Stadtzentrum –, daß man sich dieses Gelände kaum als baumarmen Hügel vorstellen kann, auf dem noch bis zum Beginn des 19. Jh. Schafe geweidet wurden. Die Aachener nutzten das Gipfelplateau seit dem Mittelalter gerne als Festgelände; Freudenfeuer ließen sich nicht nur gut sichtbar, sondern auch noch ohne größere Gefahren abbrennen. Die Spuren des 1978 entdeckten, jungsteinzeitlichen Feuersteinbergbaus lassen den Lousberg sogar zum ältesten Gewerbe- und Siedlungsgebiet im Aachener Raum werden. Dank der Vorliebe Napoleons für die Karlsstadt (s. S. 27) sollte diese nach den städtebaulichen Idealen jener Zeit einen aufwendig gestalteten Grüngürtel längs der mittelalterlichen Umwallung erhalten. Maximilian Friedrich Weyhe, Düsseldorfer Hofgärtner, lieferte um 1810 die Entwürfe für Promenaden an der Heinrichs- und Monheimsallee; seinen Plan für einen Lousbergpark vollendete er erst 1815 zu Beginn der preußischen Herrschaft. Nach einer kurzen Zeit der Ungewißheit kam die preußische Forstdirektion davon ab, einen Forst anzulegen, und die französischen Pläne wurden in die Tat umgesetzt. Schon zur Zeit Napoleons hatte man ohne ein besonderes Konzept Bäume angepflanzt und – teilweise aus Gewinnen der Spielbank finanziert – auf dem Südost-Hang ein Gesellschaftshaus, das **Belvedere**, errichtet. Die Säulen des nachfolgenden Gebäudes (Architekten: Friedrich Leydel bis 1839, von Friedrich Ark 1840 vollendet), das die Zerstörungen des Zweiten Weltkriegs nicht überstand, ragen heute als ›Aachener Akropolis‹ in den Himmel.

1807 stellten die Franzosen ihrem bedeutendsten zeitgenössischen Landvermesser und Kartographen, Jean Joseph Tranchot (1752–1815), mit dem **Obelisken** ein Denkmal auf. Unter seiner Leitung hatte um 1800 die erste geschlossene kartographische Landesaufnahme in den westlichen Rheinlanden begonnen. Einen Vermessungspunkt setzte Oberst Tranchot, der zwischen 1801 und 1807 sein Büro in Aachen leitete, auf den Lousberg. Der Obelisk fiel schon 1814 plündernden mecklenburgischen Soldaten zum Opfer, die den eingemauerten Münzschatz aus dem Sockel raubten. Der preußische General von Müffling ließ nicht nur den Obelisken wieder aufrichten, sondern er führte auch die Arbeiten seines französischen Vorgängers fort.

Der Tranchot-Obelisk entwickelte sich zu einem wichtigen Element in der Parkgestaltung. Blickpunkte und darauf hin lenkende Achsen und die Inszenierung von Aussicht bildeten in jener Zeit Leitlinien gärtnerischer Planung. Mit einer 300 m gerade verlaufenden Buchenallee führte Maximilian Weyhe den Blick und den Schritt des Spaziergängers über das langgestreckte Plateau auf den historischen Vermessungspunkt zu, um dort seinen krönenden Abschluß in einem Panorama zu finden. Auch die anderen Wege auf den Lousberg waren so angelegt, daß der Aufstieg an nahem Sehenswerten vorbeiführte – einst z. B. an einem Rundtempelchen oder an einem chinesischen Pavillon, heute an dem translozierten **Kersten'schen Gartenhaus** von J. J. Couven – und erst auf der Höhe die Aussicht freigab. Der Aufstieg lohnt nach wie vor: Vom Dom und St.Foillan schweift der Blick nach Süden zum Marschiertor, zu St.Adalbert mit der Salvatorkirche im Vordergrund. Hinter St. Josef mit dem markanten neugotischen Turm zieht sich schnurgerade die Trierer Straße (B 258) in die Ferne und verrät, daß sie ein Produkt napoleonischen Straßenbaus ist und gleichzeitig als Blickachse zum Lousberg – und umgekehrt – konzipiert wurde. Von den ersten Eifelhöhen im Süden läßt sich ein Bogen über die Sophienhöhe bei Jülich, einer Abraumhalde des Braunkohlentagebaus, zu den kleinen Halden des Wurmreviers im Norden schlagen.

Ende des 19. Jh. erweiterte der Gartendirektor Heinrich Grube die Parkanlagen und bezog dabei den Salvator-

Obelisk auf dem Lousberg

Der Lousberg mit dem Kersten'schen Gartenhaus

berg ein (1882–1907). Große Bauaktivitäten waren gleichzeitig auf der West- und Südseite der beiden Erhebungen zu beobachten. Ein Villenviertel entstand an neu angelegten Straßen, wie der Lousbergstraße, Försterstraße und der Nizzaallee. Die Kupferstraße, die bereits auf einen mittelalterlichen Weg zwischen den Kupfermühlen in der Soers und den Öfen in der Stadt zurückgeht, erhielt ebenfalls eine repräsentative gründerzeitliche Bebauung.

Auch die zerfallene **Salvatorkirche** entstand zwischen 1883/85 und 1886 neu. Aus einer Friedhofskapelle Ludwigs des Frommen war 1039 eine dreischiffige, flach gedeckte Pfeilerbasilika geworden. In Anlehnung an diese frühromanische Kirche errichteten die Oblatenpatres nach dem Zweiten Weltkrieg zum dritten Mal eine dreischiffige Basilika. Damit wurde die Salvatorkirche wieder Klosterkirche wie schon im Jahre 1200.

Einen überraschenden Gegensatz bieten die Hänge des Lousbergs. Auf der Südseite schiebt sich die dichte Bebauung der Stadtmitte bis an den Park, am Nordhang fühlt man sich dagegen aufs Land versetzt. Alte Gehöfte aus dem 18./19. Jh., ehemalige Mühlen, Weiden durchzogen von feuchten Auen bestimmen nach wie vor das Bild in der **Soers**. Auch an Herrensitzen fehlt es nicht. Das vierflügelige **Wasserschloß Rahe** stammt aus der zweiten Hälfte des 18. Jh. und dient heute einer Versicherungsgesellschaft als Sitz. Die benachbarte Mühle zeigt, daß ein solches Anwesen auch eine Wirtschaftseinheit darstellte. Bei **Schloß Schönau** wird dies ebenso bei dem erhaltenen Baubestand der Vorburg deutlich. Am Herrenhaus (1732) finden Sie die vertraute historische Bauweise aus Backstein und Blausteinumrahmungen wieder. Die beiden Seitenflügel wurden in der Mitte des 19. Jh. angefügt.

Ausgang nach Norden: das Wurmtal

Alle Bäche des Aachener Kessels münden in die Wurm, die allein nur den Durchbruch durch die Schichtenfolge karbonischer Gesteine an seinem Nordrand schafft. Neben dem Europaplatz tritt der Wurmbach in einem kanalisierten Bett zutage, fließt vorbei am **Gut Kalkofen** – die spätmittelalterliche Wasserburg wurde 1750–1753 von J. J. Couven für den Bürgermeister Wespien umgebaut – und knickt bei Haaren nach Westen ab. Alte Mühlengebäude und Straßennamen erinnern an ein ehemals bedeutendes Gewerbe mit seiner Vielfalt von Korn-, Kupfer-, Schleifmühlen sowie Mühlenhämmern für die Eisenverarbeitung.

Der Wasserlauf trug sogar entscheidend zur Entwicklung des Steinkohleabbaus bei, denn er schnitt an den Talhängen flözführende Schichten an, die seit dem Mittelalter ausgebeutet wurden. Älteste Belege vom Abbau des ›brennbaren Erdstoffes‹ reichen in das frühe 12. Jh. zurück und machen das **Wurmrevier** somit zu einem der ältesten Bergbaugebiete Europas. Die Bindung an das Wurmtal (s. Farbabb. 28) blieb lange bestehen; nachdem die Bergleute im 15./16. Jh. vom oberflächennahen Graben in Pingen zum Stollenbau übergegangen waren, mußten sie durch den weiter reichenden Tiefbau zunehmend das Grund-

Im Wurmtal bei Würselen-Bardenberg

Naturräumliche Gliederung: Nützliches fürs Wirtschaftsleben

Das vielseitige Wirtschaftsleben, das die Aachener Region seit ihren Anfängen – von der steinzeitlichen Feuersteingewinnung über antiken Bäderverkehr und Metallverarbeitung – aufweisen kann, spiegelt die Vielfalt der Naturräume wider, die sich hier am Übergang vom Rheinischen Schiefergebirge zur Niederrheinischen Bucht treffen.

Die römische Siedlung entstand auf einem Sporn des Aachen-Limburger Hügellands und dehnte sich von dort in den Aachener Talkessel aus. Bewegungen in der Erdkruste (Bruchtektonik) haben wichtige Leitlinien dafür geschaffen: Sie hoben den sogenannten Marktsporn sowie den Rand des Kessels heraus. Tektonische Horste – Erdschollen, die nach oben gedrückt wurden – umrahmen den Bereich. Der größte Höhenunterschied hat sich im Osten herausgebildet. Vom Kaiserplatz über den Europaplatz Richtung Haaren dehnt sich, vom Wurmbach durchflossen, der tiefstgelegene Bereich des Talkessels aus, um dann von knapp 145 m NN auf die 238 m des Horstes von Verlautenheide am Haarener Kreuz anzusteigen.

Als wohltuend und gewinnbringend erweist sich eine andere Folge der Bruchtektonik: die Thermalquellen. Längs zweier Bruchlinien (Verwerfungen) steigt das Wasser mit einer Temperatur von 45 – 55 °C der Aachener Quellgruppe und 65–72 °C der Burtscheider an die Oberfläche. Die zahlreichen Bäche des Aachener Kessels hatten zunächst ein sumpfiges, siedlungsfeindliches Terrain geschaffen. In dem Maße, in dem der Mensch es verstand, das Wasser zu regulieren und zu nutzen, wurde es Antriebskraft für ein blühendes Mühlenwesen und ein wichtiger Standortfaktor für Wollverarbeitung und Tuchherstellung.

Westlich und südlich der Stadt bestimmen kreidezeitliche Ablagerungen die Vennfußfläche; im Osten zwischen Kornelimünster und Stolberg sind es größtenteils Schichten des Karbons. Stufenförmig steigt das Gelände an, wie es in beeindruckender Weise an der ›Himmelsleiter‹ zu sehen ist, dem Abschnitt an der Bundesstraße 258 zwischen Walheim und Roetgen beim Relais Königsberg. Dieser um 200 –300 mm Niederschlag feuchtere Raum als Aachen (700 mm) wird landwirtschaftlich genutzt – heute mit dem Schwerpunkt Grünland. Galmei- und Eisenerzvorkommen der Region ließen Inde- und Vichttal seit dem ausgehenden Mittelalter zu einem bedeutenden Gewerbestandort werden. Kalkgewinnung vervollständigt die Nutzung von Rohstoffen.

wasser abführen, das sie per Schrägstollen in die Wurm leiteten. 1616 wurde die Wasserkraft eingesetzt, um das unerwünschte Tiefenwasser abzupumpen – 1811 erstmals eine Dampfmaschine. Die Wasserhaltung warf seit den Anfängen des Bergbaus große Schwierigkeiten auf. Der Zufluß ist 5- bis 10mal so stark wie im Ruhrgebiet. Die an der Wurm gewonnenen Magerkohlen eigneten sich zwar für den Hausbrand, doch weniger für eine gewerbliche Nutzung. Für die Eisen- und Messingverarbeitung im 17./18. Jh. griff man lieber auf die Kohlen des Indereviers zurück. Der technische Fortschritt ermöglichte es im

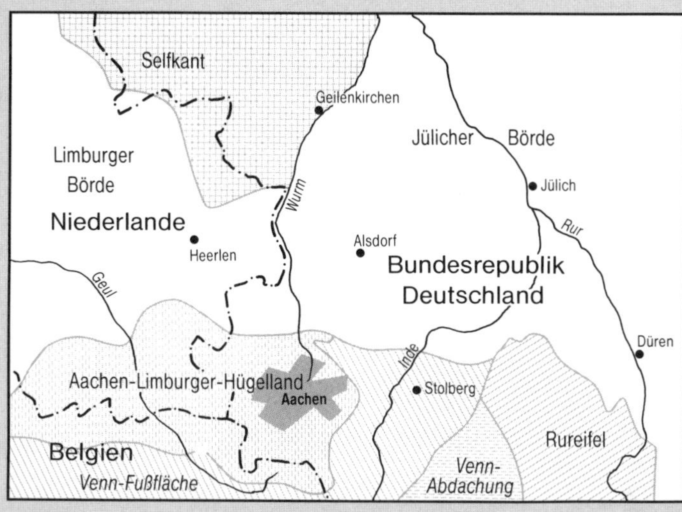

Nördlich von Aachen und seinem hügeligen Rahmen aus kreidezeitlichen Sanden und Tonen, der vom Schneeberg über den Lousberg, Salvatorberg zum Wingertsberg im Stadtgarten reicht, beginnen die Landschaften der Börde und der Niederrheinischen Bucht. Aufgewehte Lößschichten haben hier fruchtbarste Böden geschaffen, wie es die weiten Ackerfluren zeigen. Durch diese feinkörnigen Ablagerungen hat sich die Wurm durchgegraben und dabei an den Talhängen Steinkohleschichten angeschnitten. Aus diesem frühen Bergbau entwickelte sich der Steinkohlenabbau des Wurmreviers. Der Reichtum an Bodenschätzen wird östlich davon in riesigen Tagebauen und der großen Halde der Sophienhöhe bei Jülich sichtbar: Die Ausbeutung tertiärer Braunkohlevorkommen kehrt hier weiträumig das Unterste zu oberst und schafft anschließend ein steriles Landschaftsbild.

Im unteren Rurtal vollzieht sich – noch umgeben von der Jülicher Börde – bereits der Wandel zur Niederrheinischen Bucht und ihrer typischen Kulturlandschaft, die sich gut mit den feuchten Bodenverhältnissen zu arrangieren versteht.

19. Jh. schließlich auch im nördlichen Wurmrevier in größere Tiefen und damit zu den Fettkohlelagern vorzudringen, die sich zur industriellen Ausnutzung eigneten. Auf den Spuren des historischen Bergbaus läßt sich in **Würselen** einiges entdecken: ein 5,6 km langer geologischer Lehrpfad ›Karbonroute‹ durch das Wurmtal; unterhalb von Pley das Schachtgebäude der Grube Furth (1830) am Fahrloch; in Bardenberg, dem historischen Zentrum des Wurmbergbaus, das älteste Knappschaftskrankenhaus mit ursprünglich acht Betten (heute ein Gasthaus, Dorfstraße 14) aus dem 18. Jh., dem 1856 nach einem schweren Unglück auf

der Grube Gouley in Morsbach das Knappschaftskrankenhaus am Dr. Hans-Böckler-Platz folgte.

Im Westen von Bardenberg erhebt sich die **Burg Wilhelmstein** über dem Wurmtal, ein Herrensitz, der Mitte des 13. Jh. aus kölnischem Besitz in denjenigen der Jülicher Grafen überging. Wilhelm IV. errichtete 1265–1269 auf den Ruinen des kölnischen Vorgängerbaus seine Feste zur Grenzsicherung gegen Aachener und Limburger Land. Erhalten blieben die Toranlage mit einem flankierenden Rundturm und von der Hauptburg ein fünfgeschossiger Bergfried, Reste der Außenwand des Palas und mitten im oberen Hof der Brunnen. Die Ruinen dienen heute einem Freilichttheater als Kulisse, das im erweiterten Innengraben eingerichtet wurde.

Die nächsten Nachbarn, vor denen sich die Burgherren von Wilhelmstein hin und wieder zu schützen hatten, saßen auf **Burg Rode** in **Herzogenrath**. Die Herren des Landes s'Hertogenrode errichteten ebenfalls im 13. Jh. zum Schutz ihres Territoriums sowie als Zollstätte eine Höhenburg. 1282 verlieh ihnen König Rudolf von Habsburg sogar das Münzrecht und der Burgsiedlung das Stadtrecht. Nach dem Aussterben der Limburger Herzöge gelangte ›des herzogen rode‹ mit dem Herzogtum 1289 an Brabant und damit in eine wechselvolle Geschichte zwischen Burgundern, Habsburgern, Österreichern, Spaniern, Holländern und Franzosen. Die kriegerischen Auseinandersetzungen überstand nur ein Rundturm der Burg aus dem 13. Jh.; der heute existierende Bau wurde im 20. Jh. mit historisierenden Formen wiederhergestellt.

Unter dem Schutz der Burgherren entwickelte sich das gerade einen Kilometer nach Westen entfernt gelegene **Kloster Rolduc** (Französische Übersetzung von Herzogenrath) zu einem religiösen und kulturellen Zentrum ihres Territoriums. Nach der Grenzziehung auf dem Wiener Kongreß 1815 liegen die romanische Abteikirche mit Klostergebäuden des 17./18. Jh. nun auf niederländischem Boden, doch die engen wirtschaftlichen Verbindungen, die gemeinsame Grundlage des Steinkohlenbergbaus, zeigt sich im Bergwerksmuseum der Abtei.

Mediterrane Flora am Schneeberg

In dieser Formulierung steckt kein Widerspruch, auch kein Fehler, es sei denn, man wollte den Ur-Aachenern eine unwissenschaftliche Naturbeobachtung vorwerfen. Am Schneeberg liegt genauso wenig Schnee wie an den anderen Erhebungen der Gegend. Seinen Namen verdankt er dem kalkigen, weißen Untergrund, denn ein Ausläufer des limburgischen Kreidemergel-Hügellandes ragt hier in das Aachener Stadtgebiet hinein. Nach der letzten Eiszeit haben sich auf den Kalkböden einige Pflanzen angesiedelt, deren ursprüngliche Heimat der Mittelmeerraum und Südosteuropa waren. Im Gegensatz zu seinem

◁ *Würselen, Burg Wilhelmstein*

Namen fanden sie am Schneeberg ähnliche Verhältnisse wie im Süden vor und konnten sich demzufolge in den geschützten, südexponierten Lagen gut über die Jahrtausende und sämtliche Klimaschwankungen halten. Die größten Gefahren drohen dieser teilweise mediterranen Vegetation heute durch den Menschen: ›Unkraut‹-Vernichtungsmittel in der Landwirtschaft, Bauboom und Freizeitverhalten inklusive steriles Grün von Golfplätzen. Einige Orchideenarten stehen inzwischen auf der Roten Liste von Nordrhein-Westfalen, d. h. sie sind dem Aussterben nahe.

Zu den Raritäten gehören Purpurknabenkraut, Helmknabenkraut, Bienenragwurz, Gelbe Spargelerbse und die Enziane Fransenenzian sowie der Deutsche Enzian. Neben diesen Pflanzen, die auch der botanische Laie aufgrund ihrer Namen schon den seltenen Gewächsen zuordnet, haben andere ›gewöhnliche‹ kaum mehr eine Überlebenschance, wenn nicht ein Umdenken und entsprechendes Handeln erfolgt. Noch wachsen zwischen Orsbacher Wald, Wachtelkopf und Schneeberg heimische Ackerwildkräuter wie Feldrittersporn, Kornrade, Venuskamm, Ackerhahnenfuß und die beiden Frauenspiegelarten, die nicht nur den Standort im Westen Aachens, sondern auch denjenigen auf der Roten Liste gemeinsam haben.

Ein vergleichbar schützenswertes Relikt – allerdings der ländlichen Siedlungsgeschichte – stellt der Weiler **Seffent** dar. Der winzige Ort an den ›sieben‹ Quellen (Sept fontaines) des Wildbaches hat weitgehend seine Ausdehnung mit den Höfen des 18./19. Jh. an einer einzigen Straßenkreuzung bewahren können. Selbst die dörfliche Atmosphäre, ihre typischen Geräusche und Gerüche blieben zwischen den weiß gekälkten Bauernhöfen und den drei alten Kastanien in ihrer Mitte erhalten. Die Anfänge des Ortes reichen in karolingische Zeit zurück, denn 896 wird ein Fronhof Seffent genannt. Aus diesem ging im späten Mittelalter die Burg an der Schurzelter Straße 202 hervor. Im Kern der ehemaligen vierflügeligen *Wasserburg* steckt noch Mauerwerk aus dem 16. Jh., doch hat der Herrensitz durch jüngste Veränderungen seinen Burgcharakter weitgehend verloren.

Aus dieser Hügellandschaft ragt gerade einen Kilometer südlich von Seffent mit architektonischer Brutalität – Funktionalität behaupten weniger Sensible – das **Neue Klinikum** hervor (s. Farbabb. 18). Im März 1985 wurde die Gesundheitsfabrik in Betrieb genommen, die schon vor der Eröffnung überregional für einigen Wirbel sorgte, da der Bau etwas länger dauerte und ein bißchen teurer wurde: von den einst geplanten 770 Mio. DM auf das Dreifache. Heute arbeiten rund 3900 Angestellte und 200 Ärzte für das Wohl der stationären Patienten (1536 Betten) und die ambulante Versorgung. Zu ihrer Zahl kommen noch 3250 Studenten der Medizin, 460 der Zahnmedizin sowie 460 Schüler der Heilhilfsberufe hinzu. Medizinische Forschung, Lehre und Anwendung werden hier, bislang noch einmalig in Europa, unter einem Dach vereint. Die architektonische Lösung des Unikums ist schon sehenswert. Sollte z. B. die abschreckende Häßlichkeit der Eingangshalle mit ihrem grün gestreiften Teppichboden und den erdrückenden Metallkonstruktionen auch ein Beitrag zur Kostendämpfung im Gesundheitswesen werden? Es scheint gelungen!

Auf eine andere Art des Umgangs mit Kranken weist das Gut **Melaten** nördlich des Klinikums hin. Es entstand im Mittelalter, als man unheilbar Kranke vor die Tore der Stadt in

Leprosorien (s. S. 145) oder Pesthäuser verbannte. In den kommenden Jahren wird um diesen Bauernhof herum ein **Botanischer Garten** entstehen; die ersten 200 Bäume sind bereits gepflanzt. Nicht nur botanische Kostbarkeiten aus der Umgebung des Schneebergs sollen hier geschützt gedeihen können – es geht dem 1985 gegründeten Freundeskreis Botanischer Garten Aachen e. V. vor allem darum, die wachsende Entfremdung von der Natur zu stoppen und das Verantwortungsbewußtsein des einzelnen zu entwickeln. Der Standort könnte kaum besser gewählt sein!

Die grüne Lunge im Süden des Kessels: der Aachener Stadtwald

Wie ein Schutzwall und Filter wirkt der Stadtwald im Süden und Südwesten der Stadt. Die häufigen Winde aus diesen Richtungen werden gemildert, und gleichzeitig gelangt sauerstoffreiche, kühlere Luft in das tiefer liegende Stadtgebiet. Diese Luftbewegungen vermindern die Dunstbildung und die Smoggefahr, bringen Kühlung an heißen Sommertagen.

Vom hohen Mittelalter bis zum späten 19. Jh. war der Wald eng mit dem Aachener Wirtschaftsleben verknüpft – und noch darüber hinausgehend, denn in einer Urkunde des Jahres 1070 gestattete König Heinrich IV. dem Lütticher Bischof, seinen Holzbedarf aus dem

Aachener Stadtwald, Herrenpartie zur Waldschenke, um 1900

Aachener Wald zu decken. 1227 erlaubte Heinrich VII. den Kanonikern der Karlsstadt, ihre Schweine zur Mast in die Wälder treiben zu lassen. Seit dem frühen 15. Jh. zog sich der **Landgraben** als Grenzmarkierung und Sicherung des Aachener Reichs nicht nur durch den südlichen Wald, sondern um das gesamte Stadtgebiet und die nächsten Dörfer herum. Ein Abschnitt des doppelten, mit Buchen bepflanzten Walls zieht sich recht geradlinig vom Linzenshäuschen zum Adamshäuschen. Zwei spätere Erweiterungen nach Süden gaben dem Gut **Grenzhof** seinen Namen. Die weiteste Linie der teilweise noch im Gelände erkennbaren Landwehr von 1611 ist heute im Süden und Westen von Aachen mit der Stadt- und Staatsgrenze identisch.

Ende des 19. Jh. entschlossen sich die Stadtväter, den Wald nicht mehr ausschließlich unter ökonomischen Aspekten zu sehen und zu pflegen. Sein Erholungswert wurde entdeckt. Daraufhin beauftragten sie den städtischen Oberförster Franz Oster, ein Spazierwegenetz anzulegen. Hinzu kamen Rast- und Aussichtsplätze, die erst freigelegt werden mußten. Kleinbahnen fuhren die Aachener über die großen Ausfahrtsstraßen zu ihrem Sonntagsausflug. Auf der Lütticher Straße stieg man an der **Waldschenke** oder dem Osterweg (zum 50jährigen Dienstjubiläum des Försters 1910 benannt) aus; an der Eupener Straße entwickelte sich das **Linzenshäuschen** – ursprünglich ein Wachturm (15. Jh.) – zu einem beliebten Ziel, was sich bis heute nicht geändert hat. Weitere Gaststätten entstanden, da die Anwohner, aber auch die Forstleute eine zusätzliche Einnahmequelle nicht verachteten; selbst die Stadt wurde auf diesem Sektor aktiv. Sie baute u. a. Wald-Erholungsheime und ließ am höchsten Punkt, dem 358 m hohen Steinekipp, einen Aussichtsturm errichten. Der Pelzerturm (27 m), ein neugotischer Nachfolger eines Bergfrieds, wurde im Zweiten Weltkrieg zerstört. In der Nachkriegszeit kam sehr bald wieder ein reger Fußgängerverkehr im Stadtwald auf – doch nicht, um im Sonntagsstaat zu promenieren, sondern des Schmuggels wegen (s. S. 205 ff.). Zwischen 1946 und 1952 wurden die grenznahen Abschnitte sogar zu Sperrzonen erklärt und je nach Andrang mal erweitert, mal enger gefaßt. Mit der Senkung der Kaffee- und Teesteuer im Jahre 1953 ließ der inoffizielle Warenverkehr deutlich nach. Es wurde leerer im Wald und der Aufenthalt dort geruhsamer. Eine Ausnahme stellt jedoch der Samstag während des CHIO dar (s. S. 200 ff.), wenn die Vierspänner ihren Marathon im Stadtwald fahren.

Kornelimünster und das Münsterländchen

Tausche halbes Grabtuch gegen Schädelreliquie des hl. Kornelius – der Wallfahrtsort Kornelimünster

Mit diesem Tauschhandel schuf Karl der Kahle 875 eine wichtige Grundlage für den Pilgerverkehr ins Tal der Inde zum ›Monasterium ad Indam‹, das 1028 erstmals Kloster des hl. Kornelius genannt wird. Aber schon Ludwig der Fromme steigerte durch einen Reliquientransfer aus den Beständen der Pfalz die Bedeutung seiner Klostergründung des Jahres 814. Die 817 geweihte **Benediktinerabteikirche** (s. Farbabb. 21), ein dreischiffiger Bau mit Querhaus und drei Apsiden, war nicht viel größer als die westliche Hälfte des heutigen Mittelschiffs. In den Normannenstürmen 881 und 892 wurden Kirche und Kloster zerstört. Ende des 10. Jh. ließ Otto III. erneut ein dreischiffiges Gotteshaus errichten, dessen dreiteilige Vorhalle im Westbau noch zu erkennen ist. Sie wird heute ›nur‹ als Werktagskirche genutzt, während im Mittelalter hier auch das Gericht tagte, da der Abt gleichfalls weltlicher Landesherr war. Gemauerte Beisitzerbänke erinnern an diese Funktion. Der Stifter des Klosters wollte vor dem Kirchportal seine letzte Ruhe finden und ließ für sich und seine Gemahlin Irmgard ein Doppelgrab anlegen, das mit der frühromanischen Westhalle überbaut wurde. Doch es kam anders, und Ludwig wurde in Metz bestattet.

Im Jahre 1310 steckten wütende Aachener die Abtei in Brand, weil die Mönche Anhängern der Grafen von Jülich und Valkenburg, mit denen man gerade in Fehde lag, Zuflucht gewährt hatten. Der Kölner Erzbischof und der Herzog von Brabant verurteilten die Brandstifter u. a. zu jährlich 500 Mark bis zur vollständigen Wiederherstellung von Kirche und Kloster. Auf diese Weise konnte der gotische Ausbau in Angriff genommen werden. Das Mittelschiff wurde allerdings auf den erhalten gebliebenen romanischen Pfeilern wiedererrichtet. Der um 1330 angebaute Chor zeigt nicht nur die modernen gotischen Formen, sondern darin noch Verwandtschaft zum Kölner Dom: Einige Meister arbeiteten auf beiden Baustellen. Zur Mitte des 14. Jh. mußte die Klosterkirche erweitert werden, da der Pilgerstrom derart zugenommen hatte, daß die ottonische Pilgerkapelle nicht mehr ausreichte. Zwei neue Schiffe – durch die heute noch existierende Säulenfolge getrennt – wurden an der Südwand angebaut. In der zweiten Hälfte des 15. und im frühen 16. Jh. erlebte die Kirche einen Bauboom, der den zunächst unübersichtlichen Säulenwald der fünfschiffigen Kirche hervorbringt.

Eigentlich sind es drei Kirchen, die in jenem halben Jahrhundert entstanden. Das Mittelschiff war von Anfang an als Klosterkirche den Mönchen vorbehalten. Unter dem baufreu-

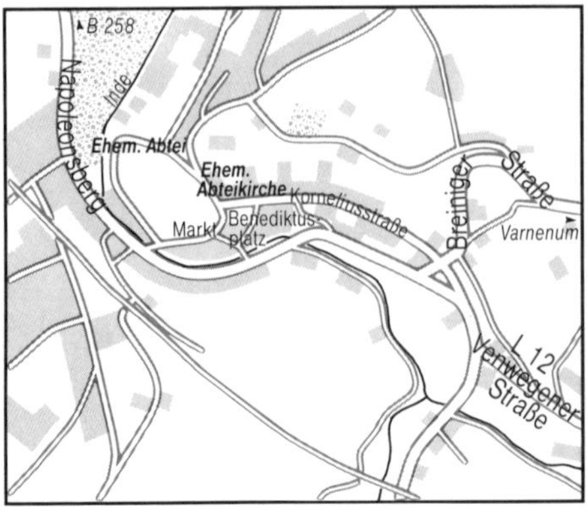

Kornelimünster

digen Abt Heribert von Lülsdorf (1450–1481) wurde die flache Decke durch ein Kreuzrippengewölbe ersetzt. Dieser ließ auch die zweite ›Kirche‹, die Südschiffe für die Pilger, vergrößern, womit er dem noch stärker gewachsenen Andrang Rechnung trug. Abt Heinrich von Binsfeld (1491–1531) errichtete als dritte Einheit die beiden Nordschiffe für den ›gehobenen‹ Pilgerverkehr.

Wie lösten nun die Architekten die verschiedenen Aufgaben, welche die Heiligenverehrung – auf der einen Seite für das gewöhnliche Volk, auf der anderen für hochrangige Besucher – an das Kirchengebäude stellten? Das Fußvolk gelangte durch das Südportal am westlichen Ende des Langhauses in die Kirche. Es zog in einem der Schiffe, vorbei an Altären mit Reliquien, zur Apsis und dann durch das andere wieder zurück. An einer Säule des inneren, sogenannten Annaschiffs stand gegenüber dem Eingang die *Korneliusstatue* (um 1460 von Konrad Kuyn geschaffen), die sich heute im Hochchor befindet (s. Umschlagrückseite). Der 253 als Märtyrer gestorbene Papst trägt in seiner Linken ein Horn (lateinisch: cornu). Sein Symbol prädestinierte ihn zum Schutzpatron des Hornviehs; aber auch als Helfer gegen Fallsucht und Nervenkrankheiten beim Menschen wurde er angerufen. Der Steinmetz drückte diese Fähigkeiten des Heiligen durch einen stieren Blick aus. Zu Füßen des hl. Kornelius kniet auf dem Sockel der Stifter und eifrige Bauherr, der Abt Heribert von Lülsdorf. Noch niedriger angeordnet und in noch kleineren Maßen ausgeführt kniet ein Pilgerpärchen auf dem Sockel. Ein seltenes und lebendiges Zeugnis von der Ausrüstung eines mittelalterlichen Pilgers: Als unverkennbares Zeichen weist die Jakobsmuschel an den Hüten die Gläubigen auf Wanderschaft aus. Zur Stärkung hat man eine Pilgerflasche oder einen Beutel umgehängt. Derart ausgestattet gingen diejenigen, für die Abt Heinrich von Binsdorf den nördlichen Teil anbauen ließ, sicherlich nicht auf eine Wallfahrt. Exklusiv und komfortabel war deren Anspruch. Dazu besaß der Abt das Recht, hochgestellten Persönlichkeiten eine private Heiligtumszeigung außerhalb des 7-Jahre-Turnus zu bieten.

Der vornehme Besuch stieg auf die sogenannte *Abtloge* im nördlichsten Schiff, dem Kreuzschiff, wo er auf einer spätgotischen Eichenbank sitzend die Heiligtümer an der gegenüberliegenden Seite präsentiert bekam. Auf der Ostseite des Kreuzschiffes liegt auf einem höheren Niveau als die Abtloge die *Heiligtumskammer*, in der die wertvollsten Reliquien aufbewahrt werden: das Schürztuch, das Grabtuch und das Schweißtuch Christi. Bereits der Klostergründer Ludwig der Fromme schenkte die Berührungsreliquien der Abtei.

Ungewöhnlich ist bei den Textilien, die alle aus der Zeit Christi und vermutlich aus Ägypten stammen, ihr Erhaltungszustand trotz eines ›normalen‹ Umgangs (wurden sie

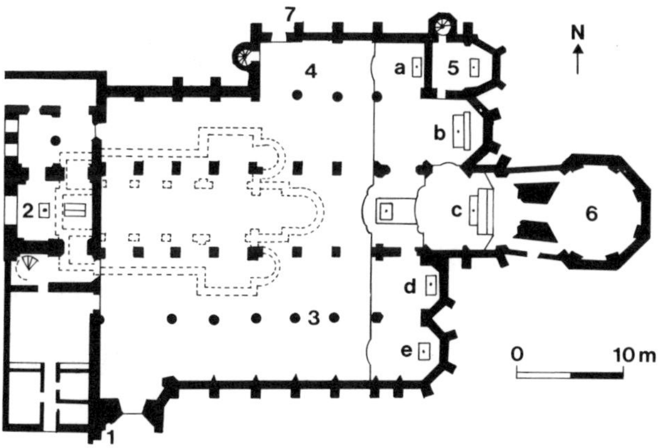

Kornelimünster, ehemalige Abteikirche, Grundriß

1 Südportal 2 Westbau (Werktagskirche) 3 Pilgerkirche 4 Kreuzschiff mit Abtloge und Zeigungsfenster 5 Doppelkapelle; im Obergeschoß die Heiligtumskammer, im Untergeschoß die ehemalige Sakristei 6 Korneliuskapelle 7 Nordeingang a Kreuzaltar b St. Benediktus-Altar c Hochaltar, seitwärts die Steinfigur des hl. Kornelius d St. Annen-Altar e Marienaltar

z. B. bei einer Zeigung auf der Galerie naß, hängte man sie auf dem Kirchenspeicher zum Trocknen auf, bevor sie in neue Seide gewickelt wieder in den Schrein kamen) und ihre Größe. Gegenüber den Fragmenten anderer Reliquien haben die Tücher Maße von 1,28 m bzw. 0,95 m Breite und 2,30 m Länge (Schürztuch) oder sogar 4 mal 6 m (Schweißtuch).

Im 17. Jh. stieg die Zahl der Pilger noch weiter an, so daß die Kirche sie nicht mehr fassen konnte, und man dem Vorbild Aachens folgte, die große Heiligtumszeigung nach draußen zu verlegen. Zu diesem Zweck wurde über den Chören eine Galerie in historisierenden Formen (gotisches Maßwerk) angelegt. Im Inneren wurden neue Altäre aufgestellt: der *Hauptaltar* und der *Benediktusaltar* (beide Mitte des 17. Jh.).

Rund ein Jahrhundert später erschienen die Räumlichkeiten viel zu groß für die stark geschrumpfte Pilgerschar; ein kleiner Raum sollte geschaffen werden, damit die Leere nicht so auffiel. 1708 konnte die achteckige *Korneliuskapelle* am ungewöhnlichen Standort hinter dem Hochchor geweiht werden. Der Raum griff in seinem Grundriß zwar das Pfalzoktogon wieder auf, doch hatte der helle Bau im Stil des strengen maasländischen Barocks sonst wenig mit seinem historischen Vorgänger gemeinsam. Für die Einbindung dieser neuen Kapelle in den Pilgerbetrieb mußte der Eingang, der Hochchor, umgestaltet werden. J. J. Couven fügte an den Hochchor zwei prächtige Durchgänge an, die von Petrus und Paulus überragt werden. Den Tabernakel vollendete er um 1760. Mit der Verlagerung der Heiligtümer- und Reliquienverehrung aus den Südschiffen in die kleine Kapelle wanderte die Korneliusstatue von Konrad Kuyn vom Annaschiff an den neuen Platz, da die Pilger nun von hier zu den Reliquien schritten. So geschieht es auch heute noch: Während des Kornelius-Oktavs stehen die *Kornelius-* bzw. *Cyprianus-Büsten* (1360 bzw. 17. Jh.) vor dem Altar. Alle sieben Jahre zur Aachener Heiligtumsfahrt werden die drei großen biblischen Heiligtümer von Kornelimünster ebenso in Vitrinen ausgestellt. Den Pilgern werden geweihtes Wasser aus dem Korneliushorn und kleine Korneliusbrötchen angeboten. Die Zahl der Pilger in Kornelimünster schwankt beachtlich; je nachdem ob im selben Jahr auch die große Aachener Heiligtumsfahrt stattfindet. 1986 lockten die Reliquien und der Katholikentag 80 000 bis 100 000 Gläubige nach Aachen, von denen eine größere Zahl auch nach Kornelimünster pilgerte. Ohne diese großen Ereignisse finden alljährlich zum Kornelius-Oktav zwischen 6000 und 10 000 Wallfahrer den Weg ins Indetal. 1986 fand auch erstmals nach dem Zweiten Weltkrieg wieder eine öffentliche Zeigung von der Galerie statt, bei der nächsten Heiligtumsfahrt ist sie ebenfalls geplant.

Von den frühen Bauten der ehemaligen **Benediktinerabtei** blieb nichts erhalten, erst mit der Doppeltoranlage auf der Nordseite – innerer Torbau um 1500, Vortor 1682 datiert – setzt die sichtbare Dokumentation ein. 1721 begann unter Abt Hyazinth Alphons von Suys ein Klosterneubau, von dem der 1728 vollendete, repräsentative Mitteltrakt, Abttrakt genannt, heute noch einen Eindruck höchster ›klösterlicher‹ Wohnkultur vermittelt. Zurückhaltung oder Askese waren von einem Grafen im Kirchendienst nicht gefordert, wie es ein Gang durch die frisch restaurierten Räume zeigt. Während der Öffnungszeiten der Sammlung ›Aspekte der gegenwärtigen Kunst in Nordrhein-Westfalen‹ (s. S. 223) kann das historische Hauptgebäude besichtigt werden.

Ein Exkurs in spätbarocke Schloßarchitektur steht Ihnen bevor: Durch einen Ehrenhof, den der Abttrakt und die beiden angrenzenden Seitenflügel aus der Mitte des 18. Jh. bilden, führt der Weg auf einen dreiachsigen Mittelrisalit – erhöht durch ein Mezzaningeschoß und einen Ziergiebel mit dem Wappen seines Bauherrn. Hinter dem übergiebelten Portal leitet eine kleine Eingangshalle in den Empfangssaal über. Seine Deckengemälde versinnbildlichen die Mächte der Erde: diejenigen der weltlichen Herrscher, der Kirche, des Kriegs und des Friedens. Das Treppenhaus mit der Eichenholzbalustrade wird von einem Gemälde überspannt, auf dem das Christentum die antike Götterwelt besiegt. Friedlicher geht es im anschließenden Vorraum zum Rittersaal zu, wo in drei Medaillons die Tugenden Glauben, Hoffnung und Liebe dargestellt werden. Barocke Prachtentfaltung bietet das *Jagdzimmer* des Abtes Hyazinth Alphons von Suys. Jagdszenen und seine geplanten Klostererweiterungen sind auf den Wandbildern zu sehen. Nahezu bescheiden mutet dagegen die Abtkapelle an – läßt man den Fußboden mit seinen Intarsien einmal außer acht. Höhepunkt des Repräsentationsbedürfnisses ist der sogenannte *Rittersaal.* Verbindungen zum Palas einer mittelalterlichen Burg hat der Bauherr jedoch nicht angestrebt, es ging ihm um Höheres: Der ritterliche Streit für die Kirche und ihr Siegeszug sind das Oberthema der üppigen Stuckreliefs.

In einem reizvollen Kontrast zu spätbarocken Gemälden und Stuckar-

2 Re
rech
vers

beiten – andere historische Ausstattungsteile verschwanden im Laufe der Zeit – stehen die modernen Kunstwerke der Dauerausstellung *›Aspekte der gegenwärtigen Kunst in Nordrhein-Westfalen‹*. Das Land Nordrhein-Westfalen hat sich hier als Sammler betätigt, ohne es eigentlich sein zu wollen. Die Ankäufe geschahen nicht, um eine Sammlung aufzubauen, sondern sie verstanden sich – und verstehen sich auch weiterhin – als Förderung von meist jungen Künstlern. Auf diese Weise werden Strömungen der zeitgenössischen Kunst seit 1949 in Frühwerken besonders begabter Künstler dokumentiert – eine ungewöhnliche wie interessante Facette der Ausstellung. Ausgehend von der noch sehr den Traditionen verpflichteten Malerei der späten 40er Jahre (Bilder z. B. von H.

Berke, J. Faßbender, B. Goller und G. Grote) werden die Ölbilder in den 50ern, z. B. von G. Meistermann und E. W. Nay, abstrakter; das Gegenständliche kommt aus der Mode. Neue Materialien und Medien entwickeln sich in den späten 50er zu künstlerischen Gestaltungsmitteln. Avantgarde für die Bundesrepublik war dabei die Düsseldorfer Gruppe ZERO, deren Gründungsmitglieder H. Mack, O. Piene und G. Uecker – heute längst international anerkannt – mit Arbeiten von 1972 bzw. 1962 vertreten sind. Geometrische Abstraktion, Konstruktivismus entfernen die Malerei weiter von einer realistischen Wiedergabe der Wirklichkeit; Beispiele von U. Erben, W. Gaul, P. H. Schütz und H. Sundhaußen. Die neuen Formen des Realismus rücken isolierte Einzelobjekte ins Blickfeld, so z. B. das Weiße Portal (L. Braun) oder das Seemannsgarn (R. Wuttke). Konträr zu diesen Bildern stehen Werke von R. Geiger oder G. Graubner, die sich auf die Wirkung einer einzelnen, maximal zweier Farben beschränken.

Zu einem unerwarteten Problem entwickelte sich für das fördernde und sammelnde Kultusministerium der Bereich der Plastik. Die zunehmende Größe, manchmal auch die Schwere der Objekte machen Unterbringung und Präsentation nicht leicht, wenn man über keine entsprechenden Ausstellungsräume verfügt. Fürs erste schienen die historischen Räume der Abtei, die heute dem Land gehört, eine ideale Lösung, doch nun steht man vor dem Phänomen des wachsenden Platzmangels. Eine neue Ausstellungskonzeption wird gesucht.

Mit wenig Raum mußten auch die Einwohner von Kornelimünster im engen Indetal auskommen. Eine Rarität für das Rheinland, das so sehr unter den Zerstörungen während des Zweiten Weltkriegs zu leiden hatte, ist das geschlossene Ortsbild mit Wohnhäusern vorwiegend aus dem 17. und 18. Jh. Dabei fehlt keine Art des bürgerlichen Bauens: Fachwerkarchitektur, Häuser aus Bruchstein, Backstein und Blaustein; alle Kombinationen und Stilrichtungen sind dabei vertreten. Die hoch gelegten Eingänge deuten an, daß die Bauherren vergangener Zeiten hier häufig mit Überschwemmungen rechnen mußten.

Korneliushorn, Büffelhorn in spätgotischer Silberfassung

Aus dem großen Besitz der Abtei: das Münsterländchen

Mit umfangreichen Landschenkungen verhalf Ludwig der Fromme seinem neu gegründeten Kloster Inda zu den notwendigen wirtschaftlichen Grundlagen. Im Umkreis von einer Stunde Fußweg sollte das waldbedeckte Bergland der Abtei alles liefern, was für den Aufbau und die Versorgung nötig war: Bau- und Brennmaterial, Lebensmittel und die Arbeitskraft höriger Bauern. Aus diesem Anlaß gelangte 816 das Gebiet der späteren Ortschaften Brand, Breinig, Büsbach, Dorf, Hahn, Kreuthausen, Münsterbusch, Venwegen und Walheim in den Besitz des Benediktinerklosters. Nach dem Namenswechsel um 900 – von Inda zu Kornelimünster – setzte sich im Laufe des Mittelalters die Bezeichnung ›Münsterländchen‹ durch. Spätere Herrscher schenkten der Reichsabtei weitere Ländereien: in der Nähe Gressenich und Eilendorf, in größerer Distanz Besitzungen an Rhein, Mosel und in den südlichen Niederlanden, dem heutigen Belgien. Doch diese entfernteren Ländereien ließen sich nur schwer und aufwendig verwalten, so daß sie im 13. Jh., als Geld für Bauarbeiten fehlte, wieder verkauft wurden. Das Münsterländchen reduzierte sich schließlich auf die Umgebung von Kornelimünster, wo es nahezu 1000 Jahre – bis 1802 – unter der Herrschaft der reichsunmittelbaren Abtei stand.

Eine Rodungsphase im 9. Jh. schuf Platz für die ersten Felder und Höfe, legte den Grundstein für die Entwicklung der Dörfer. An das Gelände angepaßt entstanden längs der Hauptwege sogenannte Straßendörfer, wie es beispielsweise Venwegen, Hahn oder Schmidthof heute noch zeigen. Die Landnutzung hat sich von der mittelalterlichen Dreifelderwirtschaft im späten 19. Jh. zur dominierenden Grünlandwirtschaft gewandelt. Weiden mit Windschutzhecken prägen die Umgebung der alten Dörfer.

Kaiser Ludwig der Fromme muß gewußt haben, daß er dem Kloster reiche Ländereien schenkte, denn schon die Römer bauten in dieser Gegend Bodenschätze ab. Am Breiniger Berg grub man in Pingen – Erdlöchern – nach Galmei und Eisenerz (s. S. 228); im Mittelalter wurde der Abbau von Blei und Galmei am Schlangenberg unter Tage fortgesetzt. In der Umgebung von Kornelimünster hatten die Römer zu Beginn der Zeitrechnung den hochwertigen Kalkstein entdeckt und damit den Tempelbezirk und die Siedlung von **Varnenum** errichtet. Aus der Zeit um Christi Geburt stammen die ältesten Funde dieses antiken Ortes im ursprünglichen Gebiet der Eburonen. Nachdem diese als Rache für einen schweren Verlust unter römischen Soldaten vernichtet worden waren (s. S. 12), siedelten die Römer in dem entvölkerten Land zwischen Aachen, Zülpich und dem belgischen Göhltal die ihnen ergebenen Sunnuker an. Der gallische Stamm übernahm Bautraditionen der neuen Herren und errichtete mit diesen gemeinsam einen Tempelbezirk zu Ehren des Gottes Varneno und der Göttin Sunuxal, ihrer Stammgöttin. Zwei Tempelfundamente sowie Grundrisse von tiefer gelegenen Häusern – wegen der Feuerstellen-Funde als einstige Priesterwohnungen gedeutet – wurden 1989 teilweise rekonstruiert bzw. restauriert. Mitte des 3. Jh. hatte die Bevölkerung Varnenum vor den hereinströmenden Franken aufgegeben. Trotz der reichen Steinvorkommen in dieser Region nahm man zum Aufbau des mittelalterlichen Klosters und der dazugehörenden Siedlung erst die ›fertigen‹ Steine des antiken Varnenum, bevor man sich die Mühe machte, neue Steinbrüche anzulegen und auszubeuten.

Die Natur bot Hilfestellung bei der Erschließung der Kalksteinvorkommen: Die oberflächennahen Schichten der devonischen und karbonischen Sedimente waren durch die Wasserläufe von Inde und Vicht teilweise schon angeschnitten und durch die Erosion freigelegt worden. Dort setzte ein umfangreicher Abbau des Natursteins ein, der durch das Umsteigen von Holz- auf Steinbauweise nach dem großen Aachener Stadtbrand von 1656 einen ungeahnten Boom erlebte. Die Architekten der maasländischen Renaissance machten mit ihren Backstein- und Blausteinfassaden den Kalk zum unentbehrlichen Baumaterial. Zur Couvenzeit gehören gleichfalls Tür- und Fensterumrahmungen aus Blaustein, je nach Geldbeutel des Bauherrn auch ganze Fassaden. Die Ende des 19. Jh. errichtete Vennbahn transportierte den begehrten Baustein zu den Flüssen Rhein und Maas, um von diesen sogar bis ins außereuropäische Ausland zu gelangen.

Eine ebenso lange Tradition wie der Abbau von Hausteinen weist die Branntkalkherstellung auf. Zwar gilt im Bereich der Nordeifel die restaurierte Kalkbrennerei von Iversheim als der römische Musterbetrieb, doch kann man davon ausgehen, daß im Münsterländchen ebenso Kalkstein gebrannt wurde. Das Naturmaterial – Abfälle aus der Hausteingewinnung wie eigens geschlagene Bruchstücke – wird bis zu 1200° C ausgesetzt, damit Kohlendioxyd entweicht und Kalziumoxyd entsteht. Der so gewonnene Branntkalk, das Kalziumoxyd, wurde in der Landwirtschaft zur Düngung, beim Bauen für Mörtel oder Tünche verwendet. Im 17./18. Jh. entwickelte sich aus dem römischen Schachtofen der sogenannte Aachener Trichterofen, von denen einige Exemplare erhalten blieben. In **Hahn,** wenige Meter von der Bushaltestelle mit dem bezeichnenden Namen ›Steinbruch‹ entfernt, steht ein solches Baudenkmal. Das Geologische Institut der RWTH Aachen und der Geschichtsverein Hahn-Friesenrath haben einen *Kalkofenweg* ausgearbeitet, der in einer 7 km langen Runde an alten Steinbrüchen und historischen Brennöfen vorbeiführt. Informationstafeln vermitteln mit Fotos, geologischen Profilen, Karten, Zeichnungen und Texten in höchst anschaulicher Weise die Geschichte des Kalksteins und seiner Nutzung. Der ausgeschilderte Weg beginnt in **Walheim;** die Zufahrt zum großen Parkplatz in einem aufgelassenen Steinbruch erfolgt – etwas unübersichtlich – von der B 258 in der Nähe des Bahnübergangs und der Bahnhofsrückseite.

Kalkofen von Walheim

Westlich von Walheim stehen im **Iterbachtal** zwei ehemalige *Eisenhütten.* Die historischen Gewerbeanlagen sind zwar nicht zu besichtigen, doch ergibt sich aus der Distanz noch ein guter Überblick über die alten Betriebe. Eine Eisenhütte (Ende des 18. Jh. gegründet) befindet sich am gleichnamigen Weg in Walheim-Schmidthof. Er gehörte mitsamt der Brücke über die Iter schon im Mittelalter zu einem ›Eisenweg‹, auf dem das Eisenerz der Nordeifel mit Hilfe von Packtieren zu den Hammerwerken am Rand des Gebirges transportiert wurden. In diesen Talabschnitten entwickelten sich dank der nutzbaren Wasserkraft Folgen von *Mühlen, Hütten-* und *Hammerwerken.* Eine solche alte Gewerbegasse bildet das Vichttal nicht nur in Stolberg (s. S. 236 ff.); in kleinerem Ausmaß läßt sich ähnliches im **Indetal** südöstlich von Kornelimünster beobachten.

Unterhalb der Venwegener Straße beginnt die Reihe – nahe der Gabelung mit der B 258 – mit einer ehemaligen Wassermühle, dessen jetziges Hauptgebäude aus dem frühen 19. Jh. stammt. Am nächsten abzweigenden Privatweg folgt eine einstige Bleihütte (Gebäude von 1571), die Mitte des 19. Jh. aufgestockt und zu einer Tuchfabrik umfunktioniert wurde. Die nächste Stichstraße führt zur Schlausermühle, die als Walkmühle begann. Während des 19. Jh. wurde sie ungefähr jedes Vierteljahrhundert umgerüstet: von der Mahlmühle zur Walkmühle und retour. Im Laufe des 19. Jh. entwickelte sich die Tuchproduktion als viel versprechender Wirtschaftszweig, so daß zahlreiche ehemalige metallverarbeitende Betriebe darauf umgestellt wurden. Auch die zweite Eisenhütte westlich vor Walheim bei Marienthal (letztes Viertel 18. Jh.) erfuhr entsprechende Veränderungen: Mitte des 19. Jh. diente sie als Lohnweberei mit 100 Webstühlen, nach 1913 als Filztuchfabrik.

Heute zum Mahnmal für den Frieden umgerüstet zieht sich ein Stück des 1939 errichteten **Westwalls** ebenfalls im Westen um Walheim herum. Der Verlauf der L 233, hier der Zubringer zur Autobahnauffahrt Aachen-Lichtenbusch, durchbricht mehrfach die Linie der Betonhöcker-Reihen.

Westwall

Stolberg – Galmeierze und Galmeiveilchen

Das Zauberwort für eine mehr als 2000jährige Tradition des Bergbaus und der Metallverarbeitung im Stolberger Raum lautet ›Galmei‹. Es handelt sich dabei um ein zinkhaltiges Erz, das nach seiner Förderung gleich in der Nähe der Gruben gereinigt und geröstet wurde. Anschließend kam es in Galmeimühlen, um dort zu einem feinen Pulver vermahlen zu werden. In dieser Form gaben es die Kupfermeister mit in den Schmelzprozeß des Kupfers, wo es sich im Tiegel sofort mit dem flüssigen Kupfer zu Messing legierte. Lange Zeit war ihnen nicht klar, daß sie auf diese Weise ein neues Metall gewonnen hatten. Man hielt Galmei für einen Stein, der dem Kupfer zur goldgelben Farbe und damit zu einem wertvolleren Aussehen verhalf. Daß das Metall dabei auch an Gewicht, Volumen und einer größeren Härte zunahm – letzteres erhöhte vor allem den Gebrauchswert –, übersahen die Meister geflissentlich. Auch die gängigen Sprachen der Region, der Aachener Dialekt und das Flämische, kannten damals keinen Unterschied zwischen den beiden Metallen. Heute noch kann Messing mit ›geel koper‹ (gelbes Kupfer) übersetzt werden; die Bezeichnung ›Messing‹ hat allerdings auch Eingang in den niederländischen Wortschatz gefunden. Stolberg bleibt jedoch trotz aller moderner Exaktheit die Stadt der Kupfermeister und Kupferhöfe. Schließlich gab es neben der Messingindustrie, die zeitweise Weltgeltung besaß, auch ›echte‹ Kupferverarbeitung.

Doch zunächst zu den römischen Aktivitäten und den Spuren jenes Galmeibergbaus. Am **Schlangenberg** östlich von Breinigerberg sind an den zahllosen Unebenheiten des Wiesenbodens einstige Pingen (Schürflöcher), Schachtmundlöcher und eingestürzte Stollen zu erkennen. Der Abbau erfolgte hier im Tage- wie Untertagebau. Da in dieser Gegend auch Blei-, Eisen- und Kupfererze anstehen, ist anzunehmen, daß die Römer auch auf diese Lagerstätten gestoßen sind und sie ausbeuteten – allerdings nicht als erste, wie Funde keltischer Metallerzeugnisse belegen. In der Nähe des römischen Bergwerksgeländes wurden 1924 Fundamente einer Bergwerkssiedlung aus dem 1./2. Jh. entdeckt. Die langrechteckigen Häusergrundrisse umfaßten kleine Werkstattbereiche, in denen Zeugnisse ehemaliger Metallgewinnung und -verarbeitung freigelegt wurden. Eine ähnliche Knappensiedlung des 2./3. Jh. entdeckte man am **Brockenberg,** südöstlich von Stolberg-Büsbach. Mit dem Ende der römischen Herrschaft in der Provinz Niedergermanien verlieren sich die Spuren des intensiven Bergbaus und der Metallverarbeitung im Stolberger Raum.

Stolberg, Blick von der Burg zur Kirche auf dem Finkenberg ▷

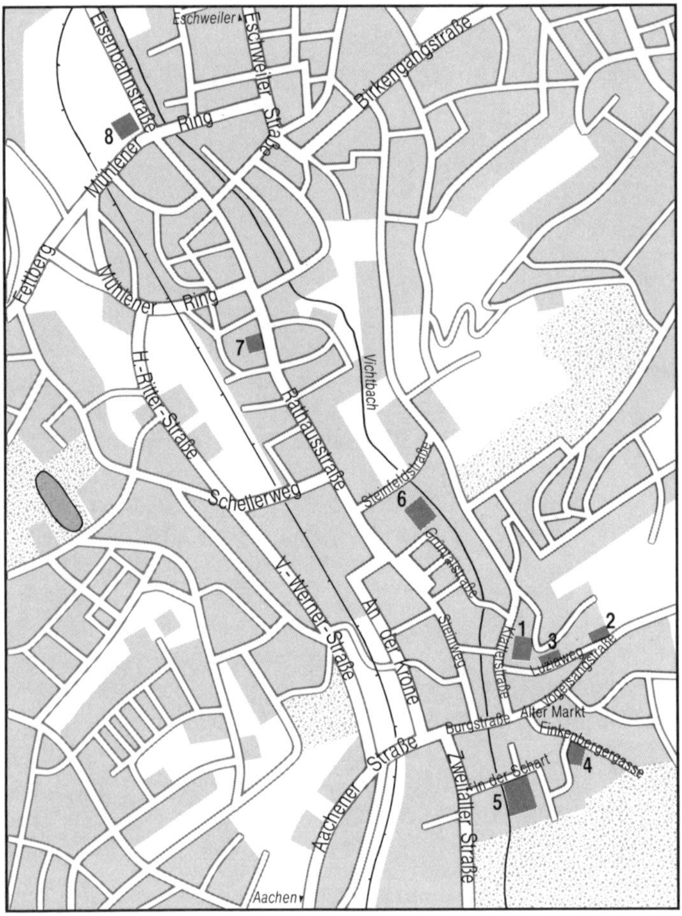

Stolberg
1 Burg
2 Kirche im Vogelsang
3 St. Luzia
4 Kirche auf dem Finkenberg
5 Kupferhof Schart
6 Kupferhof Grünenthal
7 Kupferhof Rosenthal
8 Unterer Hof

Im frühen 12. Jh. taucht eine **Burg von Stolberg** (s. Farbabb. 24) erstmals in einer Urkunde auf. Eine Faksimile-Ausgabe des Dokumentes von 1118 hängt im Burgrestaurant. Diverse Abbildungen der verschiedenen Baustadien vermitteln dort auch ein Bild von der Entwicklung der Höhenburg. Der steil ins Vichtbachtal abfallende Kalkfelsen war prädestiniert für die Anlage eines wehrhaften Herrensitzes – zumal der Wasserlauf seit Anfang des 9. Jh. als Grenze zwischen dem Münsterländchen und den Besitzungen der Gaugrafen und späteren Herzöge von Jülich fungierte. Obwohl die Burg an einer strategisch wichtigen Stelle stand, und es an Konfliktstoff sicherlich nicht fehlte, verfiel sie zusehends. 1346 wurde der neue Besitzer sogar urkundlich verpflichtet, 400 Gulden in Renovierungsmaßnahmen zu investieren. Mitte des 15. Jh. änderte sich grundlegendes. Wilhelm von Nesselrode ließ einen Neubau errichten, nachdem er von den Jülicher Herzögen mit der ›Staelburg uf der Veicht‹ belehnt wurde. Der Kernbau der heutigen Anlage entstand: Bergfried, Palas, Flankierungsturm im Westen mit Verbindungsgebäude zum Haupttrakt und eine Burgkapelle.

Ein großer Brand zwang die Bauherren von Efferen nach 1542 zu Reparaturen und Veränderungen. Der Palas und der Westturm benötigten neue Dächer. Die alten Fenster wurden durch neue, hohe Kreuzstockfenster ersetzt. 1756 zerstörte ein Erdbeben Teile des inzwischen funktionslos gewordenen Wehrbaus. Ende des 19. Jh. begann für die Burg eine dritte Bauphase, als der Stolberger Fabrikant Moritz Kraus nach seinen romantisch idealisierenden Vorstellungen aus der Ruine wieder eine – noch vollständigere – Burg entstehen ließ. So fügte er auf der Südseite eine bis dahin ›fehlende‹ Vorburg an und errichtete neben dem Bergfried einen Dansker. Solche Aborttürme zählten im Mittelalter zu den luxuriösen Ausführungen sanitärer Einrichtungen auf einer Burg, aber an der Wende zum 20. Jh. . . .?

Die Zerstörungen während des Zweiten Weltkriegs waren ein willkommener Anlaß, die schlimmsten romantischen Wildwüchse zu beseitigen bzw. nicht wieder zu rekonstruieren. Beim Wiederaufbau galt das Bild aus der Mitte des 16. Jh. als angestrebte Form. Im Inneren wurden dabei Rittersaal und Kemenate als ›gute Stuben‹ für die Stolberger Bürger eingerichtet, denn Moritz Kraus hatte 1909 seine Burg der Stadt geschenkt.

Offizielle Empfänge und das städtische Kulturleben finden hier gute Räumlichkeiten vor. In die Torburg ist das *Heimat- und Handwerksmuseum* eingezogen. Der folgende Rundgang auf den Spuren der Wirtschaftsgeschichte durch Stolberg besitzt damit einen idealen Start- oder Zielpunkt (Museum allerdings nur nachmittags geöffnet, s. S. 290).

Die Blütezeit der Stolberger Messingindustrie im 17. und 18. Jh. geht nicht auf die römischen Traditionen in diesem Raum zurück; statt dessen entwickelte sie sich aus der Metallverarbeitung im Maastal. Seit dem 10. Jh. wurden dort Messingwaren hergestellt, die man nach der Stadt Dinant auch ›Dinanderien‹ nannte. Mitte des 15. Jh. wanderten die ersten Kupferschläger nach Aachen aus, eine große Zahl folgte 1466 nach der Zerstörung Dinants durch Philipp von Burgund und seinen Sohn Karl den Kühnen. In Aachen verbesserten die geflohenen Handwerker ihre Arbeitsmethoden, indem sie die Messingbleche nicht mehr per Handhammer bearbeiteten, sondern dafür wassergetriebene Hämmer einsetzten. Diese Rationalisierung verhalf dem Aachener Messinggewerbe zu einem enormen Aufschwung: Es nahm die Stellung der ehemals bedeutenden Dinanderien ein und besaß schließlich europaweit das Monopol. Die Nachfrage nach Messinggefäßen und -geräten für den Alltag wie für kirchliche Zwecke sorgte für einen knapp eineinhalb Jahrhunderte währenden Boom. In der zweiten Hälfte des 16. Jh. gerieten die wirtschaftlich erfolgreichen Kupfermeister zunehmend zwischen die Mühlen ›Glaubensfanatismus‹ und ›Machtanspruch‹. Viele von ihnen waren zum protestantischen Glauben übergetreten und hatten unter den Diskriminierungen der Gegenreformation zu leiden. 1560 schlossen die Katholiken sie aus dem Stadtrat aus. Ein Jahr später faßten sie den menschenverachtenden Beschluß, daß denjenigen, die ohne die letzte Ölung gestorben waren – also den Protestanten –, das Eselsbegräbnis zu bereiten sei, d. h. daß sie ähnlich dem Vieh vor den Toren der Stadt eingescharrt

Und sie lebten wie die Edelleute

Isaac Prym mit Sohn, Kupfermeister auf Dollartshammer, 1758–1806

»Schon früh waren die Kupfermeister wohlhabende Leute. Von Heinrich Dollarts Kupferhof heißt es 1556 in einer Zeugenaussage:

> ›dass das Wohnhaus mit seinen Betten, Kupfer- und Zinnwerk genügsam geziert worden und der Hammer mit allerlei Hausrat derart ausgestattet gewesen sei, daß Dollart einen guten Edelmann wohl ehrlich hätte beherbergen können.‹

Begünstigt durch den Niedergang der Aachener Messingindustrie, brachten die Kupfermeister es bald zu großem Reichtum. Die Aussagen des liederlichen Schreibers Olivier im Simplizissimus von Grimmelshausen, daß

> ›er als Sohn eines Aachener Kupfermeisters in Kleidungen gehalten wurde wie ein Edelmann, in Essen wie ein Freiherr und in der übrigen Wartung wie ein Graf, welches er mehr dem Kupfer und Galmei als dem Gold und Silber zu danken gehabt habe‹,

läßt sich auch auf Stolberg anwenden.«

Messinghammerwerk, 18. Jh.

Tiefmühle, um 1905

werden sollten. Wer sich weigerte, seine Kinder katholisch taufen zu lassen, hatte gleichfalls Stadt und Reich Aachen zu verlassen. Die religiöse Intoleranz hielt jedoch die Katholiken nicht ab, den noch wohlhabenden Kupfermeistern die Hauptlasten des städtischen Etats aufzubürden.

Kein Wunder, daß die ersten Kupfermeister schon vor der offiziellen Vertreibung aus Aachen in den Jahren 1598 und 1614 nach neuen Möglichkeiten suchten, in einer toleranteren Atmosphäre zu leben und zu arbeiten. Bereits in den 1570er Jahren kauften beispielsweise Leonhard Schleicher und Mattheis Pelser Grundstücke in Stolberg, denn die Herren von Efferen, die als Lehnsleute des Jülicher Herzogs auf der Burg Stolberg saßen, versprachen religiöse Freizügigkeit. Obwohl sie selber katholisch waren, stellten sie den Lutheranern zwischen 1592 und 1606 ihre Burgkapelle, einen Vorgängerbau von St. Luzia, zur Verfügung.

Nach einer kirchenlosen Zeit, in der die Gottesdienste in privaten Häusern stattfanden, erlaubten die Burgherren 1647 den Lutheranern, eine **Kirche im Vogelsang** zu errichten. Es wurde ein schlichter Saalbau, an den man im Westen das Pfarrhaus ansetzte und beides mit einem durchgehenden Dach verband. Da sich zur lutheranischen Lehre die einfachen Handwerker und Knechte der Kupfermeister bekannten – während letztere meist die reformierte Richtung bevorzugten –, gehörte der Geldmangel zur Gemeinde am Vogelsang. Dem Einsatz ihres Pfarrers Erasmus Blum, der sich selbst in den Wirren des Dreißigjährigen Kriegs nicht scheute, durch Ritte zu lutheranischen Landesherren Mittel für den Kirchenbau zu sammeln, verdankt die Gemeinde die Vollendung ihres Gotteshauses im Jahre 1648. Das linke Fenster in der Apsis trägt sein Wappen. Nach protestantischer Sitte ordnete man Altar, Kanzel und Orgel übereinander an. Selbst bei der hölzernen Konstruktion des Emporenaufgangs scheint noch etwas von der resoluten Persönlichkeit und Statur des Erasmus Blum durch: Seine Treppe auf der linken Seite mußte breiter gebaut werden als die andere, über die Chorknaben und ein vermutlich dünner Organist nach oben stiegen. Mit besonderer Genugtuung ließen die Kupfermeister ihre Familienwappen in die Kirchenfenster setzen. In den Zeiten religiöser Verfolgung konnten sie sich in Sicherheit wiegen, weshalb sie mit Selbstbewußtsein eigene Wappen – angelehnt an Bibelzitate – schufen und diese auch öffentlich zur Schau stellten.

Auf der Südseite des Burgbergs, längs der **Vogelsang-** und der **Burgstraße,** wuchs die Siedlung der Kupfermeister. An die Schattenseite des historischen Wirtschaftens und die zahllosen Ofen-und Mühlenknechte erinnert ein Brunnen auf dem **Alten Markt.** Tag und Nacht brannten die Öfen in den Messinggießereien, zweimal täglich wurde an jedem Ofen gegossen. Die Ofenknechte schliefen auf primitiven Lagern im Ofenhaus, da sie auch nachts und an den Sonn- und Feiertagen das Feuer kontrollieren mußten. Waren unerwartet einmal mehr helfende Hände nötig, konnten die anderen Knechte und als zusätzliche Unterstützung noch diejenigen von den Mühlenhämmern schnell herangezogen werden. Im 16. Jh. benötigte man für den Betrieb einer Kupfermühle mit zwei Öfen und zwei Rädern 17 Knechte. Für die Meister war es schwierig, die erforderlichen Arbeitskräfte zu finden. Diejenigen, die außerhalb der Landwirtschaft ihr Auskommen suchen mußten, hat-

Stolberg, Kirche im Vogelsang

ten in den Eisenhämmern des Vichttals bereits Arbeit gefunden. Der Aufschwung der Messingverarbeitung erlaubte den Kupfermeistern jedoch bald, höhere Löhne zu zahlen. Aus den eisenverarbeitenden Betrieben der Umgebung sowie den weiter entfernten Dörfern der Eifel lockte dies zusätzliche Ofen- und Mühlenknechte an.

An der *Burgstraße 21* steht das älteste Steinhaus Stolbergs, das ehemalige Herrenhaus (1575) des Kupferhofs von Leonhard Schleicher. Vor dem Bau der Finkenbergkirche fanden die Gottesdienste der reformierten Gemeinde in diesen Privaträumen statt. Mitte des 18. Jh. wurde das Herrenhaus zur ersten Landapotheke des Kreises Aachen – zur Adlerapotheke – umgebaut. Enge Verbindungen zur Burg weist das Haus *Burgstraße 24* auf. Hier befand sich eine Ladestation, in der die Waren, die auf die Burg transportiert werden sollten, vom Karren auf den Eselsrücken umgeladen wurden. Über die Eselsgasse erfolgte die Belieferung. Ein geheimer Weg führte von der Burg durch einen Felsengang zu einem Tor in diesem Innenhof. Auch heute noch ist das Gebäude an der Burgstraße 21 eng mit dem Berg verbunden, denn es besitzt kein Dach und ist statt dessen Baugrund für ein Haus am höher gelegenen Luziaweg.

Die katholische Pfarrkirche **St. Luzia** gilt zwar als Nachfolgebau der einstigen Burgkapelle, doch stammt die älteste Bausubstanz – die beiden unteren Turmgeschosse – aus der Mitte des18. Jh. Ein Jahrhundert später sollte aus der kleinen Kirche ein größeres Gotteshaus werden: Man baute Seitenschiffe an, erweiterte den Chor und erhöhte das Mittelschiff, so daß eine Basilika entstand. Bei diesen Baumaßnahmen setzte man dem Kirchturm seine heutige, barockisierende Haube auf als Erinnerung an die Blütezeit der Stadt. Eine kurze Zeit lang bestimmte der Turm von St. Luzia allein den Burgberg, bis 1885 der Wiederaufbau der Burg begann. Den schönsten Blick auf das Ensemble und die Häuser der Altstadt bietet der Anstieg durch die Finkenberggasse auf der gegenüberliegenden Talseite.

Hier errichteten die reformierten Protestanten bereits 1615 eine erste Kirche, die älteste protestantische in Stolberg. Recht selbstbewußt stellten sie die **Kirche auf dem Finkenberg** fast auf eine Ebene mit der Burg und schufen mit dem Nachfolgebau aus dem frühen 18. Jh. sogar einen städtebaulichen Gegenpol zum Burgensemble, wie Stadtplaner heute sagen würden. Zu jener Zeit beherrschten die Stolberger Kupfermeister den westeuropäischen Markt und exportierten ihre Produkte sogar nach Westafrika und Amerika. Trotz der wirtschaftlichen Erfolge begnügten sie sich mit einem schlichten Gotteshaus – den Reichtum konnte man wirksamer bei den Anlagen der Kupferhöfe zeigen. So bezog der Architekt Tilman Roland auch den 1688 fertiggestellten Westturm mit seiner barocken Schweifhaube in den Neubau ein, der 1726 nach nur einjähriger Arbeit geweiht werden konnte.

Wie die Seiten eines Buches zur Wirtschaftsgeschichte erzählen die Grabplatten auf dem **Kupfermeisterfriedhof** neben der Finkenbergkirche von der Stolberger Messingverarbeitung. Nicht nur die üblichen Lebensdaten, sondern auch Hinweise auf besondere Aktivitäten, wie z. B. gewerbliche Gründungen, machen die leider stark verwitterten Inschriften zu Miniatur-Lebensläufen. Ähnlich kreativ wie die wenigen lutheranischen Kupfermeister waren die reformierten mit der Schöpfung von Familienwappen. Sie nahmen ebenfalls Anregungen aus ihrem Arbeitsalltag, wie z. B. die Mühlsteinfassungen, oder als Zeichen der Verfolgung drei Hufeisen (das vierte betrachtete man als auf der Flucht verloren). Obwohl es heute noch die Nachkommen verschiedener Kupfermeisterfamilien gibt, haben mangels Platz neben den Pfarrern nur noch diejenigen der Familien Schleicher und Prym das Recht, ihre Angehörigen auf dem traditionsreichen Friedhof beizusetzen. Welch ein Trost muß es den ersten Nutzern des 1688 angelegten Friedhofs gewesen sein, daß sie ihre Toten würdevoll zur letzten Ruhe betten konnten im Gegensatz zum ›Eselsbegräbnis‹ in Aachen.

Um Kupferhöfe zu sehen, ist es nötig, die Berghänge zu verlassen und in die Talaue zu gehen, denn die Anlagen erforderten einen Standort am fließenden Wasser. Wenn auch die Kupferhöfe heute im Stadtbild eher wie kleine Palais oder repräsentative Herrenhäuser erscheinen, so gehörten doch ursprünglich Gewerbebauten, Ofenhäuser, Mühlen, Kupferkammer, Mondohlhäuschen (zum Säubern der metallhaltigen Galmeischlacke), Backhaus, Gesindehaus und Lager dazu. Häufig existieren diese Wirtschaftsgebäude – mittlerweile zu

Wohnungen umfunktioniert – noch und sind beispielsweise an Tordurchfahrten, Ladeluken oder Fensteranordnungen zu erkennen. Leider gibt es kein Ensemble, das als Museum eingerichtet Einblicke in die historische Messingproduktion sowie den Alltag auf einem Kupferhof böte. Die ausgewählten Beispiele lassen sich zumindest von den Straßen aus gut einsehen.

Der **Kupferhof Schart** (Zweifaller Straße/In der Schart) wurde als Doppelanlage, wie es an den beiden Innenhöfen abzulesen ist, für zwei Söhne der Familie Schleicher errichtet. Auf seiner Westseite scheint er aus dem kanalisierten Bett des Vichtbachs herauszuwachsen; hier muß sich ursprünglich einmal ein Mühlrad zum Antrieb der Hämmer gedreht haben. Die kleine Brücke und die repräsentative Ausgestaltung der Mittelachse sind jüngeren Datums. Die Zufahrten erfolgten einst nur durch die schmalen Altstadtstraßen. Gerade die Erbauer der ältesten Kupferhöfe im späten 16. und 17. Jh. hatten es nötig, ihre Anlagen vor unerwünschten Besuchern zu schützen. Die Bausubstanz des frisch restaurierten Scharthofs stammt aus dem 18. Jh.

Ebenfalls in einem abgesicherten Geviert – jedoch schon wie ein Stadtschlößchen – zeigt sich der **Kupferhof Grünenthal** (Steinfeldstraße). Der dreiflügelige Bau entstand um 1710.

Stolberg, Kupferhof Grünenthal

Seit der Mitte des 18. Jh. ging es mit der Stolberger Messingindustrie langsam bergab. Die örtlichen Galmaivorkommen waren erschöpft, und der Absatz litt zunehmend unter den hohen Schutzzöllen. Während der französischen Besatzung brachte die Wirtschaftspolitik zwar kurzzeitig einen neuen Aufschwung, doch unter der preußischen Herrschaft setzte sich die Talfahrt der Branche fort. Die Kupfermeister waren gezwungen, ihre Betriebe umzurüsten oder aufzugeben. Einige blieben in der Metallverarbeitung und sattelten auf die Nadelproduktion um. Die Zulieferung für die aufstrebende Tuchindustrie brachte manchem Kupferhof eine neue Nutzung. Im Hof Grünenthal führte der aus Verviers stammende Leonhard Lynen-Dumont von 1843 bis 1877 eine Kratzenfabrik. 1877 wurden der Hof und ein großes Gelände an die Stadt Stolberg verkauft. Elf Jahre später erwarb eine Kauffrau das Anwesen, um eine Seifensiederei einzurichten, die 1912 an den Dollartshammer ausgelagert wurde. Nach dem Zweiten Weltkrieg zog ein Pharmaunternehmen in die

Stolberg, Kupferhof Rosenthal

historischen Gebäude und nahm den traditionsreichen Namen an. Mit ihrem Schlafmittel Contergan erlangte die Firma in den 60er Jahren allerdings traurige Berühmtheit.

Als repräsentativster Komplex gilt der um 1725 gebaute **Kupferhof Rosenthal** (Rathausstraße 63). Der Bauherr Johannes Schleicher zog dafür den Architekten Tilman Roland zu Rate, der anschließend die Kirche am Finkenberg schuf. Sehr selbstbewußt ließ sich der Kupfermeister ein Ensemble entwerfen, das enge Verwandtschaft zum barocken Schloß aufweist: Eine Allee führt auf ein steinernes Portal zu, das der Haupt- und Symmetrieachse der gesamten Anlage einen ersten Blickpunkt gibt. Dahinter weitet sich die Zufahrt zu einem Innenhof, der wie ein Cour d'honneur (Ehrenhof) vom Haupthaus und Nebengebäuden umschlossen wird. In ihm können die Wagen vorfahren, und ihre Fahrgäste an der doppelläufigen Freitreppe absetzen. Der Mittelteil des Herrenhauses ist architektonisch durch einen zweiachsigen Mittelrisalit herausgehoben. Im Gegensatz zu dem üblichen Bruchstein bevorzugte der Bauherr den aufwendigeren und teureren Mergel vom Maastrichter Petersberg. Blausteinfassungen gliedern dagegen in gewohnter Weise die Fassade. An den Nebengebäuden ist die ehemalige gewerbliche Nutzung noch erkennbar. Die Halterung eines Flaschenzugs erinnert daran, daß hier die wertvollen Kupferplatten eingelagert wurden. Im Süden schließt sich ein schräg zur heutigen Straße stehendes, historisches Werksgebäude an; es war auf den Lauf des Mühlenbachs ausgerichtet.

Die Vicht abwärts folgen weitere Kupferhöfe, doch liegen sie so versteckt in Parks oder hinter hohen Mauern, daß sich dieser Abstecher nicht lohnt. Hinzuzufügen wäre jedoch noch, daß der **Untere Hof** als ältestes Messingwerk der Welt heute noch in Betrieb ist (Stolberger Metallwerke von Asten, Lynen und Schleicher). Sogar in einem alten Mühlengebäude, wo einst Mühlenhämmer durch Wasser angetrieben wurden, wird heute noch – natürlich in moderner Technik – produziert. Für den Rückweg zur Burg empfiehlt es sich, den reizvollen Altstadtgassen zu folgen. Nach einer behutsamen Stadterneuerung bietet der historische Kern von Stolberg wieder eine Reihe stimmungsvoller Winkel und Ensembles, die die Eigenheiten der lokalen Bautradition gut widerspiegeln.

Bruchsteinmauern und Fachwerk bestimmen auch das Bild der umliegenden Dörfer. Auf dem Weg durch das **Vichtbachtal** nach Zweifall bleibt in den alten Gebäuden wie in der Namensgebung die Wirtschaftsgeschichte gegenwärtig. Der Bernhardshammer war einst der am höchsten gelegene Kupferhof Stolbergs. Darüber folgten Eisenhämmer, wie z. B. der Platenhammer oder der **Junkershammer.** Der 1551 erstmals erwähnte Junkershammer gelangte 1641 vollständig in den Besitz von Jeremias Hoesch dem Jüngeren, der damit nicht nur den Grundstein für eine expandierende Eisenindustrie im oberen Vichttal legte, sondern auf diese Weise wesentlich das Wachstum des Familienbetriebs zu einem Konzern initiierte. Deutlich zeichnen sich einige Parallelen zur Stolberger Messingindustrie ab: Die Treue zum protestantischen Glauben trieb die Vorfahren aus dem Limburgischen und Aachener Raum in den Herrschaftsbereich der toleranteren Jülicher Herzöge. Da ihr Territorium sich auf das östliche Vichtufer beschränkte, entstanden die frühen Eisenhütten alle auf der rechten Bachseite. Der Vater, Jeremias Hoesch der Ältere, besaß Anfang des 17. Jh.

fünf Kupferhöfe in Stolberg; doch mit den Aktivitäten seines Sohnes sollte noch Größeres beginnen. Über 200 Jahre lang war der Junkershammer das größte Eisenwerk im Tal. Es hielt sich gut über die Zeiten, da man für den täglichen friedlichen wie für den Kriegsbedarf produzierte. Ende des 18. Jh. entwickelte sich die Lage im Vichttal zum Nachteil; neuen verkehrsgünstigeren Standorten sollte die Zukunft gehören, und so verlagerte man die Betriebe an den Gebirgsrand in die Nachbarschaft der Tagebaue. Um 1870 entstanden in Dortmund die Eisen- und Stahlwerke Hoesch, und der Stammsitz am Vichtbach wurde zum herrschaftlichen Ferienhaus umgebaut.

Ein 13 km langer, ausgeschilderter Wanderweg ›**Vichttaler Eisenwerk**‹ führt zu den Relikten des ehemaligen Bergbaus und Metallgewerbes durch die Umgebung von Zweifall (Informationsblatt bei der Ortsgruppe Zweifall des Eifelvereins).

Westlich von Stolberg wurde ein **historischer Wanderweg** von Atsch bis Elgermühle angelegt, über den einst die Kupfermühlen mit ihrem Rohstoff beliefert wurden. Zwei restaurierte Brennöfen stehen am Ausgangspunkt **Atscher Mühle** (Rhenaniastraße/Ecke Münsterbachstraße). Der Weg verläuft rund 8 km durch das Münsterbachtal entlang ehemaliger Mühlen, historischer Werksgebäude und Spuren des Bergbaus (Informationsbroschüre beim Werbe- und Verkehrsreferat der Stadt Stolberg, ✆ 0 24 02/2 10 51). Teilweise überschneidet sich der historische Kupferweg, der nicht als Rundweg angelegt wurde, mit einem naturkundlichen Lehrpfad.

Bevor der Mensch anfing, durch den Galmeiabbau und die Metallverarbeitung die Landschaft zu verändern, zu gestalten, prägte bereits eine Galmeiflora das Landschaftsbild im späteren Bergbaugebiet. Dort, wo der Galmei nahe der Erdoberfläche lagerte, konnten nur solche Pflanzen gedeihen, die sich mit ihrem Organismus auf die Gifte eines schwermetallhaltigen Bodens eingestellt hatten. Daß sich eine Anpassung an diese Belastung nur bei wenigen Pflanzen entwickelt hat, zeigt sich auch heute noch in der Artenarmut. Bäume und Büsche gedeihen auf diesem Untergrund gleich gar nicht, und nur fünf Pflanzenarten beherrschen die galmeireichen Standorte: das Galmei-Veilchen (Viola calaminaria), die Galmei-Grasnelke (Armeria maritima ssp. calaminaria), die Galmei-Frühlingsmiere (Minuartia verna ssp. hercynia), das Galmei-Täschelkraut (Thlaspi calaminare) und das einen lockeren Rasen bildende Schafschwingelgras. Durch die Aktivitäten des Menschen konnten sich die Galmeipflanzen weiter ausdehnen und neue Flächen wie Abraum- und Schlackenhalden, sogar längs der historischen Erztransportwege, besiedeln. Vielleicht ist auf diese Weise überhaupt erst die eine oder andere der heutigen Galmeipflanzen in den Stolberger Raum gelangt. An manchen Standorten entwickelten sich im Laufe der Zeit üppige Pflanzengesellschaften durch einen hohen Schwermetallgehalt in der Luft; ohne diese Nahrung kann der gelbe Blütenteppich einer Galmei-Veilchen-Flur nicht auskommen. Die größten Vorkommen in Stolberg (am Schlangenberg, am Brockenberg und in der Werther Heide) wurden inzwischen zu Naturschutzgebieten erklärt.

Schmelzofen bei Stolberg-Atsch ▷

Übergänge zum Niederrhein: die Börde und der Selfkant

Kohlenabbau, Dampfsäulen aus Kühltürmen, riesige Tagebaugruben, neue Landschaft ohne historischen Tiefgang, am Rand Neubausiedlungen und vereinzelt alte Dorfkerne, ehemalige Herrensitze – so läßt sich das Gebiet östlich und nordöstlich von Aachen charakterisieren, das den Übergang zu den ausgedehnten Ackerfluren der Börde bildet.

Die mittelalterliche Siedlungsgeschichte von **Eschweiler** beginnt mit dem karolingischen Königsgut Aschwilra. Im 11. Jh. wechselt der Hof seine Besitzer, vom Aachener Münsterstift gelangt er zum Kapitel des Kölner Domes. Anfang des 15. Jh. verkaufen die Eschweiler Burgherren ihren Besitz und Ämter an den Herzog von Jülich. Auf dem Gelände der einstigen Burg steht heute das *St. Antonius-Hospital*; nur drei Türme von der Rekonstruktion der Burg (Mitte 19. Jh.) blieben erhalten. Eine wechselvolle Geschichte sorgte dafür, daß sich die *Hauptpfarrkirche St. Peter* heute weitgehend als ein Bau des 20. Jh. präsentiert. Die gotische Kirche wurde 1678 mitsamt dem Ort von den Truppen Ludwigs XIV. eingeäschert. Dem notdürftig wiederhergestellten Provisorium folgte erst 1880 die Grundsteinlegung für eine neue Kirche (weitere Umbauten Anfang 20. Jh., Wiederherstellung 1986 abgeschlossen). Weniger der Bau als die Rarität einer gotischen *Lederpietà* lohnt den Abstecher. Ende des 14. Jh. entstand das einzigartige Werk: Mit Ausnahme des Sockels und der Unterarme Mariens besteht die innen hohe Plastik aus mehreren Schichten von Leinen und Leder.

Neben dem alten klassizistischen *Rathaus* – 1822/23 als Mehrzweckgebäude für das Bürgermeisteramt mit drei Schulräumen und Lehrerwohnungen errichtet – bietet der Stadtkern wenig Sehenswertes, während die eingemeindeten Ortschaften manchen historischen Herrensitz, in der Regel Wasserburgen, aufweisen können, wie z. B. *Burg Röthgen* (Anfang 14. Jh. erste Erwähnung), die ruinöse *Nothberger Burg* mit seltenen Zeugnissen früher Renaissance-Architektur, *Haus Palant* mit einem eindrucksvollen, wehrhaft-repräsentativen Torbau im Stil der maasländischen Renaissance oder dem *Broicher Hof* (1952 in gotischer Form wiederaufgebaut).

Welchen Reichtum an Baudenkmälern ein ›gewöhnliches‹ Dorf in dieser Region besitzen kann, zeigt **Kinzweiler**. Den Hügel des heutigen *Kalvarienbergs* schüttete man im 9./10. Jh. auf, um darauf einen befestigten Herrensitz zu errichten, eine zweite Motte sicherte das Gebiet der Kinzweiler Ritter das Merzbachtal aufwärts. Der Mühlenbongard gilt als eine der besterhaltenen Motten des Rheinlands. Aus einer Burgkapelle am ›Unteren Haus‹ auf dem Kalvarienberg entwickelte sich eine gotische *Pfarrkirche* (1316 bereits wird Kinzweiler als selbständige Pfarrei genannt). Trotz späterer Erweiterungen und Veränderungen ist am dreigeschossigen Turm nicht nur Mauerwerk aus dem 13. Jh., sondern sogar

römisches Baumaterial zu erkennen. Ein romanischer Taufstein (11./12. Jh.) aus Blaustein gehört zur ältesten Innenausstattung. Seit 1767 pilgern die Gläubigen zur ›Mutter vom guten Rat‹. 1701 wurde das heutige Herrenhaus der noch intakten *Wasserburg Kambach* am südlichen Ortseingang vollendet, die ihr reizvolles historisches Bild bewahrt hat. Stärker hat dagegen die *Burg Kinzweiler* östlich des Dorfkerns unter der stark veränderten Umgebung – neben einer Kiesgrube am Rande rekultivierter Landschaft – zu leiden. Im Südwesten schließt sich an Kinzweiler **St. Jöris** an – noch immer nicht viel mehr als ein Straßenkreuz, das vom Dorfanger wegführt. 1274 wurde dort ein Zisterzienserinnenkloster gegründet (heutige Kirche Mitte des 15. Jh., erhaltene Klostergebäude aus dem 17. Jh.).

Auf ähnlich interessante Dörfer dieser Region lassen sich nur noch Nachrufe schreiben, denn sie tilgte der Braunkohlentagebau von der Landkarte. Nach rund 1000jähriger Geschichte, die ebenfalls mit einem fränkischen Königshof begann, wurde das Dorf Lohn ausradiert. Das gleiche Schicksal widerfuhr Langendorf und Pützlohn in den 70er Jahren, Laurenzberg und Lürken verschwanden in den 60ern. Jungsteinzeitliche Siedlungsfunde von Ackerbauern im Merzbachtal verschlang der Tagebau ›Zukunft‹. Das benachbarte gigantische Loch, die Grube ›Inden‹, näherte sich 1991 dem ausgelöschten Dorf **Pattern**, dessen Höfe – bis auf einen – ›dank‹ gründlicher Vorarbeiten bis auf den letzten Stein verschwunden waren, doch die Straßen und Wege, aber auch der ehemalige Park von Haus Bock, einem Wasserschloß des frühen 18. Jh., deuteten trotz der gespenstischen Stille auf

Kein
Durchgang!

das einstige, gewaltsam beendete Leben hin. Ein solches Schicksal wird noch andere Dörfer in der Jülicher Börde treffen.

Ähnlich wie Maastricht verdankt **Jülich** seine Entstehung einer Furt an der Fernstraße von Köln nach Bavai. An der Passage durch die breite, sumpfige Ruraue entwickelte sich um Christi Geburt der Vicus Iuliacum. Der geradlinige Verlauf der B 55 – sofern sie nicht durch den Braunkohlenabbau abgegraben (Grube Hambach) oder zugedeckt (Sophienhöhe) wurde – folgt dieser römischen Hauptstraße. Mittelpunkt des antiken Landstädtchens war der Bereich zwischen dem heutigen Markt und der Kirche St. Maria Himmelfahrt. Anfang des 4. Jh. sicherte man wegen der fränkischen Überfälle den Vicus mit einer über 4 m mächtigen Verteidigungsmauer, die teilweise noch bis ins hohe Mittelalter genutzt werden konnte. Römisches Baumaterial, darunter sogar Gedenksteine mit Reliefs, wurden im 1. Viertel des 14. Jh. am *Rurtor*, dem Hexenturm, vermauert. Aus dem oberen Rurtal bei Nideggen stammen die Sandsteinquader der unteren Turmgeschosse (2. Hälfte 12. Jh.) von *St. Maria Himmelfahrt*, die nach einer 98 %igen Zerstörung der Stadt im Zweiten Weltkrieg heute die ältesten erhaltenen Gebäudeteile darstellen. An den romanischen Westturm baute Heinrich Wiethase im ausgehenden 19. Jh. ein neuromanisches Langhaus an, dem 1951/52 der heutige Bau nachfolgte.

Die mittelalterliche Geschichte, die überliefern würde, wie die Jülicher Grafen in ständiger Auseinandersetzung mit den Kölner Erzbischöfen, diese 1288 im Verbund mit dem Herzog von Brabant u. a. besiegen konnten und dann zu mächtigen Landesherren im Rheinland aufstiegen, ist heute nicht mehr an Baudenkmälern zu verfolgen. Dagegen läßt sich die Bedeutung Jülichs als Zentrum des Herzogtums im 16. Jh. am Bau der Zitadelle und den Planungen einer Idealstadt der Renaissance nachvollziehen. Zu diesem Zeitpunkt umfaßte das Herzogtum Jülich-Berg-Kleve ungefähr zwei Drittel des heutigen Landes Nordrhein-Westfalens. Wilhelm V. beauftragte Alessandro Pasqualini 1546 mit der Befestigung Jülichs, nachdem die Stadt 1543 noch einmal von kaiserlichen Truppen erobert worden war. Ein Stadtbrand am 26. Mai 1547 schuf unbeabsichtigt (?) ideale Voraussetzungen für einen neuen Stadtgrundriß.

1549 begannen die Arbeiten an der *Zitadelle* (s. Farbabb. 26). So wehrhaft, uneinnehmbar die Festung erscheint und sich militärischen Gesichtspunkten unterordnet, so besaß sie ebenfalls eine repräsentative Aufgabe. Hierfür setzte der Architekt ein vierflügeliges Schloß in die Mitte der Befestigungsanlagen, das zu den frühesten Herrensitzen im Stil der Renaissance auf deutschem Boden gehört. Der Osttrakt wurde als herzoglicher Wohnflügel besonders aufwendig gestaltet, ebenso der Festsaal im Westtrakt, während die beiden anderen Flügel als Verwaltungsgebäude schlichter ausfielen. Aus der Wandflucht des Ostflügels ragt die *Schloßkapelle* hervor, die in der Tradition der Bauschule Raffaels (1. Drittel 16. Jh.) in Rom steht. Elemente des Festungsbaus, wie z. B. das Rustikageschoß, bilden die Grundlage für zahlreiche Schmuckformen. Zur architekturgeschichtlichen Bedeutung der Schloß-

◁ *Eschweiler, Haus Palant*

kapelle kommt noch hinzu, daß sie als eine der frühesten protestantischen Kirchen angesehen werden muß, wenn nicht sogar als die erste. Nach den Zerstörungen des Zweiten Weltkriegs blieben fast nur die Umfassungsmauern des Ostflügels übrig, die wieder im Stil der maasländischen Renaissance vervollständigt wurden, das einstige Schloßgeviert bildet heute einen modernen vierflügeligen Schulkomplex.

Vollständig erhalten – mit einem kleinen Bombentrichter aus dem Jahre 1944 – blieben die *Befestigungsanlagen* des 16. Jh. In der *Johannisbastion*, einem napoleonischen Munitionsbunker an der Südwest-Ecke, soll ein audio-visuelles Informationszentrum Geschichte und Funktion der Zitadelle erläutern. Das Pulvermagazin diente in den Nachkriegsjahren drei Familien als Wohnung, denn es hatte als einziges Gebäude den Bombenhagel überstanden.

Nach den Stadtbefestigungen im Mittelalter und der Renaissance bauten die Franzosen ab 1974 die Verteidigungsanlagen erneut aus. Besonders die Sicherung des Rurübergangs durch einen *Brückenkopf mit drei Bastionen* schien ihnen nötig. Das Gelände und seine Bauten sind heute in den Naherholungsraum Ruraue integriert.

Längs des Rurtals bieten die Dörfer zahlreiche Sehenswürdigkeiten – zwar keine großen kunsthistorischen Schätze, dafür aber mehr Atmosphäre. Allen voran muß **Barmen** genannt werden, das sich zwischen *Haus Overbach* (1. Erwähnung 1341, Herrenhaus um 1800, ältere Wirtschaftsgebäude) und dem *Wasserschloß Kellenberg* (spätgotischer Wohnturm, zweiflügeliger Haupttrakt mit markantem Torturm, dreiflügelige Vorburg) entwickelte. Ein typisches Dorfbild bietet das Ensemble um die *Pfarrkirche St. Martinus* mit dem jüngst restaurierten, farbig gefaßten Westturm (Mitte 12. Jh.). Das kleine Straßendorf **Merzenhausen** wird von einer nahezu geschlossenen Reihe meist hell getünchter Hofanlagen aus dem 17. und 18. Jh. geprägt. Die repräsentativste ist der *Hubertushof* (Prämienstraße 29) mit seinen beiden hohen geschweiften Giebeln. Rechts der Rur zählt das barocke Wasserschlößchen von **Broich** zu den Zeugnissen einer abwechslungsreichen Baugeschichte im Jülicher Land.

Im Kreis Heinsberg auf dem Stadtgebiet von **Hückelhoven** setzt sich die Reihe historischer Herrensitze längs der Ruraue fort: *Schloß Rurich* (Ende 18. Jh.), in Brachelen *Haus Blumenthal* (16./17. Jh.), in Doveren das *Haus Grittern* mit einem Renaissance-Giebel (spätes 16. Jh.) und das *Haus Kleinkünkel* (16./17. Jh.). Das größte Wasserschloß der Region bietet Ratheim: *Haus Hall* (18. Jh.).

Doch auch die Wurm, die ab Übach-Palenberg den Kreis durchfließt, hat entsprechende Anwesen zu bieten: *Schloß Zweibrüggen* (Herrenhaus, 1788) oder *Schloß Trips* (15.–17. Jh.) bei **Geilenkirchen**. Obwohl eine Furt durch die Wurm seit römischer Zeit (Straße von Aachen nach Roermond) die beiden Ufer verband, gehörte das Gebiet von Geilenkirchen bis ins Mittelalter zu verschiedenen Landesherren und darüber hinaus das westliche Ufer zum Bistum Lüttich, das östliche zum Erzbistum Köln. Die romanische *Stadtpfarrkirche*

Hückelhoven-Doveren, Haus Grittern ▷

Geilenkirchen, Schloß Trips

St. Mariä Himmelfahrt ersetzte der Aachener Landbauinspektor Johann Peter Cremer 1822–25 durch einen klassizistischen Zentralbau. Dabei setzte er gekonnt durch zwei Lichtquellen – eine gemalte und eine Lampe hinter dem Sakramentshaus – die Himmelfahrt in Szene.

Weiter auf historischen Pfaden wandelnd muß der Weg nach **Gangelt** führen, wo ein karolingischer Königshof Zwischenstation auf einer Reise zwischen den Pfalzen von Aachen und Nimwegen bot. Unter den Herren von Heinsberg erhielt der Grenzort zum Herzogtum Limburg und zur Herrschaft Valkenburg aus politischen wie strategischen Gründen Mitte des 13. Jh. das Stadtrecht und durfte sich durch eine Befestigung schützen – eine bemerkenswerte Tatsache, da Gangelt selbst heute nicht einmal 10 000 Einwohner besitzt. Die *Türme* und zwei *Stadttore* (um 1400) blieben erhalten und von der einstigen Burg, die zur Verstärkung der Stadtverteidigung gebaut wurde, der *Bergfried* (1484). Schon nach niederrheinischer Gepflogenheit steht die *Kirche St. Nikolaus* durch eine Häuserreihe vom Marktplatz getrennt. Aus dem 14. Jh. stammt der Westturm mit Maastrichter Kalkstein, während das Langhaus neugotische Formen zeigt.

Wesentliche Grenzverschiebungen hat die Gemeinde **Selfkant**, der westlichste Zipfel der Bundesrepublik Deutschland, noch in der jüngsten Vergangenheit erlebt. Von 1949 bis 1963 stand er als Drostamt Tüddern unter niederländischer Verwaltung. Deutlich niederrheinische Züge trägt die Lage der Siedlungen am nördlichen Rand des Selfkantkreises. Von Waldfeucht über Haaren nach Heinsberg ziehen sich lang gestreckte Ortschaften parallel zu den feuchten Auen, während das höher gelegene, trockene Land dem Ackerbau vorbehalten ist. **Heinsberg** ›übertreibt‹ mit seinem Namen nicht allzusehr. Auf einem Hügel, der in ›klassischer Tradition‹ von einer Burg (12.–16. Jh. heute Ruine) geschützt wurde, entwickelte sich das Burgstädtchen, Mitte des 13. Jh. zur Stadt erhoben. 1128/29 gründete Oda von Heinsberg ein Kanonikerstift zu Ehren des hl. Gangolfs, das zunächst auf der Burg saß. Um 1130 begann der Bau der romanischen *Kirche St. Gangolf*. Über der Krypta errichtete man im 15. Jh. ein dreischiffiges, gotisches Gotteshaus, das nach Kriegszerstörungen bis 1955 zu großen Teilen rekonstruiert wurde. Neben ihrer Funktion als Stiftskirche diente St. Gangolf im ausgehenden Mittelalter als Grablege der Herren von Heinsberg und

Gangelt, Stadttor

Heinsberg, Heimatmuseum

von Anfang an auch als Pfarrkirche. Im *Torbogenhaus* (18. Jh.), einem repräsentativen Eingang zum Immunitätsbezirk, befindet sich das *Kreisheimatmuseum*.

Am Schnittpunkt der Straßen Roermond-Köln und Aachen-Duisburg verlieh 1326 Graf Reinald von Geldern der Siedlung **Erkelenz** die Stadtrechte und baute den Marktort zur Grenzfeste aus – gegen den Willen des Vogtes von Wassenberg und des Aachener Dompropstes, die beide auch Ansprüche anmeldeten. Von der mittelalterlichen Befestigung der Gelderner blieben Reste der *Burg* (um 1500) und der Stadtmauer auf der Nordostseite erhalten und wurden nach Kriegsschäden restauriert. Ähnlich erging es dem historischen *Rathaus* (s. Farbabb. 23) mit seiner offenen Halle hinter Spitzbogenarkaden im Erdgeschoß (1540er). Als vermutlich östlichstes Zeugnis maasländischer Architektur kann der 83 m hohe Lambertiturm gelten, der allein die Zerstörung der spätgotischen Hallenkirche 1944 überstand. Bänder aus Backstein, Blaustein und Tuff geben dem Turm (2. Hälfte 15. Jh., 1986 wieder vollendet) sein ungewöhnliches Aussehen.

Bei Waldfeucht, Selfkant ▷

De Muet
Och Bruet

Städtefahrten im Dreiländereck

Das Limburger Land

Ein flüchtiger Blick auf die Landkarte des Grenzgebiets verleitet zu der Annahme, daß das Dreiländereck weitgehend zu einem ehemaligen Territorium Limburg gehört: Eine niederländische Provinz Limburg und eine belgische Provinz Limburg stoßen längs des Maastals aneinander. Doch weit gefehlt! Der Stammsitz der namengebenden Herzöge – Limbourg, ein malerischer Flecken – liegt heute in der französischsprachigen Provinz Lüttich. Die belgische – flämisch sprechende – Provinz Limburg kam erst 1815 durch den niederländischen König Wilhelm I. zu ihrer Bezeichnung, während die niederländische Provinz Limburg größtenteils zum Stammland gehörte. Es würde ein eigenes Buch füllen, wollte man die Grenzverschiebungen in diesem Raum vollständig auflisten. Beschränken wir uns auf die beiden Daten 1830 (Abspaltung des Königreichs Belgien vom Königreich der Vereinigten Niederlande) und das Jahr 1993, als die längst etablierten offenen Grenzen in diesem Raum zu Verwaltungsgrenzen eines vereinten Europas wurden: Arbeiten in Aachen, Wohnen in Belgien oder den Niederlanden, Wochenendausflüge ins Dreiländereck – heute schon Facetten des Alltags in dieser Region.

Die römische Fernstraße Köln-Tongeren-Bavai ließ erste Befestigungen und Siedlungen entstehen. An einer Furt durch die Maas entstand Traiectum ad Mosam (Maastricht, s. S. 269 ff.). Konkurrenz zu den römischen Bädern von Aachen entwickelte sich in **Heerlen**, dessen *Thermenmuseum* mit den freigelegten Fundamenten des antiken Badehauses einen Besuch lohnt.

Tongeren hat als historischen ›Vorspann‹ zwei schwere Vernichtungsschläge aufzuweisen, bevor seine Geschichte als älteste Stadt Belgiens begann. Held der ersten Aktion war *Ambiorix*, der heute als Bronzefigur (1866) vom hohen Denkmalsockel über den Marktplatz blickt. Der von ihm geleitete Überfall auf das Legionenlager Atuatuca im Winter 54 v. Chr. brachte kurzfristig zwar einen militärischen Gewinn, doch als Rache Caesars bald das Auslöschen des Stammes der Eburonen. Zur Festigung der römischen Herrschaft gründete man die Civitas Tungrorum, die sich dank ihrer Verkehrslage zu einem blühenden Gemeinwesen entwickeln konnte. Reste einer Stadtmauer aus dem 4. Jh. und die Exponate im Provinciaal *Gallo-Romeins Museum* (der Neubau soll 1994 eröffnet werden) künden davon.

Mitte des 4. Jh. wird Tongeren erster Bischofssitz in der Region und leitet damit die engen kirchlichen Bindungen zwischen den Städten des Maaslands ein: Bischof Servatius –

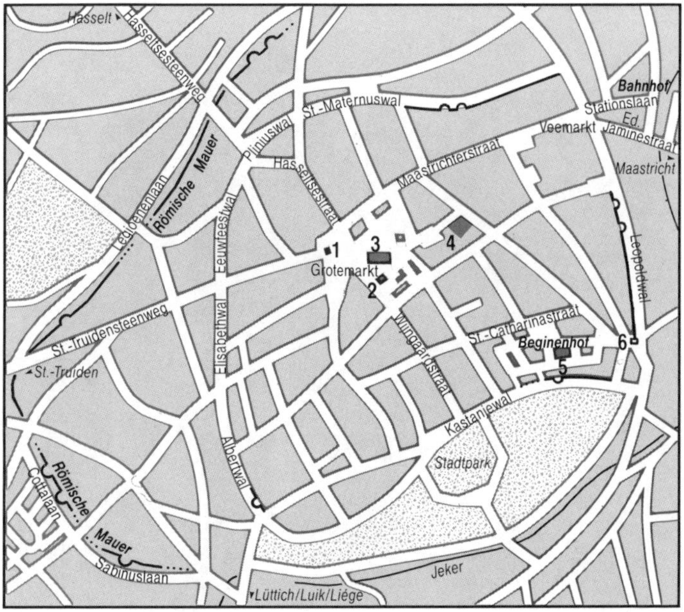

Tongeren
1 Ambiorix-Denkmal
2 Rathaus
3 Onze-Lieve-Vrouwen Kirche und Kreuzgang
4 Gallo-Romeins Museum
5 Beginenhofkirche (St. Katharinen)
6 Moerenpoort (Stadttor)

später der hl. Servatius – verlegte um 384 aus Furcht vor den Franken seinen Amtssitz in das besser gesicherte Maastricht. Nach der Ermordung des Bischofs Lambertus in den letzten Jahren des 7. Jh. verlegte dessen Amtsnachfolger Hubertus 721 den Bischofssitz nach Lüttich. Nicht nur der Anfang einer Stadt, sondern auch eines mächtigen Fürstbistums war damit geschaffen. Als weltliche Herrscher spielten die Fürstbischöfe von Lüttich bis 1789 eine bedeutende Rolle im Maasland wie in der westeuropäischen Politik.

Vom 11. bis späten 18. Jh. gehörte Tongeren ebenfalls zu ihrem Territorium. Anfang des 12. Jh. errichteten sie neben der romanischen *Onze-Lieve-Vrouwen Kirche* eine Residenz. Zwischen 1240 und 1509 entstand nach einem schweren Brand als Nachfolgebau die erste gotische Kirche in Limburg. Vom romanischen Stiftkomplex blieb der Kreuzgang erhalten. Seit der Mitte des 13. Jh. kristallisierte sich an der Südost-Ecke des ummauerten Stadtgebiets längs der Jeker ein dicht bebauter Bereich aus: der *Beginenhof*. Wie eine Stadt in der Stadt war das Viertel durch Mauern und Tore und die Anordnung der Häuser abgeschlossen. In seiner besten Zeit umfaßte der Beginenhof mit dem religiösen Zentrum, der *St. Katharinenkirche* (schlichter, dreischiffiger Bau, älteste Teile 1294, Umbauten 17./18. Jh.) rund 100 Häuser, in denen über 300 Frauen lebten. Noch heute hat sich in den Straßen zwischen *Moerenpoort* (Stadttor von 1397) und dem idyllischen Platz Onder de Linde die Beschaulichkeit und Atmosphäre eines alten wie charakteristischen Stadtviertels erhalten.

Die schönste Zeit für Ausflüge in die Umgebung von Tongeren ist das Frühjahr, wenn die ausgedehnten Obstbaumkulturen des **Haspengaus** in Blüte stehen. Vor allem Kirschen,

Tongeren

Äpfel und Birnen liefert der feuchte Teil des Hügellands, während im trockeneren Abschnitt südlich einer Linie von Tongeren nach St. Truiden Getreide- und Zuckerrübenfelder das Landschaftsbild prägen. Die ausgeschilderte Haspengouw-Route vereint beide Städte und die wichtigsten Sehenswürdigkeiten in einer 99 km langen Runde.

Gut 10 km nördlich von Tongeren liegt inmitten von Obstgärten und Weiden die Kommende **Aldenbiesen** (s. Farbabb. 30) des Deutschen Ordens. Im Jahre 1220 schenkten Arnulf III. von Loon und seine Schwester Mechthildis von Are, Äbtissin der Benediktinerinnenabtei zu Munsterbilzen, dem Ritterorden eine Wallfahrtskapelle mit Lehen und Ackerland. Von ihrer neu errichteten Wasserburg aus vergrößerten die Ordensherren stetig ihren Einfluß bis Biesen, das nach der Vollendung der Kommende Neuenbiesen bei Maastricht nun Aldenbiesen genannt wurde, und die führende Rolle über zwölf untergeordnete Kommenden im Rhein-Maas-Raum innehatte.

Ein solcher Gewinn an Bedeutung mußte sich auch in der Architektur niederschlagen, und trotz des Machtverlustes des Ritterordens in Osteuropa baute man Mitte des 16. Jh. Aldenbiesen zu einer repräsentativen Anlage im Stil der Maasrenaissance um. Kardinal Graf Damian Hugo von Schönborn verstand nach seiner Übernahme des Landkomturamts 1709 die Pracht zu steigern, indem er zum Teil nach eigenen Entwürfen Aldenbiesen in eine spätbarocke *Residenz* umgestalten ließ. Der ursprünglich geschlossene Baukomplex öffnete sich immer mehr zur Landschaft hin: Als Verlängerung wurden an die zwei Trakte der Vorburg eine neue Zehntscheune und die Reitschule gesetzt; ein *Landschaftsgarten* mit Sommerpavillon, Minervatempel und künstlicher Ruine, Alleen und Wegestern vervollständigen die Veränderungen während des 18. Jh. Die historische Inneneinrichtung, bzw. was die Säkularisation seit 1797 davon übriggelassen hatte, ging bei einem Brand 1971 endgültig verloren, kurz bevor der belgische Staat die Gebäude und die Provinz Limburg die dazugehörenden Ländereien kaufte. Heute wird Aldenbiesen als Cultureel Centrum van de Vlaamse Gemeenschaft für Kongresse und Bildungsveranstaltungen, wie z. B. einer Sommerakademie für Opernsänger, genutzt.

Einblicke in das bescheidenere Wohnen und den bäuerlichen Alltag im Limburger Land gibt das große **Freilichtmuseum Domäne Bokrijk** (Openluchtmuseum Domein Bokrijk) zwischen Genk und Hasselt. Die Zweiteilung des Haspengaus spiegelt sich auch in der ländlichen Architektur wider, denn das trockenere, vom Getreideanbau geprägte Land brachte die großen Hofanlagen aus Backstein mit teilweise reicher Gliederung aus Mergelsteinen hervor. Im nördlichen feuchten Haspengau und dem Maasland bestimmt dagegen die Fachwerkarchitektur das Siedlungsbild. Vielfältig sind die historischen Bauwerke, die im Museum wiederaufgebaut wurden: Neben kompletten Bauernhöfen beider Hauslandschaften befinden sich u. a. ein Zollhaus (18. Jh.) mit rekonstruierter Sperre, das Waschhaus einer Abtei (1731), eine winzige Fachwerk-Feldkapelle (1778), das einstige Wirtshaus aus Ulbeek (17. Jh.), ein Getreidespeicher (16. Jh.), eine Dorfschule (um 1835), der Backsteinbau der ehemaligen Brauerei Paenhuys aus Diepenbeek (17. Jh.) sowie verschiedene Grenz- und Gedächtnissteine in der Abteilung ›Limburger Haspengau und Maasland‹. Eine Tagestour nach Bokrijk wird eher zum Ausflug in lebendige Geschichte denn zum trockenen Museumsbesuch, weil die alte Brauerei Paenhuys und die historischen Gasthäuser der Abteilungen Ost- und Westflandern sowie des Kempenlandes ortstypische Getränke und Speisen bieten.

Die Getränkeherstellung kann auch im nahe gelegenen **Hasselt** auf einige Traditionen zurückblicken. Eine enge Verbindung mit der Geschichte der Stadt besaß die Jenever-Produktion, wie sie das *Nationale Genevermuseum* (Nationaal Jenevermuseum) an der Witte Nonnenstraat 19 zeigt. Die vollständige Einrichtung einer Schnapsbrennerei aus dem Jahre 1880 gehört zu den Attraktionen der ehemaligen Verbundwirtschaft Brennerei und Gasthaus. 1861 produzierten 29 Jeneverdestillen in Hasselt. Trotz des vielen Alkohols behielten die Unternehmer einen klaren Kopf und sorgten vor allem dafür, daß die Verkehrsverbindungen verbessert wurden, um Rohstoffe, wie z. B. den Wacholder aus den Heiden des Kempenlands, gut herantransportieren und die fertigen Schnäpse leichter vermarkten zu können. Die Anbindung, die Hasselt heute durch einen Stichkanal zum Albertkanal und damit zum Seehafen Antwerpen besitzt, entstand jedoch erst zwischen 1930 und 39.

Repräsentative Gebäude in historistischer Architektur, wie z. B. der *Sitz des Provinzrats* im Neo-Renaissancestil (Lombaardstraat) oder die neubarocke *Post* am Havermarkt, künden vom gründerzeitlichen Wirtschaftswunder.

VÉRITABLE VIEUX SYSTÈME
DE LA DISTILLERIE
JOS. THEUNISSEN
VIEUX-SYSTÈME
J.T.
Nº 2506
HASSELT
MAISON FONDÉE EN 1787
HASSELT

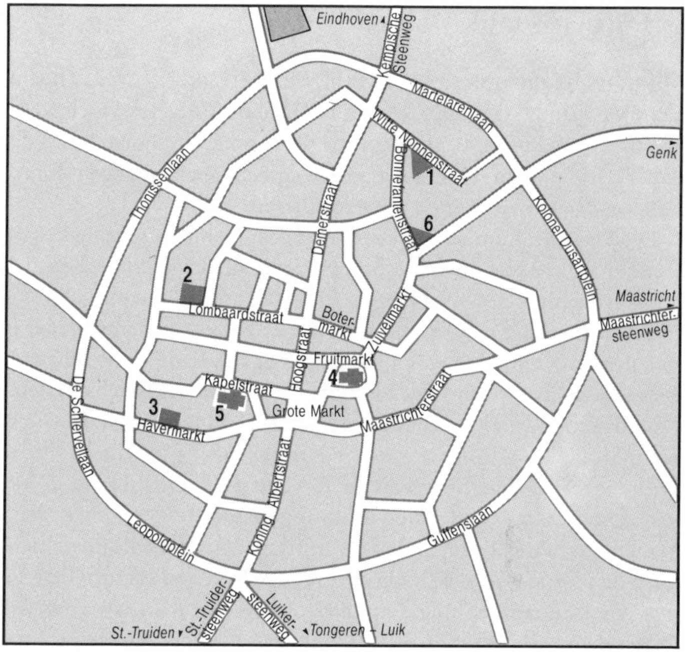

Hasselt
1 Genevermuseum
2 Sitz des Provinzrats
3 Post
4 St. Quintinus
5 Onze-Lieve-Vrouw-Kerk
6 Beginenhof

Die Anfänge der Stadt gehen auf einen Verkehrsknoten mittelalterlicher Straßen im späten 12. Jh. zurück. Nach der Bestätigung der Stadtrechte 1232 durften die Bürger eine Stadtmauer errichten, und die Landesherren, die Grafen von Loon, erklärten Hasselt anstelle von Borgloon zum Hauptort ihrer Grafschaft und rückten somit an den bedeutenden Handelsweg von Brügge über Maastricht nach Köln. Als älteste Kirche steht *St. Quintinus* am Fruitmarkt (Turmuntergeschoß, 11. Jh.; Langhaus und Chor in Brabanter Gotik, 15. Jh.), die zweite Stadtkirche, *Onze-Lieve-Vrouw-Kerk* an der Kapelstraat, brannte im Zweiten Weltkrieg ab und wurde anschließend neu aufgebaut. Aus dem ersten Kirchenbau an dieser Stelle stammt noch das wundertätige Bild Unserer Lieben Frau Virga Jesse von 1345, das älteste dieser Art in Belgien. Von den drei Beginenhöfen, die seit 1245 in Hasselt bestanden, haben sich die Gebäude des jüngsten *Beginenhofes* (Mitte 18. Jh.) am Zuivelmarkt erhalten; die dazugehörende Katharinenkirche wurde nach der Zerstörung nicht wieder aufgebaut. Die bauliche Entwicklung des Hofs läßt sich gut an den Veränderungen der Häuser (Nr. 1 ist gleichfalls das älteste) ablesen.

◁ *Werbung der Destillerie Jos. Theunissen, um 1900*

Lüttich – Luik – Liège

Mit Lüttich kommen verstärkt französische Einflüsse in das historische Städtedreieck des alten Maaslands – am deutlichsten heute in der Sprache. Doch weder für diese Verflechtungen und ihre Auswirkungen auf die Stadt noch für einen Abriß der Stadtgeschichte reicht der Platz in diesem Buch, statt dessen soll ein Spaziergang einführen und Anregung geben, sich mit der Vergangenheit zu beschäftigen.

Die **Place St. Lambert** knüpft mit ihrem Namen an die bedeutenden Bischöfe des Maaslands an (s. S. 272). Zu den schon bekannten, heiliggesprochenen Servatius, Hubertus und Lambertus muß Bischof Notger (972–1008) noch hinzugezählt werden, denn unter seiner Herrschaft erhielt Lüttich die erste Befestigung. Als Zentrum der jungen Stadt entwickelte sich der Platz mit einer Kirche zu Ehren des hl. Lambertus. 980 wurde dem Schwaben Notger zusätzlich zum Amt des Bischofs der Rang eines Reichsfürsten verliehen und damit das Fürstbistum Lüttich geschaffen, das bis zur Französischen Revolution eine wichtige politische Größe im Maasland wie Niederlothringen darstellen sollte. Den kirchenfeindlichen Strömungen, die die Französische Revolution hervorrief, fiel 1794 die gotische Kathedrale St. Lambert zum Opfer: sie wurde abgerissen. 1803 erklärte man die Kirche St. Paul zur Nachfolgerin der Kathedrale von Lüttich. Sensationelles brachten neueste Ausgrabungen nach den Fundamenten der ersten Kirche St. Lambert ans Tageslicht – römisches Mauerwerk und andere Siedlungsspuren erfordern eine Korrektur der bisherigen Stadtgeschichte.

Seit dem 8. Jh. besaßen die Bischöfe nördlich der Kirche St. Lambert ein Haus. Aus den bescheidenen Anfängen entwickelte sich nach Bränden (1185 und 1505) und Neubauten ein prachtvoller **Bischofspalast** (Palais des Princes Evêques). Im ersten Drittel des 16. Jh. schuf der Architekt Arnold von Mulken einen Gebäudekomplex mit zwei Innenhöfen. Formen der Spätgotik und der Renaissance mischen sich mit Einflüssen aus Italien. Während der erste Innenhof als Parkplatz für die Angestellten der Provinzregierung und des Gerichts mißbraucht wird, hat der zweite seinen ursprünglichen Charakter bewahren können. Nach einem Brand im Jahre 1734 mußte der Südflügel erneuert werden. Mitte des 19. Jh. fügte man auf der Westseite neugotische Gebäudeflügel an, da der Palast als Verwaltungssitz zu klein geworden war.

Zum Mittelpunkt des bürgerlichen Lebens entwickelten sich seit den Anfängen der Stadt der **Marktplatz** (Place du marché) und **Rathaus** (Hotel de ville). Mit zunehmendem wirtschaftlichen Erfolg, den Handel und Gewerbe brachten, steigerten sich die Rivalitäten zwischen den Lüttichern und dem Stadtherrn, dem Fürstbischof. Den Wunsch nach größerer Selbständigkeit unterstützte in der zweiten Hälfte des 17. Jh. Ludwig XIV., der im Fürstbischof von Lüttich einen störenden Nachbarn sah und zum anderen die gutgehende Metallverarbeitung – vor allem die bedeutende Produktion von Handfeuerwaffen und Geschützen – sich gerne einverleibt hätte. Mehrfach besetzten französische Truppen die Stadt, doch die Pläne des Sonnenkönigs ließen sich nicht verwirklichen. Ab 1684 regierte der Fürstbischof unangefochten als absolutistischer Herrscher. 1697 errichteten die Lütticher ihrem Traum von der Unabhängigkeit ein Denkmal: den **Perron**, der mitten auf dem Marktplatz steht.

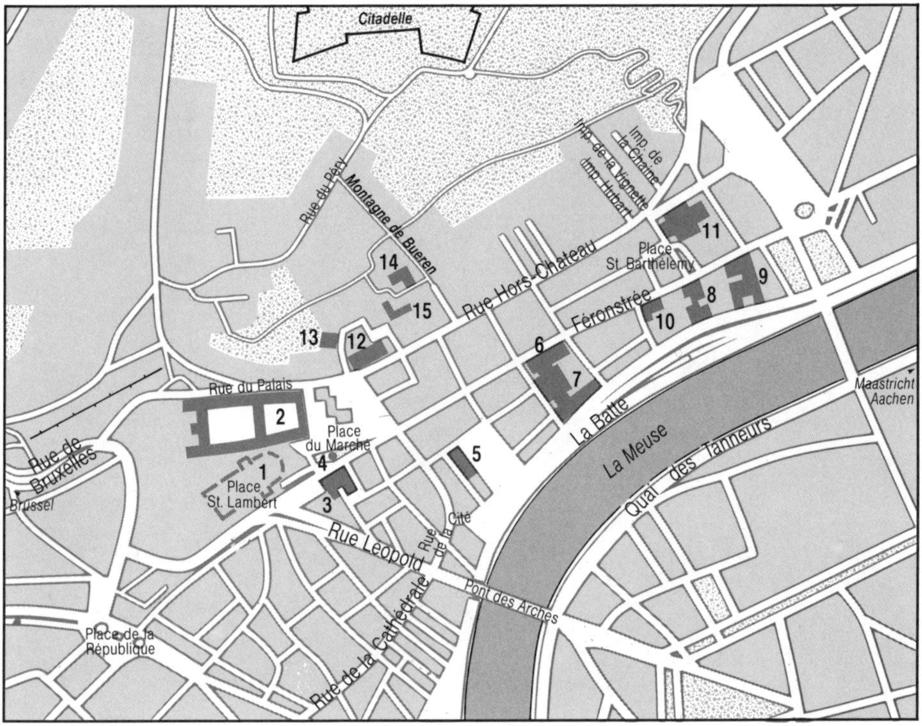

Lüttich 1 Place St. Lambert mit ehemaliger Kathedrale 2 Bischofspalast 3 Rathaus 4 Perron 5 Fleischhalle 6 Museum Wallonischer Kunst 7 Salle St. Georges 8 Waffenmuseum 9 Curtius-Museum und Glas-Museum 10 Ansembourg-Museum 11 St. Barthélemy Kirche 12 St. Antoine Kirche 13 Museum des Wallonischen Lebens 14 Beginenhof 15 Studio d'Eugène Ysaye

Durch französische Angriffe war Ende des 17. Jh. das Rathaus zerstört worden. Zwischen 1714 und 1718 entstand der jetzige Bau im Lütticher Louis-quatorze-Stil. Die Auseinandersetzungen um die Stadtherrschaft deutet das Giebelfeld auf der Marktseite an. Groß prangt das Wappen der Fürstbischöfe in der Mitte – an weiß-blauen Rauten ist ihre Herkunft aus dem Hause Wittelsbach abzulesen – flankiert von den beiden kleineren Wappen der beiden amtierenden Bürgermeister, einer als Vertreter des Fürstbischofs und des Adels, der andere als Abgeordneter der Gilden. Um Unstimmigkeiten und Verletzung der Ehre und des Ranges beim Betreten des Rathauses zu vermeiden, schuf ein weiser Architekt eine doppelläufige Freitreppe zum Portal. Das Interieur des Rathauses bot den Handwerksmeistern der Stadt Gelegenheit, den hohen Stand ihres Könnens zu demonstrieren.

Während die Häuser um den Marktplatz größtenteils aus dem 17. Jh. stammen, zeigt das Viertel zwischen dem Markt und dem Maasufer deutliche Züge einer mittelalterlichen

Lüttich, Bischofspalast, zweiter Innenhof

Lüttich, Marktplatz mit Perron

Stadt. So ist die Rue du carrée gerade einen halben bis einen Meter breit, Hauptverbindung von der Place du marché zur Maasbrücke war bis zum Durchbruch der Rue Leopold 1876 die schmale Rue du pont. Von der Pont des Arches (11. Jh., erster fester Brückenbau) bis zur **Fleischhalle** (Halle aux Viandes) zog sich einst der Hafen. Das 1544 bis 46 errichtete Lager- und Verkaufsgebäude hat sein historisches Aussehen bewahren können. An der dort beginnenden Uferstraße **La Batte** wurde seit 1561 der Viehmarkt abgehalten; ein Obst- und Gemüsemarkt kam wenige Jahre später hinzu, und 1594 fand hier erstmals die alljährliche Novembermesse statt. Die alte Markttradition wird sonntags (8–14 Uhr) durch einen großen Lebensmittel-, Kleinvieh-, Kram-, und Trödelmarkt fortgeführt.

Der weitere Weg zeigt, daß auch Lüttich ein Museumsufer besitzt. Wallonische Kunst vom 16. Jh. bis zur Gegenwart bietet das **Museum Wallonischer Kunst** (Musée de l'Art Wallon) mit dem zusätzlichen Ausstellungsraum **Salle St. Georges**. Das historische Straßenbild an der Rue St. Georges ist nicht so original, wie es scheint, denn einige der alten Fassaden wurden hier neu aufgestellt. Trotzdem bilden die Architekturzeugnisse aus dem 17. und 18. Jh. einen wohltuenden Kontrast zum Betonklotz des Museums. Auf der Ecke zur Féronstrée befindet sich das **Städtische Verkehrsamt (Office du Tourisme)**. Kanonenkugeln neben der Eingangstür am Quai de Maastricht 8 markieren den Eingang zum

Waffenmuseum (Musée d'Armes), dem ältesten der Stadt, 1885 gegründet. Ende des 18. Jh. wurde das Gebäude als Privathaus eines Domherren erbaut, in der französischen Zeit als Verwaltungssitz für das Département del'Ourthe genutzt, und nach 1814 gelangte es in den Besitz eines Waffenfabrikanten. Waffen vom 14. bis 20. Jh. umfaßt die Sammlung. Im Palais des Lütticher Armeelieferanten Jean Curtius fanden sogar zwei Museen Raum, in die die großen Bestände der archäologischen und kunstgewerblichen Sammlung aufgeteilt wurden.

Das **Curtuis-Museum** präsentiert neben der Archäologie des Maasgebietes Kunstgewerbe vom Mittelalter bis zum 19. Jh. Daraus wurde die Glaskollektion des selbständigen **Glas-Museums** (Musée du Verre) ausgegliedert. Ein bemerkenswertes Zeugnis der maasländischen Renaissance – und der florierenden Geschäfte des Waffenfabrikanten – ist das 1600 bis 1610 errichtete **Curtius-Palais** (s. Farbabb. 27). An der Féronstrée 114, der ehemaligen Straße der Eisenhändler, steht ein anderes Herrenhaus (1738–41) in wenig verändertem Zustand zur Besichtigung offen: Das **Ansembourg-Museum** zeigt Mobiliar und Kunstgewerbe des 18. Jh., wie es von dem Hausherrn zusammengetragen bzw. in Auftrag gegeben wurde. Ein reizvoller Vergleich mit dem Couven-Museum in Aachen und der Kunsttischlerei beider Städte!

Wenig einfühlsame Architekten hat der fünfschiffige Bau der **St. Barthélemy Kirche** im Laufe der Zeit ertragen müssen. Den unproportionierten Formen der Westfassade, wo sich zwei spätromanische Türme hinter dem massigen Westbau zu verstecken scheinen oder in merkwürdiger Weise aus dem Walmdach ›wachsen‹, gab der Lütticher Jacques-Barthélemy Renoz 1782 ein nicht minder unharmonisch wirkendes Portal. Das klassizistische Portal bleibt durch seine Dimensionen, Formen wie Baumaterial ein Fremdkörper in der romanischen Wandgestaltung mit Lisenen und Rundbogenfriesen des frühen 12. Jh. Im Inneren birgt die Kirche jedoch ein unbestrittenes Meisterwerk maasländischer Sakralkunst: das *Taufbecken* des Renier du Huy (um 1115). Zehn Rinder – ursprünglich zwölf, die Apostel symbolisierend – tragen ein 60 cm hohes Messingbecken (80 cm Durchmesser) mit fünf Taufszenen. Die Darstellung der Figuren weist eine für die romanische Kunst ungewöhnliche Lebendigkeit und demonstriert selbst feine Nuancen im Verhalten der biblischen Personen. Die beiden Zöllner tauft Johannes in aufrechter Haltung mit halb entblößtem Oberkörper, bei der Taufe Christi jedoch beugt er sich wesentlich mehr nach vorne, hat seinen

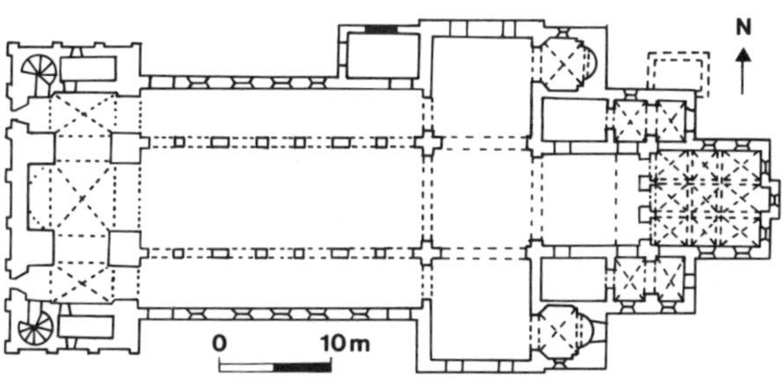

Lüttich, St. Barthélemy Kirche, Grundriß

Der Hammer im Schoß der Arbeiterin soll nicht nur eine Pause darstellen, sondern symbolisiert die belgische Wirtschaft, die während des Ersten Weltkrieges durch die deutsche Besatzung lahmgelegt worden war. Die Zensur verstand die Anspielung nicht und genehmigte den Druck als Kalenderblatt. Armand Rassenfosse (1862–1934), Lüttich

Umhang auch über die rechte Schulter gezogen und zieht ganz verschämt den Stoff vor dem Bauch zusammen.

Die Straße **Hors Château** (außerhalb des Schlosses, der Befestigung) gehörte in ihren Anfängen während des 11. Jh. nicht zu dem durch Stadtmauern geschützten Bereich. Im 14. Jh. entstanden an ihr Patrizierhäuser und Kirchen; heute bestimmen Fassaden des 17. und 18. Jh. das Straßenbild. In Fortsetzung der Rue St. Barthélemy stoßen Sie mit der Sackgasse Impasse de la Vignette auf eine schmale Zone des Stadtwachstums im 19. Jh. Noch weitere – heute teils malerische oder in Sanierung begriffene – enge Gassen zweigen von der Hors Château ab. Hinter den Häusern Nr. 114/116 werden andere, jüngste Maßnahmen

Der produktivste Schriftsteller Lüttichs: Georges Simenon

Über 550 Mio. verkaufte Bücher in 56 Sprachen – von Africaans bis Usbekisch – berechtigen wohl zu diesem Urteil! Seine berühmteste Figur wurde Kommissar Maigret, der, wie er selber, stets eine Pfeife als unveränderliches Kennzeichen trug. Literaturwissenschaftler nutzten den sachlichen wie humorlosen Kommissar für ihre Systematisierung der zahllosen Werke in Maigret-Romane (76) und Non-Maigret-Romane und -Erzählungen. Damit kann jedoch erst das Schaffen ab 1930 eingeteilt werden.

Die schriftstellerischen Anfänge Georges Simenons, der 1914 nach dem Eintritt in das Lütticher Jesuitenkolleg Saint-Louis auch noch Priester als einen ihm möglichen Beruf ansah, begannen bereits fünf Jahre später als Reporter der ultrakonservativen ›Gazette de Liège‹; daneben schrieb er erste Erzählungen. Zur Existenzgrundlage entwickelte sich das Schreiben für den – erstmals frisch gebackenen – Ehemann erst ab der Mitte der 20er Jahre, als er regelmäßig Manuskripte für Groschenromane liefert. Die tägliche Produktion von bis zu 80 Seiten wurde jahrelang unter mehr als zwei Dutzend Pseudonymen versteckt. Die ersten Maigret-Romane ließ er 1930 als Christian Brulls beim Verlag Fayard erscheinen. 1937 beendete er seine Karriere als Autor von Groschenromanen, nachdem der 187. auf den Markt gekommen war.

Zu Beginn der 30er Jahre stießen seine Maigret-Romane auf Interesse in der Filmszene: 1931/32 entstand unter der Regie von Jean Renoir ›La nuit du carrefour‹. Große Regisseure und Schauspieler setzten seitdem seine Kommissargeschichten in bewegte Bilder um. Reisen und Umzüge haben in jenen Jahren viel Unruhe in das Leben Georges Simenons gebracht: Er brauchte den ständigen Ortswechsel, um sich so besser in seine Romanfiguren hineinversetzen zu können. Von Fahrten im Hausboot bis zum festeren Wohnsitz im Schloß reicht die Palette.

1940 schien für ihn das Ende – aus gesundheitlichen Gründen – nahe, und er schrieb sein erstes autobiographisches Werk ›Je me souviens‹. Das ärztliche Urteil erwies sich als Fehldiagnose, und nach kurzer Pause häuften sich wieder die Veröffentlichungen: 1942 ›Maigret revient‹ – d. h. Simenon kommt zurück – und sieben weitere Romane und Erzählungen, 1943 14 Werke, 1944 an die 30 Veröffentlichungen.

1945 siedelte die Familie Simenon nach Kanada über, und Kommissar Maigret wurde eine kleine Pause vergönnt. 1948 erschien ›Les vacances de Maigret‹. Während der zehn Jahre Aufenthalt in Nordamerika entstanden 26 Maigret- und 27 Non-Maigret-Romane. 1955 kehrte die Familie Simenon – in neuer Besetzung mit Ehefrau Nr. 2 und zwei weiteren Kindern, aber der alten Geliebten – nach Europa zurück. Als Übergang läßt man sich in Frankreich nieder, doch 1957 ziehen die Simenons aus steuerlichen Gründen in die Schweiz weiter. Die Produktion läuft unverändert auf Hochtouren: fünf bis sechs Romane jährlich.

1966 wurde in Delfzijl, wo er seinen ersten Maigret-Roman geschrieben hatte, ein Maigret-Denkmal enthüllt. Das anstrengende Familienleben schien Georges Simenon nun nicht mehr nur Anregung für das Schreiben zu sein, sondern auch zusehends an seinen

Kräften zu zehren – schließlich war er nicht mehr der Jüngste. Am 5. Februar 1973 gab er der Presse das Ende seiner Schriftstellerarbeit bekannt und verlegte sich darauf, Autobiographisches auf Band zu sprechen. Diese ›Dictées‹ erschienen in gedruckter Form und endeten 1981 mit den ›Mémoires intimes‹. Am 4. September 1989 entschlief der Autor mit seinem legendären ›Frauen-Verbrauch‹ an den Folgen eines Gehirntumors – noch verschlimmert durch einen Sturz aus dem Bett.

Lüttich, Treppenweg Montagne de Bueren

zur Verbesserung des Wohnens sichtbar. Den historischen Fassaden, an der alten Straße steht moderne Architektur an der Rückseite am neu geschaffenen Platz Cour St. Antoine gegenüber. Die **St. Antoine Kirche**, ein Bau des 13. Jh. mit barocker Fassade wird demnächst das Museum für Sakrale und Maasländische Kunst aufnehmen. Das dazugehörende Minoritenkloster, ein monumentaler Bau im Stil der maasländischen Renaissance, beherbergt das **Museum des Wallonischen Lebens** (Musée de la Vie Wallonne). Die Abteilung ›Eisen und Kohle‹, wichtige Pfeiler des Wirtschaftslebens seit dem Mittelalter, wurde in einer ehemaligen Werkstatt des frühen 19. Jh. als **Metallurgie- und Industriehaus** (Maison de la Métallurgie) am Boulevard Poincaré 17 eröffnet.

Wer nicht gerade schlecht zu Fuß ist, wird kaum der Verlockung widerstehen können, die 373 Stufen des **Treppenweges Montagne de Bueren** zur ehemaligen Zitadelle hochzusteigen. Die Reste der Festungsanlagen lohnen nicht die Mühe, wohl aber die hervorragende Aussicht über das Zentrum von Lüttich und den Abschnitt des Maastals. Diesen unbequemen Weg hatten ursprünglich die Soldaten als permanentes Fitnesstraining zu nehmen, die in den Häusern an der Treppe wohnten.

Bevor die Stufen beginnen, zweigt links die Impasse des Ursulines ab und führt zu einem sehenswerten Ensemble. Aus dem 17. Jh. stammt der **Beginenhof**, der im Gegensatz zu den Anlagen in Tongeren und Hasselt nicht wie eine Stadt in der Stadt, sondern eher wie ein Kloster erscheint. Das historische Gebäude gegenüber wurde ursprünglich als Poststation genutzt. Sollten Ihnen hier aufgrund der Wegeverhältnisse Zweifel kommen, haben Sie völlig recht! Das Fachwerkhaus wurde in der Rue Saint-Jean-Baptiste abgerissen und an dieser Stelle wieder aufgebaut. Dabei fand das Arbeitszimmer des berühmten Geigenspielers Eugène Ysaye (1859–1931) eine neue Bleibe. Das **Studio d'Eugène Ysaye** mit seinem Jugendstil-Mobiliar vom Lütticher Architekten und Dekorateur Gustave Serrurier-Bovy stellt einen bemerkenswerten Kontrast zum Fachwerkbau der Poststation dar.

Durch das Geultal nach Maastricht

Der Süden der Provinz Limburg hat wenig mit dem gemeinsam, was man sich in größerer Entfernung unter den Niederlanden vorstellt; selbst für Holländer fängt hier schon das Ausland an. Die Sehnsucht der Flachlandbewohner läßt das hügelige Mergelland zur ›Kleinen Schweiz‹ werden. Doch alle Höhenflüge enden bei 322,5 m NN am *Dreiländerpunkt* von **Vaals**. Zum landschaftlichen Kontrast kommen beachtliche Unterschiede in der Geschichte des Raumes, so daß die südlichste und älteste Stadt der Niederlande – Maastricht – im Laufe der Jahrhunderte stärker nach Süden orientiert war. Im Gegensatz zu den calvinistisch geprägten Provinzen ist Südlimburg als Erbe der langen Zugehörigkeit zum Fürstbistum Lüttich eine katholische Region geblieben.

Während der römischen Herrschaft nutzte man bereits das Hügelland für den Getreideanbau, denn schließlich waren eine Reihe von Siedlungen an der Fernstraße (s. S. 8) zu versorgen. Heute prägt noch immer die Landwirtschaft das Bild: Weiden mit ihren charakteri-

Die Grotten von Geulhem, um 1895

stischen Heckenbegrenzungen in den Hügeln, Obstbaumkulturen zum Maastal hin. Dort unterstützen die Gemeinden die Wiedereinführung von Hochstammkulturen und die Abkehr vom pflegeleichten, niedrigen Spalier, um die historische Kulturlandschaft zu erhalten. Auch Apfelbäume können Gegenstand der Denkmalpflege werden! Ebenfalls bis in die römische Epoche reichen die Anfänge der Mergelgewinnung zurück. Schon damals wurde das weiche kreidezeitliche Gestein unter Tage abgebaut. In Valkenburg an der Geul können Sie die touristisch erschlossenen Gemeindegrotten besichtigen. Talabwärts in **Geulhem** hat man kleinere Grotten seit dem frühen 19. Jh. auch als Wohnungen – besser: Behausungen – genutzt. Der unterirdische Wohnungsbau begann dort mit einer kleinen Höhlenkapelle, die Priester auf der Flucht vor den kirchenfeindlichen Revolutionssoldaten zwischen 1798 und 1801 errichteten. Bald danach begannen auch die Ärmsten, sich in den Grotten häuslich einzurichten. Einige, inzwischen zugemauerte Eingänge sind an der Straße, die bei der Wassermühle nach Berg abzweigt, noch zu sehen. Seit ungefähr 1600 wurden ähnliche Grotten schon im Maastal zwischen Lüttich und Maastricht bewohnt. Durch den *St. Pietersberg* im Süden von Maastricht zieht sich ein Labyrinth von mehr als 20 000 Gängen; zwei Gängesysteme sind für Besucher geöffnet.

Valkenburg hat sich aus einem mittelalterlichen Burgstädtchen zum Fremdenverkehrszentrum des Geultals entwickelt. Wer ein touristisches Angebot von der Prähistorischen Monstergrotte über eine ganzjährig betriebene Bobschlittenbahn bis zu flimmernd piependen Spielhöllen nicht schätzt, sollte – jedoch nicht schneller als mit 50 km/h – durchfahren oder sich höchstens an einem Wintertag zu einem Stop verleiten lassen. Immerhin erhebt sich über dem Geultaler Las Vegas-Verschnitt die höchstgelegene *Burg* der Niederlande, der ehemalige Sitz der Herren von Valkenburg (1106 erstmals genannt). Zwei polygonale

Turmfundamente im inneren Burghof stammen aus der zweiten Hälfte des 12. Jh., das Gros der Ruinen, darunter auch der Palas mit einem zweischiffigen Saal (aus dem 13. bzw. frühen 14. Jh.). 1672 wurde die Burg nach einer Belagerung durch Truppen Ludwigs XIV. vom Königlichen Statthalter Willem III. zerstört.

Im späten 12. Jh. begann die Verehrung des hl. Gerlachus solche Ausmaße anzunehmen, daß die Herren von Valkenburg bei seinem Grab in **Houthem** um 1200 ein Stift zur Versorgung der Pilger gründeten. Die Wallfahrt zum Talheiligen ist eng mit der Landwirtschaft im Mergelland verknüpft, denn dem Sand seines Grabes wird Heilwirkung gegen Viehkrankheiten zugesprochen. Dafür erhielt der Kirchenneubau (1720–27) auch einen Kriechaltar, so daß man nur eine Bodenplatte heben muß, um an den geweihten Sand zu kommen. Als kunsthistorische Rarität gilt für die Niederlande die Freskomalerei der Saalkirche, nicht nur weil sie 1751 von dem Tiroler Johann Adam Schöpf angebracht wurde, sondern auch weil die hohe Luftfeuchtigkeit eines maritim geprägten Klimas die empfindliche Technik auf Kalkputz eher verhindert.

Der Spaziergang durch **Maastricht**, der wie derjenige durch Lüttich nur einen ersten Einblick in die interessante Vergangenheit bieten kann, soll am Maasufer beginnen, da die Geschichte der Stadt eng mit dem Fluß verknüpft ist. In Verlängerung der Eksterstraat führte bereits zur römischen Zeit eine Brücke über die Maas. Um den Übergang zu schüt-

Maastricht, um 1670

Maastricht, Onze Lieve Vrouwekerk, Chor

Maastricht, Onze Lieve Vrouwekerk, Westfassade

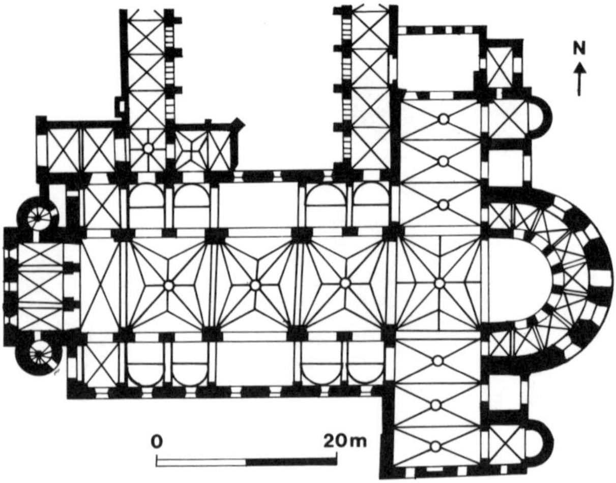

Maastricht, Onze Lieve Vrouwekerk, Grundriß

zen, errichteten die Legionäre auf beiden Seiten der hölzernen Brücke im 1. Jh. n. Chr. Befestigungsanlagen: auf dem rechten Ufer einen Militärposten und auf dem linken eine kleine Siedlung, die im 3. Jh. zu einem Kastell ausgebaut wurde. Der Grundriß dieses ältesten Stadtkerns ist heute noch in der Straßenanordnung des **Stokstraat-Viertels** zu erkennen.

Zwischen 1290 und 1298 entstand die **St. Servaasbrücke** mit ihren neun steinernen Bögen und einer hochklappbaren, hölzernen Konstruktion am östlichen Ende. Noch bis ins 19. Jh. hinein besaß der Übergang als nördlichste Maasbrücke hohe militärische Bedeutung. Aufgrund dieser Funktion wurde die Stadt auch vom 16. bis 18. Jh. zur Festung ausgebaut, um die aus Süden vorstoßenden spanischen, dann französischen Angriffe abzuwehren (Teile dieser Festungsanlagen sind erhalten und können besichtigt werden).

Über der Südwest-Ecke der römischen Stadtmauer ließ der Bischof Ende des 4. Jh. eine erste Kirche zu Ehren Unserer Lieben Frau errichten. Von 384 bis 722 war die **Onze Lieve Vrouwekerk** Bischofssitz, bis der hl. Hubertus diesen nach Lüttich verlegte. Die erste Kirche von Maastricht blieb jedoch weiterhin im Besitz der Lütticher Bischöfe. Um 900 entstand der wehrhafte Westbau, an dem heute noch abzulesen ist, daß er mangels Stadtmauer zu jener Zeit auch die Aufgaben eines Festungsbaus zu übernehmen hatte. Im 12. Jh. wurden die oberen Geschosse aus hellem Mergel auf den dunkleren Kohlensandstein aufgesetzt. Große Veränderungen erfuhr die Kirche unter Notger von Lüttich um die Jahrtausendwende. Für sein neu gegründetes Stift wurde eine dreischiffige Basilika erbaut – zunächst mit flachen Decken (Einwölbung Mitte des 15. Jh.). Zu den Meisterwerken romanischer Architektur gehört der Hochchor (12. Jh.) mit seiner zweigeschossigen Arkade, getragen von schwarzen Schiefersäulen und reich verzierten Kapitellen. Das sogenannte Heimo-Kapitell verrät vermutlich den Steinmetzmeister, der die Folge aus pflanzlichen und figürlichen Darstellungen geschaffen hat.

Bis ins späte Mittelalter besaß die O. L. Vrouwekerk wichtige Funktionen für die Stadt, denn sie diente nicht nur als Stifts- und Pfarrkirche, sondern war gleichermaßen auch Rathaus. Akten und Urkunden, aber auch die geeichten Maße wurden hier aufbewahrt. 1342 beschlossen die Stiftsherren an der Kirchhofecke zur Wolfstraat eine Pfarrkirche zu errichten. Sie weihten sie dem hl. Nikolaus als Patron der Schiffer. 1837 wurde St. Nicolaas abgerissen und die O. L. Vrouwekerk – nach einem Intermezzo als Schmiede des französischen Militärs – zur Pfarrkirche ernannt. Als vielleicht wichtigstes Ausstattungsstück gelangte dabei die **Statue der Lieben Frau** – ›Sterne der See‹ (1420 –30) in die romanische Basilika,

Maastricht 1 Onze Lieve Vrouwekerk 2 Helpoort und Stadtmauer 3 Pater Vinktoren 4 Pesthuis 5 Faliezusterklooster 6 Minoritenkirche 7 Waalse Kerk 8 Bisschopsmoelen 9 St. Servaaskerk 10 St. Janskerk 11 Militaire Hoofdwacht 12 Generaalshuis 13 Spaans Gouvernement 14 Bonnefantenmuseum 15 Stadhuis 16 Dinghuis 17 Waterpoortje

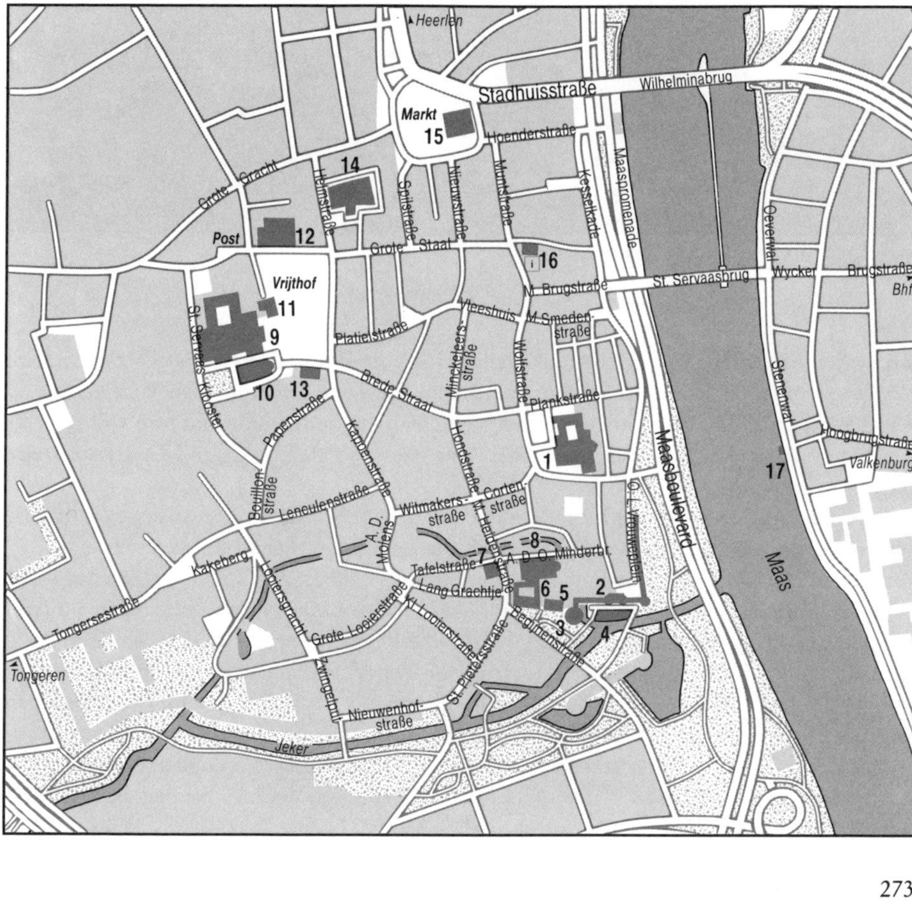

Maastricht, Stadtmauer und Helpoort

wo sie heute in einer gotischen Seitenkapelle (1460 vom Probst Merode gestiftet) steht. Die Verehrung einer Schiffermadonna liegt bei einem See und Fluß fahrenden Volk nahe, und selbst heute wird ihr Schutz noch erbeten, wenn man mit der Familie und dem voll gepackten Auto erst zur Marienkapelle fährt, dort eine Kerze aufstellt und dann die Urlaubsreise startet.

Von der Südseite des Onze Lieve Vrouwen Platzes führt die St. Bernardusstraat auf die **Helpoort**, das einzige erhaltene Tor der ältesten mittelalterlichen **Stadtmauer** zu. 1229 gestattete der Herzog von Brabant – zweiter Stadtherr neben dem Lütticher Bischof – den Bürgern, Maastricht durch eine Mauer zu sichern. Den Wassergraben füllte dabei ein Arm der Jeker. Nach gut einem Jahrhundert wurde eine Erweiterung des Stadtgebiets nötig und demzufolge ein zweiter, größerer Mauerring angelegt. Dank einer kleinen Flußkorrektur konnte die Jeker wieder in die Befestigungsanlagen aus der Mitte des 14. Jh. einbezogen werden. Der Rundturm **Pater Vinktoren** westlich der Helpoort markiert das Zusammentreffen der beiden mittelalterlichen Mauersysteme. Dem Stadttor gegenüber steht das sogenannte **Pesthuis**, das diesen Namen fälschlicherweise trägt, denn es handelt sich bei dem mit 1775 datierten Gebäude um eine ehemalige Mühle. Daß sich jedoch in dieser Gegend einst eine Siedlung oder Hütten von Pestkranken befunden hat, ist keinesfalls auszuschließen. Hinter dem Mühlengebäude riegelt ein Abschnitt der dritten Stadtummauerung von 1516 den Weg ab.

An den Pater Vintoren schließen sich, jedoch im Verlauf der ersten Stadtmauer, die Relikte zweier Klöster an, vier kleine Wohnhäuser im Stil der maasländischen Renaissance (um 1647) vom ehemaligen **Faliezusterklooster** und die erste **Minoritenkirche** (14. Jh.), die heute ein Archiv beherbergt. Diese beiden Ordensgemeinschaften widmeten sich u. a. auch der Pflege Pestkranker, die in der Regel aus der Stadtgesellschaft ausgestoßen wurden. Längs der Straße **Lang Grachtje** blieb ein Stück Stadtmauer des 13. Jh. erhalten; im 19. Jh. bauten sich Tagelöhner Hütten an die Bögen des Laufgangs und nutzten somit die Hälfte der Straße als ›Wohnraum‹.

Um 1732 errichteten die Hugenotten die **Waalse Kerk**, einen polygonalen Backsteinbau. Noch immer findet einmal im Monat ein protestantischer Gottesdienst auf Französisch statt. Wenige Schritte nördlich der Kirche fließt der ›innerstädtische‹ Arm der Jeker, eine wichtige Energiequelle für das mittelalterliche Wirtschaftsleben. Bereits im 11. Jh. wird die **Bisschopsmoelen** (Bischofsmühle) genannt. Um seine Teilnahme an einem Kreuzzug zu finanzieren, verpachtete Gottfried von Bouillon die Mühle an den Bischof von Lüttich und vorausschauend bestimmte er ihn auch als Erben, sollte er nicht aus dem Heiligen Land zurückkehren. Die heutige Wassermühle stammt aus dem 17. Jh. und funktioniert noch. Ein kleines Mühlenmuseum ist nach Absprache mit dem V. V. V. zu besichtigen.

Über Heidenstraat, Hondstraat mit der Lutherischen Kirche von 1684 und der zum Stadttheater umfunktionierten Jesuitenkirche (17. Jh.) an der Kreuzung mit der Bredestraat führt der Weg durch diese zum **Vrijthof** (s. Farbabb. 29). Der eindrucksvolle Abschluß des

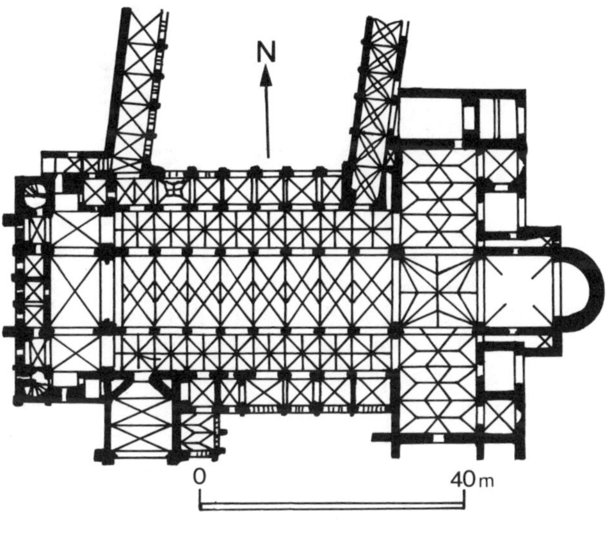

Maastricht, St. Servaaskerk, Grundriß

Maastricht, St. Servaaaskerk, Mosefigur am Südportal

Platzes durch zwei große Kirchen läßt heute noch erahnen, daß man sich hier einem Zentrum mittelalterlicher Macht nähert. Über dem Grab des hl. Servatius, dem ersten Bischof in Maastricht, errichteten die Gläubigen seit dem 4. Jh. Gedächtnisbauten, immer größer werdende Kirchen, aus denen schließlich die **St. Servaaskerk** hervorging. 1087 wurde das Stift von St. Servaas in den reichsunmittelbaren Stand erhoben, woraus die deutschen Könige und Kaiser ihren Anspruch auf die Stadtherrschaft ableiten konnten. 1204 gingen die Lehnsrechte an die Herzöge von Brabant über, die von diesem Zeitpunkt an bis 1794 sich die Regentschaft über Maastricht mit den Lütticher Bischöfen teilen mußten. Das Bedürfnis, Macht zu demonstrieren, verwandelt die Servatius-Basilika im 12. Jh. in eine

Baustelle, denn ein Westwerk mit Kaisersaal muß angebaut werden. Vom erhöhten Standort möchte der Kaiser – wie in Aachen – dem Gottesdienst beiwohnen können, ohne sich dabei auf eine Ebene mit den untergebenen Stiftsherren begeben zu müssen. Im 15. Jh. erhielten die Kirchenschiffe ihre Kreuzrippengewölbe und die Bemalungen, während diejenigen von Chorraum und Apsis erst im späten 19. Jh. angebracht wurden. Vom gotischen Kreuzgang an der Nordseite gelangt man in die Schatzkammer, aber auch zum Meisterwerk romanischer Steinmetzkunst, dem Majestas Domini-Relief (1180) über dem Seitenportal.

Ungewöhnlich erscheint uns heute die direkte Nachbarschaft mit der gotischen **St. Janskerk**; berücksichtigt man jedoch den Status von St. Servaas, wird deutlich, daß in einem Reichsstift mit kaiserlicher Loge kein Platz für das gemeine Volk war. Die Gemeinde bekam im Laufe des 12./frühen 13. Jh. ihre erste Pfarrkirche, die im Laufe des 14. Jh. einen gotischen Nachfolgebau erhielt. Der Westturm von 1366 mußte nach wenigen Jahren schon erneuert werden, da er 1373 bei einem schweren Sturm zusammengestürzt war. Mitte des 15. Jh. entstand ein neuer Hochchor, dessen Firstlinie diejenige des Mittelschiffs um einige Meter überragt. Vermutlich sollte dieses einmal auf dieselbe Höhe aufgestockt werden.

In der zweiten Hälfte des 18. Jh. gewann der Vrijthof für die militärische Verwaltung der Festungsstadt an Bedeutung. Auf dem zentralgelegenen Exerzierplatz errichtete man 1773

Maastricht, Hauptwache

die **Militaire Hoofdwacht**, die Hauptwache. Nach dem Abriß des Klosters der Weißen Frauen an der Nordseite des Vrijthofs setzte der Militärgouverneur Anfang des 19. Jh. sein klassizistisches Palais, das **Generaalshuis**, an seine Stelle. Dem gegenüber, auf der Südseite, besaß der Herzog von Brabant seit dem 14. Jh. einen Amtssitz, das **Spaans Gouvernement** genannt. Das aus dem späten Mittelalter stammende Gebäude mit dem Rest eines Lütticher Renaissance-Innenhofs birgt heute eine *Kunstgewerbliche Sammlung*.

Einen unüblichen Platz hat dagegen das **Bonnefantenmuseum** (Limburgisches Museum für Kunst und Archäologie) im Einkaufszentrum an der Dominikanerkirche (13. Jh.) gefunden. Durch die Fußgängerzone, Grote Staat und Spilstraat, führt der Weg zum **Marktplatz** und dem 1659–1664 von Pieter Post erbauten **Stadhuis**. Das Rathaus richtet seine Hauptfassade nach Westen, wie es an dem aufwendig gestalteten Eingangsbereich mit der doppelläufigen Treppe zu erkennen ist. Auch hier mußte der Architekt auf ›empfindliche‹ Stadtherren und ein penibles Protokoll Rücksicht nehmen. Die noch strenge barocke Architektur des annähernd quadratischen Baukörpers steigert sich im Glockenturm zu einer verspielten, formenreichen Bauweise. Das Spiel der 43 Glocken liefert vor allem an den Markttagen Mittwoch und Freitag dem bunten Treiben die unverkennbar niederländische Geräuschkulisse.

Über die Muntstraat, Kleine Staat mit dem **Dinghuis** (1470, Sitz des V. V. V.) gelangt man wieder zum Ausgangspunkt der Runde – entweder durch die Brugstraat oder durch das Stokstraatviertel zur Maas. Mit einem Blick auf das rechte Ufer und das **Waterpoortje** schließt sich auch der große Kreis des Reiseführers auf den Spuren Karls des Großen und des maasländischen Städtedreiecks: Von dieser Stelle wurde das Baumaterial aus den Ardennen und der Mergel aus dem Maastal von Kähnen auf Fuhrwerke verladen, um damit rund 30 km weiter östlich eine Pfalz an den heißen Quellen zu erbauen.

Literatur (Auswahl)

Arnold, Eduard: Das Altaachener Wohnhaus. Aachener Beiträge für Baugeschichte und Heimatkunst, Heft 2. Aachen 1930

Brahm, Jutta / *Wortmann,* Norbert (Hrsg.): Dreiländereck – Aachen, Lüttich, Maastricht. Aachen 1986

Bruckner, Clemens: Zur Wirtschaftsgeschichte des Regierungsbezirks Aachen. Schriften zur rheinisch-westfälischen Wirtschaftsgeschichte, Bd. 16. Köln 1967

Fehl, Gerhard / *Kaspari-Küffen,* Dieter / *Meyer,* Lutz-Henning (Hrsg): Mit Wasser und Dampf, Zeitzeugen der frühen Industrialisierung im Belgisch-Deutschen Grenzraum. Aachen 1991

Gielen, Viktor: Tausend Jahre Nachbarschaft – Lüttich, Aachen, Maastricht. Eupen 1980

Holländer, G.: Aachen, Orte und Wege. Aachen 1986

Kaemmerer, Walter: Aachener Quellentexte, Veröff. des Aachener Stadtarchivs, Bd. 1. Aachen 1980

Kubach, Hans Erich / *Verbeek,* Albert: Romanische Kirchen an Rhein und Maas. Neuss 1971

Laenen, Mark: Bokrijk. Brüssel 1991

Quix, Christian: Historisch-topographische Beschreibung der Stadt Aachen und ihrer Umgebungen. Köln und Aachen 1829

Rheinischer Verein für Denkmalpflege und Landschaftsschutz: Der Lousberg-Park in Aachen, Rheinische Kunststätten, Heft 338. Köln 1988

Sager, Peter: Die Besessenen. Köln 1992

Schleicher, Karl: Geschichte der Stolberger Messingindustrie. Hrsg. von der Stolberger Metallwerke KG. Stolberg 1974

Schmitt, Michael: Die städtebauliche Entwicklung Aachens im Mittelalter unter Berücksichtigung der gestaltbildenden Faktoren. Dissertation. Aachen 1972

Stadt Stolberg: Stolberg wie es einst war. Stolberg 1985

Winand, Klaus: Das Aachener Münster. Geschichte und Architektur des Chores und der Kapellenbauten. Recklinghausen 1989

Wynands, Dieter P. J.: Kleine Geschichte Aachens. Köln 1986

Wynands, Dieter P. J.: Geschichte der Wallfahrten im Bistum Aachen. Veröff. des Bischöflichen Diözesanarchivs Aachen. Aachen 1986

Zanger, Octavia: Baudenkmäler in der Stadt Jülich. Hrsg. von der Stadt Jülich. Jülich 1989

Cette mesure est le quart de la longueur du pied de Charles magne et la 28^{e} partie de sa hauteur.

Deese maat is een vierde part van de lengte van de voet van Carel de groote, en het 28ste gedeelte van syn hoogte. N°. II

Charles magne egaré a la Chasse decouvre les fontaines.

Carel de groote verdwaalt op de Jagt ontdekt de Bronnen.

Praktische Reiseinformationen von A – Z

◁ *Karl der Große, der sich während der Jagd verirrt, entdeckt die heißen Quellen. Kupferstich, 1736*

Anreise

Mit dem Auto

Nach *Aachen* führen die Autobahnen A 4 von Köln und die A 44 von Düsseldorf bzw. Mönchengladbach.

Hinweis

Anreise nach Aachen an Samstagen: ›City-Bummel ohne Streß‹ ermöglicht der Verkehrsausschuß der Stadt Aachen jeden Samstag zwischen 10 und 17 Uhr (an Feiertagen in den benachbarten Niederlanden und Belgien). Das Zentrum innerhalb des Graben-Rings und der östlich anschließende Bereich zwischen Theaterstraße, Wilhelmstraße, Heinrichsallee und Heinzenstraße werden für den privaten Autoverkehr gesperrt. Die Zufahrten zu den Parkhäusern – mit Ausnahme derjenigen am Büchel und in der Blondelstraße – bleiben frei; doch empfiehlt man, auf den großen, ausgeschilderten P&R Plätzen zu parken. Mit einer Sonderfahrkarte für (derzeit) 2,– DM können die Insassen eines PKW (bis zu fünf Personen) in die Stadt und retour fahren.

Das *maasländische Städtedreieck* ist durch Autobahnen gut miteinander verbunden:
Aachen – Maastricht: A 4/E 314
Maastricht – Lüttich: A 2/E 25
Lüttich – Aachen: A 3/E 40

Ins *belgische Limburg* führen von Lüttich nach Tongeren und Hasselt die A 13/E 313, von Aachen über Heerlen nach Genk und Hasselt die A 76 und A 2/E 314.

Bei Autofahrten sind unterschiedliche **Geschwindigkeitsbegrenzungen** zu berücksichtigen!

Belgien:	innerhalb Ortschaften	50 km/h
	außerhalb Ortschaften	90 km/h
	Autobahnen	120 km/h
Niederlande:	innerhalb Ortschaften	50 km/h
	außerhalb Ortschaften	80 km/h
	Autobahnen	120 km/h

Mit der Bahn

Die großen und mittleren Städte sind per Bahn gut zu erreichen.

Sonderfahrkarten bietet die Deutsche Bundesbahn für Aachen-Besucher aus dem Umland. Samstags können Gruppen bis zu fünf Personen zu stark ermäßigten Preisen von Geilenkirchen (Diese Rückfahrkarte kostet z. B. – derzeit – 12,– DM für fünf Personen!), Übach-Palenberg, Herzogenrath, Kohlscheid, Düren, Langerwehe, Eschweiler und Stolberg fahren.

Mit dem Flugzeug

Die nächstgelegenen Flughäfen sind Köln/Bonn und Düsseldorf. Internationale Flughäfen gibt es bei Maastricht und Lüttich, während Aachen mit dem Flugplatz Merzbrück nur von Sportfliegern angeflogen werden kann.

Auskünfte

Aachen

verkehrsverein bad aachen e. v.
– aachen tourist information –
Postfach 2007
52022 (5100) Aachen
✆ 02 41/1 80 29 42 und 1 80 29 43
Fax 02 41/1 80 29 30

Vermittlung von *Unterkünften und Organisation von Mehr-Tages-Programmen:*
✆ 02 41/1 80 29 50 und 1 80 29 51
Vermittlung von *Führungen und Besichtigungen bzw. Organisation von Ein-Tages-Programmen:*
✆ 02 41/1 80 29 60 und 1 80 29 61

Informationsbüro
Atrium Elisenbrunnen
mo–fr 9–18.30 Uhr, sa 9–13 Uhr, langer Samstag 9–16 Uhr, so geschlossen

Informationsbüro Bahnhofsplatz 4
mo–fr 9–18.30 Uhr, sa 9–13 Uhr, so geschlossen

Aachen/Umland

Stadt Erkelenz
Rathaus
Johannismarkt 17
41812 (5140) Erkelenz
✆ 0 24 31/8 50

Gemeinde Gangelt
Rathaus
Burgstr.
52538 (5133) Gangelt
✆ 0 24 54/50 01

Stadt Geilenkirchen
Rathaus
Herzog-Wilhelm-Str. 109
52511 (5130) Geilenkirchen
✆ 0 24 51/62 90

Wirtschaftsförderungsgesellschaft
für den **Kreis Heinsberg** mbH
Valkenburger Str. 45
52525 (5138) Heinsberg
✆ 0 24 52/1 33 02
Fax 0 24 52/1 32 15

Stadt Heinsberg
Rathaus
Apfelstr. 60
52525 (5138) Heinsberg
✆ 0 24 52/1 42 05

Stadt Herzogenrath
Postfach 1280
52134 (5120) Herzogenrath
✆ 0 24 06/8 30

Stadt Hückelhoven
Rathaus
Parkhofstr. 76
41836 (5142) Hückelhoven
✆ 0 24 33/8 20

Stadt Jülich
Neues Rathaus
Große Rurstraße 17
52428 (5170) Jülich
✆ 0 24 61/63-0

Gemeinde Selfkant
Rathaus
52538 (5135) Selfkant
✆ 0 24 56/9 55

Stadt Stolberg
Werbe- und Verkehrsreferat
Postfach 1820
52527 (5190) Stolberg
✆ 0 24 02/1 30

Stadt Übach-Palenberg
Rathaus
Rathausplatz
52531 (5132) Übach-Palenberg
✆ 0 24 51/48 20

Gemeinde Waldfeucht
Rathaus
Lambertusstr.
52525 (5137) Waldfeucht
✆ 0 24 55/4 23

Stadt Wassenberg
Rathaus
Roermonder Str. 25–27
41849 (5143) Wassenberg
✆ 0 24 32/40 21

Stadt Wegberg
Rathaus
Bahnhofstr. 3
41844 (5144) Wegberg
✆ 0 24 34/8 30

Stadt Würselen
Postfach 1160
52146 (5102) Würselen
✆ 0 24 05/6 70

Belgien

Belgisches Verkehrsamt
Berliner Allee 47
40212 (4000) Düsseldorf 1
✆ 02 11/32 60 08
Fax 02 11/13 42 85

Über die Regionen

Provinz Lüttich:
Fédération du Tourisme de la Province de Liège
77, boulevard de la Sauvenière
B-4000 Liège
✆ 0 41/22 42 10

Haspengau:
V.V.V. Haspengouw
Stadhuis
B-3840 Borgloon
✆ 0 12/74 27 91

Maasland:
V.V.V. Maasland
Geniekenstraat 151
B-3640 Leut-Maasmechelen
✆ 0 11/75 76 12

Mittellimburg:
V.V.V. Midden Limburg
Domein Bokrijk
B-3600 Genk
✆ 0 11/22 60 20

Über die Städte:

V.V.V. Genk
Dieplaan 2
B-3600 Genk
✆ 0 11/35 39 11

Stedelijke Dienst voor Tourisme Hasselt
Lombaardstraat 3
B-3500 Hasselt
✆ 0 11/22 22 35

Office du Tourisme Liège
92, Féronstrée
B-4000 Liège
✆ 0 41/22 24 56

V.V.V. Tongeren
Stadhuisplein 9
B-3700 Tongeren
✆ 0 12/23 29 61 – 2 55

Niederlande

Niederländisches Büro für Tourismus
Laurenzplatz 1–3
50667 (5000) **Köln** (1)
✆ 02 21/23 62 62

Kärntnerstr. 12
A-1010 **Wien**
✆ 1/5 12 16 04

Talstr. 70
CH-8001 **Zürich**
✆ 01/2 11 94 82

V.V.V. Heerlen
Honigmanstraat 100
NL-6411 LM Heerlen
✆ 0 45/71 62 00

V.V.V. Limburg
Postbus 811
NL-6300 AV Valkenburg
✆ 0 44 06/1 39 93

V.V.V. Maastricht
Kleine Staat 1
NL-6211 ED Maastricht
✆ 0 43/25 21 21

V.V.V. Valkenburg
Postbus 820
NL-6300 Valkenburg
✆ 0 44 06/1 33 64

Dom (Aachen) und Heiligtumsfahrt

Dom
Täglich von 7–19 Uhr geöffnet
Hl. Messen so 7, 8, 10 (Hochamt), 11.30 Uhr; mo – sa 7, 8, 9, 10 Uhr
Während der Gottesdienste keine Besichtigungen! Führungen sind nur durch beauftragte Domführer erlaubt; Anmeldung:
✆ 02 41/4 77 09 27
Fax 02 41/4 77 09 44

Heiligtumsfahrt
Die nächste große Heiligtumsfahrt wird vom 18.–28. Juni 1993 stattfinden.

Informationen über allgemeine Gottesdienstzeiten, Pilgergottesdienste, Krankenmessen, Zeigung der Heiligtümer, Gebetszeiten, Beichtgelegenheiten, musikalische Gestaltung der Heiligtumsfahrt, Sonderöffnungszeiten der Domschatzkammer beim:
Wallfahrtsbüro/Domkapitel Aachen
Ritter-Chorus-Str. 7
52062 (5100) Aachen
✆ 02 41/47 70 90
Fax 02 41/4 77 09 44

Essen und Trinken

In Zeiten, in denen das Kalorienzählen modern ist, und Diäten Hochkonjunktur haben, fällt der reichliche Genuß der regionalen Spezialitäten schnell ins Gewicht – im wahrsten Sinne des Wortes! Bereits das berühmteste Produkt, die *Aachener Printen* (s. S. 183), deuten an, daß kalorienträchtige Süßigkeiten aus dem Dreiländereck kommen. Für eine ›Schokoladen-Kur‹ bieten sich neben den Aachener Erzeugnissen die belgischen und niederländischen *Pralinen* an.

Die Obstbaumkulturen vor allem im Limburger Land und im Haspengau liefern Rohstoffe für *Obstkuchen*, die bevorzugt in flacher Form als Fladen gebacken werden. Zu den typischen Varianten kann auch die Kombination mit einer Schicht aus süßem Reis gehören.

Selbst bei Fleischgerichten findet man Süßes wieder, so z. B. in Lüttich beim Kaninchen mit Sirop de Liège oder dem Rheinischen Sauerbraten, dessen Soße mit Printen verfeinert wurde. An die Region des Obstbaus schließt sich im Norden – besonders im Maastal und auf der deutschen Seite der Grenze – der Spargelanbau an.

Im Dreiländereck braut und trinkt man Bier; aber auch Hochprozentiges kommt ähnlich dem Gerstensaft vor allem aus Belgien und den Niederlanden: *Genever* aus Hasselt, *Kräuterlikor* (Els) aus Maastricht. Als süßer Abschluß einer Mahlzeit oder zwischendurch empfiehlt sich ein *Café liégeois,* ein Eiskaffee.

Familien und Jugendliche

Jugendherbergen

JH Aachen Colynshof
Maria-Theresia-Allee 260
52074 (5100) Aachen
✆ 02 41/7 11 01

Sportel de Dousberg
Dousbergweg 4
NL-6216 GC Maastricht
✆ 0 43/43 44 04
Fax 0 43/47 72 04

Jeugdherberg de Roerdomp
(nahe Domäne Bokrijk)
Boekrakelaan 30
B-3600 Genk
✆ 0 11/35 62 20

Euregio beim Internationalen Jugendherbergswerk

Sechs Jugendherbergen im Dreiländereck bieten ein spezielles Programm zum Kennenlernen von Landschaft und Kultur an. Zwei Übernachtungen mit Halbpension, Stadtführung und Sonderleistungen, wie z. B. freier Museumseintritt, können in Aachen, Maastricht und Malmedy ganzjährig und in Bokrijk, Voeren (Belgien) und Monschau während des Sommerhalbjahres gebucht werden. (Preise 1992 für ein solches Pauschalangebot für einen Erwachsenen ungefähr 80 DM, Kinder unter 6 Jahren rund die Hälfte.)

Informationen bei den entsprechenden Jugendherbergen oder beim Deutschen

Jugendherbergswerk
Rheinland e. V.
Postfach 110301
40503 (4000) Düsseldorf 11
✆ 02 11/57 70 30

Die Jugendherberge in Maastricht bietet im Rahmen des ›City-Flash‹ Programms ›Fünf Städte Europas laden ein‹ auch ein 4-Tage- und ein 5-Tage Pauschalangebot an. Informationen bei der Jugendherberge Sportel de Dousberg/Maastricht.

Familienferienzentrum de Borggraaf
Borggravevijverstraat 5
B-3500 Hasselt
✆ 0 11/22 69 32

Kinderbauernhof Hasselt
Domein Kiwewit
B-3500 Hasselt
✆ 0 11/21 08 49
ganzjährig geöffnet vom Morgen bis zum Sonnenuntergang

Limburgse Zoo
Marcel Habetslaan 5–8
B-3600 Genk
✆ 0 11/38 18 44
Ostern bis Mitte Nov. täglich 9–19 Uhr

Hochwildfreigehege mit Kinderzoo
Heinsbergerstr. 15
52538 (5133) Gangelt
✆ 0 24 54/24 59-50 27

Feiertage

In Belgien: 1. Januar (Neujahr), Ostermontag, 1. Mai, Christi Himmelfahrt, Pfingstmontag, 11. Juli (Fest der flämischen Gemeinschaft), 21. Juli (Nationalfeiertag), Maria Himmelfahrt, 27. September (Fest der wallonischen Gemeinschaft), 1. November (Allerheiligen), 11. November (Waffenstillstand), 25. Dezember und 26. Dezember (Weihnachten).

In den Niederlanden: 1. Januar (Neujahr), Rosenmontag und Karnevalsdienstag (Maastricht), Karfreitag, Ostermontag, 30. April (Geburtstag der Königinmutter), Christi Himmelfahrt, Pfingstmontag, 25. und 26. Dezember (Weihnachten).

Geld

Für eine Reise in alle drei Länder braucht man nicht unbedingt drei Portemonnaies mit drei verschiedenen Währungen zu füllen. In vielen Geschäften akzeptiert man die drei Währungen; häufig steht eine Tafel mit dem Umrechnungskurs gleich neben der Kasse.

Als grober Richtwert: 1 DM ≅ 1,10 hfl ≅ 20 bfr

Möchte man dennoch Geld umtauschen, bieten sich neben den Wechselstuben an den Grenzen und den Banken in Lüttich und Maastricht auch die Wechselstuben am Hauptbahnhof an (auch samstags und sonntags geöffnet).

Märkte und Feste

Aachen
Flohmärkte: viermal im Jahr zu wechselnden Terminen
Frühjahrsbend: Ostersamstag und die folgenden 16 Tage
Sommerbend: erste Augusthälfte
Euregio-Wirtschaftsschau: März
Historischer Jahrmarkt in Kornelimünster: Ende Juni/Anfang Juli
Kultursommer mit open air-Konzerten im Katschhof: August
Weinfest: meist letztes Ferienwochenende in NRW
Europamarkt der Kunsthandwerker: erstes Septemberwochenende (Ausnahme im Jahr der Heiligtumsfahrt)
Stadtfest: Oktober
Weihnachtsmarkt: ab Ende November

Genaue Termine bei der *aachen tourist information.*

Die Märkte und Feste finden im Zentrum, am Markt und den angrenzenden Straßen statt; der Bend und die Euregio-Wirtschaftsschau auf dem Bendplatz nahe beim Bahnhof Aachen-West.

Erkelenz
Lamberti-Markt: von Fronleichnam bis darauffolgenden Montag

Waldfeucht
Oktoberfest: 2. Freitag im Oktober

Wegberg-Beeck
Flachsmarkt: letztes Wochenende im September

Lüttich
Einen Terminkalender für *Antiquitäten-, Floh-* und *Trödelmärkte* gibt das Belgische Verkehrsamt heraus, ebenso einen jährlichen Fest- und Veranstaltungskalender.
Lebensmittel-, Kram- und Flohmarkt: jeden So 8–13 Uhr am Quai de la Batte (›Museumsufer‹)
Flohmarkt ›Les Petits Puces de St. Gilles‹: sa 9–12 Uhr auf dem Boulevard Kleyer
Trödelmarkt ›Marché couvert d'Amercœur‹: sa, so 9–18 Uhr, 34, rue Frédéric Nyst

Tongeren
Antiquitäten- und Flohmarkt: so 5–14 Uhr im Stadtzentrum

Genk
Flohmarkt: Juli, August so ab 9 Uhr im Stadtzentrum:

Maastricht
Wochenmarkt: mi (kleiner), fr (großer) von 8–13 Uhr auf dem Marktplatz
Trödelmarkt: sa 10–16 Uhr Stationsstraat (gegenüber dem Hauptbahnhof)

Museen

Aachen

Domschatzkammer
Klostergasse
✆ 02 41/4 77 09 27
di–sa 10–17 Uhr, so 10.30–17 Uhr, mo 10–14 Uhr

Während der Sommerzeit: di–sa 10–18 Uhr, so 10.30–17 Uhr, mo 10–14 Uhr
Geschlossen: 1. Weihnachtstag, Neujahr, Karneval (Do–Di), Karfreitag

Couven-Museum
Hühnermarkt
✆ 02 41/4 32 44 21
di–fr 10–17 Uhr, sa 10–13 Uhr, so 10–17 Uhr, mo geschlossen
Tip: Kostenlose Führung so 11.15 Uhr

Computermuseum
Sommerfeldstr. 32
✆ 02 41/80 76 07
di, do 9–13 Uhr, mi 16–20 Uhr und nach telefonischer Anmeldung
Tip: Kostenlose Führung nach telefonischer Anmeldung

Internationales Zeitungsmuseum
Pontstr. 13
✆ 02 41/4 32 45 08
di–sa 9.30–13 Uhr, di–fr 14.30–17 Uhr, so, mo geschlossen
Eintritt frei

Ludwig Forum für Internationale Kunst
Jülicher Str. 97–109
✆ 02 41/1 80 70
di, mi 11–19 Uhr, do 11–22 Uhr, fr–so 11–19 Uhr
Tip: Kostenlose Führung do 20 Uhr, so 11.30 Uhr
Pädagogische Abteilung (Führungen, Workshops usw.), ✆ 02 41/1 80 71 13
Veranstaltungen: Tänzer, Musiker, Performance-Künstler der Welt zu Gast – von Buto zum Ausdruckstanz, von der Kammeroper zum Rockkonzert, vom Undergroundfilm zum experimentellen Video.
Vorverkauf di–fr 11–14 Uhr,
✆ 02 41/1 80 71 04

Burg Frankenberg
Bismarckstr. 68
✆ 02 41/4 32 44 10
di–fr 10–17 Uhr, sa, so 10–13 Uhr
Tip: Kostenlose Führung so 11 Uhr

Rathaus
Markt
✆ 02 41/4 32 73 10
mo–fr 8–13, 14–17 Uhr, sa, so 10–13, 14–17 Uhr
Bei Sonderveranstaltungen bleibt das Rathaus geschlossen.

Suermondt-Ludwig-Museum
z. Z. Altes Kurhaus (bis voraussichtlich Frühjahr 1995)
Komphausbadstr. 19
✆ 02 41/4 32 44 20
di–sa 10–17 Uhr, so 10–13 Uhr
Tip: Kostenlose Führung so 11 Uhr

Zollgeschichtliche Sammlung im alten Zollhaus Horbach
Horbacher Str.
✆ 0 24 07/5 93 49
mi 10–12 Uhr, 14.30–17 Uhr, sa 15–17.30 Uhr. Führungen nach Vereinbarung

Ehem. Benediktinerabtei Kornelimünster
Dauerausstellung ›Aspekte gegenwärtiger Kunst in Nordrhein-Westfalen‹
✆ 0 24 08/64 92
di, mi 10–13 Uhr, 15–17 Uhr, so 15–18 Uhr
Führungen außerhalb der Öffnungszeiten nach Vereinbarung
Eintritt frei

Aachen/Umland

Beeck
Flachsmuseum Beeck
Holtumer Str. 19
41844 (5144) Wegberg-Beeck
✆ 0 24 34/15 93
so 11–12 Uhr, 14.30–17 Uhr und nach Vereinbarung

Erkelenz
Feuerwehrmuseum
✆ 0 24 31/8 50 (Information Rathaus)
jeden 2. Sonntag im Monat 10–17 Uhr und nach Vereinbarung

Steinzeitlicher Brunnen
(Nachbildung im Erkelenzer Rathaus; das Original wird im Rheinischen Landesmuseum Bonn ausgestellt werden)
Information: Herr Weiner
✆ 0 22 38/5 83 19

Geilenkirchen
Kreisheimatmuseum
Vogteistr. 2
✆ 0 24 52/1 33 29
di–fr 14–18 Uhr, sa, so 10–12 Uhr, 14–18 Uhr für Gruppen nach Vereinbarung auch zu anderen Zeiten

Heinsberg
Kreisheimatmuseum
im Torbogenhaus
✆ 0 24 52/1 33 29
di–fr 14–18 Uhr, sa, so 10–12.30 Uhr, 14–18 Uhr, Gruppen auch nach Vereinbarung

Jülich
Römisch-Germanisches Museum
im Alten Rathaus, Marktplatz
✆ 0 24 61/2 37
Führungen jeden 1. Sonntag im Monat um 10 Uhr und nach Vereinbarung

Stolberg
Heimat- und Handwerksmuseum
Torburg Luziaweg
✆ 0 24 02/8 17 20 oder 8 22 50
Mai–Oktober sa, so 14–18 Uhr, im Winter ab November sa geschlossen
Führungen auch während der Woche:

Übach-Palenberg
Sammlung Rieger
(Größte mittelsteinzeitliche Privatsammlung Deutschlands)
✆ 0 24 51/4 50 76
Besichtigung nach Vereinbarung

Belgien

Aldenbiesen
Ehemalige Landkommende des Deutschen Ordens
(Cultureel Centrum van de Vlaamse Gemeenschap – Alden Biesen)
Kasteelstraat
B-3744 Bilzen-Rijkhoven
✆ 0 11/41 39 14 oder 41 39 15
Gebäude und Domäne. Führungen und Besichtigungen nur nach Absprache
Französischer Park: April–Okt. 10–18 Uhr, sonst 11–17 Uhr
Englischer Park: immer geöffnet

Genk
Freilichtmuseum Domäne Bokrijk
(Openluchtmuseum Domein Bokrijk)
✆ 0 11/22 45 75

April – Sept. täglich 10–18 Uhr; im Oktober täglich 9–17 Uhr

Hasselt

Nationales Genevermuseum
(Nationaal Jenevermuseum)
Witte Nonnenstraat 19
✆ 0 11/24 11 44
di–fr 10–17 Uhr, sa, so, feiertags 14–18 Uhr
Geschlossen: mo, Ostern, 1., 2., 11. Nov., vom 24. Dez. bis 31. Jan.

Modemuseum
Thonissenlaan 73
✆ 0 11/22 60 08
Di–fr 10–17 Uhr, sa, so feiertags 14–18 Uhr; Geschlossen: mo, Ostern, 1., 2., 11. Nov., vom 24. Dez. bis 31. Jan.

Glockenspielmuseum (Beiaardmuseum)
im Turm der St. Quintinus-Kirche, Eingang Vismarkt
✆ 0 11/22 60 08
Juni–Sept. sa, so 14–18 Uhr

Nationales Krieg- und Frieden-Museum
(Nationaal Museum van Oorlog an Vrede)
Kuringerstraat 2–4
✆ 0 11/27 23 17
täglich 12–17 Uhr

Museum Stellingwerff-Waerdenhof
(Geschichte der Stadt Hasselt und der Grafschaft Loon)
Maastrichterstraat 85
✆ 0 11/24 10 70
di–fr 10–17 Uhr, sa, so, feiertags 14–18 Uhr
Geschlossen: mo, Ostern, 1., 2., 11. Nov., vom 24. Dez. bis 31. Jan.

Provinzialmuseum
für zeitgenössische Kunst
(Provinciaal Museum voor Hedendaagse Kunst)
Begijnhof, Zuivelmarkt 33
✆ 0 11/21 02 66
di–sa 10–12 Uhr, 13–17 Uhr
Geschlossen: mo und an Feiertagen

Lüttich

Museen für Archäologie und Kunstgewerbe
✆ 0 41/23 20 68 oder 22 16 00
– *Ansembourg-Museum*
114, Féronstrée
di–so Führungen um 13, 14, 15, 16 und 17 Uhr
Geschlossen: mo, Neujahr, 1., 8. Mai, 1., 2., 11., 15. Nov., Weihnachten, Sylvester
– *Curtius-Museum und Glas-Museum*
13, quai de Maastricht
mo, do, sa 14–17 Uhr, mi, fr 10–13 Uhr, an jedem 2. und 4. Sonntag im Monat
Geschlossen: wie Ansembourg-Museum

Museum für Wallonische Kunst
(Musée de l'Art Wallon)
86, Féronstrée
✆ 0 41/22 08 00 Büro 457
di–sa 13–18 Uhr, so 11–16.30 Uhr
Geschlossen wie Ansembourg-Museum

Waffenmuseum
(Musée d'Armes)
8, quai de Maastricht
✆ 0 41/23 15 62 oder 23 31 78
mo, do, sa 10–13 Uhr, mi, fr 14–17 Uhr, jeden 1. und 3. Sonntag im Monat 10–13 Uhr
Geschlossen: di, Neujahr, 1., 8. Mai, 1., 2., 11., 15. Nov., Weihnachten, Sylvester

Museum des Wallonischen Lebens
(Musée de la Vie Wallonne)
Cour des Mineurs
✆ 0 41/23 60 94
di–sa 10–17 Uhr, so, feiertags 10–16 Uhr
Geschlossen: mo, Neujahr, 1. Mai, 1. Nov., 25. Dez.

Metallurgie- und Industriehaus
(Maison de la Métallurgie)
17, boulevard Poincaré
✆ 0 41/42 65 63
mo–fr 9–17 Uhr, sa, so, feiertags geschlossen

Studio d'Eugène Ysaye
14, impasse des Ursulines
✆ 0 41/23 55 13

Museum für Moderne Kunst
(Musée de l'Art Moderne)
3, Parc de la Boverie
✆ 0 41/43 04 03
zur Zeit geschlossen

Kupferstichkabinett
(Cabinet des Estampes)
3, Parc de la Boverie
✆ 0 41/42 39 23
geöffnet nur nach Vereinbarung

Museum für Sakrale und Maasländische Kunst
(Musée d'Art Religieux et d'Art Mosan)
1, rue Mère-Dieu
✆ 0 41/22 08 00 Büro 4 11
di–sa 13–18 Uhr, so 11–16 Uhr
Geschlossen: mo, Neujahr, 1., 8. Mai, 1., 2., 8. Mai, 1., 2., 11., 15. Nov., Weihnachten, Sylvester

Tongeren

Stadtmuseum im Rathaus (Stedelijk Museum)
Stadhuis
✆ 0 12/23 29 61 App. 2 27
täglich 10–12 Uhr, 14–16.30 Uhr

Schatzkammer der Liebfrauenkirche
(Schatzkamer van de O.-L.-Vrouwe-Basiliek)
Vrijthof
✆ 0 12/23 42 94
Mai–Sept. täglich 9–12 Uhr, 14–17 Uhr, Okt.–April nach Absprache

Gallo-Römisches Museum
(Porvinciaal Gallo-Romeins Museum)
Kielenstraat 15
Wiedereröffnung 1994

Niederlande

Heerlen

Thermenmuseum
Coriovallumstraat 9
NL-6411 CA Heerlen
✆ 0 45/76 45 81
di–fr 10–17 Uhr, sa, so, feiertags 14–17 Uhr
Geschlossen: mo, Neujahr, Karneval, Ostersonntag, Königinnentag (30. 4.), Pfingstsonntag, 1. Weihnachtstag

Maastricht

Schatzkammer St. Servatius
Vrijthof
✆ 0 43/25 21 21 (V.V.V. Maastricht)
Dez.–März täglich 10–16 Uhr
Juli, Aug. täglich 10–18 Uhr
sonst täglich 10–17 Uhr

Geschlossen: Neujahr, 1. Weihnachtstag, Karneval

Schatzkammer Onze Liewe Vrouwe
O. L. Vrouweplein
✆ 0 43/25 18 51
Ostern – Herbstferien täglich 11–17 Uhr, so 13–17 Uhr

Spanisches Gouvernement
(Spaanss Gouvernement)
Vrijthof 18
✆ 0 43/29 22 01
mi 14–17 Uhr, do 10–13, 14–17 Uhr; April bis Okt. auch sa 10–13 Uhr

Rathaushalle
Markt
✆ 0 43/29 22 22
mo–fr 8.30–12.30 Uhr, 14–17.30 Uhr

Bonnefantenmuseum
Dominikanerplein 5
✆ 0 43/25 16 55
di–fr 10–17 Uhr, sa, so 11–17 Uhr
Geschlossen: Neujahr, Karneval, Karfreitag, 24. Dez. nachmittags, 25. Dez., 31. Dez. nachmittags

Naturhistorisches Museum
De Bosquetplein 6–7
✆ 0 43/29 30 64
mo–fr 10–12.30 Uhr, 13.30–17 Uhr, so 14–17 Uhr, sa geschlossen

Museumskeller Derlon (röm. Funde)
Plankstraat 21
✆ 0 43/25 21 21 (V.V.V. Maastricht)
so 13–17 Uhr

Grotten St. Pietersberg
– Grotten Nord, Anfang am Chalet Bergrust Luikerweg 71
– Grotten Zonneberg, Anfang am Casino Slavante, Slavante 1
Informationen über die ständig wechselnden Führungstermine beim V.V.V. Maastricht

Kasematten
Eingang Waldeckbastion Tongerseplein
Führungen (die dreistündige wird für Kinder unter 12 Jahren nicht empfohlen) und Informationen durch den V.V.V. Maastricht

Fort St. Pieter
Luikerweg 80
Ostern bis Oktober Führungen täglich 14 Uhr, im Sommer und in den Herbstferien eine Führung zusätzlich zur Mittagszeit
Informationen beim V.V.V. Maastricht

Valkenburg
Gemeindegrotte (Gemeentegrot)
Cauberg 2
✆ 0 44 06/1 22 71
Sonntag vor Ostern – Okt. täglich 9–17 Uhr, so 10–17 Uhr
VoNov. – Ostern täglich nur eine Führung: mo–fr 14 Uhr, sa, so 15.30 Uhr

Römische Katakomben
Plenkertstraat 55
✆ 0 44 06/1 25 56
April – Sept. 10–17 Uhr, übriges Jahr täglich eine Führung um 15 Uhr, weitere Gruppenführungen nach Absprache

Steinkohlenbergwerk
Daalhemerweg 31
✆ 0 44 06/1 24 91 oder 0 44 05/19 50

Ostern – Nov. täglich 9–17 Uhr
Nov. – Ostern mindestens eine Führung täglich um 14 Uhr

Öffnungszeiten

In **Belgien** sind die Geschäfte gewöhnlich montags und samstags von 9.30 oder 10 Uhr bis 17 oder 18.30 Uhr geöffnet, größere Kaufhäuser oder Supermärkte auch bis 20 Uhr. Freitags sind die meisten Läden, z. B. in Lüttich bis 20.30 oder 21 Uhr offen.

In den **Niederlanden** sind die normalen Öffnungszeiten montags bis freitags von 9 bis 18 Uhr, samstags bis 17 Uhr und donnerstags bis 21 Uhr. In Maastricht sind die Geschäfte montags nur von 13 bis 18 Uhr geöffnet; Friseurgeschäfte, Metzgereien und Bäckereien bleiben montags geschlossen.

Sportliche Aktivitäten

Die Möglichkeiten sind zahlreich, da die Region eine abwechslungsreiche Landschaft zu bieten hat:

Wandern im Hohen Venn, dem Limburger Hügelland, den Ausläufern der Eifel.

Radfahren im Maastal, Limburger Hügelland, Haspengau und Selfkant – je nach Lust, auch mal bergauf kräftiger in die Pedale zu treten. Eine empfehlenswerte Zeit ist die Obstbaumblüte im niederländischen und belgischen Teil des Dreiländerecks. Räder lassen sich vielerorts bei ›Fietsverhuurdiensten‹ leihen. Auskünfte erteilen die örtlichen *Fremdenverkehrsämter* (V.V.V., s. S. 283 ff.).

Wassersport kann an der Maas oder am Albertkanal betrieben werden. Informationen – auch über andere Freizeitaktivitäten – bei den örtlichen *Fremdenverkehrsämtern.* Nähere Informationen zu Bootsfahrten auf der Maas (ganzjährig) erteilt:
Reederei Stiphout
Maaspromenade 27
NL-6211 HS Maastricht
✆ 0 43/25 41 51

Für die belgische Provinz Limburg gibt es einen umfangreichen, allerdings in Niederländisch verfaßten *Freizeitführer:*
De Groene Gids – Vakantie en vrije tijd in Limburg (Der Grüne Führer – Ferien und Freizeit in Limburg), erhältlich bei:
Provincial Verbond voor Tourisme
Domein Bokrijk
B-3600 Genk
✆ 0 11/22 29 58
Auch ohne große Sprachkenntnisse lassen sich aus diesem die gesuchten Adressen und Zahlen entnehmen!

Sprache

Mit Deutsch können Sie sich im Dreiländereck sehr gut verständigen, denn viele Niederländer und Flamen haben Deutsch in der Schule gelernt oder sind mit dem deutschsprachigen Fernsehprogramm aufgewachsen. Nur in Lüttich empfiehlt es sich, alte Schulkenntnisse des Französischen zu bemühen oder einen kleinen Sprachführer in der Tasche zu haben. Ein kleiner Tip für die Orientierung auf den Autobahnen: Wenn Sie nach Lüttich wollen, folgen Sie auch den Schildern Liège oder Luik –, die Bezeichnung Aken führt Sie hingegen nach Aachen.

Technische Denkmäler und historische Bahnen

Gangelt
Windmühle von 1842 bei Breberen (funktionstüchtig). Besichtigung nach Absprache mit dem Kreisheimatmuseum in Heinsberg
✆ 0 24 52/1 33 29

Hückelhoven
Schachtanlage IV/HK (1959–1973)
Großschachtanlage des Architekten Fritz Schupp, Essen
Besichtigung nach Vereinbarung mit der Stadt Hückelhoven
✆ 0 24 33/8 20

Waldfeucht
Mühle (letzte kornmahlende der Region)
Besichtigung nach Vereinbarung mit Herrn H. Thoben
✆ 0 24 55/18 72

Selfkantbahn
Auf der fünfeinhalb Kilometer langen Strecke zwischen Schierwaldenrath und Gillrath – nordwestlich von Geilenkirchen – können Sie sich bei 20 km/h den Dampf der letzten meterspurigen Dampfkleinbahn in Nordrhein-Westfalen um die Nase wehen lassen. Loks und Wagen, von denen die ältesten seit mehr als 100 Jahren in Betrieb sind, stammen nicht nur von der alten Selfkantbahn, sondern auch von anderen nicht mehr existierenden Kleinbahnen, wie z. B. der Sylter Inselbahn oder der Mittelbadischen Eisenbahngesellschaft. Kleinbahngeschichte von 1889 bis 1956 wird im Selfkant lebendig gehalten.
Träger des ›fahrenden Museums‹ ist die Interessengemeinschaft Historischer Schienenverkehr e. V., die rund um die Selfkantbahn mit einem attraktiven Angebot aufwartet: regelmäßige Fahrten an allen Sonn- und Feiertagen zwischen Ostern und Ende September; Nikolausfahrten – mit Bescherung für Kinder – in der Adventszeit; spezielle Arrangements für Gruppenfahrten, Betriebsausflüge, Hochzeiten u. a. an allen Werktagen. Informationen:
Interessengemeinschaft
Historischer Schienenverkehr e. V.
Postfach 603
52007 (5100) Aachen
✆ 02 41/8 23 69

Vennbahn
Eine Fahrt mit dieser historischen Bahn läßt sich besonders gut mit einer Wanderung durch das Hohe Venn oder das grenznahe Gebiet der Eifel verbinden. Knapp drei Stunden benötigt die Vennbahn für die Strecke zwischen Eupen und Büllingen/Bullange (weitere Stops in Raeren, Roetgen, Lammersdorf, Konzen, Monschau, Kalterherberg, Sourbrodt, Weywertz, Bütgenbach). Die Vennbahn verkehrt von Juni bis Mitte Oktober an allen Sonntagen sowie den belgischen und deutschen Feiertagen. In Eupen bestehen Anschlußmöglichkeiten

an belgische IC-Züge und natürlich nach Aachen.

Sonderfahrten für Vereine und Gesellschaften sind auch während der Woche möglich. Informationen:
Bahnhof Raeren
✆ 0 87/85 24 87, nur wochentags von 10–12 Uhr (hier auch Reservierungen für Sonderfahrten)
Verkehrsamt Eupen
Marktplatz 7
B-4700 Eupen
✆ 087/55 34 50
Auskünfte über den Fahrplan auch bei den Verkehrsämtern der Region.

Theater, Konzerte, Unterhaltung

Aachen

Stadttheater
Theaterplatz
✆ 02 41/47 84
Tel. Bestellungen mo–sa 11.30–13, 14–16, 17.30–19 Uhr; Kassenzeiten mo–sa 11–13, 17–19 Uhr; Vorverkauf 6 Wochen vor der Aufführung

Grenzlandtheater
Friedrich-Wilhelm-Platz 4–5
✆ 02 41/3 00 60
Vorverkauf tägl. (außer so) 11–13, 17–20 Uhr

Theater 99/Akut
Aachener Kultur- und Theaterinitiative
Gasborn 9–11
✆ 02 41/2 74 58

Avanti-Theater
Krugenofen 40–42
✆ 02 41/6 20 94

Theater K.
Rudolfstr. 56–58
✆ 02 41/50 60 03

Stadtpuppenbühne ›Öcher Schängchen‹
c/o Barockfabrik
Löhergraben 22
✆ 02 41/43 20

Konzertdirektion Weinert
(Klassische Musik)
Boxgraben 42
✆ 02 41/2 38 13

Kabarett-Treff
Jeden 4. Sonntag des Monats
Malteser-Keller
Malteserstr. 14
✆ ab 18 Uhr: 02 41/2 57 74

Live-Konzerte
Café Schnabeltasse
Alexanderstr. 69–71 (Hinterhaus)
✆ 02 41/3 08 50

Jakobshof
Stromgasse 31
✆ 02 41/3 68 00

Metropol
Blondelstr. 9
✆ 02 41/2 63 04
Büro: Charlottenstr. 14
✆ 02 41/53 20 44

Treibhaus
Initiative für zeitgenössische Musik
Königstr. 19
✆ 02 41/2 01 12

Gitarren-Treff
Jeden 2. Sonntag im Monat
Café Schnabeltasse, ab 20 Uhr
Alexanderstr. 69–71 (Hinterhaus)
✆ 02 41/3 08 50

Folk-Treff
Jeden 1. Sonntag im Monat
Im alten Zollhaus, ab 18 Uhr
Friedlandstr. 22
✆ 02 41/2 56 53 oder 3 60 47

Rockmusik
Konzerte u. Tips
Schlüsselloch
Boxgraben 51
✆ 02 41/3 66 51

Autorenlesungen und Tips für Leser
Literatur-Büro in der EUREGIO
Maas-Rhein e. V.
Ottostr. 57
✆ 02 41/51 16 55

Vorträge, Ausstellungen und Filme
Volkshochschule (VHS)
Peterstr. 21–25
✆ 02 41/4 84 17

Lüttich

Théatre Royal de Liège
Opera Royal de Wallonie Liége
1, Rue des Dominicains
✆ 0 41/23 59 10

Opèra
Place de la Rèpublique francaise
✆ 0 41/23 67 65

Orchestre Philharmonie
Boulevard Piercot
✆ 0 41/43 01 44

Ifor-Spectaacles
Informationen zu Theater, Konzerte, Veranstaltungen
92, Rue Féronstrée
✆ 0 41/22 11 11

Jazz
Le Mecredis du Jazz
Lion s'Envolie
1, Rue Roture
Mi 20.30 Uhr

Maastricht

Stadttheater
Achter de Comedie 1
Das Generalshaus
(Podium Theatersaal)
Vrijthof 47
Kasse/Auskunft im Generalshaus
✆ 0 43/29 38 28

Maastrichter Ausstellungs- und Kongreßcentrum (MECC)
Forum 100
✆ 0 43/83 83 83
Zwei Theatersäle, in denen sowohl Kongresse als auch kulturelle Veranstaltungen stattfinden.

CCV Theater
Herbenusstraat 89
✆ 0 43/25 19 51

Löss Theater
Achter de Barakken 31a
✆ 0 43/25 39 33

Podium Posjet
Vijverdalseweg 1
✆ 0 43/63 34 44-21 32
Von Oktober bis April jeden Sonntagnachmittag Vorstellungen von Rubens Puppentheater ›Die Kleine Welt‹

Studiobühne Schauspielschule
Lenculenstraat 33
✆ 0 43/29 98 30
Regelmäßige Aufführungen der Studenten

Saal ›Het Vervolg‹
Vrijthof 47 a
✆ 0 43/25 53 33
Aufführungen des Theaters ›Het Vervolg‹

›Staar‹-Gebäude
Henric van Veldekeplein 25
Auskunft und Reservierungen für Konzerte und sonstige Veranstaltungen
Kasse Kulturelles Zentrum
Het Generaalshuis
Vrijthof 47
✆ 0 43/29 38 28

Konzertsaal Konservatorium
Bonnefanten 15
✆ 0 43/29 38 30
Regelmäßig Studentenkonzerte

Aula Städtische Musikschule
St. Maartenspoort 2
✆ 0 43/29 31 41
Regelmäßig Schülermusikabende, Konzerte der Stiftung Intro, hauptsächlich zeitgenössische Musik, Musiktheater und Kammermusik

Orgeln
In den Sommermonaten veranstaltet die Orgelkommission Maastricht Orgelkonzerte am Dienstagabend

Glockenspiel
Glockenspielkonzerte jeden Freitag von 11.30–12.30 Uhr; Glockenspiel im Turm des Rathauses auf dem Markt
Im Sommer werden (Abend)Konzerte veranstaltet, dann kann man auch das Glockenspiel der St. Servatiuskirche hören

Harmonieorchester und Fanfaren
Die Stadt Maastricht hat etwa 20 Musikkapellen, die in den Sommermonaten, normalerweise am Sonntagmorgen, im Musikpaviljon auf dem Vrijthof konzertieren. Einmal im Jahr findet ein Musikwettbewerb für Harmonieorchester und Fanfaren statt (›Stertocht‹) und für Tambourkorps, Trompetenkorps und Majorettengruppen das ›Städtische Musikfest‹

Jazz
Im Oktober gibt es die Jazz-Festspiele, an 3 Tagen hören Sie sowohl den alten als den neuen Jazz. Feste Programmteile sind u. a. der ›Kneipenbummel‹, Straßenauftritte und Nachtkonzerte

Nähere Informationen über Konzerte, Theateraufführungen und Veranstaltungen finden Sie in ›Maastricht Maandagenda‹ und ›Uit in Maastricht‹. Beide Broschüren sind beim Fremdenverkehrsverein (V. V. V.) erhältlich.

Thermalbaden

Kurbad Quellenhof
Monheimsallee 52
✆ 02 41/1 80 29 20 u. 21

Römerbad
Buchkremerstr. 1
✆ 02 41/1 80 29 23

Goldmühlen- und Prinzenbad
Burtscheider Markt 18–20
✆ 02 41/6 50 56 u. 57 u. 58 u. 59

Reha-Klinik Schwertbad
Benediktinerstr. 23
✆ 02 41/60 02-0

Vorschläge für Kurzaufenthalte

Aachen an einem halben Tag
Dom, Katschhof, Couven-Museum, Marktplatz, Rathaus

Aachen an einem Tag (Kompakt)
Elisenbrunnen, Stadttheater, Dom, Domschatzkammer, Katschhof, Hühnermarkt, Couven-Museum, Marktplatz, Rathaus, Pontstraße, Ponttor

Dreiländereck in drei Tagen
1. Tag: Aachen Kompakt (eventuell in gekürzter Form)
2. Tag: Durch das Geultal nach Maastricht (s. S. 267 ff.)
3. Tag: Über Tongeren (s. S. 252 ff.) nach Lüttich (s. S. 258 ff.)

Die Selfkantbahn

Erklärung der Fachbegriffe

Abraum im Bergbau gebrauchte Bezeichnung für die Gesteine, die Lagerstätten nutzbarer Minerale und Gesteine überdecken oder durchsetzen

Absetzer verstürzen/schütten den Abraum in die ausgekohlten Tagebaubereiche oder auf Außenkippen/Abraumhalden

abteufen (bergmänn.) einen Schacht anlegen

Allmende Gemeinschaftsweide

Altarretabel Altaraufsatz, der entweder auf dem hinteren Teil der Mensa oder auf einem eigenen Sockel (Predella) aufgesetzt ist; in der Gotik häufig in einen festen Altarschrein und zwei bewegliche Seitenflügel gegliedert

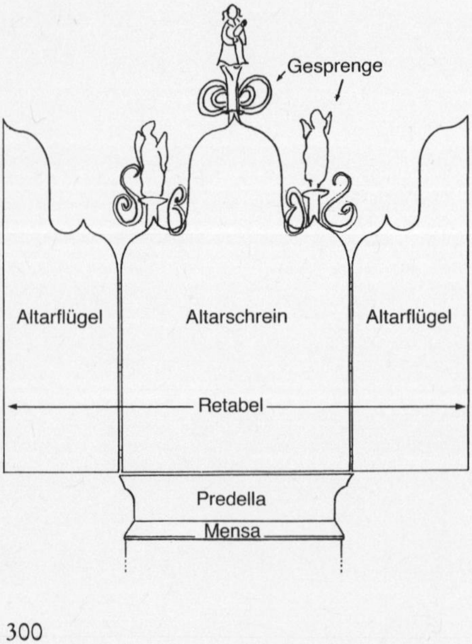

Apsis/Apsiden Raum mit einem meist halbkreisförmigen Grundriß, von einer Halbkuppel überwölbt und sich zu einem Hauptraum öffnend

Architrav auf Stützen (Pfeilern oder Säulen) aufliegender, tragender Hauptbalken

Aula Regia Königshalle

Basilika/Pseudobasilika *römische B.:* mehrschiffiger Bau mit höherem und breiterem Mittelschiff, das Licht durch den Obergaden erhält; in der Regel als Markthalle, seltener als Gerichtshalle und repräsentativer Saal genutzt
christliche B.: meist nach Osten gerichtet, drei- oder fünfschiffig. Mittelschiff höher als die Seitenschiffe und selbständig belichtet durch Fenster im Obergaden/Lichtgaden. Fehlt diese Durchfensterung, handelt es sich um eine *Pseudobasilika*/Staffelhalle

Bastion/Bastei vorgeschobenes Verteidigungswerk bei der Befestigung von Städten oder Burgen, um dort Geschütze aufzustellen

Blendarkaden auf eine geschlossene Wand aufgelegte Bogenstellungen

Blickachsen Schneisen, Wege oder Kanäle in der Landschaftsarchitektur, die angelegt wurden, um auf einen ausgewählten Blickpunkt (point de vue) hinzuführen

Boskett regelmäßige Baumanpflanzung oder Gebüschstreifen zur Gliederung eines Parks; die Pflanzen werden als Wände oder Laubengänge zurechtgestutzt

Capitol/Kapitol ranghöchster römischer Tempel, entweder Jupiter allein oder der kapitolinischen Trias (Jupiter, Juno und Minerva) geweiht

Cardo nordsüdlich verlaufende Straße der römischen Stadt bzw. des römischen Militärlagers
cardo maximus: Hauptstraße, die die mittlere der nordsüdlich verlaufenden Straßen bildet → Decumanus

Castrum römisches Militärlager

Cella Hauptinnenraum des Tempels, in dem sich das Götterbild befand

Cella memoriae Gedächtniskapelle

Chor der für das Gebet und den Chorgesang der Geistlichen, Mönche oder Stiftspersonen bestimmte, oftmals erhöhte Raum der Kirche; durch Chorschranken vom Laienraum abgetrennt

Colonia römische Siedlung mit höchstem Status: Stadt

Dachreiter schlankes, meist aus Holz konstruiertes Türmchen auf dem First eines Daches; häufig über der Vierung von Kirchen. Auch Glocken- und später Uhrtürmchen

Deckgebirge geologische Schichten, die auf den kohleführenden Schichten lagern

Decumanus westöstlich verlaufende Straße der römischen Stadt; decumanus maximus → Cardo

Dendrochronologie Mit Hilfe der Wachstumsringe von Bäumen lassen sich das Alter der Bäume und frühere Klimaschwankungen bestimmen. Durch das verwendete Bauholz können auch Bauwerke datiert werden, z. B. beim Fachwerkbau

Dienst langes, schlankes viertel- bis dreiviertelförmiges Säulchen, das Gurte oder Gewölberippen aufnimmt; der Dienst wird entweder einzeln als Wanddienst oder gebündelt als Dienstbündel oder um einen Pfeilerkern gelegt – Bündelpfeiler – verwendet

Erosion/erodieren Abtragung durch fließendes Wasser

Fachwerk hölzernes Skelett aus senkrechten (Ständer, Pfosten), waagerechten (Schwellen, Riegel, Rahmen) und diagonalen (Bänder, Streben) Hölzern. Die Zwischenräume (Gefache) sind mit Flechtwerk – lehmverputzt –, Ziegeln oder Bruchstein gefüllt

Fensterachse vertikale Fensterfolge

Fiale schlankes, spitz auslaufendes Türmchen auf Strebepfeilern und Wimpergen

Flöz kohleführende Schicht

Fries schmaler, waagerechter Mauerstreifen mit ornamentalen oder figürlichen Darstellungen als Schmuck, Gliederung oder Umgrenzung einer Wand

Gartenparterre Eine ebene Gartenfläche, die im französischen Park unmittelbar an das Schloß oder Haus anschließt und sich auf seine Architektur bezieht, mit – oft – symmetrisch und ornamental gestalteten Beeten (von niedrigem Buchs umrahmt)

Gefach Zwischenraum im Holzgerüst eines Fachwerkbaus → Fachwerk

Gesprenge geschnitzte Bekrönung des spätgotischen Altarschreins → Altarretabel

gesprengter Giebel Giebel mit ausgespartem Mittelteil

Gurtbogen quer zur Längsachse eines Gewölbes verlaufender, konstruktiver oder gliedernder Bogen (Einteilung in Joche)

Hallenkirche mehrschiffige Kirche mit gleicher oder annähernd gleicher Deckenhöhe der einzelnen Schiffe und Belichtung nur durch die Seitenschiffenster

Horst Teilstück der Erdkruste, das sich gegenüber den Nachbarschollen gehoben hat oder bei deren Absenkung stehengeblieben ist (z. B. Süchtelner Höhen, Ville)

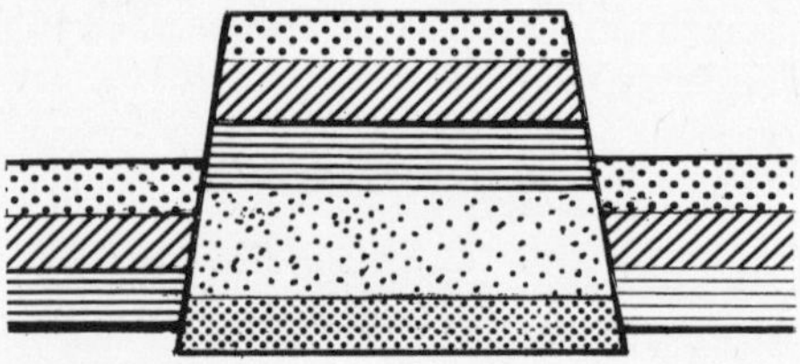

Ikonographie Lehre von Inhalt und Bedeutung bei Werken der Bildenden Kunst im Gegensatz zur Form- und Stilanalyse

Immunität Sonderrechtsstatus kirchlicher oder weltlicher Institutionen (Befreiung von finanziellen Belastungen, Befreiung von der ordentlichen Gerichtsbarkeit usw.)

Insula Baublock in einer römischen Siedlung, aus mehreren, bei Villen auch nur aus ein bis zwei Häusern bestehend

Joch Gewölbefeld; die Joche werden in Längsrichtung gezählt: z. B. dreischiffiges, sechsjochiges Langhaus

Kalotte Teilstück einer Kuppel

Kanneluren/kanneliert senkrechte, konkav eingeschnittene Vertiefungen (Hohlkehle) an Säulen, Pfeilern oder Pilastern

Kanoniker Stiftsherr, Chorherr → Stift

Konche halbrunder Raum mit einer Halbkuppel wie die Apsis, jedoch ohne Altar, auch an nichtkirchlichen Räumen

Kreuzgang überdachter, meist gewölbter Gang um den rechteckigen oder quadratischen Hof eines Klosters; zum Hof durch Arkaden geöffnet, oft als Grablege genutzt

Krypta Raum unter dem Chor der Kirche; im frühen Mittelalter wurden dort Reliquien aufbewahrt, Märtyrer und Heilige bestattet; in späteren Jahrhunderten auch weltliche Würdenträger

Laterne runder oder polygonaler, durchfensterter Aufbau über einer Decken- oder Gewölbeöffnung, meist über der Scheitelöffnung einer Kuppel

Leinverkehr/Treidelverkehr Schiffe auf Flüssen oder Kanälen wurden vom Ufer aus – vom Leinpfad – durch Menschen, Tiere oder Maschinen geschleppt.

Lettner Chorschranke → Chor

Lisene schwach vortretende, senkrechte Mauervorlage; in der romanischen Architektur oft durch Blendbogen oder Bogenfries verbunden

Lobus/Loben Gletscherzunge/n

Maßwerk geometrisch konstruiertes Bauornament der Gotik, ursprünglich nur zur Aufteilung der Bogenspitze großer Fenster entwickelt, später auch zur Gliederung von Wandflächen, Giebeln und Brüstungen

monochrom einfarbig

Obergaden/Lichtgaden Fensterzone im oberen Teil des Mittelschiffs einer Basilika

Palas Wohnbau einer Burg oder Pfalz

Palastaula Königshalle, Festsaal

Pfalz Residenz und Verwaltungssitz der deutschen Kaiser und Könige im Mittelalter. Da es keine festen Regierungssitze gab, wurden die über das ganze Reich verstreuten Pfalzen vom Herrscher reihum aufgesucht. Die Pfalz besteht aus der Pfalzkapelle, dem Palas und den Wirtschaftsgebäuden

Pilaster der Wand vorgelegter, flacher Pfeiler mit Basis und Kapitell

polygonal vieleckig

Pont de vue Blickpunkt → Blickachse

Portikus ein an den Seiten offener oder teilweise geschlossener Raum aus freistehenden oder mit der Mauer verbundenen Säulen, der dem Eingang oder der Fassadenmitte eines Tempels, einer Kirche oder eines Hauses vorgelagert ist; auch Säulenhalle an Straßen und Plätzen

Prallhang das steile, an der Außenseite einer Flußkrümmung (eines Mäanders) liegende, von der Strömung bearbeitete Ufer; ihm gegenüber liegt der sanfter abfallende Gleithang

Predella der Untersatz des spätgotischen Altarschreins, dort teilweise auch Aufbewahrung von Reliquien → Altarretabel

Pseudobasilika → Basilika

Quaderputzbau Gebäude mit einer Fassade aus vorgetäuschten, großen Bausteinen, die sich durch eine entsprechende Linienführung im Putz ergeben

Rayon/Rayonbestimmungen Gebietsstreifen um eine Festung, der aus militärischen Gründen nicht bebaut werden durfte

Reliquiar, Reliquienbüste, Reliquienschrein Behälter zur Aufbewahrung der Überreste eines Heiligen

Retabel → Altarretabel

Risalit ein in der ganzen Höhe des Gebäudes vor dessen Flucht tretender Bauteil: Mittelrisalit, meist durch Giebel, Kuppel und architektonische Gliederung der Wand besonders betont; Seitenrisalit, Eckrisalit

Rocaille eine muschelähnliche, durch viele Schwünge und Schnörkel gekennzeichnete, asymmetrische Zierform der Mitte des 18. Jh.; das Ornament gab der Stilepoche Rokoko ihren Namen

Rundbogenfries ein Fries, der aus kurzen, aneinandergereihten Rundbögen besteht und eine Blendarkade bildet; beliebte Wandgestaltung in der Romanik

Säkularisation Enteignung von Kirchenbesitz, Verstaatlichung

Spolie wiederverwendetes Baumaterial älterer Gebäude, z. B. Säulen, Quadersteine

Stift Zusammenschluß von Geistlichen und Laien (den Stiftspersonen) zu einer Glaubensgemeinschaft, deren Regeln und Aufgaben stark denjenigen der klösterlichen Gemeinschaften ähneln; im Gegensatz zu den Mönchen legten die Stiftsherren oder Stiftsdamen kein Gelübde ab und besaßen Privatvermögen

Strebewerk Konstruktion aus Strebepfeilern und Strebebögen, um den Gewölbeschub im gotischen Skelettbau abzuleiten

Stützenwechsel wiederkehrender Wechsel von Pfeilern und Säulen in der romanischen Kirchenarchitektur

Suburbium Vorstadt außerhalb der Stadtmauern oder in der Nachbarschaft einer Burg

Tektonik Lehre vom Bau der Erdkruste und deren Bewegungsformen

tertiärer Sektor Dienstleistungssektor

Thermen antike, repräsentativ gestaltete Badeanlagen mit unterschiedlich temperierten Schwimm- und Badebecken in verschiedenen Räumen/Sälen, z. B. Frigidarium (Kaltbad), Caldarium (Warmbad), Sudatorium (Schwitzbad) oder Natatio (offenes Schwimmbecken); dazu kamen Umkleide-, Ruhe- und Aufenthaltsräume, Bibliotheken, Sport- und Gymnastiksäle sowie Restaurationsräume

Translozieren Abreißen eines denkmalgeschützten Gebäudes und anschließender Wiederaufbau an einem anderen Standort

Triforium in der Mauer ausgesparter Laufgang zwischen den Arkaden oder der Empore und der Fensterzone einer Basilika in der Höhe der Seitenschiffdächer

Tumba ein sich über dem Grab erhebender Unterbau (meist aus Stein), der die Grabplatte trägt

Tympanon Bogenfeld über einem Portal oder Fläche in einem Giebel

ungefaßtes Holz nicht farblich behandeltes Holz

unterschlächtiges Mühlrad das Wasser fällt auf den unteren Teil des Mühlrads und treibt es somit an

Verkröpfung/verkröpft das Herumziehen eines Gebälkes oder Gesimses um einen vorstehenden Bauteil, z. B. einen Pfeiler

Verlagssystem dezentralisierte Gütererzeugung, wobei der Unternehmer (Verleger) die Rohstoffe besorgt, diese an seine Heimarbeiter verteilt – teilweise auch die Arbeitsgeräte stellt – und den Absatz der fertigen Produkte organisiert

Vicus Lagervorstadt

Vierung Raumteil einer Kirche, der bei der Durchdringung von Lang- und Querhaus gebildet wird

Walken Verfilzen von Wollgeweben

Wirtel Schaftring einer Säule oder eines Dienstes

Zentralbau ein Bau, bei dem alle Teile im Gegensatz zum gerichteten Langhaus auf einen Mittelpunkt bezogen sind; die Form des Grundrisses ist eine regelmäßige geometrische Figur, z. B. Kreis, Ellipse, Quadrat; oft von einer Kuppel überwölbt

Zitadelle eine besonders befestigte Hauptverteidigungsanlage einer Festung und von dieser noch durch Gräben und ein Schußfeld (Esplanade) getrennt

Abbildungsnachweis

Farbabbildungen

H. Crous, Aachen Umschlaginnenklappe hinten

Fritz Mader, Barsbüttel Farbabb. 2, 3, 4, 11, 12, 13, 15, 20, 22

Florian Monheim, Düsseldorf Umschlagvorderseite, Farbabb. 8, 28, 29

Florian Monheim, Düsseldorf/Roman von Götz, Dortmund Farbabb. 5, 6

Museen der Stadt Aachen

– Museum Burg Frankenberg Farbabb. 31 (Anne Gold)

Michael Jeiter, Morschenich Umschlaginnenklappe vorn Farbabb. 7, 9, 16, 17, 19, 23, 25, 26

Verkehrsverein Limburg Farbabb. 30

Hermann Joseph Wöstmann, Kerpen-Buir Umschlagrückseite, Farbabb. 1, 10, 14, 18, 21, 24, 27

Abbildungen im Text

Archiv für Kunst und Geschichte, Berlin Abb. S. 2/3, 30/31, 166/67

Michael Jeiter, Morschenich Abb. S. 15, 40, 41, 42, 45, 47, 50, 52, 54, 56, 57, 71, 77, 144, 175, 214, 224, 226, 229, 235, 238, 241, 244, 247, 248, 249, 251

Kath. Probstei-Pfarramt St. Kornelius, Kornelimünster Abb. S. 222/23

Keystone Pressedienst GmbH, Hamburg Abb. S. 14

Gabriele Knoll, Wachtendonk Abb. S. 36, 63, 68, 140, 151, 182, 200, 201, 243, 264, 276, 277, 300, 302

Fritz Mader, Barsbüttel Abb. S. 80, 133, 138/39, 142

Florian Monheim, Düsseldorf Abb. S. 48, 59, 76, 82, 85, 88, 141, 148, 209, 210, 211, 237, 250, 260/61, 270, 271, 274, 299

Florian Monheim, Düsseldorf/Roman von Götz, Dortmund Abb. S. 84, 174

Museen der Stadt Aachen

– Museum Burg Frankenberg Abb. S. 16

– Suermondt-Ludwig-Museum Abb. S. 67, 153 (Ann Münchow), 154/55 (Anne Gold)

Nationaal Jenermuseum Hasselt Abb. S. 256

Hans-Jürgen Rau, Ober-Kainsbach Abb. S. 163, 184, 204

Rheinisches Landesmuseum Bonn Abb. S. 9, 11 (beide aus: Führer durch die Burg Frankenberg)

Rijksdienst voor Monumentenzorg, Zeist Abb. S. 270

Karl Schleicher, Stolberg Abb. S. 232, 233

Jo Scholten, Nettetal Abb. S. 37, 122/23, 146

Stadtarchiv Aachen Abb. S. 7, 18/19, 21, 22/23, 25, 28, 66, 90, 92, 93, 124, 137, 150, 156, 180/81, 179, 192, 199, 196/97, 217, 280

Thermenmuseum Heerlen Abb. S. 10

Westdeutsche Spielbanken, Münster Abb. S. 160, 193, 194/95

Hermann Joseph Wöstmann, Kerpen-Buir Abb. S. 61, 131, 169, 187, 190, 227, 254, 262, 266

Zollgeschichtliche Sammlung (Christian Friedrich), Aachen Abb. S. 33, 206

Alle nicht einzeln aufgeführten Abbildungen sind aus dem Archiv des Verlages

Karten und Pläne: DuMont Buchverlag, Köln

Literaturnachweis

Zitat S. 7 aus: Hugo, Victor, Der Rhein. Briefe an einen Freund. Erster Theil, Verlag J. D. Sauerländer, Frankfurt a. Main 1842

Zitat S. 26 aus: Friedrich der Große, Aus seinen Briefen, 1742, in: Aachener Quellentexte von Walter Kaemmerer. Hrsg. von Herbert Lepper. Veröffentlichungen des Stadtarchivs Aachen, Bd. 1. Verlag der Mayerschen Buchhandlung, Aachen 1980

Zitat S. 27 aus: Pöllnitz, Karl Ludwig Freiherr von, Zeit-Vertreib bey den den Wassern zu Achen. Berlin, zu finden bey Johann Andreas Rüdiger, 1737

Zitat S. 49 aus: Fontane, Theodor, Werke, Schriften und Briefe. Hrsg. von Walter Keitel und Helmut Nürnberger, 4. Abteilung, Bd. 1: Briefe 1833 bis 1860 © 1976 Carl Hanser Verlag München Wien

Zitat S. 72/73 aus: Kaemmerer, Walter, Aachener Quellentexte. Hrsg. von Herbert Lepper. Veröffentlichungen des Stadtarchivs Aachen, Bd. 1. Verlag der Mayerschen Buchhandlung, Aachen 1980

Zitat S. 12 aus: Heine, Heinrich, Sämtliche Werke. Kritische Gesamtausgabe der Werke. Düsseldorfer Ausgabe. Hrsg. von Manfred Windfuhr. Bd. 4: Atta Troll. Ein Sommernachtstraum. Ein Wintermärchen. Bearb. von W. Woesler. Hoffmann und Campe Verlag, Hamburg 1985

Zitat S. 175 aus: Schoppenhauer, Johanna, Ausflug an den Niederrhein und nach Belgien im Jahre 1828, zweiter Theil. F. A. Brockhaus, Leipzig 1831

Zitat S. 188/189 aus: Sager, Peter, Die Besessenen. DuMont Buchverlag, Köln 1992

Zitat S. 232 aus: Schleicher, Karl, Geschichte der Stolberger Messingindustrie. Hrsg. von der Stolberger Metallwerke KG. Stolberg 1974

Zitat Umschlaginnenklappe hinten: Brown, Edward, Reiseberichte, in: Aachener Quellentexte von Walter Kaemmerer. Hrsg. von Herbert Lepper. Veröffentlichungen des Stadtarchivs Aachen, Bd. 1. Verlag der Mayerschen Buchhandlung, Aachen 1980

Register

Personenregister

Orts- und Sachregister

B = Belgien
D = Deutschland
NL = Niederlande

Von Gabriele M. Knoll sind in unserem Verlag erschienen:

Der Niederrhein
Landschaft, Geschichte und Kultur am unteren Rhein
Mit 29 farbigen und 226 einfarbigen Abbildungen, praktischen Reisehinweisen, kartoniert (DuMont Kunst-Reiseführer)
»Nicht nur Touristen, sondern auch Einheimische finden in dem Werk viele Informationen und Anregungen für Ferien und Wochenendausflüge.« *Rheinische Post*

Der Niederrhein
Von Wulf Ligges. Mit einem Text von Gabriele Knoll. Mit 66 zum Teil doppelseitigen Farbfotos, Leinen

Bitte beachten Sie auch folgende DuMont Reiseführer:

Die Eifel
Entdeckungsreisen von Aachen bis zur Mosel
Von Walter Pippke und Ida Pallhuber. Mit 43 farbigen und 208 einfarbigen Abbildungen, praktischen Reisehinweisen, kartoniert (DuMont Kunst-Reiseführer)

Belgien
Eine Einladung nach Brüssel, Gent, Brügge, Antwerpen, Lüttich und zu anderen Kunststätten
Von Ernst Günther Grimme. Mit 37 farbigen und 163 einfarbigen Abbildungen, praktischen Reisehinweisen, kartoniert (DuMont Kunst-Reiseführer)

»Richtig reisen«: Belgien und Luxemburg
Von Uwe Anhäuser. Mit 30 farbigen und 295 einfarbigen Abbildungen, praktischen Reisehinweisen, kartoniert

Holland
Kunst, Kultur, Landschaft
Ein Reisebegleiter durch Städte und Provinzen der Niederlande
Von Jutka Rona. Mit 59 farbigen und 242 einfarbigen Abbildungen, praktischen Reisehinweisen, kartoniert (DuMont Kunst-Reiseführer)

»Richtig reisen«: Holland
Von Helmut Hetzel. Mit 56 farbigen und 179 einfarbigen Abbildungen, praktischen Reisehinweisen, kartoniert

Holland
Von Siggi Weidemann. Mit 16 farbigen und 93 einfarbigen Abbildungen, praktischen Reisehinweisen, kartoniert (DuMont Reise-Taschenbücher, Band 2032)

DuMont Kunst-Reiseführer

Ägypten und Sinai – Geschichte, Kunst und Kultur im Niltal Vom Reich der Pharaonen bis zur Gegenwart

---

Albanien Kunstreise durch das Land der Skipetaren

Algerien – Kunst, Kultur und Landschaft Von den Stätten der Römer zu den Tuareg der zentralen Sahara

---

Belgien – Spiegelbild Europas Eine Einladung nach Brüssel, Gent, Brügge, Antwerpen, Lüttich und zu anderen Kunststätten
Die Ardennen Eine alte Kulturlandschaft im Herzen Europas

Bhutan Kunst und Kultur im Reich des Drachen

Brasilien Völker und Kulturen zwischen Amazonas und Atlantik

Bulgarien Kunstdenkmäler aus vier Jahrtausenden von den Thrakern bis zur Gegenwart

---

Volksrepublik China Kunstreisen durch das Reich der Mitte

Dänemark Land zwischen den Meeren

Bundesrepublik Deutschland
Aachen und das Dreiländereck
Das Allgäu Städte, Klöster und Wallfahrtskirchen zwischen Bodensee und Lech
Altmühltal Kultur und Landschaft zwischen Ansbach und Kelheim
Bayerisch Schwaben Kultur, Geschichte und Landschaft zwischen Ries und Lechfeld
Das Berchtesgadener Land Vom Watzmann zum Rupertiwinkel
Das Bergische Land Kultur, Geschichte, Landschaft zwischen Ruhr und Sieg
Bodensee und Oberschwaben Zwischen Donau und Alpen: Wege und Wunder im ›Himmelreich des Barock‹
Bremen, Bremerhaven und das nördliche Niedersachsen Kultur, Geschichte und Landschaft zwischen Unterweser und Elbe
Der Chiemgau Kunst, Kultur und Landschaft zwischen Inn und Traun
Dresden und Umgebung
Düsseldorf Eine moderne Landeshauptstadt mit 700jähriger Geschichte und Kultur
Die Eifel Entdeckungsfahrten von Aachen bis zur Mosel
Franken – Kunst, Geschichte und Landschaft Würzburg, Rothenburg, Bamberg, Nürnberg und die Kunststätten der Umgebung
Freie und Hansestadt Hamburg Geschichte, Kultur und Stadtbaukunst an Elbe und Alster
Hannover und das südliche Niedersachsen Geschichte, Kunst und Landschaft zwischen Harz und Weser, Braunschweig und Göttingen
Der Harz Im Herzen Deutschlands
Hessen Vom Edersee zur Bergstraße. Die Vielfalt von Kunst und Landschaft zwischen Kassel und Darmstadt
Nördliches Hessen Zwischen Lahn und Werra, Reinhardswald und Rhön – Rundfahrten im Land des Fachwerkbaues
Hunsrück und Naheland Entdeckungsfahrten zwischen Mosel, Nahe, Saar und Rhein
Köln Zwei Jahrtausende Kunst, Geschichte und Kultur
Kölns romanische Kirchen Architektur, Ausstattung, Geschichte
Mecklenburg-Vorpommern Hansestädte und Backsteingotik an der Ostseeküste bis Rügen und Usedom – Das Hinterland mit seiner Seenplatte
Die Mosel Von der Mündung bei Koblenz bis zur Quelle in den Vogesen
München Von der welfischen Gründung Heinrichs des Löwen bis zur Gegenwart: Kunst, Kultur, Geschichte
Münster und das Münsterland Ein Reisebegleiter in das Herz Westfalens
Zwischen Neckar und Donau Kunst, Kultur und Landschaft von Heidelberg bis Heilbronn, im Hohenloher Land, Ries, Altmühltal und an der oberen Donau
Der Niederrhein Landschaft, Geschichte und Kultur am unteren Rhein
Oberbayern Kultur, Geschichte, Landschaft zwischen Donau und Alpen, Lech und Salzach
Oberpfalz, Bayerischer Wald, Niederbayern Regensburg und das nordöstliche Bayern
Osnabrück, Oldenburg und das westliche Niedersachsen Kultur, Geschichte, Landschaft zwischen Weser und Ems
Ostfriesland mit Jever- und Wangerland Über Moor, Geest und Marsch zum Wattenmeer und zu den Inseln Borkum, Juist, Norderney, Baltrum, Langeoog, Spiekeroog und Wangerooge
Die Pfalz Streifzüge durch den Garten Deutschlands – Weinstraße – Pfälzer Wald
Der Rhein von Mainz bis Köln Eine Reise durch das Rheintal
Rheinhessen Entdeckungsreisen im Hügelland zwischen Bingen und Worms, Mainz und Alzey
Das Ruhrgebiet Kultur und Geschichte im ›Revier‹
Das Saarland Kunst und Kultur im Dreiländereck zwischen Blies, Saar und Mosel
Sachsen Kultur und Landschaft zwischen Dresden, Leipzig und Chemnitz
Sachsen-Anhalt Zwischen Harz und Fläming, Altmark und Unstrut-Tal – Kultur, Geschichte und Landschaft an Elbe und Saale
Sauerland mit Siegerland und Wittgensteiner Land
Schleswig-Holstein Zwischen Nordsee und Ostsee
Der Schwarzwald und das Oberrheinland Wege zur Kunst zwischen Karlsruhe und Waldshut
Sylt, Amrum, Föhr, Helgoland, Pellworm, Nordstrand und Halligen
Thüringen Reisen durch eine große deutsche Kulturlandschaft
Der Westerwald Vom Siebengebirge zum Hessischen Hinterland
Östliches Westfalen Vom Hellweg zur Weser
Württemberg-Hohenzollern Kunst und Kultur zwischen Schwarzwald, Donautal und Hohenloher Land

---

Die Färöer Inselwelt im Nordatlantik

Frankreich
Auvergne und Zentralmassiv Entdeckungsreisen von Clermont-Ferrand über die Vulkane und Schluchten des Zentralmassivs zum Cevennen-Nationalpark
Die Bretagne Im Land der Dolmen, Menhire und Calvaires
Burgund Burgen, Klöster und Kathedralen im Herzen Frankreichs
Côte d'Azur Frankreichs Mittelmeer-Küste von Marseille bis Menton
Dauphiné und Haute Provence Entdeckungsfahrten zwischen Rhône und Alpen, von Lyon bis zur Verdon-Schlucht
Das Elsaß Wegzeichen europäischer Kultur und Geschichte zwischen Oberrhein und Vogesen
Frankreich für Pferdefreunde Kulturgeschichte des Pferdes von der Höhlenmalerei bis zur Gegenwart
Frankreichs gotische Kathedralen Eine Reise zu den Höhepunkten mittelalterlicher Architektur in Frankreich
Romanische Kunst in Frankreich Ein Reisebegleiter zu allen bedeutenden romanischen Kirchen und Klöstern
Korsika Natur und Kultur auf der »Insel der Schönheit«
Languedoc – Roussillon Von der Rhône zu den Pyrenäen
Das Limousin Im Herzen Frankreichs – Entdeckungsfahrten zwischen Zentralmassiv und Poitou, Périgord und Bourbonnais

Das Tal der Loire Schlösser, Kirchen und Städte im ›Garten Frankreichs‹
Lothringen Kunst, Geschichte, Landschaft
Die Normandie Vom Seine-Tal zum Mont St. Michel
Paris und die Ile de France Die Metropole und das Herzland Frankreichs. Von der antiken Lutetia bis zur Millionenstadt
Périgord und Atlantikküste Kunst und Natur im Land der Dordogne und an der Côte d'Argent – von Bordeaux bis Biarritz
Das Poitou Westfrankreich zwischen Poitiers, La Rochelle und Angoulême – die Atlantikküste von der Loiremündung bis zur Gironde
Die Provence Ein Begleiter zu den Kunststätten und Naturschönheiten im Sonnenland Frankreichs
Savoyen Vom Genfer See zum Montblanc – Natur und Kunst in den französischen Alpen

---

Griechenland
Athen Geschichte, Kunst und Leben der ältesten europäischen Großstadt von der Antike bis zur Gegenwart
Die griechischen Inseln Ein Reisebegleiter zu den Inseln des Lichts
Korfu Das antike Kerkyra im Ionischen Meer
Kreta – Kunst aus fünf Jahrtausenden Von den Anfängen Europas bis zur kreto-venezianischen Kunst
Rhodos Eine der sonnenreichsten Inseln im Mittelmeer – ihre Geschichte, Kultur und Landschaft
Tempel und Stätten der Götter Griechenlands Ein Reisebegleiter zu den antiken Kultzentren der Griechen

---

Grönland Kultur und Landschaft am Polarkreis

Großbritannien
Englische Kathedralen Eine Reise zu den Höhepunkten englischer Architektur von 1066 bis heute
Die Kanalinseln und die Insel Wight Die britischen Inseln zwischen Normandie und Süd-England
London Biographie einer Weltstadt
Die Orkney- und Shetland-Inseln Landschaft und Kultur im Nordatlantik
Ostengland Suffolk, Norfolk und Essex. Von Künstlern und Bauern, Kirchen und Palästen der Countryside
Schottland Geschichte und Literatur. Architektur und Landschaft
Süd-England Von Kent bis Cornwall. Architektur und Landschaft, Literatur und Geschichte
Wales Literatur und Politik – Industrie und Landschaft

Guatemala Honduras – Belize. Die versunkene Welt der Maya

Holland Ein Reisebegleiter durch Städte und Provinzen der Niederlande

---

Indien Von den Klöstern im Himalaya zu den Tempelstätten Südindiens
Ladakh und Zanskar Lamaistische Klosterkultur im Land zwischen Indien und Tibet

---

Indonesien Ein Reisebegleiter nach Java, Sumatra, Bali und Sulawesi (Celebes)
Bali Tempel, Mythen und Volkskunst auf der tropischen Insel zwischen Indischem und Pazifischem Ozean

---

Irland – Kunst, Kultur und Landschaft Entdeckungsfahrten zu den Kunststätten der ›Grünen Insel‹

Island Vulkaninsel zwischen Europa und Amerika

Israel
Das Heilige Land Historische und religiöse Stätten von Judentum, Christentum und Islam in dem zehntausend Jahre alten Kulturland zwischen Mittelmeer, Rotem Meer und Jordan

---

Italien
Die Abruzzen Das Bergland im Herzen Italiens. Kunst, Kultur und Geschichte
Apulien Kastelle und Kathedralen im Südreich der Staufer
Elba Ferieninsel im Tyrrhenischen Meer. Macchienwildnis, Mineralienfundorte, Kulturstätten
Emilia-Romagna Oberitalienische Kunststädte zwischen Po, Apennin und Adria
Das etruskische Italien Entdeckungsfahrten zu den Kunststätten und Nekropolen der Etrusker
Florenz Ein europäisches Zentrum der Kunst. Geschichte, Denkmäler, Sammlungen
Gardasee, Verona, Trentino Der See und seine Stadt – Landschaft und Geschichte, Literatur und Kunst
Latium – Das Land um Rom Klöster und Villen, Kirchen und Gräberstädte, mittelalterliche Orte und arkadische Landschaften
Lombardei und Oberitalienische Seen Kunst und Landschaft zwischen Adda und Po
Die Marken Die adriatische Kulturlandschaft zwischen Urbino, Loreto – und Ascoli Piceno
Der Golf von Neapel Das Traumziel der klassischen Italienreise. Geschichte, Kunst, Geographie
Piemont und Aosta-Tal Begegnungen italienischer und französischer Kunst im Königreich der Savoyer. Kultur, Geschichte und Landschaft im Bogen der Westalpen
Die italienische Riviera Ligurien – die Region und ihre Küste von San Remo über Genua bis La Spezia
Rom – Ein Reisebegleiter Zweieinhalb Jahrtausende Kunst und Kultur der Ewigen Stadt
Rom in 1000 Bildern Kunst und Kultur der ›Ewigen Stadt‹ in mehr als 1000 Bildern
Das antike Rom Die Stadt der sieben Hügel: Plätze, Monumente und Kunstwerke. Geschichte und Leben im alten Rom
Sardinien Entdeckungsreisen auf einer der schönsten Inseln im Mittelmeer
Sizilien Insel zwischen Orient und Okzident
Südtirol Begegnungen nördlicher und südlicher Kulturtradition in der Landschaft zwischen Brenner und Salurner Klause
Toscana Das Hügelland und die historischen Stadtzentren
Die ländliche Toscana Entdeckungsreisen abseits der bekannten Routen
Die Villen der Toscana und ihre Gärten Kunst- und kulturgeschichtliche Reisen durch die Landschaften um Florenz, Pistoia, Lucca und Siena
Umbrien Eine Landschaft im Herzen Italiens
Venedig Die Stadt in der Lagune – Kirchen und Paläste, Gondeln und Karneval
Das Veneto Verona, Vicenza, Padua. Städte und Villen, Kultur und Landschaft Venetiens
Die Villen im Veneto Eine kunst- und kulturgeschichtliche Reise in das Land zwischen Alpenrand und Adriabogen

---

Japan – Tempel, Gärten und Paläste Einführung in Geschichte und Kultur und Begleiter zu den Kunststätten Japans

---

Der Jemen Nord- und Südjemen. Antikes und islamisches Südarabien

---

Jordanien Völker und Kulturen zwischen Jordan und Rotem Meer

Karibische Inseln Westindien. Von Cuba bis Aruba

Kenya Kunst, Kultur und Geschichte am Eingangstor zu Innerafrika

---

Luxemburg Entdeckungsfahrten zu den Burgen, Schlössern, Kirchen und Städten des Großherzogtums

---

Malaysia und Singapur Dschungelvölker, Moscheen, Hindutempel, chinesische Heiligtümer und moderne Stadtkulturen im Herzen Südostasiens

---

Malta und Gozo Die goldenen Felseninseln – Urzeittempel und Malteserburgen

Marokko – Berberburgen und Königsstädte des Islam Ein Reisebegleiter zur Kunst Marokkos

---

Mexiko Ein Reisebegleiter zu den Götterburgen und Kolonialbauten Mexikos

Mexico auf neuen Wegen Ein Reisebegleiter zu präkolumbischen Kultstätten und Kunstschätzen

---

Namibia und Botswana Kultur und Landschaft im südlichen Afrika

---

Nepal – Königreich im Himalaya Geschichte, Kunst und Kultur im Kathmandu-Tal

---

Norwegen Natur- und Kulturlandschaften vom Skagerrak bis nach Finnmark

---

Österreich

Das Burgenland Land der Störche und der Burgen: Kultur, Landschaft und Geschichte zwischen Ostalpen und Pußta

Kärnten und Steiermark Vom Großglockner zum steirischen Weinland

Salzburg, Salzkammergut, Oberösterreich Kunst und Kultur auf einer Alpenreise vom Dachstein bis zum Böhmerwald

Tirol Nordtirol und Osttirol. Kunstlandschaft und Urlaubsland an Inn und Isel

Vorarlberg und Liechtenstein Landschaft, Geschichte und Kultur im ›Ländle‹ und im Fürstentum

Wien und Umgebung Kunst, Kultur und Geschichte der Donaumetropole

---

Pakistan Drei Hochkulturen am Indus. Harappa – Gandhara – Die Moguln

---

Papua-Neuguinea Niugini. Steinzeit-Kulturen auf dem Weg ins 20. Jahrhundert

---

Polen Geschichte, Kunst und Landschaft einer alten europäischen Kulturnation

Schlesien Deutsche und polnische Kulturtradition in einer europäischen Grenzregion

---

Portugal Vom Algarve zum Minho

Madeira Kultur und Landschaft auf Portugals ›Blumeninsel‹ im Atlantik

---

Rumänien Schwarzmeerküste – Donaudelta – Moldau – Walachei – Siebenbürgen: Kultur und Geschichte

---

Die Sahara Mensch und Natur in der größten Wüste der Erde

Sahel Senegal, Mauretanien, Mali, Niger Islamische und traditionelle schwarzafrikanische Kultur zwischen Atlantik und Tschadsee

---

Schweden

Schweden Vielfalt von Kunst und Landschaft im Herzen Skandinaviens

Gotland Die größte Insel der Ostsee. Eine schwedische Provinz von besonderem Reiz – Kultur, Geschichte, Landschaft

---

Schweiz

Die Schweiz Zwischen Basel und Bodensee · Französische Schweiz · Das Tessin · Graubünden · Vierwaldstätter See · Berner Land · Die großen Städte

Graubünden Kunst, Kultur und Landschaft vom Quellgebiet des Rheins zum Engadin

Tessin Kunst und Landschaft zwischen Gotthard und Campagna Adorna

Das Wallis Der Südwesten der Schweiz

Sowjetunion (ehemals)

Moskau und Leningrad Kunst, Kultur und Geschichte der beiden Metropolen, des ›Goldenen Ringes‹ und Nowgorods

Sowjetischer Orient Kunst und Kultur, Geschichte und Gegenwart der Völker Mittelasiens

---

Spanien

Die Kanarischen Inseln Inseln des ewigen Frühlings: Teneriffa, Gomera, Hierro, La Palma, Gran Canaria, Fuerteventura, Lanzarote

Katalonien und Andorra Von den Pyrenäen zum Ebro. Costa Brava – Barcelona – Tarragona – Die Königsklöster

Der Prado in Madrid Ein Führer durch eine der schönsten Gemäldesammlungen Europas

Mallorca – Menorca Ein Begleiter zu den kulturellen Stätten und landschaftlichen Schönheiten der großen Balearen-Inseln

Nordwestspanien Landschaft, Geschichte und Kunst auf dem Weg nach Santiago de Compostela

Spaniens Südosten – Die Levante Die Mittelmeerküste von Amposta über Valencia und Alicante bis Cartagena

---

Sudan Steinerne Gräber und lebendige Kulturen am Nil

Südamerika: präkolumbische Hochkulturen Kunst der Kolonialzeit. Ein Reisebegleiter zu den Kunststätten in Kolumbien, Ekuador, Peru und Bolivien

---

Südkorea Kunst und Kultur im ›Land der Hohen Schönheit‹

Die Südsee Inselparadiese im Südpazifik

Syrien Hochkulturen zwischen Mittelmeer und Arabischer Wüste

Thailand und Burma Tempelanlagen und Königsstädte zwischen Mekong und Indischem Ozean

---

Tibet Lamaistische Klosterkulturen, monadische Lebensformen und bäuerlicher Alltag auf dem ›Dach der Welt‹

Tschechoslowakei Kunst, Kultur und Geschichte im Herzen Europas

Prag Kultur und Geschichte der ›Goldenen Stadt‹

Türkei

Istanbul Bursa und Edirne. Byzanz – Konstantinopel – Stambul. Eine historische Hauptstadt zwischen Abend- und Morgenland

Ost-Türkei Völker und Kulturen zwischen Taurus und Ararat

Ungarn Kultur und Kunst im Land der Magyaren

USA – Der Südwesten Indianerkulturen und Naturwunder zwischen Colorado und Rio Grande

---

Vietnam Pagoden und Tempel im Reisfeld – im Fokus chinesischer und indischer Kultur

---

Zimbabwe Das afrikanische Hochland zwischen den Flüssen Sambesi und Limpopo

---

Zypern 8000 Jahre Geschichte: Archäologische Schätze – Byzantinische Kirchen – Gotische Kathedralen

»Richtig reisen«/»Richtig wandern«

- Ägypten
  - Kairo
  - Sinai und Rotes Meer
- Algerische Sahara
- Arabische Halbinsel
- Australien
- Bahamas
- Belgien und Luxemburg
  - Belgien mit dem Rad

Bundesrepublik Deutschland
  - Berlin
  - Deutsche Ostseeküste
  - »Richtig wandern«: Franken
  - München
  - »Richtig wandern«: Ostfriesland
  - »Richtig wandern«: Thüringer Wald (Frühjahr '93)
- China
- Cuba
- Dänemark
  - Bornholm
- Finnland

Frankreich
  - »Richtig wandern«: Bretagne
  - »Richtig wandern«: Burgund
  - »Richtig wandern«: Cevennen und Languedoc
  - Elsaß
  - Korsika
  - »Richtig wandern«: Korsika (Frühjahr '93)
  - Languedoc und Roussillon
  - Paris
  - »Richtig wandern«: Provence
  - »Richtig wandern«: Pyrenäen
- Griechenland
  - Die griechischen Inseln
  - Kreta
  - »Richtig wandern«: Kykladen
  - »Richtig wandern«: Nordgriechenland
  - »Richtig wandern«: Peloponnes
  - »Richtig wandern«: Rhodos
- Großbritannien
  - London
  - Nord- und Mittelengland
  - »Richtig wandern«: Nord-England
  - »Richtig wandern«: Schottland
  - »Richtig wandern«: Englands Süden
  - Süd-England
- Guadeloupe – Martinique
- Holland
  - Amsterdam
- Hongkong mit Macau und Kanton

Indien
  - Nord-Indien
  - Süd-Indien
- Indonesien
- Irland
- »Richtig wandern«: Island
- Italien
  - Friaul – Triest – Venetien
  - Ischia, Capri, Procida
  - Neapel
  - Oberitalien
  - Rom
  - Sardinien (Frühjahr '93)
  - Sizilien
  - Süditalien
  - »Richtig wandern«: Südtirol
  - Toscana
  - »Richtig wandern«: Toscana und Latium
  - Venedig
- Jamaica

Kanada und Alaska
  - Ost-Kanada
  - West-Kanada und Alaska
- »Richtig wandern«: Lappland

Luxemburg
  - Belgien und Luxemburg
- Madagaskar – Komoren
- Malediven
- Marokko
- Mauritius
- Mexiko
- Nepal
- Neuseeland
  - »Richtig wandern«: Neuseeland
- Norwegen

Österreich
  - Graz und die Steiermark
  - »Richtig wandern«: Tirol
  - Wien
- Ostafrika
- Philippinen
- Portugal
  - Azoren
- Prag (Frühjahr '93)
- Réunion

Rußland
  - Moskau
- Schweden
- Die Schweiz und ihre Städte
- Seychellen
- Spanien
  - Andalusien
  - »Richtig wandern«: Andalusien (Frühjahr '93)
  - Barcelona
  - Extremadura
  - Gran Canaria
  - Ibiza/Formentera
  - »Richtig wandern«: Der spanische Jakobsweg
  - Katalonien
  - Lanzarote
  - »Richtig wandern«: La Palma, La Gomera, El Hierro
  - Madrid und Kastilien
  - »Richtig wandern«: Mallorca
  - »Richtig wandern«: Der Osten Spaniens
  - »Richtig wandern«: Pyrenäen
  - Teneriffa

Südamerika
  - Argentinien – Chile – Paraguay – Uruguay
  - Peru und Bolivien
  - Venezuela, Kolumbien und Ecuador
- Thailand
- Türkei
  - Istanbul
- Tunesien

Ungarn
  - Budapest

USA
  - Florida
  - Hawaii und Südsee
  - Kalifornien
  - Los Angeles
  - Neu-England
  - New Orleans und die Südstaaten
  - Südwesten – USA
  - Texas
  - Washington D.C.
- Zentralamerika
- Zypern